Das Übergangsmandat der Arbeitnehmervertretungen

Schriften zum Recht der Arbeit

Herausgegeben von Olaf Deinert und Rüdiger Krause

Band 11

PL ACADEMIC RESEARCH

Michael Au

Das Übergangsmandat der Arbeitnehmervertretungen

PL ACADEMIC RESEARCH

Bibliografische Information der Deutschen Nationalbibliothek
Die Deutsche Nationalbibliothek verzeichnet diese Publikation in der Deutschen Nationalbibliografie; detaillierte bibliografische Daten sind im Internet über http://dnb.d-nb.de abrufbar.

Zugl.: Erlangen-Nürnberg, Univ., Diss., 2014

Gedruckt auf alterungsbeständigem, säurefreiem Papier.

D 29
ISSN 2191-4079
ISBN 978-3-631-65174-2 (Print)
E-ISBN 978-3-653-04509-3 (E-Book)
DOI 10.3726/978-3-653-04509-3

PL Academic Research ist ein Imprint der Peter Lang GmbH.

Peter Lang – Frankfurt am Main · Bern · Bruxelles · New York · Oxford · Warszawa · Wien

Diese Publikation wurde begutachtet.

www.peterlang.com

Vorwort

Die vorliegende Arbeit wurde im November 2012 eingereicht und im Wintersemester 2013/2014 vom Fachbereich Rechtswissenschaft der Rechts- und Wirtschaftwissenschaftlichen Fakultät der Friedrich-Alexander-Universität Erlangen-Nürnberg als Dissertation angenommen. Rechtsprechung und Literatur wurden auf den Stand Januar 2014 aktualisiert.

Mein besonderer Dank gilt meinem Doktorvater, Herrn Prof. Dr. Rüdiger Krause für die geduldige Begleitung meiner Arbeit und die zügige Erstellung des Erstgutachtens. Mein weiterer Dank gilt Herrn Prof. Dr. Georg Caspers für die schnelle Erstellung des Zweitgutachtens.

Den größten Dank schulde ich jedoch meiner Familie. Meine Frau Gabriele und meine Kindern Annika und Maximilian haben mit die größte Belastung im Rahmen dieser Arbeit getragen.

Ihnen widme ich diese Arbeit.

Fürth, im Februar 2014

Inhaltsverzeichnis

Abkürzungsverzeichnis

a.A.	andere Auffassung
a.E.	am Ende
a.F.	alte Fassung
ABl. EG	Amtsblatt der europäischen Gemeinschaften
Abs.	Absatz
Abschn.	Abschnitt
AEUV	Vertrag über die Arbeitsweise der Europäischen Union
AG	Die Aktiengesellschaft (Zeitschrift)
AG	Die Aktiengesellschaft (Zeitschrift)
AiB	Arbeitsrecht im Betrieb (Zeitschrift)
Amtsbl.	Amtsblatt
Änd.	Änderung
Anh.	Anhang
Anm.	Anmerkung
ArbG	Arbeitsgericht
ArbR	Arbeitsrecht
ArbRAktuell	Arbeitsrecht-Aktuell (Zeitschrift)
ArbRB	Der Arbeits-Rechts-Berater (Zeitschrift)
ArbuR	Arbeit und Recht (Zeitschrift)
ARGE	Arbeitsgemeinschaft
ARS	Arbeitsrechts-Sammlung, Entscheidungen des Reichsarbeitsgerichtes
Art.	Artikel
AuA	Arbeit und Arbeitsrecht (Zeitschrift)
Aufl.	Auflage
Az.	Aktenzeichen
BAG	Bundesarbeitsgericht
BAGE	Entscheidungen des Bundesarbeitsgerichtes
BayVGH	Bayrischer Verwaltungsgerichtshof
BB	Der Betriebsberater (Zeitschrift)
BetrR	Der Betriebsrat (Zeitschrift)
BetrVG	Betriebsverfassungsgesetz
BGBl.	Bundesgesetzblatt

BGH	Bundesgerichtshof
BGHZ	Entscheidungssammlung des Bundesgerichtshofes in Zivilsachen
BKR	Zeitschrift für Bank- und Kapitalmarktrecht
BPersVG	Bundespersonalvertretungsgesetz
br	Behindertenrecht (Zeitschrift)
BR-Drucks.	Bundesrat-Drucksache
BT-Drucks.	Bundestags-Drucksache
BVerfG	Bundesverfassungsgericht
BVerfGE	Entscheidungen des Bundesverfassungsgerichtes
BVerwG	Bundesverwaltungsgericht
BVerwGE	Entscheidungen des Bundesverwaltungsgerichtes
BwKoopG	Kooperationsgesetz der Bundeswehr
BWpVerPG	Gesetz über das Personal der Bundeswertpapierverwaltung
C/R	Callies/Ruffert EUV/AEUV Kommentar
d.h.	das heißt
DB	Der Betrieb (Zeitschrift)
DBGrG	Deutsche Bahn - Gründungsgesetz
DDR GBl.	Gesetzblatt der DDR
DGBank-UmwG	DG Bank Umwandlungsgesetz
Diss.	Dissertation
DKKW	Däubler/Kittner/Klebe/Wedde, Kommentar zum BetrVG
DSLBUmwG	Gesetz über die Umwandlung der Deutschen Sieldungs- und Landesrentenbank
DStR	Deutsches Steuerrecht (Zeitschrift)
EGMR	Europäischer Gerichtshof für Menschenrechte
EMRK	Europäische Menschenrechtskonvention
ErfK	Erfurter Kommentar zum Arbeitsrecht
EuGH	Gerichtshof der Europäischen Gemeinschaften
EuR	Europarecht (Zeitschrift)
EuroAS	Informationsdienst europäisches Arbeits- und Sozialrecht
EUV	Vertrag über die Europäische Union
EuZW	Europäische Zeitschrift für Wirtschaftsrecht
EWiR	Entscheidungen zum Wirtschaftsrecht (Zeitschrift)

f.	Folgende Randnummer, Seite, Teilziffer
FA	Fachanwalt Arbeitsrecht (Zeitschrift)
FD-ArbR	Fachdienst Arbeitsrecht
ff.	Fortfolgende Randnummer, Seiten, Teilziffern
FreiburgerKom	Beyer, Kommentar zur Rahmenordnung für eine Mitarbeitervertretungsordnung
FS	Festschrift
GG	Grundgesetz
GmbHR	GmbH-Rundschau (Zeitschrift)
GKÖD	Fürst, Gesamtkommentar Öffentliches Dienstrecht
GrC	Charta der Grundrechte der Europäischen Union
GVBl./GVOBl.	Gesetz- und Verordnungsblatt
HB	Handbuch
HB EAS	Hanau, Handbuch Europäisches Arbeits- und Sozialrecht
HSWGNR	Hess, Kommentar zum BetrVG
HWK	Henssler, Arbeitsrecht Kommentar
i.d.F.	In der Fassung
i.V.m.	In Verbindung mit
jurisPR-ArbR	juris Praxisreport Arbeitsrecht
Kap.	Kapitel
KGH.EKD	Kirchengerichtshof der Evangelischen Kirche in Deutschland
KR	Etzel, Gemeinschaftskommentar zum Kündigungsrecht
LAG	Landesarbeitsgericht
LAGE	Entscheidungen der Landesarbeitsgerichte
lit.	Buchstabe
LPVG	Landespersonalvertretungsgesetz
LT-Drucks.	Landtags-Drucksache
MAV	Mitarbeitervertretung
MDR	Monatsschrift für Deutsches Recht
MitbestG	Mitbestimmungsgesetz

MünchHB ArbR	Richardi, Münchener Handbuch zum Arbeitsrecht
m.w.N.	mit weiteren Nachweisen
NJW	Neue Juristische Wochenschrift
Nr.	Nummer
NZA	Neue Zeitschrift für Arbeitsrecht
NZA-RR	Neue Zeitschrift für Arbeitsrecht - Rechtsprechungsreport
O/C/N	Oppermann, Europarecht
OVG	Oberverwaltungsgericht
PersR	Der Personalrat (Zeitschrift)
PersV	Die Personalvertretung (Zeitschrift)
PflR	PflegeRecht (Zeitschrift)
PostPersG	Postpersonalrechtsgesetz
PVG	Personalvertretungsgesetz
RAG	Reichsarbeitsgericht
RdA	Recht der Arbeit (Zeitschrift)
RegE	Regierungsentwurf
RL	Richtlinie
Rn.	Randnummer
Rs.	Rechtssache
RVOrgÜbG	Gesetz zu Übergangsregelungen zur Organisationsreform der gesetzlichen Rentenversicherung
S.	Satz, Seite
SAE	Sammlung arbeitsrechtlicher Entscheidungen
Slg.	Gerichtshof der Europäischen Gemeinschaften, Teil 1: Rechtsprechung des Gerichtshofes
SprAuG	Sprecherausschussgesetz
SpTrUG	Gesetz über die Spaltung der von der Treuhand verwalteten Unternehmen
Tz.	Teilziffer
UAbs.	Unterabsatz
UmwG	Umwandlungsgesetz

VermG	Vermögensgesetz
Verw.EKD	Verwaltungsgericht in mitarbeitervertretungsrechtlichen Streitigkeiten der Evangelischen Kirche in Deutschland
Vgl./vgl.	vergleiche
WPrax	Wirtschaftsrecht und Praxis (Zeitschrift)
WRV	Weimarer Reichsverfassung
ZEuS	Zeitschrift für europarechtliche Studien
ZfA	Zeitschrift für Arbeitsrecht
ZfPR	Zeitschrift für Personalvertretungsrecht
Ziff.	Ziffer
ZIP	Zeitschrift für Wirtschaftsrecht und Insolvenzpraxis
ZMV	Die Mitarbeitervertretung (Zeitschrift)
ZTR	Zeitschrift für Tarifrecht

Im Übrigen wird auf Hildebert Kirchner, Abkürzungsverzeichnis der Rechtssprache, 7. Auflage, de Gruyter Verlag Berlin 2012, verwiesen.

Einleitung

Die Diskussion über ein Übergangsmandat des Betriebsrates wurde bereits frühzeitig geführt. Die Literatur hat ein solches Übergangsmandat gefordert, um eine Schutzlücke in der Vertretung der Arbeitnehmer bei einem Wegfall des Betriebsrates auf Grund von Änderungen der betrieblichen Identität zu vermeiden. Das BAG hat 1988 diese Idee jedoch verworfen.

Infolge der deutschen Wiedervereinigung und der damit zusammenhängenden Privatisierung der Wirtschaft und Rückgabe von zwangsenteigneten Betrieben an die früheren Eigentümer in den neuen Bundesländern hat der Gesetzgeber erstmalig Übergangsmandate für Betriebsräte vorgesehen. Damit sollte die Entflechtung der vormals staatseigenen Betriebe zum Zwecke der Rückgabe oder Privatisierung erleichtert werden. Hinzu kam, dass auch bundeseigene Betriebe privatisiert wurden. Die hierzu ergangenen Privatisierungsgesetze sahen Übergangsregelungen für den Wechsel vom Personalvertretungsrecht zum Betriebsverfassungsrecht vor. Schließlich hat die Richtlinie 98/50/EG die Forderung nach einem Übergangsmandat europarechtlich untermauert. Vor dem Hintergrund dieser gesetzlichen Entwicklungen hat das Bundesarbeitsgericht in seiner Entscheidung vom 31.05.2000 ein allgemeines Übergangsmandat im Betriebsverfassungsrecht anerkannt. Der Gesetzgeber ist dem gefolgt und hat in Umsetzung der Richtlinie 98/50/EG bzw. 2001/23/EG im Rahmen des Novellierung des Betriebsverfassungsgesetzes ein Übergangsmandat in § 21a BetrVG mit Gesetz vom 28.07.2001 eingeführt.

Mit der gesetzlichen Regelung hat sich der grundsätzliche Streit über das Bestehen eines Übergangsmandates des Betriebsrates bei Verlust der betrieblichen Identität auf Grund von Umstrukturierungsmaßnahmen erledigt. Trotzdem ist eine Reihe von Fragen weiterhin ungeklärt und umstritten.

Der Gesetzgeber hat sich auf die Festlegung beschränkt, dass im Falle eines Identitätsverlustes auf Grund einer Umstrukturierung der bisherige Betriebsrat weiterhin zuständig sei bis ein neuer Betriebsrat gewählt worden ist. Für den Fall des Zusammentreffens mehrerer Betriebsräte im Übergangsmandat sieht das Gesetz eine Kollisionsregelung vor. Die darüber hinaus für die Praxis entscheidenden Fragen des Bestehens eines Übergangsmandates in den verschiedenen Fällen der Spaltung, Zusammenfassung oder insbesondere Eingliederung hat der Gesetzgeber nicht geregelt. Umstritten sind ebenso die Fragen der personellen Zusammensetzung im Übergangsmandat als auch die Tragung der Kosten der Betriebsratstätigkeit während des Übergangsmandates. Fraglich ist auch, welche Auswirkungen das Bestehen eines Übergangsmandates auf die Fortgeltung von Betriebsvereinbarungen hat. Schließlich stellt sich die Frage, inwieweit ein Übergangsmandat nunmehr auch für andere Organe der Betriebsverfassung anzunehmen ist.

Die Einführung des § 21a BetrVG hat darüber hinaus die Diskussion über das Bestehen von Übergangsmandaten für Personalräte gerade für den Fall der Privatisierung gefördert. Schließlich ist der Einfluss dieser Regelung auf das kirchliche Arbeitsrecht zu beachten, nachdem die Religionsgemeinschaften insgesamt einer der größten Arbeitgeber in der Bundesrepublik Deutschland sind.

Im Folgenden wird zuerst die historische Entwicklung des Übergangsmandates in Deutschland als Basis des Verständnisses des Übergangsmandates dargestellt. In einem zweiten Schritt sind die europarechtlichen Anforderungen an das Übergangsmandat zu klären. Daran schließt sich die Klärung der Bedeutung der Betriebsidentität für die Entstehung des Übergangsmandates an. Diese bildet die Grundlage für die Untersuchung der Voraussetzungen des Übergangsmandates. Daran anschließend werden Inhalt und Dauer des Übergangsmandates geklärt. Im Weiteren wird die analoge Anwendung des Übergangsmandates auf andere Gremien der betrieblichen Mitbestimmung untersucht.

Schließlich werden die Auswirkungen des § 21a BetrVG auf die Diskussion des Übergangsmandates im Bereich des Personalvertretungsrechtes als auch im kirchlichen Arbeitsrecht untersucht.

Kapitel 1: Historische Entwicklung des Übergangsmandates

Die wirtschaftlichen Umwälzungen in Folge der deutschen Wiedervereinigung als auch die zunehmende Globalisierung der Wirtschaft, führten und führen zu einer steigenden Anzahl von Umstrukturierungsprozessen mit der Folge, dass Betriebsteile abgespalten, Betriebe aufgespalten und neu zusammengefasst oder als selbstständige Einheiten weitergeführt werden.

Geht hierbei die betriebliche Identität verloren, endet das Mandat des jeweiligen Betriebsrats.[1] Zum Schutz der Arbeitnehmer in der Phase der Umstrukturierung wurde lange eine Fortführung des Betriebsratsmandates bis zu einer Neuwahl des Betriebsrates gefordert.[2] Dies hat das Bundesarbeitsgericht zunächst jedoch abgelehnt.[3]

Die Umstrukturierungen der ehemals volkseigenen Betriebe im Beitrittsgebiet führten zu Spezialregelungen, die erstmals ein gesetzliches Übergangsmandat vorsahen. Die Privatisierungsgesetze für bis dahin staatliche Behörden, namentlich Deutsche Post und Deutsche Bahn, enthielten ebenfalls gesetzliche Regelungen für eine Überleitung der Arbeitnehmervertretungen in das Betriebsverfassungsgesetz. Diese gesetzlichen Regelungen gaben den Forderungen nach einem allgemeinen Übergangsmandat weiteren Auftrieb. Hinzu kam, dass der europäische Normgeber in der Richtlinie 98/50/EG die Schaffung eines Übergangsmandates für Arbeitnehmervertretungen im Falle von betrieblichen Umstrukturierungen vorsah, wenn ansonsten die vom Übergang betroffenen Arbeitnehmer ihren Schutz verloren hätten. Das Bundesarbeitsgericht hat schließlich vor dem Hintergrund der gesetzlichen Entwicklungen in seiner Entscheidung vom 31.05.2000[4] ein allgemeines Übergangsmandat des Betriebsrates anerkannt. Im Rahmen der Reform des Betriebsverfassungsrechtes hat der Gesetzgeber das Übergangsmandat für Betriebsräte in § 21a BetrVG[5] verankert.

---

1 Vgl. BAG 23.11.1988 – Az. 7 AZR 121/88, BAGE 60, 191, 198.

2 So LAG Hamm 14.02.1990 - Az. 3 TaBV 141/89, AiB 1991, 26; ArbG Hamburg 21.03.1986 - Az. 23 BV 14/84, ArbuR 1986, 348; Däubler, 3. Aufl., § 21 Rn. 42; Engels, DB 1991, 966; Biebl, ArbuR 1990, 307 ff..

3 BAG 23.11.1988 - Az. 7 AZR 121/88, BAGE 60, 191, 200 ff..

4 BAG 31.05.2000 - Az. 7 ABR 78/98, BAGE 95, 15, 21 ff..

5 Gesetz vom 23.07.2001, BGBl. 2001 I, 1852.

Im Nachfolgenden soll in der gebotenen Kürze die rechtsgeschichtliche Entwicklung des Übergangsmandates im deutschen Recht aufgezeigt werden.

I. Legislatorische Entwicklung in Deutschland

Die legislatorische Entwicklung des Übergangsmandates in Deutschland ist durch drei Konstellationen gekennzeichnet, die in zeitlichen Abschnitten zu gesetzgeberischen Aktivitäten geführt haben. Zunächst ergab sich im Rahmen der Wiedervereinigung die Erforderlichkeit, Regelungen für das Beitrittsgebiet zu schaffen, mit denen die dort bestehenden großen Wirtschaftseinheiten der volkseigenen Betriebe und Kombinate zu lebensfähigen Betrieben umorganisiert werden konnten.[6] Danach hat der Staat begonnen, zuvor von ihm wahrgenommene Aufgaben zu privatisieren.[7] Schließlich hat der Gesetzgeber im Hinblick auf die Wettbewerbsfähigkeit deutscher Unternehmen das Umwandlungsrecht novelliert.[8]

Der Gesetzgeber hat die Schutzbedürftigkeit der Arbeitnehmer in der Phase der Umstrukturierung in diesen Konstellationen jeweils anerkannt.[9] Um Schutzlücken in diesen Fällen zu vermeiden, hat er verschiedene Regelungen zum Erhalt der betrieblichen Arbeitnehmervertretung in diesem Zeitraum geschaffen. Diese Entwicklung wird im Folgenden nachgezeichnet.

1. Entwicklung im Beitrittsgebiet

Der zum 03.10.1990 erfolgte Beitritt der Länder der ehemaligen DDR zur Bundesrepublik Deutschland nach Art. 23 GG, Art. 1 Abs. 1 Einigungsvertrag[10] hat in der Folge eine Vielzahl von Gesetzgebungsmaßnahmen ausgelöst. Mit diesen

---

6 Engels, DB 1991, 966.

7 Deutsche Bahn-Gründungsgesetz vom 27.12.1993, BGBl. I 1993, 2378; Gesetz zur Neuordnung des Postwesens und der Telekommunikation vom 14.09.1994, BGBl. I 1994, 2325; Deutsche Genossenschaftsbank-Umwandlungsgesetz vom 13.09.1998, BGBl. I 1998, 2102.

8 Reformgesetz, BGBl. I 1994, 3210.

9 Vgl. BT-Drucks. 12/449, 11 f. zu § 6b VermG; BT-Drucks. 12/105, 14 zu § 13 SpTrUG; BT-Drucks. 12/6699, 174 zu § 321 UmwG.

10 Staatsvertrag über die Herstellung der Einheit Deutschlands vom 31.08.1990, BGBl. 1990 II 889.

Regelungen wurde das bundesdeutsche Betriebsverfassungsrecht im Beitrittsgebiet implementiert. Neben der Überführung der bestehenden betrieblichen Interessenvertretungen in das Betriebsverfassungsgesetz musste der Gesetzgeber jedoch auch Regelungen schaffen, die bei der anstehenden Neuregelung der Wirtschaft im Beitrittsgebiet die Interessen der betroffenen Arbeitnehmer schützen. Dies erfolgte, neben den Regelungen im Einigungsvertrag, durch die Schaffung von Übergangsmandaten der Betriebsräte im Vermögensgesetz zur Rückgabe von enteignetem Eigentum und im Gesetz über die Spaltung der von der Treuhand verwalteten Unternehmen.

a) Regelungen im Einigungsvertrag

Das Betriebsverfassungsgesetz (BetrVG) in der Fassung vom 23.12.1988 wurde im Beitrittsgebiet bereits durch den Vertrag über die Schaffung der Währungs, Wirtschafts- und Sozialunion vom 25.06.1990 mit Wirkung ab 01.07.1990 in Kraft gesetzt.[11] In § 30 Ziffer 3 des Gesetzes über die Inkraftsetzung von Rechtsvorschriften der Bundesrepublik Deutschland in der DDR wurden erstmalige Wahlen zum Betriebsrat nach dem BetrVG im Beitrittsgebiet bis 30.06.1991 angeordnet.[12] Betriebsräte oder Arbeitnehmervertretungen, die vor dem 31.10.1990 nach demokratischen Grundsätzen und in geheimer Wahl durch die Belegschaft gewählt worden waren, blieben bis zu einer Neuwahl des Betriebsrates nach dem BetrVG, längstens jedoch bis 30.06.1991 im Amt[13] und nahmen in dieser Zeit die Befugnisse des Betriebsrates gemäß dem BetrVG wahr.[14] Zu diesen Arbeitnehmervertretungen wurden auch gewerkschaftliche Interessenvertretungen in Betrieben

11 DDR GBl I 1990, 332, 346.

12 DDR GBl I 1990, 357, 362.

13 Betriebsräte, die zwischen dem 01.07.1990 und dem 31.10.1990 gewählt wurden, blieben bis Frühjahr 1994 im Amt, da sie bereits nach dem zu diesem Zeitpunkt auf dem Gebiet der DDR geltenden BetrVG gewählt wurden (Engels, DB DDR-Report 1990, 3139; Dänzer-Vanotti/Tyska, DB DDR-Report 1990, 3186, 3187). Für die vor dem 01.07.1990 gewählten Betriebsräte, deren Wahl bereits nach den Vorschriften des BetrVG erfolgte, war dies umstritten. Engels hielt in diesen Fällen eine Neuwahl erst im Frühjahr 1994 für erforderlich (Engels, DB DDR-Report 1990, 3139, 3140) Dänzer-Vanotti/Tyska vertraten dagegen die Auffassung, dass nur nach dem 01.07.1990 gewählte Betriebsräte bis Frühjahr 1994 im Amt verbleiben konnten (Dänzer-Vanotti/Tyska, DB DDR-Report 1990, 3186, 3187).

14 § 30 Ziffer 3 Satz 3 des Gesetzes über die Inkraftsetzung von Rechtsvorschriften der Bundesrepublik Deutschland in der DDR vom 21.06.1990, DDR GBl I 1190, 357, 362.

gezählt, die nach demokratischen Grundsätzen und in geheimer Wahl gewählt worden waren.[15] Voraussetzung war, dass in diesen Betrieben ein Betriebsrat nach dem Betriebsverfassungsgesetz zu errichten war.[16]

Die als Betriebsräte fungierenden betrieblichen Interessenvertretungen hatten uneingeschränkt die Rechte eines Betriebsrates. Insbesondere konnten sie mit dem Arbeitgeber auch Betriebsvereinbarungen sowie Interessenausgleiche und Sozialpläne schließen.[17] Derartige Vereinbarungen konnten bereits zwischen dem 01.07.1990 und dem 03.10.1990 wirksam für die Zukunft geschlossen werden.[18]

Diese noch durch den Gesetzgeber der DDR geschaffenen Regelungen wurden durch den Einigungsvertrag für das Beitrittsgebiet übernommen.[19]

Die Regelungen hinsichtlich des Fortbestandes der bisherigen Interessenvertretungen der Arbeitnehmer als auch die Zuweisung der Rechte eines Betriebsrates an diese haben den betrieblichen Interessenvertretungen eine Art Übergangsmandat befristet bis 30.06.1991 eingeräumt. Mit diesen Regelungen hat der Gesetzgeber erstmalig eine erweitere Zuständigkeit einer betrieblichen Interessenvertretung anerkannt.

b) Gesetz über die Spaltung der von der Treuhandanstalt verwalteten Unternehmen

aa) Zweck des Gesetzes

Am 06.04.1991 trat das Gesetz über die Spaltung der von der Treuhandanstalt verwalteten Unternehmen (SpTrUG) vom 05.04.1991 in Kraft.[20] Zweck des Gesetzes ist die Erleichterung der Privatisierung der von der Treuhandanstalt verwalteten Unternehmen, deren Anteile sich unmittelbar oder mittelbar in der

---

15 Verordnung zu Übergangsregelungen bis zur erstmaligen Wahl der Betriebsräte nach dem Betriebsverfassungsgesetz vom 11.07.1990 (DDR GBl 1990 I, 715). Diese galt auf Grund Anlage II Kap. VIII Abschn. 3 Nr. 4 EinigV bis 30.06.1991 (BGBl. II 1990, 1208).

16 § 30 Nr. 3 Satz 4 Gesetz über die Inkraftsetzung von Rechtsvorschriften der Bundesrepublik Deutschland in der Deutschen Demokratischen Republik vom 21. Juni 1990, DDR GBl I 1990, 357, 362.

17 Schlachter, RdA 1993, 313, 325.

18 Schlachter, RdA 1993, 313, 325.

19 Kap. VIII Sachgebiet A Abschn. III Nr. 12 b der Anlage I zum Einigungsvertrag - BGBl. 1990 II 885, 1023.

20 BGBl. I 1991, 854.

Hand der Treuhandanstalt[21] befinden, durch die Ermöglichung einer schnelleren Realteilung.[22] Das SpTrUG ist unverändert in Kraft.

Das Gesetz sieht in § 1 SpTrUG als mögliche Spaltungsformen sowohl die Aufspaltung als auch die Abspaltung zur Neugründung vor. Nach der gesetzlichen Definition erfolgt die Aufspaltung zur Neugründung unter Auflösung der übertragenen Gesellschaft ohne Abwicklung durch gleichzeitige Übertragung ihrer Vermögensteile jeweils als Gesamtheit auf andere dadurch gegründete neue Gesellschaften, § 1 Satz 2 Nr. 1 SpTrUG. Bei der Abspaltung zur Neugründung besteht die übertragene Gesellschaft fort. Ein oder mehrere Teile des Vermögens dieser Gesellschaft werden als Gesamtheit auf eine oder mehrere neu gegründete Kapitalgesellschaften übertragen, § 1 Satz 2 Nr. 2 SpTrUG.[23]

Ein Übergangsmandat des Betriebsrates hat der Gesetzgeber in § 13 SpTrUG vorgesehen. Diese Norm erfasst die Spaltungen nach dem Spaltungsgesetz nach dessen Inkrafttreten sowie Spaltungen, die unter § 12 SpTrUG fallen und deren Spaltung vor dem Inkrafttreten des Gesetzes in das Handelsregister eingetragen worden ist.[24]

Ziel des Gesetzgebers ist es, den Belegschaften in der kritischen Phase nach Wirksamwerden der Spaltung den Schutz durch die Beteiligungsrechte des Betriebsrates zu sichern.[25]

bb) Voraussetzungen des Übergangsmandates

Voraussetzung für das Übergangsmandat ist die Spaltung eines Betriebes. Das SpTrUG geht vom Betriebsbegriff des BetrVG aus.[26] In § 13 Abs. 1 Satz 1 SpTrUG hat der Gesetzgeber das Übergangsmandat des Betriebsrates für die Betriebsaufspaltung geregelt. Der Betriebsrat bleibt nach der gesetzlichen Regelung im Amt und führt die Geschäfte für die ihm bisher zugeordneten Betriebsteile weiter. Das Übergangsmandat entsteht nicht, wenn die ausgegliederten Betriebsteile in einen Betrieb mit Betriebsrat eingegliedert werden oder nicht mehr betriebsratsfähig im Sinne von § 1 BetrVG sind, § 13 Abs. 1 Satz 1 Halbsatz 2 SpTrUG.

---

21 Seit 01.01.1995 Bundesanstalt für vereinigungsbedingte Sonderaufgaben (BvS).

22 Engels, DB 1991, 966.

23 Engels, DB 1991, 966; Ganske DB 1991, 791.

24 Kübler in FS Merz (1992), 333, 357 ff..

25 Amtliche Begründung BT-Drucks. 12/105, 14 zu § 13; Clemm/*Haritz*, § 13 SpTrUG Rn. 1.

26 Clemm/*Haritz*, § 13 SpTrUG Rn. 3.

Für den Fall der Zusammenfassung von mehreren Betrieben oder Betriebsteilen hat der Gesetzgeber ein Übergangsmandat des Betriebsrates in § 13 Abs. 2 SpTrUG vorgesehen, wenn in einem dieser Betriebsteile ein Betriebsrat besteht. Die Norm enthält gleichzeitig eine Kollisionsregelung für den Fall, dass in mehreren der beteiligten Betriebe oder Betriebsteile ein Betriebsrat besteht. Das Gesetz weist dem Betriebsrat das Übergangsmandat zu, dem nach der Zahl der wahlberechtigten Arbeitnehmer der größte Betriebsteil oder Betrieb zugeordnet ist, § 13 Abs. 2 SpTrUG. Besteht nur in einem Betrieb ein Betriebsrat, so soll dieser das Übergangsmandat wahrnehmen.[27]

Die Zusammensetzung des Betriebsrates bei Ausübung des Übergangsmandates erfolgt nach den allgemeinen Regelungen. Ist ein Betriebsratsmitglied zusammen mit dem abgespaltenen Betriebsteil aus dem Betrieb ausgeschieden, so erlischt seine Mitgliedschaft im Betriebsrat.[28]

cc) Dauer des Übergangsmandates

Das Übergangsmandat entsteht mit dem Wirksamwerden der Spaltung, d. h. Eintragung der Spaltung in das Handelsregister nach § 10 Abs. 1 SpTrUG.[29] Die zeitliche Dauer des Übergangsmandates begrenzt § 13 Abs. 1 S. 2 SpTrUG bis zur Bekanntgabe des Wahlergebnisses der durchzuführenden Neuwahl, längstens bis drei Monate nach Wirksamwerden der Spaltung. Mit dieser Regelung nimmt der Gesetzgeber hin, dass zwischen der Bekanntgabe des Wahlergebnisses und der Konstituierung des neu gewählten Betriebsrates ein betriebsratsloser Zeitraum entstehen kann.[30]

dd) Umfang des Übergangsmandates

Der Gesetzgeber hat in § 13 Abs. 1 S. 1 SpTrUG angeordnet, dass der Betriebsrat die Geschäfte für die ihm bisher zugeordneten Arbeitnehmer weiterführt. Mit der Übernahme der Formulierung des § 22 BetrVG in § 13 Abs. 1 S. 1 SpTrUG stellt der Gesetzgeber klar, dass Aufgabe des Betriebsrates nicht nur die Durchführung von Neuwahlen ist, sondern dieser vielmehr alle Befugnisse eines Betriebsrates ausübt.[31]

---

27 Düwell, AuA 1992, 196, 197.
28 Oetker/Busche, NZA Beilage 1/1991, 18, 24.
29 Engels, DB 1991, 966, 968.
30 Oetker/Busche, NZA Beilage 1/1991, 18, 23; Weidner, AuA 1991, 224, 225.
31 Engels, DB 1991, 966, 968; Weidner, AuA 1991, 224, 225.

ee) Wettbewerbsrechtliche Einschränkung

Für den Fall, dass die Spaltung des Unternehmens dazu führt, dass die hierdurch entstandenen neuen und rechtlich selbstständigen Unternehmen zueinander im Wettbewerb stehen, ist das Übergangsmandat durch § 13 Abs. 3 SpTrUG eingeschränkt. Dies kann der Fall sein, wenn die Spaltung der großen Volkseigenen Betriebe oder Kombinate in kleinere Einheiten dazu führt, dass die neu entstandenen Unternehmen in der gleichen Branche tätig werden und daher im Wettbewerb zueinander stehen können.[32]

Die gesetzliche Regelung ist weit auszulegen.[33] Bereits die abstrakte Möglichkeit der Wettbewerbsbeeinflussung ist ausreichend, eine Suspendierung der Beteiligungsrechte, beschränkt auf das Übergangsmandat, herbeizuführen soweit ein Wettbewerb zwischen den von der Spaltung betroffenen Unternehmen besteht.[34] Von einer Wettbewerbssituation ist auszugehen, wenn diese auf einem einheitlichem Wettbewerbsmarkt nach den Eigenschaften, den wirtschaftlichen Verwendungszwecken und dem Preis vergleichbare Güter anbieten und diese vom Kunden verglichen werden können.[35] Ziel der Regelung ist nach Möglichkeit die Vermeidung der Behinderung von Sanierungsmaßnahmen durch den Betriebsrat.[36]

c) Gesetz zur Regelung offener Vermögensfragen

aa) Zweck des Gesetzes

Das Gesetz zur Regelung offener Vermögensfragen (VermG)[37] regelt die Behandlung von Enteignungen im Beitrittsgebiet zwischen 1933 und 1945 sowie während des Bestehens der DDR. Soweit der Anwendungsbereich eröffnet ist, erfolgt eine Rückübertragung von Vermögen an die früheren Eigentümer nach den besonderen Vorschriften der §§ 6 ff. VermG. Zu diesem Zweck können Unternehmen gemäß § 6b VermG in rechtlich selbstständige Unternehmen oder Betriebsstätten entflochten werden, um die Rückübertragung auf den vorherigen Eigentümer zu ermöglichen. Die Entscheidung hierüber ist durch das Vemögensamt gemäß § 6b

32 Vgl. Engels, DB 1991, 966, 968.

33 Clemm/*Haritz*, § 13 SpTrUG Rn. 7; Oetker/Busche, NZA Beilage 1/1991, 18, 24.

34 Oetker/Busche, NZA Beilage 1/1991, 18, 24; einschränkend Rädler/*Neye* § 13 SpTrUG Rn. 6: nur für Angelegenheiten welche die konkrete Wettbewerbssituation betreffen.

35 So Oetker/Busche, NZA Beilage 1/1991, 18, 25.

36 Clemm/*Haritz*, § 13 SpTrUG Rn. 7.

37 IdF vom 02.12.1994, BGBl. 1994 I, 3610.

Abs. 1 S. 3 i.V.m. § 33 Abs. 3 VermG zu treffen. Die Entflechtung von Unternehmen kann sowohl die Spaltung als auch Zusammenfassung von Betrieben zur Folge haben. Durch das Übergangsmandat wird die Interessenwahrnehmung für die betroffenen Arbeitnehmer durch den Betriebsrat während der Entflechtung gewährleistet.[38] Das Vermögensgesetz ist weiter in Kraft.

bb) Voraussetzungen des Übergangsmandates

Das in § 6b Abs. 9 VermG geregelte Übergangsmandat des Betriebsrates ist erst durch Art. 1 Nr. 8 des Hemmnissebeseitigungsgesetzes[39] in das Vermögensgesetz eingefügt worden. Das Übergangsmandat des Betriebsrates ist beschränkt auf die Entflechtung eines Unternehmens nach § 6b VermG. Bei anderen Formen der Unternehmensrestitution besteht kein Übergangsmandat nach dieser Vorschrift.[40]

Voraussetzung für die Entstehung des Übergangsmandates ist die Entflechtung eines Betriebes, d.h. die gemäß § 6b Abs. 9 S. 1 VermG erfolgende Ausgliederung. In diesem Fall geht § 6b Abs. 9 Satz 1 VermG grundsätzlich davon aus, dass der bestehende Betriebsrat zunächst im Amt bleibt und die Geschäfte bis zur Neuwahl fortführt. Voraussetzung hierfür ist, dass der abgespaltene Betrieb oder Betriebsteil betriebsratsfähig nach § 1 BetrVG ist und nicht in einen Betrieb mit bestehendem Betriebsrat eingegliedert wird.[41]

Das Übergangsmandat entsteht sowohl bei der Zusammenfassung von Betriebsteilen zu einem Betrieb als auch bei der Zusammenfassung von Betrieben, § 6b Abs. 9 S. 4 VermG. Der Betriebsrat mit der höchsten Anzahl an zugeordneten Arbeitnehmern nimmt das Übergangsmandat wahr, § 6b Abs. 9 S. 3 VermG.

Weitere Voraussetzung für das Übergangsmandat ist neben der Entflechtung nach § 6b VermG die anschließende getrennte Führung der Betriebe.[42] Erfolgt dagegen nach der gesellschaftsrechtlichen Entflechtung eine gemeinsame Fortführung der gespaltenen Betriebe im Rahmen eines Gemeinschaftsbetriebes, entsteht kein Übergangsmandat.[43] Ebenso entsteht kein Übergangsmandat, wenn im Rahmen der Entflechtung vollständige Betriebe übertragen werden.[44]

---

38 BT-Drucks. 12/449, 11 ff.; Clemm/*Wellhöfer*, § 6b VermG Rn. 48.

39 Gesetz vom 22.03.1991, BGBl. 1991 I, 766, 772.

40 Säcker/*Oetker*, § 16 VermG Anh. I Rn. 151.

41 Clemm/*Wellhöfer*, § 6b VermG Rn. 48.

42 Säcker/*Oetker*, § 16 VermG Anh. I Rn. 148.

43 Säcker/*Oetker*, § 16 VermG Anh. I Rn. 147.

44 Fieberg/*Seegmüller*, § 6b VermG Rn. 69.

cc) Dauer des Übergangsmandates

Das Übergangsmandat beginnt mit Wirksamwerden der Entflechtung. Maßgeblich ist die Unanfechtbarkeit des Entflechtungsbescheides der zuständigen Verwaltungsbehörde gemäß § 6b Abs. 7 VermG.[45] Es endet mit Bekanntgabe des Wahlergebnisses der Betriebsratswahlen, spätestens jedoch drei Monate nach Wirksamwerden der Entflechtung gemäß § 6b Abs. 9 S. 2 VermG.

Für den Zeitraum zwischen Bekanntgabe des Wahlergebnisses und Konstituierung des neu gewählten Betriebsrates nimmt der Gesetzgeber die Möglichkeit einer betriebsratslosen Zeit hin.[46]

dd) Umfang des Übergangsmandates

Der Betriebsrat ist sowohl für die zu entflechtenden Betriebe bzw. Betriebsteile zuständig, als auch für den zu restituierenden Betriebsteil.[47] Im Fall einer konkurrierenden Zuständigkeit ist derjenige Betriebsrat für die Wahrnehmung des Übergangsmandates zuständig, dem die nach ihrer Zahl größte Anzahl von Arbeitenehmern im neuen Betrieb zugeordnet ist, § 6b Abs. 9 S. 4 VermG.

Das Übergangsmandat dient der Kontinuität der betriebsverfassungsrechtlichen Vertretung und nicht der Amtskontinuität.[48] Im Rahmen des Übergangsmandates übt der Betriebsrat uneingeschränkt die betriebsverfassungsrechtlichen Kompetenzen aus.[49] Dies schließt insbesondere den Abschluss von Betriebsvereinbarungen für den abgespaltenen Betriebsteil mit ein.[50] Umstritten ist die Weitergeltung der im Ursprungsbetrieb bestehenden Betriebsvereinbarungen im abgespaltenen Betriebsteil. Hierzu wird eine ausdrückliche gesetzliche Anordnung gefordert.[51]

ee) Wettbewerbsrechtliche Einschränkungen

Vergleichbar der Regelung in § 13 Abs. 3 SpTrUG schränkt § 6b Abs. 9 S. 5 VermG die Beteiligungsrechte des Betriebsrates in dem Fall ein, dass die an der Entflechtung beteiligten Unternehmen zueinander im Wettbewerb stehen.

---

45 Säcker/*Oetker*, § 16 VermG Anh. I Rn. 154.

46 Oetker/Busche, NZA Beilage 1/1991, 18, 23; Weidner, AuA 1991, 224, 225.

47 BT-Druck 12/255, 17; Fieberg/*Seegmüller*, VermG, § 6b Rn. 70.

48 Säcker/*Oetker*, § 16 VermG Anh. I Rn. 160.

49 Fitting, 17. Aufl., § 21 Rn. 54.

50 Säcker/*Oetker*, § 16 VermG Anh. I Rn. 156; Weidner, AuA 1991, 224, 225.

51 Säcker/*Oetker*, § 16 VermG Anh. I Rn. 139.

Eine Wettbewerbssituation liegt vor, wenn die an der Entflechtung beteiligten Unternehmen auf einem einheitlichen Wettbewerbsmarkt Güter oder Dienstleistungen anbieten, die nach ihren Eigenschaften, dem wirtschaftlichem Verwendungszweck und ihrem Preis von potenziellen Kunden verglichen werden können.[52]

Das Übergangsmandat wird suspendiert für alle unternehmerischen Entscheidungen, die unmittelbar oder mittelbar den Wettbewerb beeinflussen können.[53] Dies ist bereits bei der abstrakten Möglichkeit einer Wettbewerbsrelevanz einer Angelegenheit gegeben.[54] Ausreichend hierfür ist eine Wettbewerbssituation zwischen zwei abgespaltenen Betriebsteilen.[55] In diesem Fall kann der Betriebsrat seine Beteiligungsrechte für den übertragenen Betrieb nicht ausüben.[56]

d) Zwischenergebnis

Im Rahmen der deutschen Wiedervereinigung hat der Gesetzgeber die Notwendigkeit erkannt, Umstrukturierungen von Unternehmen zu erleichtern. Dies hat jedoch auch zu Gefahren für die betroffenen Arbeitnehmer geführt. Aus diesem Grund hat der Gesetzgeber sowohl im SpTrUG als auch im VermG ein Übergangsmandat des Betriebsrates mit allen Rechten des BetrVG vorgesehen, um den Schutz der Arbeitnehmer während der Umstrukturierung sicherzustellen. Dieser Schutz wird nur dort eingeschränkt, wo es auf Grund einer Wettbewerbssituation der entstandenen Unternehmen erforderlich ist. Sowohl das SpTrUG als auch das VermG sind unverändert in Kraft. Ihre praktische Relevanz kann heute jedoch vernachlässigt werden.

2. Privatisierung von Staatsbetrieben

a) Vorbemerkung

Der Staat hat, beginnend mit der Deutschen Bahn, staatseigene Betriebe zunehmend privatisiert. Diese Privatisierungen haben sich auf die bestehenden betrieblichen Arbeitnehmervertretungen ausgewirkt.

---

52 Vgl. Oetker/Busche, NZA Beilage 1/1991, 18, 25.

53 Rädler/*Barkam* § 6b VermG Rn. 28; Säcker/*Oetker* § 16 VermG Anh. I Rn. 165.

54 Säcker/*Oetker* § 16 VermG Anh. I Rn. 163 ff..

55 Oetker/Busche, NZA Beilage 1/1991, 18, 25.

56 Säcker/*Oetker* § 16 VermG Anh. I Rn. 169; weitergehend Fieberg/*Seegmüller* § 6b VermG Rn. 74 der die Beteiligungsrechte auch im zu entflechtenden Unternehmen suspendieren will.

Das Betriebsverfassungsgesetz gilt nach § 130 BetrVG nur für Betriebe, deren Inhaber natürliche oder juristische Personen des Privatrechtes sind. Auf die öffentliche Verwaltung und deren Eigenbetriebe findet dagegen gemäß § 1 BPersVG das Bundespersonalvertretungsgesetz oder die Personalvertretungsgesetze der Länder Anwendung. Mit dem Wirksamwerden der Privatisierung verliert der bisherige Personalrat daher sein Mandat. Stattdessen ist ein Betriebsrat nach den Vorschriften des Betriebsverfassungsgesetzes zu bilden.[57] Während der Dauer des Wahlverfahrens nach dem BetrVG besteht keine betriebliche Interessenvertretung. Zur Vermeidung dieser Schutzlücke in der betrieblichen Interessenvertretung bei Privatisierungen hat der Gesetzgeber einzelgesetzlich Übergangsmandate für Personalräte geschaffen.

b) Deutsche Bahn – Gründungsgesetz

aa) Zweck des Gesetzes

Im Rahmen der Neuordnung der Deutschen Bundesbahn und der Deutschen Reichsbahn wurden beide zunächst in einem nicht rechtsfähigen Sondervermögen des Bundes, dem Bundeseisenbahnvermögen zusammengefasst.[58] Aus dem Bundeseisenbahnvermögen wurde der unternehmerische Teil ausgegliedert und auf die neu gegründete Deutsche Bahn AG übertragen. Mit Überführung in die Deutsche Bahn AG sind die Personalräte untergegangen, so dass ohne gesetzliche Regelung eines Übergangsmandates eine betriebsratslose Zeit bis zur Neuwahl eines Betriebsrates eingetreten wäre.

bb) Fortbestand der Personalräte

Der Gesetzgeber hat in § 15 Abs. 1 Deutsche Bahn Gründungsgesetz (DBGrG) den Fortbestand der örtlichen Personalräte angeordnet. Ab dem Zeitpunkt des Übergangs auf die Deutsche Bahn AG galten diese als Betriebsräte.[59] Die Rechte und Pflichten haben sich ab diesem Zeitpunkt gemäß § 15 Abs. 1 S. 2 DBGrG nach dem Betriebsverfassungsgesetz bestimmt.

---

57 Engels/Mauß-Trebinger, RdA 1997, 217, 220.

58 Gesetz vom 27.12.1993, BGBl. 1993 I, 2378.

59 Altvater/*Bacher*, BPersVG 4. Aufl., Anhang III Abschn. C § 15 DBGrG Rn. 5; Lorenzen, PersV 1994, 145, 152.

Im Zusammenhang mit dem Übergang der Dienststellen auf die Deutsche Bahn AG sind Spaltungen oder Zusammenfassungen von Dienststellen oder Teilen einer Dienststelle erfolgt. Für diese Fälle hat § 15 Abs. 2 S. 1 DBGrG die Festlegung des zuständigen, das Übergangsmandat wahrnehmenden Personalrates durch Tarifvertrag vorgesehen. Auf Grund dieser Vorschrift wurden durch Tarifverträge insgesamt 727 betriebsratsfähige Einheiten geschaffen.[60] Soweit ein Tarifvertrag zur Regelung des zuständigen Personalrates für die Wahrnehmung des Übergangsmandates nicht zu Stande gekommen ist, hat sich der zuständige Personalrat für die Wahrnehmung des Übergangsmandates aus § 15 Abs. 2 S. 2, § 20 Abs. 1 und 2 DBGrG ergeben. Danach hat der Personalrat das Übergangsmandat wahrgenommen, der die größte Anzahl an Wahlberechtigten vertreten hatte.

Nach den Regelungen des Deutsche Bahn Gründungsgesetzes erfolgte eine weitere Ausgliederung von gemäß § 25 DBGrG gebildeten Bereichen auf neu gegründete Aktiengesellschaften, § 2 Abs. 1 DBGrG. Führte dies zu einer Spaltung eines Betriebes, so übte dessen Betriebsrat gemäß § 20 DBGrG ein weiteres Übergangsmandat aus, soweit die Voraussetzungen des § 1 BetrVG vorlagen und keine Eingliederung in einen Betrieb mit Betriebsrat erfolgte. Die Regelung des § 20 DBGrG ist durch Art. 5 des BetrVG-Reformgesetzes zum 27.07.2001 aufgehoben worden.

cc) Inhalt des Übergangsmandates

§ 15 Abs. 1 S. 1 DBGrG hat angeordnet, dass die Personalräte bei Übergang der Dienststelle als Betrieb oder Betriebsteil auf die Deutsche Bahn AG als Betriebsräte galten und übergangsweise die Rechte und Pflichten nach dem Betriebsverfassungsgesetz ausübten. Es handelte sich um ein Vollmandat mit allen Rechten und Pflichten aus dem Betriebsverfassungsgesetz.[61]

Das Übergangsmandat in § 20 DBGrG war dagegen ein Vollmandat des Betriebsrates und inhaltlich dem Übergangsmandat des § 13 SpTrUG nachgebildet.[62]

dd) Dauer des Übergangsmandates

Das Übergangsmandat nach § 15 DBGrG begann mit dem Zeitpunkt des Übergangs der Dienststellen auf Betriebe oder Betriebsteile der Deutschen Bahn AG und endete mit Bekanntgabe des Wahlergebnisses der durchzuführenden

---

60 Frohner, PersR 1995, 99, 103.

61 Engels/Müller/Mauß, DB 1994, 473, 476.

62 BR-Drucks. 131/93, 90.

Betriebsratswahl, spätestens drei Monate nach dem Zeitpunkt des Übergangs auf die Deutsche Bahn AG gemäß § 15 Abs. 1 S. 3 DBGrG.

Das Übergangsmandat des Betriebsrates nach § 20 DBGrG war ebenfalls bis zur Bekanntgabe des Wahlergebnisses, längstens jedoch auf drei Monate nach Wirksamwerden der Ausgliederung beschränkt.

c) Postpersonalrechtsgesetz

aa) Zweck des Gesetzes

Die öffentlichen Unternehmen Deutsche Bundespost POSTDIENST, Deutsche Bundespost TELEKOM und Deutsche Bundespost POSTBANK wurden zum 01.01.1995 durch den Gesetzgeber jeweils in Aktiengesellschaften umgewandelt.[63] Als Art. 4 dieses Gesetzes wurde das Postpersonalrechtsgesetz verabschiedet, mit dem das Personalrecht der Beschäftigten der früheren Deutschen Bundespost geregelt wurde.[64] Die Eintragung der neuen Aktiengesellschaften in das Handelsregister erfolgte zum 02.01.1995. Seit diesem Zeitpunkt gilt gemäß § 24 Abs. 1 PostPersRG das BetrVG.

bb) Wahrnehmung des Übergangsmandates

Nach den §§ 24 Abs. 1, 25 Abs. 1 PostPersRG nahmen die vorherigen Personalräte die Aufgaben der Betriebsräte wahr. Ihnen wurden nicht die Rechte und Pflichten nach dem BetrVG übertragen. Im Gegensatz zu den Personalräten der Deutschen Bahn wurden diese nicht zu Betriebsräten.[65] Die Aufgabenwahrnehmung der Betriebsräte wurde den örtlichen Personalräten, die Wahrnehmung der Aufgaben des Gesamtbetriebsrates den Hauptpersonalräten durch § 25 Abs. 1 S. 1 PostPersRG übertragen. Daher konnten die Übergangspersonalräte keinen Gesamtbetriebsrat bilden.[66]

Zum Zeitpunkt der Eintragung ins Handelsregister förmlich eingeleitete Beteiligungsverfahren als auch sonstige Personalvertretungsangelegenheiten wurden

63 Art. 3 § 1 des Gesetzes zur Neuordnung des Postwesens und der Telekommunikation vom 14.09.1994 (BGBl. 1994 I, 2325, 2340).

64 Art. 4 des Gesetzes zur Neuordnung des Postwesens und der Telekommunikation vom 14.09.1994 (BGBl. 1994 I, 2325, 2353).

65 Altvater/*Bacher*, BPersVG 4. Aufl., Anhang IV Abschn. C § 25 PostPersRG Rn. 5.

66 Engels/Mauß-Trebinger, RdA 1997, 217, 221.

nach § 25 Abs. 2 PostPersRG entsprechend den Vorschriften des Bundespersonalvertretungsgesetzes zu Ende geführt.[67] Dienstvereinbarungen galten gemäß § 25 Abs. 3 PostPersRG für die Dauer von maximal 24 Monaten ab Eintragung als Betriebsvereinbarung, soweit sie nicht zwischenzeitlich durch andere Vorschriften ersetzt wurden.

cc) Dauer des Übergangsmandates

Die Personalräte haben ab Eintragung der Aktiengesellschaft in das Handelsregister am 02.01.1995 die Aufgaben der Betriebsräte wahrgenommen. Das Übergangsmandat endete mit Bekanntgabe des Wahlergebnisses der neu gewählten Betriebsräte, spätestens gemäß § 25 Abs. 1 S. 2 PostPersRG 24 Monate nach Eintragung der Aktiengesellschaften in das Handelsregister.

Nach § 25 Abs. 1 S. 3 PostPersRG hat das Übergangsmandat der Hauptpersonalräte geendet, wenn mindestens 50 Prozent der Arbeitnehmer und Beamten der jeweiligen Aktiengesellschaft Betriebsräte gewählt haben und das Wahlergebnis bekannt gegeben worden war. Ab diesem Zeitpunkt konnte durch die gewählten Betriebsräte ein Gesamtbetriebsrat gebildet werden, in den die noch bestehenden Personalräte ebenfalls Mitglieder entsenden konnten.[68]

Die Jugend- und Auszubildendenvertretung nahm ebenfalls Aufgaben nach dem Betriebsverfassungsgesetz war. Die Regelungen für die Personalräte wurden in § 25 Abs. 1 S. 4 PostPersRG für die Jugend- und Auszubildendenvertretung daher entsprechend für anwendbar erklärt.

d) Deutsche Genossenschaftsbank – Umwandlungsgesetz

Die Deutsche Genossenschaftsbank wurde durch Gesetz vom 13.08.1998 rückwirkend zum 01.01.1998 in eine Aktiengesellschaft umgewandelt.[69] Zur Begründung wurde im Gesetzesentwurf angeführt, dass die Deutsche Genossenschaftsbank sich am Markt behauptet habe, so dass sie einer staatlichen Beteiligung und der öffentlichen Rechtsform nicht mehr bedürfe.[70]

---

67 BayVGH 05.04.1995 Az. 18 P 94.4087, PersR 1995, 387 ff.; 05.04.1995 – Az. 18 P 94.4196, PersR 1995, 346 ff..

68 Engels/Mauß-Trebinger, RdA 1997, 217, 221.

69 Gesetz zur Umwandlung der Deutschen Genossenschaftsbank vom 13.08.1998 (BGBl. 1998 I, 2102 ff.).

70 BT-Drucks. 13/10366 vom 03.04.1998.

Der Gesetzgeber legte in § 14 Abs. 1 S. 1 DG Bank-UmwG fest, dass die bisherigen Personalräte die Aufgaben der Betriebsräte wahrnehmen und der Gesamtpersonalrat die Aufgaben des Gesamtbetriebsrates übernimmt. Förmlich eingeleitete Verfahren wurden unter Anwendung des Bundespersonalvertretungsgesetzes gemäß § 14 Abs. 2 DG Bank-UmwG zu Ende geführt.

Gemäß § 14 Abs. 3 DG Bank-UmwG galten bestehende Dienstvereinbarungen unbefristet als Betriebsvereinbarungen weiter.

Das Übergangsmandat der Personalräte hat mit Verkündung des Gesetzes begonnen. Es endete mit Bekanntgabe der Wahlergebnisse der Wahl zu den Betriebsräten, spätestens am 31.05.2000 gemäß § 14 Abs. 1 S. 2 DG Bank-UmwG. Das Übergangsmandat des Gesamtpersonalrates hat mit Bekanntgabe der Wahlergebnisse in mindestens zwei Betrieben oder Betriebsteilen, in denen mindestens 50 Prozent der Arbeitnehmer beschäftigt waren, gemäß § 14 Abs. 1 S. 3 DG Bank-UmwG geendet.

Die Jugend- und Auszubildendenvertretung als auch die Gesamtjugend- und Auszubildendenvertretung haben gemäß § 14 Abs. 1 S. 4 DG Bank-UmwG ebenfalls bis zu ihrer Neuwahl in entsprechender Anwendung des § 14 Abs. 1 S. 1 bis 3 DG Bank-UmwG die Rechte aus dem Betriebsverfassungsrecht wahrgenommen.

e) Zwischenergebnis

Der Gesetzgeber hat bei der Ausgestaltung von Übergangsmandaten für Personalräte unterschiedliche Modelle gewählt. Während bei der Privatisierung der Deutschen Bundesbahn die Personalräte in Abweichung von den Regelungen des § 130 BetrVG als auch des § 1 BPersVG bis zur Neuwahl kraft Gesetzes zu Betriebsräten geworden sind, wurden bei der Privatisierung der Teilunternehmen der Deutschen Bundespost als auch der Deutschen Genossenschaftsbank den Personalräten lediglich die Wahrnehmung der Rechte und Pflichten eines Betriebsrates aus dem Betriebsverfassungsgesetz übertragen. Diese wurden nicht zu Betriebsräten.

Auch hinsichtlich der Weitergeltung von Dienstvereinbarungen ist der Gesetzgeber unterschiedliche Wege gegangen. Während sich im DB-Gründungsgesetz keine Regelungen hierzu finden, sah das PostPersRG eine Fortgeltung für die Dauer von maximal 24 Monaten vor. Dem gegenüber gelten die Dienstvereinbarungen nach Umwandlung der Deutschen Genossenschaftsbank in eine Aktiengesellschaft unbefristet weiter.

Dies zeigt, dass der Gesetzgeber bei der Privatisierung von Staatsunternehmen jeweils eine Einzelfalllösung vornimmt. Generalisierende Aussagen sind daher nicht möglich.

3. Umwandlungsgesetz[71]

a) Zweck des Gesetzes

Im Jahr 1994 wurde das Umwandlungsrecht neu geregelt.[72] Im Rahmen der Reformierung des Umwandlungsgesetzes (UmwG) sollte die Lücke im kollektiven Schutz der Arbeitnehmerinteressen geschlossen werden, die bei einem Wegfall der betrieblichen Identität entsteht.[73] Zu diesem Zweck sah § 321 UmwG a.F.[74] ein Übergangsmandat des Betriebsrates vor. Dieses Übergangsmandat führte bei bestimmten umwandlungsbedingten Organisationsänderungen auf betrieblicher Ebene zu einer gegenständlichen Ausdehnung der Kompetenzen des für den Ausgangsbetrieb gewählten Betriebsrates.[75]

b) Voraussetzungen des Übergangsmandates

Ein Übergangsmandat des Betriebsrates nach § 321 UmwG a.F. war zum einen bei der Betriebsspaltung, zum anderen bei der Zusammenfassung von Betriebsteilen und Betrieben im Anwendungsbereich des Umwandlungsgesetzes vorgesehen.

Unter der Spaltung eines Betriebes im Sinne des Umwandlungsgesetzes ist dessen Teilung in rechtlicher und tatsächlicher Hinsicht dergestalt zu verstehen, dass über die Zuordnung auf verschiedene Rechtsträger hinaus auch eine Auflösung der vor Spaltung bzw. Teilübertragung einheitlichen Betriebsorganisation in verschiedene Organisationseinheiten stattfindet.[76] In diesem Fall entstand ein Übergangsmandat des bisherigen Betriebsrates nach § 321 Abs. 1 UmwG a.F., wenn der auf diese Weise verselbstständigte Betrieb oder Betriebsteil die Voraussetzungen des § 1 BetrVG erfüllte und nicht in einen Betrieb eingegliedert wurde, in dem bereits ein Betriebsrat existierte.

Wurden verschiedenen Betrieben zugeordnete Betriebsteile nach § 321 Abs. 2 S. 1 UmwG a.F. zu einem Betrieb oder zuvor selbstständige Betriebe zu einem

71 Zuletzt geändert durch Art. 2 Ab 48 Gesetz zur Änderung der Vorschriften über Verkündung und Bekanntmachungen und der ZPO, des EGZPO und der AO vom 22.12.2011, BGBl.. 2011 I, 3044.

72 BGBl. 1994 I, 3210.

73 Lutter/*Joost*, § 321 UmwG Rn. 3.

74 § 321 UmwG a.F. aufgehoben durch Art. 3 BetrVerf-Reformgesetz zum 23.07.2001, BGBl.. 2001 I, 1852.

75 Boecken, Unternehmensumwandlungen, Rn. 358.

76 Lutter/*Joost*, § 321 UmwG Rn. 14; Boecken, Unternehmensumwandlungen, Rn. 364; ausführlicher zum Spaltungsbegriff siehe unten Kap. 3 Ziffer II 1 a (1).

neuen Betrieb gemäß § 321 Abs. 2 S. 2 UmwG a.F. zusammengefasst, entstand ebenfalls ein Übergangsmandat. Voraussetzung war, dass der Zusammenschluss im Rahmen einer Rechtsträgerspaltung oder -teilübertragung erfolgte.[77] Die gesetzliche Kollisionsregel sah bei Beteiligung mehrerer Betriebsräte vor, dass der Betriebsrat das Übergangsmandat wahrnahm, dem der nach Zahl der wahlberechtigten Arbeitnehmer größte Betriebsteil zugeordnet war, § 321 Abs. 2 UmwG a.F.

c) Dauer des Übergangsmandates

Das Übergangsmandat begann mit Wirksamwerden der Spaltung bzw. Zusammenlegung. Dies war gemäß §§ 20 Abs. 1, 131 Abs. 1 UmwG die Eintragung in das Handelsregister. Es endete mit Bekanntgabe des Wahlergebnisses, spätestens jedoch sechs Monate nach Wirksamwerden der Spaltung oder Teilübertragung gemäß § 321 Abs. 1 S. 3 UmwG a.F.

d) Inhalt des Übergangsmandates

Im Rahmen des Übergangsmandates hatte der Betriebsrat die Amtsgeschäfte im vollen Umfang weitergeführt. Er war verpflichtet, unverzüglich durch die Bestellung von Wahlvorständen Neuwahlen einzuleiten.[78] Der Betriebsrat ist bei der Wahrnehmung des Übergangsmandates keinen Einschränkungen unterlegen. Er hat alle Mitwirkungswirkungs- und Mitbestimmungsrechte nach dem BetrVG wahrgenommen und war insbesondere zum Abschluss von Betriebsvereinbarungen berechtigt.[79]

Hinsichtlich des Ausgangsbetriebes ist der Betriebsrat unverändert im Amt geblieben. Im Ausgangsbetrieb hat gegebenenfalls die Verpflichtung zur Durchführung von Neuwahlen gemäß § 13 Abs. 2 BetrVG bestanden.[80]

II. Europarechtliche Entwicklung

Die Rechtsentwicklung im deutschen Arbeitsrecht wird zwischenzeitlich maßgeblich durch Rechtsakte der Europäischen Union beeinflusst. Dies gilt auch hinsichtlich der Entwicklung eines Übergangsmandates auf europarechtlicher Ebene.

77 Boecken, Unternehmensumwandlungen, Rn. 372.
78 Trittin, AiB 1996, 349, 350.
79 Bachner, AuA 1996, 217, 221.
80 Kreßel, BB 1995, 925, 927.

Die Betriebsübergangsrichtlinie 77/187/EWG sah zunächst diesbezüglich keinerlei Regelungen vor. Der europäische Normgeber hat mit der Novellierung dieser Richtlinie durch die Richtlinie 98/50/EG zum Schutz der Arbeitnehmer während der Umstrukturierung die Forderung nach einem Fortbestand der betrieblichen Interessenvertretung mit aufgenommen.

1. Richtlinie 77/187/EWG – Betriebsübergangsrichtlinie

Mit der Richtlinie 77/187/EWG vom 14.02.1977[81] sollten die Arbeitnehmer bei einem Inhaberwechsel durch Übergang von Unternehmen, Betrieben oder Betriebsteilen geschützt werden.[82] In Art. 5 der Richtlinie war daher vorgesehen, dass die Rechtsstellung der Vertreter oder Vertretung der von einem Betriebsübergang betroffenen Arbeitnehmer erhalten bleibt, wie sie in den Rechts- und Verwaltungsvorschriften der Mitgliedstaaten vorgesehen ist, wenn der Betrieb seine Selbstständigkeit behält.

Dies sollte gemäß Art. 5 Abs. 1 UAbs. 2 Richtlinie nicht gelten, wenn gemäß dem Recht der Mitgliedstaaten die Bedingungen für die Neubestellung der Vertreter der Arbeitnehmer oder die Neubildung der Arbeitnehmervertretung erfüllt sind.

Die Richtlinie 77/187/EWG enthielt somit Regelungen nur hinsichtlich des Fortbestandes der Arbeitnehmervertretung für den Fall, dass der übergehende Betrieb seine Selbstständigkeit behalten hat. Eine Sicherung des Bestandes der Arbeitnehmervertretung für alle anderen Fälle sah die Richtlinie jedoch nicht vor.

2. Richtlinie 98/50/EG[83]

Mit der Richtlinie 98/50/EG vom 29.06.1998[84] wurde die Richtlinie 77/187/EWG geändert. In Art. 5 Abs. 1 wurde Unterabsatz 4 eingefügt, der klargestellte, dass ein Verlust der Selbstständigkeit des übergehenden Betriebes bzw. Betriebsteiles nicht zu einem Entfall des betriebsverfassungsrechtlichen Schutzes der, vom Betriebsübergang betroffenen Arbeitnehmer führen darf. Diese Regelung enthält

81 ABl EG Nr. L 61 vom 05.03.1977, 26.
82 Begründung der Richtlinie 77/187/EWG ABl EG Nr. L 61, 26.
83 Zwischenzeitlich ersetzt durch RL 2001/23/EG, ABl EG L 82 vom 22.03.2001, 16 ff., vgl. Kap. 2 Ziff. I.
84 ABl EG Nr. L 201 vom 17.07.1998, 88.

eine Verpflichtung der Mitgliedstaaten, ein Übergangsmandat für die bestehende Arbeitnehmervertretung vorzusehen, wenn ein Betrieb nach einem Übergang ansonsten über keine eigene Arbeitnehmervertretung mehr verfügen würde.[85] Die Umsetzung hatte gemäß Art. 2 RL 98/50/EG bis 17.07.2001 zu erfolgen.

3. Ergebnis

Der Europäische Normgeber sieht ein Übergangsmandat für alle Fälle des Übergangs von Betrieben oder Betriebsteilen auf einen Erwerber vor. Umstrukturierungen innerhalb eines Unternehmens, die zum Verlust des Betriebsrates führen können, sind dagegen vom Anwendungsbereich der Richtlinie nicht erfasst. Soweit ein Übergangsmandat nach der Richtlinie vorgesehen ist, haben die Mitgliedstaaten sicherzustellen, dass im Rahmen des Übergangsmandates die Arbeitnehmer durch die gleichen Regelungen geschützt werden, wie dies im regulären Mandat der Fall ist.

III. Die Diskussion über ein allgemeines Übergangsmandat

Die vorstehend aufgeführten Normen haben in der Literatur einen vielfältigen Widerhall gefunden. Teilweise wurden die Normen zur Begründung eines allgemeinen Übergangsmandates außerhalb der gesetzlichen Regelungen herangezogen. Von anderen wurden die gesetzlichen Regelungen als nicht ausreichend oder geeignet angesehen, ein allgemeines Übergangsmandat des Betriebsrates zu begründen.

1. Ablehnung eines Übergangsmandates

Das Bundesarbeitsgericht hat sich der Forderung nach Schaffung eines allgemeinen Übergangsmandates des Betriebsrates bei betrieblichen Umstrukturierungen nicht angeschlossen. In seiner Entscheidung vom 23.11.1988 hat es eine Übertragung seiner Rechtsprechung zum Restmandat auf den Sachverhalt des Wegfalls

85 Widlak, ZIP 1998, 1328, 1329.

des Betriebsrates wegen Umstrukturierung abgelehnt.[86] Nach seiner Auffassung war eine Ausdehnung des Betriebsratsmandates über § 22 BetrVG hinaus nicht möglich. Zwar sei § 22 BetrVG grundsätzlich analogiefähig, die Analogie setze jedoch zwingend den Fortbestand der Betriebsidentität voraus. Darüber hinaus räumten §§ 22 i. V. m. 13 Abs. 2 Nr. 1 bis 3 BetrVG dem Betriebsrat keine betriebsübergreifenden Befugnisse ein. Der § 22 BetrVG regele allein die zeitliche Ausdehnung des Betriebsratsmandates, nicht jedoch eine gegenständliche Ausdehnung. Der in § 22 BetrVG zum Ausdruck kommende Grundsatz der Amtskontinuität beziehe sich allein auf die zeitliche Ausdehnung.[87] Nach der Auffassung des Bundesarbeitsgerichtes knüpfe das Mandat des Betriebsrates an die Identität des Betriebes an. Dies sah das Bundesarbeitsgericht als zwingendes betriebsverfassungsrechtliches Prinzip an.[88] Eine Ausdehnung der Rechtsprechung zum Restmandat auf diesen Sachverhalt hielt es durch den Schutzzweck des BetrVG daher nicht für geboten.[89] Diese Rechtsprechung des Bundesarbeitsgerichtes erfuhr Zustimmung in Teilen der Literatur.[90]

2. Forderungen nach Anerkennung eines Übergangsmandates

Die Auffassung des Bundesarbeitsgerichtes wurde jedoch von weiten Teilen der Literatur kritisch aufgenommen. Zum Schutz der Arbeitnehmer wurde ein Übergangsmandat des Betriebsrates als wesentlich angesehen. Die Forderung nach Anerkennung eines allgemeinen Übergangsmandates wurde dabei auf verschiedene Gesichtspunkte gestützt.

a) Analogie zu § 22 BetrVG

Das Bundesarbeitsgericht geht grundsätzlich von der Analogiefähigkeit des § 22 BetrVG aus.[91] Nach seiner Auffassung stehe der Ausnahmecharakter der Vorschrift

---

86 BAG 23.11.1988 - Az. 7 AZR 121/88, BAGE 60, 191, 200 f..

87 BAG 23.11.1988 - Az. 7 AZR 121/88, BAGE 60, 191, 201; LAG Hamburg 19.08.1991 - Az. 5 TaBV 9/91, DB 1992, 587.

88 BAG 23.11.1988 – Az. 7 AZR 121/88, BAGE 60, 191, 198; 28.09.1988 - Az. 1 ABR 37/87, BAGE 59, 371, 375.

89 LAG Hessen 01.09.1988 - Az. 12 TaBVGa 155/88, DB 1989, 184.

90 Wiese in FS Gaul (1992), 553, 574; Kreßel, DB 1989, 1623, 1625.

91 BAG 18.08.1982 - Az. 7 AZR 437/80, BAGE 40, 42, 45 f..

einer Analogie nicht entgegen. In den Grenzen des Grundgedankens der Vorschrift hält es eine Analogie für statthaft.[92]

Gestützt auf diese Argumentation des Bundesarbeitsgerichtes zu § 22 BetrVG wurde daher die Auffassung vertreten, dass der Betriebsrat die Amtsgeschäfte im Falle einer Betriebsspaltung auch für den abgespaltenen Teil bis zu einer Neuwahl weiterführe.[93] Bereits das Reichsarbeitsgericht habe die Notwendigkeit anerkannt, dass im Falle eines Zusammenschlusses von Betrieben der bestehende Betriebsrat sein Amt bis zur notwendigen Neuwahl fortführe.[94]

Hieraus wurde die Folgerung gezogen, dass sowohl bei einer Abspaltung, als auch der Neubildung eines Betriebes dem bisherigen Betriebsrat ein Übergangsmandat zustehen muss.[95] Die Fortführung der Amtsgeschäfte bis zu einer Neuwahl sei durch § 22 BetrVG legitimiert.[96] Dies folge aus dem vom Bundesarbeitsgericht aufgestellten[97] und allgemein anerkannten Grundsatz der lückenlosen Kontinuität der betriebsverfassungsrechtlichen Vertretung.[98] Diesen habe der Gesetzgeber für konkrete Regelungsgegenstände zeitlich begrenzt anerkannt.[99] Zugleich werde damit auch dem Funktionsschutz Rechnung getragen. Die Erstreckung der Zuständigkeit des Betriebsrates auf außerhalb des Betriebes stehende Arbeitnehmer sei vergleichbar mit einer Betriebsratswahl unter Verkennung des Betriebsbegriffes.[100]

Die Ablehnung eines Übergangsmandates würde die Arbeitnehmer und den Betriebsrat kollektivrechtlich der Manipulation und der Willkür, insbesondere des neuen Arbeitgebers, ausliefern.[101] Zum Schutz der Arbeitnehmer sei diesen Missbrauchsmöglichkeiten ein Übergangsmandat des bisher zuständigen Betriebsrates entgegen zu stellen.[102]

---

92 BAG 18.08.1982 - Az. 7 AZR 437/80, BAGE 40, 42, 45 f..

93 LAG Hamm 14.02.1990 - Az. 3 TaBV 141/89, AiB 1991, 26; Engels, DB 1991, 966; Biebl, ArbuR 1990, 307, 313 f.; Klevemann, Anmerkung zu BAG 23.11.1988 – Az. 7 ABR 121/88, ArbuR 1989, 354, 360.

94 RAG 11.11.1931 – Az. 205/31, ARS 13, 435, 439 f.; 15.02.1928 – Az. 13/27, RAGE 1, 195, 197 f..

95 Däubler, 3. Aufl., § 21 Rn. 39f m.w.N..

96 Metzke, ArbuR 1986, 78, 81.

97 BAG 20.10.1954 - Az. 1 ABR 11/54, BAGE 1, 114, 116.

98 ArbG Hamburg 21.03.1986 - Az. 23 BV 14/84, ArbuR 1985, 348 f.; Vogelsang, DB 1990, 1329, 1333.

99 Däubler, 7. Aufl., § 21 Rn. 68a.

100 Trümner, BetrR 1990, 90, 92.

101 So LAG Hamm 14.02.1990 - Az. 3 TaBV 141/89, DB 1990, 2530.

102 Klevemann, ArbuR 1989, 354, 359.

Dem Bundesarbeitsgericht wurde weiter entgegen gehalten, dass es unter der Verwendung eines rein formalen und sinnentleerten Betriebsbegriffes entschieden und dessen eigentlichen Sinn der demokratischen Legitimation des Betriebsrates in den Hintergrund gedrängt habe.[103] Zudem könne der Betriebsrat bereits vor Vollzug der Betriebsteilung zurücktreten und analog § 22 i.V.m. § 13 Abs. 2 Nr. 3 BetrVG für alle verselbstständigten Betriebsteile einen Wahlvorstand bilden.[104]

Aus diesen Gründen sei der bisherige Betriebsrat in analoger Anwendung des § 22 BetrVG für den abgespaltenen Betriebsteil bis zur Neuwahl eines Betriebsrates zuständig.[105]

Gegen eine analoge Anwendung des § 22 BetrVG wurde eingewandt, dass diese dem eindeutigen Willen des Gesetzgebers widerspreche. Dieser habe in Kenntnis der Rechtsprechung des Reichsarbeitsgerichtes von der Aufnahme eines gesetzlichen Übergangsmandates abgesehen.[106] Damit fehle es bereits an einer planwidrigen Regelungslücke.[107]

Eine analoge Anwendung des § 22 BetrVG scheide auch aus, da es sich um eine Ausnahmevorschrift handele.[108] Zudem fehle es an der Vergleichbarkeit der, von § 22 BetrVG direkt erfassten Fälle mit den Fallkonstellationen, für die eine analoge Anwendung erwogen werde.[109] Der Fall des § 13 Abs. 2 Nr. 6 BetrVG, der betriebsratslose Betriebe erfasse, werde durch § 22 BetrVG gerade nicht miterfasst.[110] Nach der Konzeption des Betriebsverfassungsgesetzes sei die Bildung eines Betriebsrates nicht obligatorisch. Es lasse sich daher dem Gesetz auch nicht der Grundsatz entnehmen, dass die Zuständigkeit des Betriebsrates vorübergehend fortbestehe.[111]

Zudem setze § 22 BetrVG zwingend den Fortbestand der betrieblichen Identität voraus.[112] Eine analoge Anwendung erfordere daher auch die Wahrung der

103 So Klevemann ArbuR 1989, 354, 360.

104 Berscheid, WPrax 1995, 5; der in FS Stahlhacke (1995), 15, 53.

105 Vgl. Däubler, 7. Aufl., § 21 Rn. 68 f m.w.N..

106 Anschütz, Probleme der Betriebsratsbeteiligung (2002), 51.

107 Pirscher, Betriebsteilung (2000), 101; Jung, Übergangsmandat (1999), 165; Haag, Umstrukturierung (1996), 166.

108 LAG Berlin 08.01.1996 - Az. 9 TaBV 8/95, NZA-RR 1996, 456, 457; Schiefer, FA 1998, 270, 273; Schiefer, Outsourcing (1998), 81.

109 LAG Berlin 08.01.1996 - Az. 9 TaBV 8/95, NZA-RR 1996, 456, 457; Schiefer, FA 1998, 270, 273; Pirscher, Betriebsteilung (2000), 101.

110 Biebl, Restmandat (1991), 76.

111 Sowka, DB 1988, 1318, 1321.

112 BAG 23.11.1988 - Az. 7 AZR 121/88, BAGE 60, 191, 201; Balze/Rebel/Schuck, Outsourcing, 2. Aufl., Rn. 196; Fitting, 19. Aufl., § 21 Rn. 52.

betrieblichen Identität, was bei einer Spaltung nicht der Fall sei.[113] Im Übrigen setze auch das Kontinuitätsprinzip eine Identitätswahrung voraus.[114] Denn der Grundgedanke der Kontinuität könne nur eine zeitliche Ausdehnung des Betriebsratsmandates begründen, nicht jedoch eine gegenständliche.[115] Eine Ausdehnung des Betriebsratsmandates ist durch den Schutzzweck auch nicht geboten. Vielmehr würde dies im Gegensatz zum Grundsatz stehen, dass immer nur ein Betriebsrat für einen Betrieb zuständig ist. Es würde sonst vom Zufall abhängen, welcher Betriebsrat das Übergangsmandat ausüben würde.[116] Eine Zuweisung von betriebsübergreifenden betriebsverfassungsrechtlichen Aufgaben kann nicht im Wege der Analogie erfolgen.[117]

b) Analogie zu den gesetzlichen Übergangsmandaten

aa) Analogie zu § 13 SpTrUG und § 6b Abs. 9 VermG

Eine analoge Anwendung der gesetzlichen Übergangsmandate wurde weiter damit begründet, dass diese eine gesetzgeberische Wertung für die neuen Bundesländer enthalten würden, die auch in den alten Bundesländern bei Betriebsspaltungen zu berücksichtigen sei.[118] Auch außerhalb des Spaltungsgesetzes und des Vermögensgesetzes bestünden für Arbeitnehmer vergleichbare Situationen, in denen diese auf eine funktionsfähige Interessenvertretung angewiesen seien.[119]

Soweit der Gesetzgeber die Notwendigkeit des Arbeitnehmerschutzes bei Unternehmensänderung anerkenne, rechtfertige dieser Gesetzeszweck die Analogie. Wegen der kurzen Dauer des Übergangsmandates liege keine schwerwiegende Systemwidrigkeit vor.[120] Nachdem der Betriebsrat seine Legitimation in erster Linie von der Belegschaft ableite, sei zudem die Legitimation weiterhin gegeben, wenn die Belegschaft im Wesentlichen gleich bleibe.[121]

Dem wurde entgegen gehalten, dass die Regelungen auf die neuen Bundesländer beschränkt seien.[122] Darüber hinaus sei die Regelung im Vermögensgesetz

113 Ingenfeld, Betriebsausgliederung (1992), 305.
114 Anschütz, Probleme der Betriebsratsbeteiligung (2002), 53.
115 BAG 23.11.1988 - Az. 7 AZR 121/88, BAGE 60, 191, 201.
116 LAG Hessen 01.09.1988 - Az. 12 TaBVGa 155/88, DB 1989, 184.
117 LAG Hamburg 19.08.1991- Az. 5 TaBV 9/91, DB 1992, 587, 588.
118 Engels, DB 1991, 966, 969.
119 Fitting, 17. Aufl., § 21 Rn. 57; Schlachter, RdA 1993, 314, 316.
120 Fitting, 17. Aufl., § 21 Rn. 57; Schlachter, RdA 1993, 314, 316.
121 Schlachter, RdA 1993, 314, 316.
122 LAG Nürnberg, 24.03.1993 – Az. 4 (2) TaBV 23/92, LAGE § 4 BetrVG 1972 Nr. 6.

systemwidrig und korrigiere die höchstrichterliche Rechtsprechung lediglich partiell.[123] Auf Grund der fehlenden gesetzlichen Grundlage sei eine Anwendung auf Fälle außerhalb der Unternehmensrestitution nicht möglich.[124] Schließlich enthielten § 13 SpTrUG und § 6b VermG Sonderregelungen für die ostdeutsche Wirtschaft, aus denen eine allgemeine Rechtsregel nicht abgeleitet werden könne.[125]

bb) Analogie zu § 321 Abs. 1 UmwG

Von den Befürwortern eines Übergangsmandates des Betriebsrates wurde zur Begründung auch eine Analogie zu § 321 UmwG herangezogen.

Das Motiv des Gesetzgebers für die Schaffung des § 321 UmwG war der Schutz der Arbeitnehmer durch den Betriebsrat in der kritischen Phase der Unternehmensumwandlung.[126] Damit sei anerkannt worden, dass die Kontinuität der betriebsverfassungsrechtlichen Interessenvertretung Vorrang habe vor dem Grundsatz der Identität von Betrieb und Betriebsrat.[127] Dies sei Ausfluss des Demokratieprinzips, das ein nahtloses Funktionieren der betrieblichen Interessenvertretung gebiete.[128]

Mit der Schaffung des § 321 UmwG wurde das Mandat des Betriebsrates auf andere Betriebe im Anwendungsbereich des Umwandlungsgesetzes ausgedehnt.[129] Damit sei eine planwidrige Regelungslücke entstanden, da bei Inkrafttreten des Betriebsverfassungsgesetzes die Problematik bei Umstrukturierungen nicht bekannt gewesen ist.[130] Diese Regelungslücke habe man zwischenzeitlich durch gesetzliche Einzelfallregelungen begonnen zu schließen.[131]

Im Rahmen ihrer Grenzen sei § 321 UmwG auch als Ausnahmevorschrift analogiefähig.[132] Diese Analogie sei auch geboten.[133] Die Vergleichbarkeit des Schutzbereiches von § 321 UmwG mit sonstigen Umstrukturierungen begründe die

---

123 Säcker/*Oetker*, Anh. 1 zu § 16 VermG Rn. 150.

124 Kübler in FS Merz (1992), 333, 358.

125 Schipp, NZA 1994, 865, 869; Hanau in FS Zeuner (1994), 55, 57.

126 BR-Druck 74/94, 174.

127 Abel, AiB 1999, 601, 602.

128 Abel, AiB 1999, 601, 603 unter Verweis auf Metzke, ArbuR 1986, 78, 81.

129 Bachner, DB 1995, 2068, 2069.

130 Däubler, 6. Aufl., § 21 Rn. 68a.

131 Mengel, Umwandlungen (1997), 444.

132 Bachner, DB 1995, 2068, 2069 unter Berufung auf BAG 23.11.1988 – Az. 7 AZR 121/88, BAGE 60, 191 ff..

133 Däubler, 6. Aufl., § 21 Rn. 68a m.w.N.; Bachner, DB 1995, 2068, 2069; Mengel, Umwandlungen (1997), 444.

analoge Anwendbarkeit.[134] Dem stünde auch nicht die Entscheidung des Bundesarbeitsgerichtes vom 23.11.1988 entgegen, da das Umwandlungsgesetz im Jahr 1994 im Gegensatz zu dieser Entscheidung verabschiedet worden sei.[135]

Die Instanzgerichte hatten ein Übergangsmandat in analoger Anwendung des § 321 UmwG daher teilweise anerkannt.[136]

Dagegen wurde eingewandt, dass es sich bei § 321 UmwG um eine nicht analogiefähige Ausnahmevorschrift handele.[137] Erkennbar seien nur umwandlungsrechtliche Sachverhalte einer Regelung zugeführt worden. Es fehle daher an einer Regelungslücke.[138] Bereits aus der Überschrift des § 321 UmwG ergebe sich, dass das Übergangsmandat ausdrücklich auf das Umwandlungsrecht beschränkt sei.[139] Damit fehle das Analogiebedürfnis, da ansonsten anstelle der Regelung in § 321 UmwG ein allgemeines Übergangsmandat hätte geschaffen werden können.[140]

Darüber hinaus fehle es an einer planwidrigen Regelungslücke.[141] Von einer allgemeinen Regelung habe man bewusst abgesehen, da das im Referentenentwurf vorgesehene allgemeine Übergangsmandat nicht in das Umwandlungsgesetz übernommen worden sei.[142] Die bewusste Entscheidung des Gesetzgebers gegen ein allgemeines Übergangsmandat ergebe sich auch daraus, dass er in Art. 13 UmwBerG das Betriebsverfassungsgesetz geändert habe, ohne ein allgemeines Übergangsmandat zu verankern.[143] Der Gesetzgeber habe sich in Kenntnis der Rechtsprechung der Bundesarbeitsgerichtes und der gegenteiligen Auffassung der Literatur und Instanzgerichte gegen ein solches Mandat entschieden.[144]

---

134 Bachner, AiB 1996, 291, 301.

135 Thannheiser, Anm. zu ArbG Düsseldorf 17.09.1996, AiB 1997, 602.

136 Vgl. ArbG Duisburg 03.09.1996 - Az. 2 BVGa 7/96, ArbuR 1996, 506; ArbG Frankfurt/Main 14.12.1995 - Az. 11 BVGa 85/95, ArbuR 1996, 506.

137 Schiefer, FA 1998, 270, 274; Schiefer, Outsourcing (1998), 82.

138 Boecken, Unternehmensumwandlungen, Rn. 312; Schiefer, Outsourcing (1998), 82.

139 Gaul, BB 1999, 582, 584; Düwell, NZA 1996, 393, 398.

140 Bauer/Lingemann, NZA 1994, 1057, 1058 f..

141 ArbG Frankfurt/Main 27.11.1997 - Az. 3 BVGa 52/97, NZA-RR 1998, 129; ArbG Freiburg/Breisgau 20.08.1996 - Az. 4 BVGa 2/96, NZA-RR 1997, 179, 180; MünchHB ArbR/*Wank*, 2. Aufl., § 124 Rn. 218; Schiefer, NJW 1998, 1817, 1822; der FA 1998, 270, 274; Gaul, BB 1999, 582, 584; Heinze in FS Schaub (1998), 275, 285.

142 Willemsen, NZA 1996, 791, 802.

143 ArbG Freiburg 20.08.1996 - Az. 4 BVGa 2/96, NZA-RR 1997, 179; Feudner, BB 1996, 1934, 1935; Willemsen, NZA 1996, 791, 802; Wollenschläger/Pollert, ZfA 1996, 547, 572; Baumann, DStR 1995, 888, 893; Gaul, DB 1995, 2265, 2268; Bauer/Lingemann, NZA 1994, 1057, 1058; Rieble in FS Wiese (1998), 453, 463.

144 ArbG Frankfurt/Main 27.11.1997 - Az. 3 BVGa 52/97, NZA-RR 1998, 129, 130.

Weiter wird angeführt, dass nach der amtlichen Begründung[145] die Regelung des § 13 SpTrUG übernommen und damit eine spezialgesetzliche Regelung geschaffen werden soll und kein allgemeines Übergangsmandat.[146] Die Beschränkung des Übergangsmandates auf die Fälle der Spaltung und Vermögensübertragung sei nur so erklärbar.[147]

c) Gesamtanalogie

Nachdem in verschiedenen Gesetzen ein Übergangsmandat des Betriebsrates verankert worden ist, wurde die Frage eines allgemeinen Übergangsmandates im Wege der Gesamtanalogie diskutiert. Die Gesamtanalogie bezeichnet die Fälle, in denen mehrere gesetzliche Bestimmungen an verschiedene Tatbestände die gleiche Rechtsfolge knüpfen und denen ein allgemeiner Rechtsgrundsatz entnommen werden kann, der ebenso auf die gesetzlich geregelten wie nicht geregelten Sachverhalte zutrifft.[148]

Die Befürworter des allgemeinen Übergangsmandates im Wege der Gesamtanalogie haben aus der wiederholten Anerkennung eines Übergangsmandates das allgemeine Rechtsprinzip abgeleitet, dass bei betrieblichen Organisationsänderungen grundsätzlich eine betriebsratslose Zeit vermieden werden solle.[149] Ziel sei es, durch ein Übergangsmandat Mitbestimmungslücken aufgrund gesellschaftsrechtlicher Umstrukturierungen zu vermeiden.[150] Insbesondere soll die allgemeine Schutzfunktion des § 80 BetrVG zugunsten der Arbeitnehmer gesichert werden.[151] Insoweit sei der Kontinuität der betriebsverfassungsrechtlichen Interessenvertretung Vorrang vor dem Grundsatz der Erhaltung der Betriebsidentität zu geben.[152]

145 RegE, BR-Drucks. 75/94, 174.

146 Jung, Übergangsmandat (1999), 156.

147 Picot, Arbeitsrecht Unternehmenskauf, Rn. 215.

148 Kramer, Methodenlehre (2013), 209 f.; Larenz, Methodenlehre (1991), 36.

149 LAG Berlin 19.10.1998 - Az. 9 TaBV 1, 2/98, NZA 1998, 1354, 1356; 08.01.1996 - Az. 9 TaBV 8/95, NZA-RR 1996, 456, 457; ArbG Solingen 26.01.2000 - Az. 2 BVGa 1/00, AiB 2000, 285; Däubler, 7. Aufl., § 21 Rn. 68; Fitting, BetrVG 19. Aufl., § 21 Rn. 43 f, 52 f; Klar, NZA 1997, 470, 471; Trittin, AiB 1996, 349, 350; Däubler, RdA 1995, 136, 146; Frohner, PersR 1995, 99, 104; Engels/Müller/Mauß, DB 1994, 473, 475.

150 Trittin, AiB 1998, 545, 547; Mengel, Umwandlungen (1997), 445.

151 Klar, NZA 1997, 470, 472.

152 ArbG Düsseldorf 17.09.1996 - Az. 1 BVGa 12/96, AiB 1997, 602 mit zust. Anm. Thannheiser; ArbG Duisburg 03.09.1996 - Az. 2 BVGa 7/96, AiB 1997, 287 mit zust. Anm. Bachner.

Diese Zielsetzung komme auch in den Vorschriften zur Privatisierung zum Ausdruck.[153] Eine unterschiedliche Behandlung von gleich gelagerten Fällen sei zudem verfassungsrechtlich bedenklich und könne dem Gesetzgeber nicht unterstellt werden. Die Entscheidung des Bundesarbeitsgerichtes vom 23.11.1988 sei durch die Gesetzesentwicklung überholt.[154]

Somit bestehe die Vergleichbarkeit der Interessenlage als auch das Erfordernis der Gleichbehandlung der gesetzlich geregelten und nicht geregelten Tatbestände als Voraussetzung der Gesamtanalogie.[155] Da § 321 UmwG die jüngste und umfassendste Vorschrift sei, finde diese entsprechend Anwendung.[156]

Hiergegen wurde eingewendet, dass es an einer planwidrigen Gesetzeslücke fehle.[157] Die unterschiedliche Ausgestaltung und zeitliche Dauer der verschiedenen gesetzlichen Übergangsmandate zeige, dass der Gesetzgeber keine einheitliche Regelung habe schaffen wollen.[158] Vielmehr sind die verschiedenen gesetzlichen Übergangsmandate gerade nicht deckungsgleich.[159] Die gesetzlichen Spezialregelungen könnten daher nicht verallgemeinert werden.[160] Mit der Anerkennung eines Übergangsmandates durch die Rechtsprechung würden die Grenzen der richterlichen Rechtsfortbildung überschritten.[161]

---

153 ErfK/*Eisenmann* (1998), § 21 BetrVG Rn. 8.

154 ArbG Solingen 26.01.2000 - Az. 2 BVGa 1/00, AiB 2000, 285, 286 mit zust. Anm. Große-Kock.

155 Anstelle aller Däubler, 7. Aufl., § 21 Rn. 68a.

156 LAG Berlin 19.10.1998 - Az. 9 TaBV 1, 2/98, NZA 1998, 1354, 1356; 08.01.1996 - Az. 9 TaBV 8/95, NZA-RR 1996, 456, 457; ArbG Duisburg 03.09.1996 - Az. 2 BVGa 7/96, ArbuR 1996, 506; ArbG Frankfurt/Main 14.12.1995 - Az. 11 BVGa 85/95, ArbuR 1996, 506; Däubler, 7. Aufl., § 21 Rn. 68c; Fitting, 19. Aufl., § 21 Rn. 52; Klar, NZA 1997, 470, 472; Trittin, AiB 1996, 350; Bachner, DB 1995, 2068; Däubler, RdA 1995, 136; Mengel, Umwandlungen (1997), 436.

157 Bauer/Lingemann, NZA 1994, 1057, 1059; Heinze in FS Schaub (1998), 275, 285; Anschütz, Probleme der Betriebsratsbeteiligung (2002), 72; Pirscher, Betriebsteilung (2000), 137.

158 ArbG Frankfurt/Main 27.11.1997 - Az. 3 BVGa 52/97, NZA-RR 1998, 129, 130; Heinze in FS Schaub (1998), 275, 286; Bauer/Lingemann, NZA 1994, 1057, 1058; Feudner, BB 1996, 1934, 1937; Gaul, BB 1999, 582, 584.

159 Haag, Umstrukturierung (1996), 160.

160 ArbG Freiburg 20.08.1996 - Az. 4 BVGa 2/96, NZA-RR 1997, 179, 180; Bauer/Lingemann, NZA 1994, 1057, 1058; Boecken, Unternehmensumwandlung, Rn. 358.

161 Anschütz, Probleme der Betriebsratsbeteiligung (2002), 79.

d) Richtlinienkonforme Auslegung

Der europäische Normgeber hat mit der Richtlinie 98/50/EG die Mitgliedstaaten verpflichtet, die Sicherung der betrieblichen Interessenvertretung der Arbeitnehmer im Falle des Betriebsüberganges durch Schaffung eines allgemeinen Übergangsmandates bis spätestens 21.07.2001 sicherzustellen. Es stellte sich daher die Frage, ob im Rahmen einer richtlinienkonformen Auslegung des nationalen Rechtes ein allgemeines Übergangsmandat anzuerkennen sei.

Der Europäische Gerichtshof ging bereits damals davon aus, dass die nationalen Gerichte zur Umsetzung der EG-Richtlinien in die innerstaatliche Rechtsordnung verpflichtet sind.[162] Nach seiner Auffassung war und ist es Aufgabe der nationalen Gerichte, das Unionsrecht bei der Auslegung und Anwendung des nationalen Rechtes im Rahmen der rechtlichen Möglichkeiten zu berücksichtigen.[163] Die Grenze für die richtlinienkonforme Auslegung ergibt sich aus dem eindeutigen Wortsinn und dem ausdrücklichen Regelungswillen des nationalen Gesetzgebers.[164]

Hierauf aufbauend wurde die Auffassung vertreten, dass im Rahmen einer richtlinienkonformen Auslegung ein allgemeines Übergangsmandat anzuerkennen sei.[165] Die Problematik des Erlöschens der betrieblichen Arbeitnehmervertretung sei unabhängig von den Zufälligkeiten eines gleichzeitigen Betriebsinhaberwechsels.[166] Die Richtlinie setze eine gewisse Kontinuität der betrieblichen Vertretung voraus.[167] Eine richtlinienkonforme Auslegung sei auch vor Ablauf der Umsetzungsfrist der Richtlinie möglich.[168]

---

162 Vgl. hierzu auch Kap. 2.

163 Ständige Rechtspr. zuletzt EuGH 24.01.2012 – Rs. C-282/10 (Dominguez), NZA 2012, 139, 141 Tz. 24; zuvor bereits 14.07.1994 – Rs. C-91/92, Slg. I-3325, 3357 Tz. 26 (Faccini Dori/Recreb); 16.12.1993 – Rs. C-334/92, Slg. I-6911 Tz. 20 (Wagner Miret/Fondo); 13.11.1990 – Rs. C106/89, Slg. 1990, I-4135, 4159 Tz. 8 (Marleasing/ Alimentacion); Franzen, RdA 1999, 361, 370.

164 zuletzt EuGH 24.01.2012 – Rs. C-282/10 (Dominguez), NZA 2012, 139, 141 Tz. 24; BAG 07.08.2012 – AZ. 9 AZR 353/10, NZA 2012, 1216, 1217 Tz. 11; zuvor bereits BAG 05.03.1996 – Az. 1 AZR 590/92, BAGE 82, 211, 225 f.; 14.03.1989 – Az. 8 AZR 447/87, BAGE 61, 209, 214; Franzen, RdA 1999, 361, 370.

165 Willemsen/Annuß, NJW 1999, 2073, 2079; Krause, NZA 1998, 1201, 1204.

166 Willemsen/Annuß, NJW 1999, 2073, 2079.

167 Waas/Johanns, EuZW 1999, 458, 461.

168 Krause, NZA 1998, 1201, 1205; Däubler, EuZW 1997, 613, 616; Koenigs, DB 1997, 225; Steindorff, AG 1988, 57, 58; Zachert/Kocher in FS Arbeitsrecht und Arbeitsgerichtsbarkeit (1999); 51, 64.

Gegen diese Argumentation wurde eingewendet, dass die Anerkennung eines Übergangsmandates im Wege der gemeinschaftsrechtskonformen Auslegung gerade nicht möglich sei, da die Voraussetzungen nicht vorlägen.[169] Aufgrund des eindeutigen Willens des deutschen Gesetzgebers sei eine richtlinienkonforme Auslegung vor Ablauf der Umsetzungsfrist auch nicht möglich.[170] Darüber hinaus erfüllten die bestehenden gesetzlichen Regelungen nicht die Anforderungen der Richtlinie, so dass ein Tätigwerden des Gesetzgebers geboten sei, nicht jedoch eine analoge Anwendung.[171] Eine Auslegung könne daher nicht zum Ergebnis einer richtlinienkonformen Gesetzlage in Deutschland führen.[172] Die Art und Weise der Umsetzung der Richtlinie bleibe allein den Mitgliedstaaten mit den Mitteln der jeweiligen Rechtsordnung überlassen.[173] Zudem bestehe keine Verpflichtung, die Richtlinie vor Ablauf der Umsetzungsfrist anzuwenden.[174]

e) Auffassung von Kreutz

Im Gegensatz zu den vorstehend aufgezeigten Lösungsansätzen hat *Kreutz* zwischen unternehmensinternen und unternehmensübergreifenden Umstrukturierungen unterschieden. Nach seiner Auffassung blieb der Betriebsrat bei einer unternehmensinternen Betriebsaufspaltung oder –abspaltung für die Dauer der Wahlperiode im Amt.[175]

Dagegen konnten nach *Kreutz* unternehmensinterne Umstrukturierungen nicht zur Beendigung des Amtes des bestehenden Betriebsrates führen.[176] Vorrangig sei zu berücksichtigen, dass der Betriebsrat für eine volle Amtszeit gewählt werde und der Gesetzgeber vorzeitige Neuwahlen bei Umstrukturierungen nicht vorgesehen habe.[177] Dem Grundsatz der Amtskontinuität gebühre deshalb der Vorrang vor der Betriebsidentität, da dieser Grundsatz verhindere, dass Organisationsänderungen der Betriebsstruktur das Amt des bestehenden Betriebsrates vorzeitig beenden.[178] Damit könne das Entstehen eines betriebsratslosen Zeitraumes verhindert werden.[179]

---

169 Franzen, RdA 1999, 361, 371.
170 Pirscher, Betriebsteilung (2000), 146; Jung, Übergangsmandat (1999), 160.
171 Gaul, BB 1999, 582, 584.
172 Franzen, RdA 1999, 361, 370.
173 Willemsen/Annuß, NJW 1999, 2073, 2078; Krause, NZA 1998, 1201, 1203.
174 BGH 05.02.1998 - Az. I ZR 211/95, BGHZ 138, 55, 60.
175 GK-BetrVG/*Wiese/Kreutz*, 6. Aufl., § 21 Rn. 43.
176 GK-BetrVG/*Wiese/Kreutz*, 6. Aufl., § 21 Rn. 39; Kreutz in FS Kraft (1998), 323, 338.
177 GK-BetrVG/*Wiese/Kreutz*, 6. Aufl., § 21 Rn. 43.
178 Kreutz in FS Wiese (1998), 235, 244.
179 Berg, Unternehmensinterne Umstrukturierungen (2000), 117.

Kommt es zu einer unternehmensübergreifenden Betriebsabspaltung, d.h. der abgespaltene Betriebsteil geht außerhalb des Anwendungsbereiches des UmwG auf einen anderen Rechtsträger über, sollte auch nach *Kreutz* § 321 UmwG analog Anwendung finden.[180]

IV. Die Entscheidung des Bundesarbeitsgerichtes vom 31.05.2000

Den vorstehend aufgezeigten Meinungsstreit hat das Bundesarbeitsgericht mit seiner Entscheidung vom 31.05.2000 durch die Anerkennung eines allgemeinen Übergangsmandates im Wege der richterlichen Rechtsfortbildung beendet.[181]

Das Bundesarbeitsgericht bestätigte zunächst die ausschließliche Betriebsbezogenheit des Betriebsverfassungsgesetzes. Die Zuständigkeit des Betriebsrates ist an die Identität des Betriebes geknüpft, für den er gewählt wurde.[182] Das Mandat des Betriebsrates hängt vom Fortbestand der Identität des Betriebes ab.[183] Auf Grund der Betriebsbezogenheit des Mandates ist der Betriebsrat daher nicht zur Einleitung einer Betriebsratswahl in einem anderen Betrieb befugt.[184] Die Anerkennung eines Übergangsmandates nach § 22 BetrVG kommt nicht in Betracht, da diese Vorschrift lediglich eine zeitliche Ausdehnung des Betriebsratsmandates zum Inhalt habe, nicht eine betriebsübergreifende und daher vorliegend nicht analog angewendet werden könne.[185] Diese rechtlichen Vorgaben führten bei einer betrieblichen Umorganisation, die eine Änderung der Betriebsidentität zur Folge habe, zum Entfall der betriebsverfassungsrechtlichen Repräsentation, wenn im aufnehmenden Betrieb kein Betriebsrat gebildet ist.[186]

Von diesen Grundsätzen sei der Gesetzgeber mehrfach durch Schaffung der §§ 1, 13 SpTrUG, 6b Abs. 9 VermG, 20 Abs. 1 DBGrG und 321 UmwG abgewichen, ohne diese Regelungen zum Anlass zu nehmen, auch innerhalb des Betriebsverfassungsgesetzes einen entsprechenden Schutz sicherzustellen.[187]

---

180 GK-BetrVG/*Wiese/Kreutz*, 6. Aufl., § 21 Rn. 82.

181 BAG 31.05.2000 - Az. 7 ABR 78/98, BAGE 95, 15 ff..

182 So BAG 23.11.1988 - Az. 7 AZR 121/88, BAGE 60, 191; 200.

183 BAG 28.09.1988 - Az. 1 ABR 37/87, BAGE 59, 371, 375.

184 BAG 31.05.2000 - Az. 7 ABR 78/98, BAGE 95, 15, 22.

185 BAG 23.11.1998 - Az. 7 AZR 121/88, BAGE 60, 191, 201 f..

186 Däubler, BetrVG 7. Aufl., § 21 Rn. 33; Fitting, BetrVG 19. Aufl., § 21 Rn. 40 ff.; Bachner, DB 1995, 2068; a.A. GK-BetrVG/*Kreutz*, 6. Aufl. § 21 Rn. 41.

187 BAG 31.05.2000 - Az. 7 ABR 78/98, BAGE 95, 15, 24 f..

Diese durch die nachfolgende Gesetzgebung entstandene Schutzlücke wird vom BAG im Wege der Rechtsanalogie geschlossen. Die Gesetzesmaterialien enthalten nach Auffassung des BAG keine Hinweise auf eine planmäßige Lücke des Gesetzgebers. Vielmehr würden die Gesetzesmaterialien zeigen, dass der Gesetzgeber von einem bereits bestehenden gesetzlichen Grundsatz ausgegangen ist.[188] Bei der Weiterentwicklung eines Gesetzes durch Richterrecht sind auch solche objektiven Gesetzeszwecke und allgemeine Rechtsprinzipien zu berücksichtigen, die Eingang in das Gesetz gefunden haben. Das Bundesarbeitsgericht beruft sich dabei auf Larenz, wonach ein Prinzip, das jedem Gesetz inne wohnt, das der Gleichbehandlung des Gleichartigen sei.[189] Die Anerkennung eines Übergangsmandates in den gesetzlich geregelten Spezialfällen und ein Fehlen eines Übergangsmandates im Betriebsverfassungsgesetz für die sonstigen Fälle seien mit dem Prinzip der Gleichbehandlung nicht vereinbar.[190] Auch das Bundesverfassungsgericht wende den Gleichheitssatz des Art. 3 GG nicht nur auf materielle Arbeitsbedingungen, sondern auch auf die Strukturen von Arbeitnehmervertretungen an.[191] Durch die richterliche Rechtsfortbildung werden nach Auffassung des BAG auch die Grenzen des Art. 20 Abs. 3 GG gewahrt.[192] Das Bundesarbeitsgericht sieht sich darüber hinaus im Hinblick auf die Richtlinie 98/50/EG berechtigt, die bestehende Regelungslücke richtlinienkonform auszufüllen.[193] Danach sei das Übergangsmandat auf drei Monate beschränkt, da diese Frist genüge, um die in der Wahlordnung 1972 normierten Fristen für die Durchführung einer Betriebsratswahl einzuhalten.[194]

Die Entscheidung des Bundesarbeitsgerichtes wurde in der Literatur angegriffen. Es wurde eingewandt, dass die Sonderregelungen eng begrenzt seien und es kein unabweisbares Bedürfnis für eine richterliche Rechtsfortbildung gegeben habe.[195] Weiter seien die Voraussetzungen für eine richterliche Rechtsfortbildung nicht gegeben. Vielmehr betreibe das Bundesarbeitsgericht mit dieser

188 BAG 31.05.2000 - Az. 7 ABR 78/98, BAGE 95, 15, 26 unter Hinweis auf BR-Drucks. 75/94, 174.

189 Larenz, Methodenlehre (1991), 374, 375.

190 Wlotzke, DB 1995, 40, 48.

191 Buschmann, ArbuR 2001, 32, 33 unter Verweis auf BVerfG 22.02.1994 – Az. 1 BvL 21/85 und 08.10.1996 – Az. 1 BvL 15/91.

192 BAG 31.05.2000 - Az. 7 ABR 78/98, BAGE 95, 15, 27.

193 von Hoyningen-Huene, Anm. zu BAG 31.05.2000 - Az. 7 ABR 78/98, AP BetrVG 1972 § 1 Gemeinsamer Betrieb Nr. 12 unter 5 d.

194 BAG 31.05.2000 - Az. 7 ABR 78/98, BAGE 95, 15, 27 f..

195 Wiese, Anm. zu BAG 31.05.2000 - Az. 7 ABR 78/98, AR-Blattei ES 530.6.1 Nr. 33.

Entscheidung Sozialgestaltung.[196] Das Bundesarbeitsgericht gehe auch fehl in der Annahme, das Gesetz sei nachträglich lückenhaft geworden. Maßgeblich sei allein das Betriebsverfassungsgesetz. Auf dieses sei für die Frage abzustellen, ob sachlich Gleiches unterschiedlich behandelt werde.[197]

V. Zusammenfassung

Die jahrelange Diskussion über die Entstehung eines Übergangsmandates des Betriebsrates bei Wegfall der betrieblichen Identität aufgrund von Umstrukturierungen wurde durch das Bundesarbeitsgericht mit seiner Entscheidung vom 31.05.2000 beendet.

Die bis zu seiner Entscheidung diskutierten Begründungen für die Annahme eines Übergangsmandates hat das Bundesarbeitsgericht nicht aufgegriffen. Vielmehr hält es am Prinzip der betriebsbezogenen Interessenvertretung fest. Auf Grundlage der gesetzlichen Regelungen aus den Jahren 1990 bis 1994 im Umwandlungsgesetz, im Vermögensgesetz und im Gesetz über die Spaltung der von der Treuhand verwalteten Unternehmen erkannte das Bundesarbeitsgericht als allgemeines Rechtsprinzip die Existenz eines allgemeinen Übergangsmandates des Betriebsrates an.

Praktische Relevanz hat die Rechtsfortbildung des Bundesarbeitsgerichtes nicht mehr erlangt. Mit Inkrafttreten des BetrVG-Reformgesetzes am 28.07.2001 hat der Gesetzgeber ein allgemeines Übergangsmandat des Betriebsrates in § 21a BetrVG verankert.

---

196 Willemsen, RdA 2001, 412, 413.

197 Boecken, SAE 2001, 102, 103.

Kapitel 2: Anforderungen an das Übergangsmandat nach der Richtlinie 2001/23/EG

Nach der amtlichen Anmerkung dient § 21a BetrVG der Umsetzung des Art. 6 der RL 2001/23/EG des Rates vom 12.03.2001[198] zur Angleichung der Rechtsvorschriften der Mitgliedstaaten über die Wahrung der Ansprüche der Arbeitnehmer bei Übergang von Unternehmen, Betrieben und Betriebsteilen.[199] Die Anwendung der Vorschrift muss daher die europarechtlichen Vorgaben erfüllen. Im Folgenden werden die Vorgaben der Richtlinie hinsichtlich der erfassten Vertretungen der Arbeitnehmer, der europarechtlichen Voraussetzungen für ein Übergangsmandat und dessen Reichweite untersucht.

I. Vorbemerkung

Die Verpflichtung des nationalen Gesetzgebers zur Schaffung eines Übergangsmandates wurde nicht erst durch die RL 2001/23/EG begründet.

Der Rat der Europäischen Gemeinschaften hat bereits mit der Richtlinie 77/187/EWG vom 14.02.1977[200] das Ziel verfolgt, bei einem Übergang eines Betriebes oder Unternehmens auf einen anderen Inhaber die vom Übergang betroffenen Arbeitnehmer zu schützen und die Wahrung ihrer Ansprüche zu gewährleisten.[201] Ziele der Richtlinie waren ein gemeinschaftsweit einheitliches Schutzniveau für die Arbeitnehmer als auch eine Angleichung der Belastungen der Unternehmen durch die Schutzvorschriften.[202]

Art. 5 Abs. 1 der Richtlinie 77/187/EWG sah vor, dass die Rechtsstellung und Funktion der Arbeitnehmervertretungen der vom Übergang betroffenen Arbeitnehmer nach Maßgabe der nationalen Regelungen erhalten blieben. Im Rahmen einer Überarbeitung der Richtlinie zur Anpassung an die Entwicklungen im

198 ABl. EG Nr. L 82 vom 22.03.2001, 16.
199 HaKo-BetrVG/Düwell § 21a Rn. 10.
200 ABl. EG L 61 vom 05.03.1977, 26 ff..
201 Erwägungen des Rates, ABl. EG Nr. L 61 vom 05.03.1977, 26.
202 EuGH 08.06.1994, Rs. C-382/92, Slg. 1994 I -2435 ff. Tz. 15; Ziffer 1 der Begründung des Vorschlages der Kommission vom 08.09.1994, BR-Drucks. 896/94.

Wirtschaftsleben und Rechtsprechung sah es die Kommission als erforderlich an, die Umstände, unter denen die Funktion und Rechtstellung der Vertreter der Arbeitnehmer erhalten bleiben sollten, zu verdeutlichen.[203] Ziel der Kommission war es, die Aufrechterhaltung einer kontinuierlichen Interessenvertretung der Arbeitnehmer vor, während und nach einem Betriebsübergang zu gewährleisten.[204]

Zur Erreichung dieses Zieles postulierte die Kommission in Art. 5 Abs. 1 UAbs. 2 des Vorschlages zur Änderung der Richtlinie 77/187/EWG erstmals ein Übergangsmandat der Vertreter der Arbeitnehmer.[205] Auf Basis dieses Vorschlages der Kommission hat der Europäische Rat am 29.06.1998 die Richtlinie 98/50/EG erlassen.[206] Art. 5 Abs. 1 UAbs. 4 der RL 98/50/EG sah die Verpflichtung der Mitgliedstaaten zur Schaffung eines Übergangsmandates für die Arbeitnehmervertretung für den Fall vor, dass der Übergang des Betriebes oder Unternehmens auf einen Erwerber zu einem Verlust der Selbstständigkeit des Betriebes oder Unternehmens führte. Die Umsetzung der Richtlinie in nationales Recht hatte gemäß Art. 2 der RL 98/50/EG bis spätestens 17.07.2001 zu erfolgen. Für die Bundesrepublik Deutschland ist die Umsetzung mit dem BetrVG-Reformgesetz erfolgt.

Die Richtlinie 2001/23/EG vom 12.03.2001[207] hat die Betriebsübergangsrichtlinie 77/187/EWG vom 14.02.1977[208] in der Fassung der Richtlinie 98/50/EG vom 17.07.1998[209] aufgehoben und ersetzt. Dieser Schritt war aus Sicht der Kommission erforderlich, da die RL 77/187/EWG erheblich geändert worden war und aus Gründen der Wirtschaftlichkeit und Klarheit eine neue Kodifizierung für geboten erachtet wurde.[210] Inhaltliche Änderungen sind bis auf eine Änderung der Artikelbezeichnungen nicht erfolgt.[211] Art. 6 Abs. 1 UAbs. 4 der Richtlinie 2001/23/EG entspricht Art. 5 Abs. 1 UAbs. 4 der Richtlinie 77/187/EWG in der Fassung der Richtlinie 98/50/EG.

---

203 Vorschlag der Kommission vom 08.09.1994, KOM (94) endg., ABl. EG Nr. C 274 vom 01.10.1994, 11.

204 Begründung des Vorschlages der Kommission vom 08.09.1994 Ziffer 37, BR-Drucks. 896/94; Oetker/*Schubert*, EAS B 8300 Rn. 445.

205 ABl. EG Nr. C 124 vom 21.04.1997, KOM(97) 60 endg. - 94/0203 (CNS), 48 ff..

206 ABl. EG Nr. L 201 vom 17.07.1998, 88 ff..

207 ABl. EG L 82 vom 22.03.2001, 16 ff..

208 ABl. EG L 61 vom 05.03.1977, 26 ff..

209 ABl. EG Nr. L 201 vom 17.07.1998, 88 ff..

210 Ziffer 1 der Erwägungen zur RL 2001/23/EG.

211 Vgl. Anhang II - Übereinstimmungstabelle - zur RL 2001/23/EG.

II. Anwendungsbereich

Die Richtlinie 2001/23/EG findet gemäß ihrem Art. 1 Nr. 1 lit. a Anwendung, wenn Unternehmen, Betriebe oder Teile von Unternehmen oder Betrieben auf einen anderen Inhaber durch Vertrag oder Verschmelzung übergehen. Nach ihrem Art. 1 Ziff. lit. c werden öffentliche und private Unternehmen erfasst, unabhängig davon, ob diese Erwerbszwecke verfolgen oder nicht.[212] Sie erfasst auch konzerninterne Umstrukturierungen, in deren Folge Übertragungen von Betrieben oder Betriebsteilen auf einen neuen Rechtsträger erfolgen.[213]

Nicht in den Anwendungsbereich fallen dagegen unternehmensinterne Umstrukturierungen, da es hier in der Regel nicht zu einem Wechsel des Betriebsinhabers kommt.[214]

Die Richtlinie geht vom Grundsatz der Amts- und Funktionskontinuität aus.[215] Ziel ist es, den Status der Arbeitnehmer in Bezug auf die Kontinuität ihrer Rechte zu schützen.[216] Vor, während und nach dem Betriebsübergang soll eine kontinuierliche Interessenvertretung der Arbeitnehmer aufrechterhalten werden.[217] Der kollektive Schutz der Arbeitnehmer soll durch den Fortbestand der betrieblichen Interessenvertretung gewährleistet werden.[218]

Durch den Betriebsübergang soll zudem weder die Rechtsstellung noch die Funktion der Arbeitnehmervertretung berührt werden.[219] Ebenso sollen den Vertretern der Arbeitnehmer im Zuge des Betriebsüberganges keine Nachteile auf Grund ihres Amtes entstehen.[220] Zudem soll einem Missbrauch der unternehmerischen Gestaltungsfreiheit zur Demontage der Arbeitnehmervertretungen vorgebeugt werden.[221]

---

212 Vgl. EuGH 14.09.2000 – Rs. C-343/98 (Collino), Slg. 2000, I-6659 Tz. 30; 08.06.1994 – Rs. C-382/92, Slg. 1994, I-2435 Tz. 44 ff..

213 EuGH 02.12.1999 – Rs. C-234/98 (Allen), Slg. 1999, I-8643 Tz. 15 ff.; WHSS/*Willemsen*, Kap. G Rn. 83.

214 Gaul, BB 1999, 526; Willemsen/Annuß, NJW 1999, 2073.

215 von Roetteken, NZA 2001, 414, 421.

216 EuGH 13.09.2007 – Rs. C-458/05 (Jouini), Slg. 2007, I-7301Tz. 23.

217 Oetker/*Schubert*, EAS B 8300 Rn. 445.

218 Wank/Maties, SAE 2008, 161, 168.

219 Begründung zu Art. 7 des Vorschlages der Kommission vom 31.05.1974, RdA 1975, 124 ff., Vorschlag der Kommission vom 08.09.1994 - KOM(94) 300 endg. - 94/0203(CNS), ABl. EG vom 01.10.1994 Nr. C 274, 10, 11; BR-Drucks. 896/94, 16 Nr. 36.

220 Oetker/*Schubert*, EAS B 8300 Rn. 445.

221 Riesenhuber, Europäisches Arbeitsrecht, Rn. 93.

Die Richtlinie unterscheidet dabei in Art. 6 Abs. 1 UAbs. 1 und 4 zwei verschiedene Anwendungsfälle. Neben der Sicherung des Fortbestandes der bisherigen Arbeitnehmervertretung bei Erhalt der Selbstständigkeit des Betriebes, fordert Art. 6 Abs. 1 UAbs. 4 der Richtlinie die Schaffung eines Übergangsmandates für die bisher zuständige Arbeitnehmervertretung bei Verlust dieser Selbstständigkeit.

Zusammenfassend soll durch die Richtlinie die kontinuierliche Vertretung der Arbeitnehmerinteressen durch die gewählte Vertretung auch und gerade während eines Betriebsüberganges gewährleistet werden.

III. Wirtschaftliche Einheit

Den Begriff des Übergangs definiert die Richtlinie 2001/23/EG in Art. 1 Nr. 1 lit. b als den Übergang einer, ihre Identität bewahrenden wirtschaftlichen Einheit, im Sinne einer organisierten Zusammenfassung von Ressourcen zur Verfolgung einer wirtschaftlichen Haupt- oder Nebentätigkeit auf einen Erwerber. Diese Definition übernimmt die Rechtsprechung des EuGH[222] zum Begriff des Betriebes und des Übergangs in die Richtlinie.[223]

Der EuGH versteht die „Einheit" als organisierte Gesamtheit von Personen und Sachen zur Ausübung einer wirtschaftlichen Tätigkeit mit eigener Zielsetzung.[224] Die Identität der wirtschaftlichen Einheit wird durch die auf Dauer angelegte Koordination der Wirtschaftsfaktoren zu einem bestimmten Zweck gebildet.[225] Dieses Verständnis der wirtschaftlichen Einheit durch den EuGH weist eine große Nähe zum deutschen Betriebsbegriff auf.[226]

Nach der neueren Rechtsprechung des EuGH ist für den Übergang einer Einheit bereits ausreichend, dass die wirtschaftliche Tätigkeit fortgeführt wird. Voraussetzung für die Anwendbarkeit der Richtlinie ist der Fortbestand der funktionellen Verknüpfung der Produktionsfaktoren, auch wenn diese in eine neue Organisation

---

222 Zuletzt EuGH 12.02.2009 – Rs. C-466/07 „Klarenberg", Slg. 2009, I-803 Tz. 44 ff; zuvor bereits EuGH 11.03.1997 - Rs. C-13/95 (Ayse Süzen), Slg. 1997, I-1259 Tz. 15; zwischenzeitlich vom BAG übernommen, vgl. BAG 17.04.2003 - Az. 8 AZR 253/02, AP BGB § 613a Nr. 253; 13.11.1997 - Az. 8 AZR 295/95, BAGE 87, 115, 120; 13.11.1997 – 8 AZR 375/96, BAGE 87, 120, 127; 22.05.1997 – Az. 8 AZR 101/96, BAGE 86, 20, 28.

223 Gaul, BB 1999, 526; Willemsen/Annuß, NJW 1999, 2073 ff..

224 EuGH 11.03.1997 - Rs. C-13/95 (Ayse Süzen) Slg. 1997, I-1259 Tz. 15.

225 WHSS/*Willemsen*, Kap. G Rn. 34; Willemsen/Annuß, DB 1997, 1875, 1877.

226 WHSS/*Willemsen*, Kap. G Fn. 36; ebenso Sieg/Maschmann Rn. 44.

eingebettet werden.[227] Der Erwerber muss dieselben Produktionsfaktoren wie der Veräußerer in gleicher Art und Weise verwenden.[228] Voraussetzung hierfür ist die Verfolgung eines gleichen oder gleichartigen wirtschaftlichen Zweckes.[229]

Die Differenzierung zwischen dem Betrieb als arbeitstechnischer und Unternehmen als rechtlicher Einheit wird durch den EuGH dagegen nicht aufgegriffen.[230] Vielmehr fasst der EuGH unter den Begriff der „wirtschaftlichen Einheit" sowohl Unternehmen und Betrieb als auch Betriebsteile zusammen.[231]

Die Tätigkeit der Einheit muss einen wirtschaftlichen Charakter aufweisen.[232] Dies setzt weder ein Tätigwerden im wirtschaftlichen Bereich, noch eine Gewinnerzielungsabsicht oder materielle Wertschöpfung voraus.[233] Auch öffentlich-rechtlich organisierte Einheiten können daher unter diesen Begriff gefasst werden.[234] Ausreichend für die wirtschaftliche Tätigkeit ist jede auf einem Markt für Güter oder Dienstleistungen entfaltete Tätigkeit.[235]

Hoheitliche Aufgaben sind dagegen keine wirtschaftlichen Tätigkeiten im Sinne der Richtlinie. Die Übertragung von hoheitlichen Aufgaben von einer staatlichen Stelle auf eine andere staatliche Stelle stellt keinen Betriebsübergang dar, auch wenn betriebliche Mittel übergehen.[236] Dies stellt die Richtlinie nunmehr in Art. 1 Abs. 1 litt. c S. 2 ausdrücklich klar. Umstrukturierungen von Verwaltungsbehörden oder die Übertragung von Verwaltungsaufgaben von einer Behörde auf eine andere stellen daher keine Übertragung einer wirtschaftlichen Einheit dar und fallen nicht in den Anwendungsbereich der Richtlinie.

---

227 EuGH 21.10.2010 – Rs. C-242/09 „Albron", Slg. 2010, I 10309 Tz. 27; 12.02.2009 – Rs. C-466/97 „Klarenberg", Slg. 2009, I-803 Tz. 44 ff; zustimmend Sieg/Maschmann Rn. 41; kritisch Willemsen, NZA 2009, 289, 291 ff..

228 Lingemann, Anm. zu EuGH 12.02.2009 – Rs. C-466/07 „Klarenberg", FD-ArbR 2009, 277465.

229 Salamon/Hoppe, NZA 2010, 989, 991.

230 WHSS/*Willemsen*, Kap. G Rn. 36.

231 Ständige Rechtsprechung seit EuGH 18.03.1986 - R C-24/85 (Spijkers), Slg. 1986, I-1119 Tz. 12; WHSS/*Willemsen*, Kap. G Rn. 36; Joost in FS Wlotzke (1996) 683, 691; von Alvensleben, Rechte der Arbeitnehmer (1992), 171 ff..

232 EuGH 26.09.2000 – Rs. C-175/99 „Mayeur", Slg. 2000, I-7755 Tz. 39.

233 Willemsen in FS 50 Jahre Bundesarbeitsgericht (2004), 287, 292.

234 EuGH 14.09.2000 – Rs. C-343/98, „Collino", Slg. 2000, I-6659 Tz. 32; Willemsen in FS 50 Jahre Bundesarbeitsgericht (2004), 287, 292.

235 Sieg/Maschmann Rn. 44.

236 EuGH 14.09.2000 – Rs. C-343/98, „Collino", Slg. 2000, I-6659 Tz. 31; 15.10.1996 – Rs. C-298/94, „Henke", Slg. 1996, I-4989 Tz. 14 u. 18; Willemsen in FS 50 Jahre Bundesarbeitsgericht (2004), 287, 293.

IV. Arbeitnehmervertretung im Sinne der Richtlinie

Der angestrebte individuelle Schutz der Arbeitnehmer wird in Art. 6 der Richtlinie ergänzt durch Regelungen zur Rechtsstellung der Arbeitnehmervertreter.[237] Dieser sieht vor, dass die bestehende Arbeitnehmervertretung durch den Betriebsübergang unberührt bleibt. Soweit es infolge eines Verlustes der Selbstständigkeit zum Wegfall der Arbeitnehmervertretung kommt, fordert Art. 6 Abs. 1 UAbs. 4 der Richtlinie die Sicherstellung einer angemessenen Vertretung der Arbeitnehmer bis zur Neubildung einer Interessenvertretung nach den nationalen Reglungen.

Hiermit soll sichergestellt werden, dass durch einen Betriebsübergang weder Rechtsstellung noch Funktion der Arbeitnehmervertretung berührt werden.[238] Neben Gewährleistung der Kontinuität der Arbeitnehmervertretung während des Betriebsüberganges sollen die Arbeitnehmervertreter vor Nachteilen auf Grund ihres Amtes im Zuge des Betriebsüberganges geschützt werden.[239]

Eine Definition des Begriffes der Arbeitnehmervertretung nimmt die Richtlinie selbst nicht vor. Vielmehr verweist sie in Art. 2 Ziff. 1 litt. c auf die Rechtsvorschriften und die Praxis der Mitgliedstaaten. Die Ausgestaltung des Begriffes der „Arbeitnehmervertretung“ ist damit den Mitgliedstaaten überlassen.[240]

Im Folgenden ist daher zu untersuchen, welche Arbeitnehmervertretungen durch die Richtlinie geschützt werden.

1. Betriebliche Mitbestimmung

Maßgeblich für die Bestimmung der durch die Richtlinie geschützten Arbeitnehmervertretungen sind der Sinn der Regelung in Art. 6 der Richtlinie auf Grund ihrer systematischen Einbindung, sowie der mit ihr verfolgte Zweck.[241]

Geschützt werden soll durch die Richtlinie die Arbeitnehmervertretung auf der Ebene der betrieblichen Mitbestimmung.[242] Den Schutz des Art. 6 der Richtlinie

---

237 Oetker/*Schubert*, EAS B 8300 Rn. 4500.

238 Ziffer 36 der Begründung des Vorschlages der Kommission vom 08.09.1994, BR-Drucks. 896/94.

239 Oetker/*Schubert*, EAS B 8300 Rn. 445.

240 Oetker, NZA 1998, 1193, 1194.

241 EuGH 28.03.1985 – Rs. C-100/84 (Kommission./.Großbritannien), Slg. 1985, I-1169 Tz. 17; 27.10.1977 – Rs. C-30/77 (Bouchereau), Slg. 1977, I-1999 Tz. 13 f.; Willemsen/Annuß, NJW 1999, 2073, 2077.

242 Oetker/*Schubert*, EAS B 8300 Rn. 447; von Alvensleben, Rechte der Arbeitnehmer (1992), 117; Debong, Wahrung Arbeitnehmeransprüche (1988), 88 f..

genießen somit nur Arbeitnehmervertretungen, die nach der Konzeption der nationalen Vorschriften berufen sind, die Interessen der Arbeitnehmer gegenüber dem Arbeitgeber im Betrieb zu vertreten.[243] Damit unterfallen die Betriebsräte nach dem BetrVG dem Schutz der Richtlinie.

Die Richtlinie gilt gemäß Art. 1 Ziffer 1c ausdrücklich für private und öffentliche Unternehmen.[244] Wirtschaftliche Einheiten in der öffentlichen Verwaltung als auch öffentliche Unternehmen können einen Betrieb im Sinne der Richtlinie führen.[245] Dagegen werden die nicht-wirtschaftlichen Teile der öffentlichen Verwaltung nicht von der Richtlinie erfasst.[246] Die Personalräte nach dem BPersVG als auch den Personalvertretungsgesetzen der Länder sind daher Vertretungen der Arbeitnehmer im Sinne der Richtlinie, soweit sie für wirtschaftliche Einheiten der öffentlichen Hand gebildet sind.

Die Richtlinie unterscheidet in Art. 2 Abs. 1 lit. c ferner nicht zwischen gesetzlich und kollektivvertraglich begründeten Arbeitnehmervertretungen. Art. 6 Abs. 1 der Richtlinie erfasst nach seinem ausdrücklichen Wortlaut die auf Grundlage von Rechts- und Verwaltungsvorschriften bestehenden Arbeitnehmervertretungen; außerdem werden auch solche erfaßt, die auf Grund vertraglicher Vereinbarung bestehen. Damit unterfallen der Richtlinie auch Arbeitnehmervertretungen, die auf tarifvertraglicher Grundlage oder durch Betriebsvereinbarung errichtet werden. Es handelt sich um Vereinbarungen im Sinne von Art. 6 Abs. 1 der Richtlinie.[247] Der Anwendungsbereich erfasst somit auch die nach § 3 BetrVG durch Tarifvertrag oder Betriebsvereinbarung gebildeten Betriebsräte.

Als Zwischenergebnis ist festzuhalten, dass die nach § 1 Abs. 1 BetrVG und § 3 BetrVG gebildeten Betriebsräte, als auch die nach dem BPersVG und den Personalvertretungsgesetzen der Länder gebildeten Personalräte ausdrücklich zur Vertretung der Interessen der Arbeitnehmer gegenüber dem Arbeitgeber nach nationalem Recht berufen sind. Diese Arbeitnehmervertretungen unterfallen damit dem Schutz des Art. 6 Abs. 1 der Richtlinie.

---

243 Begründung zu Art. 7 des Vorschlages der Kommission vom 31.05.1974, RdA 1975, 124, 125; HB EAS/*Wank*, § 18 Rn. 105; Oetker/*Schubert*, EAS B 8300 Rn. 446; Gaul, BB 1999, 526, 527; Spreer, Richtlinie 2002/14/EG (2005), 42.

244 Vgl. Pawlak/Leydecker, ZTR 2008, 74, 77.

245 Vgl. EuGH 26.09.2000 – Rs. C-175/99 „Mayeur“, Slg. 2000, I-7755 Tz. 33; 14.09.2000. Rs. C-343/98 „Collino“, Slg. 2000, I-6659 Tz. 32; Lecheler/Germelmann, PersV 2005, 317, 321.

246 EuGH 15.10.1996 – Rs. C-298/94 „Henke“, Slg. 1996, I-4989 Tz. 14 u. 18; Lecheler/Germelmann, PersV 2005, 317, 321.

247 Oetker/*Schubert*, EAS B 8300 Rn. 448.

2. Unternehmensmitbestimmung

In Deutschland wird die Mitbestimmung der Arbeitnehmer nicht nur in den Betrieben ausgeübt, sondern auch auf der Ebene des Unternehmens. Fraglich ist, ob auch den Arbeitnehmervertretern in den Aufsichtsräten als Organen der Mitbestimmung auf Unternehmensebene ein Übergangsmandat zustehen kann.

Ursprünglich waren die Organe der Unternehmensmitbestimmung vom Anwendungsbereich der Richtlinie ausgeschlossen. Die Vertreter der Arbeitnehmer in Verwaltungs-, Leitungs- oder Aufsichtsorganen der Gesellschaften waren ausdrücklich in Art. 2 litt. c. RL 77/187/EWG vom Begriff der Arbeitnehmervertreter im Sinne der Richtlinie ausgenommen. Mit der Novellierung der Richtlinie 77/187/EWG durch die Richtlinie 98/50/EG vom 29.06.1998[248] ist die Ausnahmeregelung in Art. 2 Abs. 1 lit. c RL 98/50/EG entfallen.

Eine Erweiterung des Anwendungsbereiches der Richtlinie auf Organe der Unternehmensmitbestimmung ist damit jedoch nicht verbunden gewesen.[249] Es handelt sich lediglich um eine Angleichung an den Wortlaut der entsprechenden Regelung der Richtlinie 75/129/EWG (jetzt Richtlinie 98/59/EG vom 20.07.1998[250]).[251] Der europäische Normgeber stellt den Mitgliedstaaten die Anknüpfung an die organisatorische Einheit „Unternehmen" oder „Betrieb" frei, um so den nationalen Besonderheiten in der Arbeitnehmerbeteiligung Rechnung zu tragen.[252]

Ziel der nationalen Regelung der Mitbestimmung auf Unternehmensebene ist die Beteiligung der Arbeitnehmer an grundlegenden Unternehmensentscheidungen.[253] Der nationale Gesetzgeber verfolgt damit andere Ziele als die Richtlinie. Die Mitbestimmung auf Unternehmensebene wird durch die Richtlinie daher nicht erfasst.[254] Für den Fall von Änderungen auf Unternehmensebene mit Auswirkungen auf die Vertretung der Arbeitnehmer im Aufsichtsrat wird deren möglicher Schwächung durch § 325 UmwG, § 97 AktG oder das Mitbestimmungs-Beibehaltungsgesetz[255] entgegengewirkt.[256]

---

248 ABl. EG Nr. L201 vom 17.07.1998, 88 ff..

249 So aber Gaul, BB 1999, 526, 527.

250 ABl. EG Nr. L 225 vom 12.08.1998, 16 ff..

251 Ziffer 33 der Begründung des Vorschlages der Kommission vom 08.09.1994, BR-Drucks. 896/94; Oetker/*Schubert*, EAS B 8300 Rn. 447.

252 Spreer, Richtlinie 2002/14/EG (2005), 36.

253 Ulmer/*Ulmer*, Einleitung MitbestG Rn. 3 m.w.N..

254 Oetker/*Schubert*, EAS B 8300 Rn. 447; MünchHB ArbR/*Birk*, 2. Aufl., § 19 Rn. 253.

255 BGBl. I 1994, 2228 ff..

256 MünchHB ArbR/*Wissmann*, § 278 Rn. 21.

3. Ergebnis

Arbeitnehmervertretungen im Sinne von Art. 2 Ziffer 1c der Richtlinie sind die nach § 1 Abs. 1 BetrVG oder § 3 BetrVG gebildeten Betriebsräte sowie die Personalräte nach dem BPersVG und den Personalvertretungsgesetzen der Länder, soweit diese für wirtschaftliche Einheiten der öffentlichen Hand gebildet sind.

Nicht der Richtlinie unterfallen dagegen die mitbestimmten Aufsichtsräte. Diese werden vom Schutzbereich der Richtlinie nicht erfasst. Ihre Aufgabe ist nicht die Vertretung der Interessen der Arbeitnehmer im Betrieb, sondern die Teilhabe der Arbeitnehmer an der Führung des Unternehmens.

V. Voraussetzungen Übergangsmandat

Die Richtlinie knüpft die Entstehung eines Übergangsmandates an verschiedene Voraussetzungen. Diese führen nicht in jedem Fall einer betrieblichen Umstrukturierung mit Wegfall der Interessenvertretung zu einem Übergangsmandat. Die Voraussetzungen des europarechtlichen Übergangsmandates werden im folgendem näher betrachtet.

1. Verlust der Selbstständigkeit

Voraussetzung für das Entstehen des Übergangsmandates ist nach dem Wortlaut der Richtlinie der Verlust der Selbstständigkeit der übergehenden Einheit. Der Begriff der Selbstständigkeit wird in der Richtlinie selbst jedoch nicht definiert und ist daher auszufüllen.

In Art. 6 Abs. 1 UAbs. 1 und 4 knüpft die Richtlinie an den Fortbestand der Selbstständigkeit an. Behält die übergehende wirtschaftliche Einheit ihre Selbstständigkeit, bleibt die Arbeitnehmervertretung unverändert im Amt, wenn weiterhin die Voraussetzungen für ihre Bildung erfüllt sind. Kommt es zu einem Verlust der Selbstständigkeit, ist nach Art. 6 Abs. 1 UAbs. 4 der Richtlinie eine übergangsweise Vertretung bis zur Neukonstituierung einer Arbeitnehmervertretung zu gewährleisten. Nach der Richtlinie führt ein Betriebsübergang zum Verlust der Selbstständigkeit, wenn aufgrund dessen die bisherige Interessenvertretung entfällt.[257]

---

257 Willemsen/Annuß, NJW 1999, 2073, 2078; Bischoff, Übergangsmandat (2004), 25.

Die Selbstständigkeit wird gewahrt, wenn die Organisationsbefugnisse der für die übertragene Einheit Verantwortlichen nach dem Übergang innerhalb der Strukturen des Erwerbers im Vergleich zur Lage vor dem Übergang im Wesentlichen unverändert bleiben.[258] Den Verantwortlichen der übergegangenen Einheit verbleibt die Befugnis, die Arbeit innerhalb der genannten Einheit bei der Verfolgung der wirtschaftlichen Tätigkeit, die ihr eigen ist, relativ frei und unabhängig zu organisieren. Sie können weiter Weisungen und Instruktionen zu erteilen, Aufgaben auf die untergeordneten Arbeitnehmer, die zu der fraglichen Einheit gehören, zu delegieren und über die Verwendung der materiellen Ressourcen, die ihr zur Verfügung stehen, zu entscheiden, und zwar ohne unmittelbares Eingreifen anderer Organisationsstrukturen des Inhabers.[259] Maßgeblicher Zeitpunkt für die Beurteilung der Frage, ob die Selbstständigkeit erhalten bleibt oder nicht, ist der Übergang der wirtschaftlichen Einheit.[260]

Der Erhalt der Selbstständigkeit ist damit entscheidend für die Wahrung der Betriebsidentität.[261] Die Existenz der betrieblichen Interessenvertretung hängt aber ab vom Fortbestand der betriebsverfassungsrechtlichen Organisationseinheit, für den sie gebildet wurde.[262] Der Betriebsrat bleibt im Amt, wenn die Identität des Betriebes, für den er gewählt wurde, erhalten bleibt. Geht hingegen durch den Übergang der wirtschaftlichen Einheit die Betriebsidentität verloren, erlischt sein Mandat. Gleiches gilt für die nach den Personalvertretungsgesetzen des Bundes und der Länder gebildeten Personalräte.[263]

Die Merkmale für den Erhalt der Selbstständigkeit entsprechen den Kriterien der Betriebsidentität im deutschen Recht. Der Begriff der „Selbstständigkeit" im Sinne von Art. 6 Abs. 1 der Richtlinie ist im deutschen Betriebsverfassungsrecht daher mit dem Begriff der „Betriebsidentität" gleichzusetzen.[264] Kommt es in Folge der Übertragung einer wirtschaftlichen Einheit zu einem Verlust der Betriebsidentität, liegt ein Verlust der Selbstständigkeit im Sinne von Art. 6 Abs. 1 der Richtlinie vor.

---

258 EuGH 29.07.2010 – Rs. C-151/09 (UGT-FSP), Slg. 2010, I-7591 Tz. 44.

259 EuGH 29.07.2010 – Rs. C-151/09 (UGT-FSP), Slg. 2010, I-7591 Tz. 43.

260 EuGH 29.07.2010 – Rs. C-151/09 (UGT-FSP), Slg. 2010, I-7591 Tz. 35.

261 Fitting, § 1 Rn. 113; HaKo-BetrVG/*Düwell*, § 21 Rn. 24 ff.; WHSS/*Hohenstatt* Kap. D Rn. 68; Rieble in FS Wiese (1998), 453, 460.

262 Richardi/*Thüsing*, § 21 Rn. 27; WHSS/*Hohenstatt*, Kap. D Rn. 68; Stöckel, Amt des Betreibsrats (2011), 182.

263 Bischoff, Übergangsmandat (2004), 25.

264 von Roetteken, NZA 2001, 414, 421; Willemsen/Annuß, NJW 1999, 2073, 2078; Gaul, BB 1999, 582, 584; Lerch, Auswirkungen von Betriebsübergängen (2006), 195.

2. Wechsel der gesetzlichen Grundlage der Interessenvertretung

Umstritten ist, ob der Fortbestand einer bestehenden Interessenvertretung nur von der Wahrung der Betriebsidentität abhängt oder auch der Fortbestand der gesetzlichen Grundlage erforderlich ist.

Ändert sich auf Grund des Übergangs des Betriebes auf einen anderen Rechtsträger die gesetzliche Grundlage für die Bildung einer Arbeitnehmervertretung, wie dies bei einer Privatisierung mit dem Übergang vom Personalvertretungsrecht zum Betriebsverfassungsrecht der Fall ist, entfällt mit dem Wirksamwerden der Privatisierung der bestehende Personalrat, ohne dass ein Betriebsrat zuvor gebildet werden kann.[265] Die betroffenen Arbeitnehmer sind bis zur Bildung eines Betriebsrates ohne betriebliche Interessenvertretung.

Der EuGH ist der Auffassung, dass auch einseitige Entscheidungen eines Hoheitsträgers einen Betriebsübergang im Sinne der Richtlinie auslösen können.[266] Ausreichend für die Anwendbarkeit der Richtlinie ist die wirtschaftliche Tätigkeit, unabhängig vom Träger. Der Rechtsgrund der Übertragung tritt in den Hintergrund.[267] Nur die strukturelle Neuordnung von hoheitlichen Tätigkeiten wird vom Anwendungsbereich der Richtlinie nicht erfasst.[268]

Vor dem Hintergrund dieser Rechtsprechung des EuGH wird daher vertreten, den Fall der Privatisierung als Übergang im Sinne der Richtlinie zu betrachten.[269] Dies wird teilweise damit begründet, dass ein Übergang auf einen neuen Arbeitgeber erfolge, auch wenn die Unternehmensanteile weiterhin ausschließlich in der öffentlichen Hand lägen.[270] Zur Gewährleistung der Kontinuität der Vertretung

---

265 Vgl. DKKW/*Trümner*, § 130 Rn. 11; Fitting, § 130 Rn. 10; GK-BetrVG/*Weber*, § 130 Rn. 8; Richardi/*Annuß*, § 130 Rn. 12.

266 EuGH 06.09.2011 – Rs. C-108/10 (Scattolon), NZA 2011, 1077 ff., Tz. 63; 14.09.2000 – Rs. C-343/98 „Collino", Slg. 2000, I-6659 Tz. 34; 10.12.1998 – Rs. C-173/96 „Hidalgo", Slg. 1998, I-8237 Tz. 23; 19.05.1992 – Rs. C-29/91 „Redmond Stichting", Slg. 1992, I-3189 Tz. 14; 05.05.1988 – Rs. C-144/87 „Berg u. Busschers", Slg. 1988, I-2559 Tz. 18.

267 Jetzt Steffan, NZA 2012, 473, 474; Friedrich, ZEuS 2002, 427, 438; Friedrich, Europäisches Arbeitsrecht und Privatisierungen (2002), 117.

268 Zuletzt EuGH 14.09.2000 – Rs. C-343/98 „Collino", Slg. 2000, I-6659 Tz. 31.

269 DKKW/*Trümner*, § 130 Rn. 14; HaKo-BetrVG/*Düwell*, § 21a Rn. 24; von Roetteken, NZA 2001, 414, 421; Friedrich, ZEuS 2002, 427, 437; Bischoff, Übergangsmandat (2004), 25.

270 HB Privatisierung/*von Roetteken* Rn. 575 ff., 693; Blanke, ZTR 2000, 211, 212.

fordere die Richtlinie ein Übergangsmandat auch für den Personalrat.[271] Gleiches soll für den Wechsel von Betriebsverfassungsrecht in das Personalvertretungsrecht gelten.[272]

Diesen Überlegungen ist zuzustimmen. Die Richtlinie erfasst nach der Rechtsprechung des EuGH auch Übertragungen, die zu einem Wechsel der gesetzlichen Grundlage der Interessenvertretung führen.[273] Damit ergibt sich die Forderung nach einem Übergangsmandat der Arbeitnehmervertretung aus Art. 6 der Richtlinie, bis nach den nunmehr anzuwendenden Vorschriften eine neue Interessenvertretung gebildet worden ist.[274]

3. Wegfall der gesetzlichen Grundlage der Interessenvertretung

Hiervon zu unterscheiden ist der Fall, dass zukünftig eine Interessenvertretung nicht mehr errichtet werden kann, weil die gesetzlichen Voraussetzungen nicht vorliegen. Auch für diese Konstellation wird das Bestehen eines Übergangsmandates gefordert, da die Richtlinie generell von einer angemessenen Vertretung für den Übergangszeitraum ausgehe.[275] Art. 6 UAbs. 4 der Richtlinie sehe entgegen deren Art. 1 Abs. 1 keine Regelung vor für den Fall, dass die Voraussetzungen zur Bildung einer Interessenvertretung nicht mehr gegeben sind.[276]

Diese Argumentation vermag nicht zu überzeugen. Ziel der Richtlinie ist die Gewährleistung der Vertretung der Arbeitnehmer, bis eine neue Vertretung nach dem nationalen Recht gebildet werden kann. Ist eine Neuwahl nicht möglich, da insoweit die nationalen Voraussetzungen für die Bildung einer Interessenvertretung nicht vorliegen, kann dieses Ziel nicht erreicht werden. Für diesen Fall fordert auch

---

271 DKKW/*Trümner*, § 130 Rn. 14; von Roetteken, NZA 2001, 414, 421; Blanke, PersR 2000, 349, 355.

272 HaKo-BetrVG/*Düwell*, § 21a Rn. 16; Blanke, ZfPR 2001, 242; von Roetteken, NZA 2001, 414, 421; Blanke, PersR 2000, 43, 52; Bischoff, Übergangsmandat (2004), 25.

273 So DKKW/*Trümner*, § 130 Rn. 15; HaKo-BetrVG/*Düwell*, § 21a Rn. 24 ff.; Löwisch/Kaiser, § 21a Rn. 3; Löwisch/Schmidt-Kessel, BB 2001, 2162; von Roetteken, NZA 2001, 414, 421.

274 DKKW/*Trümner* § 130 Rn. 15 f.; Fitting, § 130 Rn. 16; HaKo-BetrVG/*Düwell*, § 21a Rn. 27; Friedrich, ZEuS 2002, 427; 438; von Roetteken, NZA 2001, 414, 421; Widmaier, ZfPR 2001, 119, 124; Bischoff, Übergangsmandat (2004), 25.

275 DKKW/*Buschmann*, § 21a Rn. 21.

276 DKKW/*Buschmann*, § 21a Rn. 21; a.A. HaKo-BetrVG/*Düwell*, § 21a Rn. 17.

Art. 6 der Richtlinie nicht die Schaffung eines Übergangsmandates, da dieses nach dem Wortlaut der Richtlinie ausschließlich von der Erfüllung der nationalen Voraussetzungen für eine zukünftige Arbeitnehmervertretung abhängt.[277]

Der Entfall der Arbeitnehmervertretung ohne Übergangsmandat verstößt in diesem Fall nicht gegen die Richtlinie.

4. Ergebnis

Voraussetzung für das Entstehen des Übergangsmandates ist der Verlust der Selbstständigkeit der bisherigen wirtschaftlichen Einheit. Dieser ist gekennzeichnet durch den Verlust der Eigenverantwortlichkeit und Entscheidungsbefugnisse der bisherigen Leitungsmacht dieser Einheit.

Dem gleichzustellen ist der Wechsel der Rechtsgrundlage der Arbeitnehmervertretung. Insbesondere in Fällen der Privatisierung mit dem Wechsel vom Personalvertretungsgesetz in das Betriebsverfassungsrecht besteht europarechtlich ein Übergangsmandat.

Der Entfall der Rechtsgrundlage für die Bildung der Arbeitnehmervertretung ist dagegen kein Fall des Verlustes der Selbstständigkeit. Auch wenn dies zu einer Schutzlücke für die Arbeitnehmer führen kann, sieht die Richtlinie als Voraussetzung des Übergangsmandates das Fortbestehen der bisherigen Rechtsgrundlage vor.

VI. Inhalt des Übergangsmandates

Die Richtlinie selbst konkretisiert nicht den Inhalt des Übergangsmandates der Arbeitnehmervertretungen. In Art. 6 Ziff. 1 UAbs. 4 fordert die Richtlinie nur die Sicherstellung einer „angemessenen Vertretung“ für den Zeitraum bis zur Neubildung einer Arbeitnehmervertretung. Diese soll sich am Recht und der Praxis der Mitgliedstaaten orientieren. Die Richtlinie nimmt mit dieser Formulierung Rücksicht auf die sehr heterogenen nationalen Regelungen.[278]

Im Folgenden ist zu klären, welche Anforderungen an die angemessene Vertretung durch die Richtlinie gestellt und welche Arbeitnehmer hierdurch geschützt werden.

277 ErfK/*Koch*, § 21a Rn. 3; HaKo-BetrVG/*Düwell*, § 21a Rn. 17; Löwisch/Kaiser, § 21a Rn. 6.

278 Willemsen/Annuß, NJW 1999, 2073, 2078; Krause, NZA 1998, 1201, 1203.

1. Angemessene Vertretung

Die Richtlinie ordnet nicht die unveränderte Aufrechterhaltung der bisherigen Interessenvertretung an. Dies ist daher nicht zwingend durch die Mitgliedstaaten vorzusehen.[279] Vielmehr genügt eine angemessene Vertretung nach dem Recht und der Praxis der Mitgliedstaaten.

Der Begriff „angemessene Vertretung“ ist europaweit einheitlich zu bestimmen, da über dieses Merkmal die Richtlinie den zu gewährleistenden Schutzstandard für alle Arbeitnehmer in ihrem Anwendungsbereich bestimmt.[280] Die Formulierung in Art. 6 Abs. 1 UAbs. 4 der Richtlinie „im Einklang mit dem Recht oder der Praxis der Mitgliedstaaten“ legt den Schluss nahe, dass die Rechtsstellung der fortbestehenden Arbeitnehmervertretung im Wesentlichen der einer regulären Arbeitnehmervertretung entsprechen muss.[281] Dabei lässt die Richtlinie den Mitgliedstaaten nur hinsichtlich der Zielerreichung mit den Mitteln der nationalen Rechtsordnungen einen Spielraum.[282] Die Schaffung eines kollektivrechtlichen Schutzes der Arbeitnehmer hingegen ist durch die Richtlinie zwingend vorgegeben.[283]

Vereinzelt wird vertreten, dass die Richtlinie der Interessenvertretung keine eigenständigen Befugnisse verleihen, sondern nur das grundsätzliche Fortbestehen des kollektivrechtlichen Schutzes gewährleisten wolle.[284] Einschränkend wird dabei darauf hingewiesen, dass der Begriff der „angemessenen Vertretung“ zwar kein Vollmandat, zumindest aber nennenswerte Mitwirkungsrechte voraussetze.[285]

Die Gegenauffassung geht zutreffend davon aus, dass der Interessenvertretung im Übergangsmandat sämtliche Rechte einer regulären Interessenvertretung zustehen müssen.[286] Denn in der Übergangsphase eines Betriebsüberganges sind die betroffenen Arbeitnehmer besonders schutzbedürftig. Der Richtliniengeber will genau diesem besonderen Schutzbedürfnis Rechnung tragen. Durch die verwendeten Begriffe „angemessen“ und „weiterhin“ wird verdeutlicht, dass die übergangsweise zuständige Interessenvertretung den betroffenen Mitarbeitern das

---

279 MünchHB ArbR/*Birk*, 2.Aufl., § 19 Rn. 258; Lerch, Auswirkungen von Betriebsübergängen (2006), 194.

280 Willemsen/Annuß, NJW 1999, 2073, 2078.

281 Blanke, ZfPR 2001, 242, 247; Franzen, RdA 1999, 361, 369.

282 Lerch, Auswirkungen von Betriebsübergängen (2006), 194.

283 Krause, NZA 1998, 1201, 1203.

284 Jung, Übergangsmandat (1999), 188.

285 Krause, NZA 1998, 1201, 1203.

286 Gaul, BB 1999, 582, 584.

gleiche Schutzniveau gewährleisten soll, wie die reguläre Interessenvertretung.[287] Die Richtlinie setzt daher ein Vollmandat der übergangsweise zuständigen Interessenvertretung für die übergehenden Arbeitnehmer voraus.[288]

Besteht im aufnehmenden Betrieb eine Arbeitnehmervertretung, die zukünftig auch die Interessen der übergegangenen Arbeitnehmer vertritt, ist die Forderung der Richtlinie erfüllt.[289]

Werden die übergegangenen Arbeitnehmer beim Erwerber dagegen nicht durch eine bereits bestehende Arbeitnehmervertretung repräsentiert, ist durch das nationale Recht das Fortbestehen des Schutzes durch die bisherige Arbeitnehmervertretung bis zu einer Neuwahl sicherzustellen.[290]

2. Personelle Reichweite

Die Richtlinie will die Rechte der vom Übergang betroffenen Arbeitnehmer sicherstellen.[291] Nach dem Wortlaut ist unklar, ob nur die in der übergehenden Einheit Beschäftigten erfasst werden sollen, oder auch die beim Veräußerer verbleibenden bzw. beim Erwerber zuvor schon beschäftigten Arbeitnehmer.[292] Teilweise wird auf Grund dieser unklaren Regelung der Anwendungsbereich auf alle Beschäftigten ausgedehnt, die unmittelbar oder mittelbar bei Veräußerer und Erwerber von dem Betriebsübergang betroffen sind.[293]

Die Richtlinie versteht unter Arbeitnehmern diejenigen Personen, die das nationale Recht des Mitgliedstaates als Arbeitnehmer schützt, so die Definition in Art. 2 Ziff. 1 lit. d der Richtlinie. Öffentlich-rechtlich beschäftigte Bedienstete oder Beamte werden von der Richtlinie dagegen nicht erfasst.[294] Damit liegt der Richtlinie kein einheitlicher europarechtlicher Arbeitnehmerbegriff zugrunde.[295]

---

287 Lerch, Auswirkungen von Betriebsübergängen (2006), 195.

288 Gaul, BB 1999, 582, 584.

289 Willemsen/Annuß, NJW 1999, 2073, 2078.

290 Franzen, RdA 1999, 361, 369; Willemsen/Annuß, NJW 1999, 2073, 2078; Krause, NZA 1998, 1201, 1203.

291 Gaul, BB 1999, 582, 584; Willemsen/Annuß, NJW 1999, 2073, 2077; Krause, NZA 1998, 1201, 1203; Widlak, ZIP 1998, 1328, 1329.

292 Lerch, Auswirkungen von Betriebsübergängen (2006), 196.

293 Schlenker-Rehage, Übergangsmandat Betriebs- und Personalrat (2010), 36; Bischoff, Übergangsmandat (2004), 27 ff..

294 EuGH 14.09.2000, Rs. C-343/98 (Collino), Slg. 2000, I-6659 Tz. 36 ff.; Fuchs/Marhold, Europäisches Arbeitsrecht, 239.

295 Willemsen/Annuß, NJW 1999, 2073, 2075.

Im Ergebnis können die Mitgliedstaaten durch die nationale Definition des Arbeitnehmerbegriffes den Anwendungsbereich der Richtlinie bestimmen. Dabei stellt Art. 2 Ziff. 2 der Richtlinie ausdrücklich klar, dass Teilzeit-, Leih- sowie befristete Arbeitsverhältnisse nicht vom Anwendungsbereich der Richtlinie ausgenommen werden dürfen.

Dies wird in der Literatur kritisiert mit der Begründung, dies führe entgegen dem Zweck der Richtlinie zu unterschiedlichen Schutzniveaus.[296] Zudem unterfallen öffentlich-rechtliche Unternehmen ebenfalls der Richtlinie, wie Art. 1 Abs. 1 lit. c der Richtlinie klarstellt. Der EuGH hält dem entgegen, dass es einen einheitlichen europarechtlichen Arbeitnehmerbegriff nicht gibt. Vielmehr bestimmt sich der Arbeitnehmerbegriff nach den jeweiligen nationalen Vorschriften. Ziel der Richtlinie sei es nicht, ein einheitliches Schutzniveau zu erreichen. Vielmehr solle der Fortbestand des Arbeitsverhältnisses sichergestellt werden, um Nachteile auf Grund des Betriebsüberganges für die betroffenen Arbeitnehmer zu vermeiden.[297]

Die Richtlinie will die Rechte der von einem Betriebsübergang betroffenen Arbeitnehmer schützen und insbesondere die Wahrung ihrer Ansprüche gewährleisten, wie sich aus Ziffer 3 der Erwägungen der Richtlinie ergibt. Die beim Veräußerer verbleibenden oder beim Erwerber bereits beschäftigten Arbeitnehmer erfahren keine Beeinträchtigung ihrer Rechte durch den Betriebsübergang. Diese unterfallen daher nicht dem Schutzbereich der Richtlinie. Nach zutreffender Auffassung werden somit die vom Betriebsübergang nicht betroffenen Arbeitnehmer nicht vom Schutzbereich der Richtlinie erfasst.[298]

3. Ergebnis

Die Richtlinie fordert die weitere Gewährleistung des vollen Schutzniveaus durch die Vertretung der Arbeitnehmer auch im Rahmen des Übergangsmandates. Dieses entspricht somit dem regulären Mandat.

Geschützt werden die Arbeitnehmer, die vom Übergang der wirtschaftlichen Einheit betroffen sind. Nicht erfasst werden diejenigen Arbeitnehmer, die beim Veräußerer verbleiben.

---

296 Willemsen/Annuß, NJW 1999, 2073, 2075; Fuchs/Marhold, Europäisches Arbeitsrecht, 240, von Alvensleben, Rechte der Arbeitnehmer (1992), 164 ff..

297 EuGH 14.09.2000 - Az. Rs. C-343/98 „Collino“, Slg. 2000, I-6659 Tz. 36 ff..

298 Krause, NZA 1998, 1201, 1203; Willemsen/Annuß, NJW 1999, 2073, 2078.

VII. Dauer des Übergangsmandates

Die Richtlinie regelt nicht die Dauer des Übergangsmandates. Sie stellt allein auf den für eine Neubildung der betriebsverfassungsrechtlichen Organe erforderlichen Zeitraum ab. Damit ist das Übergangsmandat im Sinne der Richtlinie auf den Zeitraum begrenzt, der für die Neubildung der Arbeitnehmervertretung erforderlich ist.[299] Die Arbeitnehmervertretung ist daher zügig neu zu bilden, wenn der europarechtliche Schutz der Arbeitnehmervertretung erhalten bleiben soll.[300]

Die Konkretisierung des für die Bildung erforderlichen Zeitraumes richtet sich nach den nationalen Vorschriften für die Errichtung einer Arbeitnehmervertretung.[301] Der Zeitraum für das Übergangsmandat muss so bemessen sein, dass die Wahlen zur betrieblichen Arbeitnehmervertretung in dieser Zeit durchgeführt werden können. Bei Durchführung des vereinfachten Wahlverfahrens nach § 14a BetrVG ist dies ein Zeitraum von zwei Wochen. Ist der Betriebsrat im regulären Wahlverfahren zu wählen, erfordert die Wahl einen Zeitraum von drei Monaten.[302] Die Festlegung eines längeren, als des erforderlichen Zeitraumes durch den nationalen Gesetzgeber ist auf Grund Art. 8 der Richtlinie möglich.[303]

VIII. Zusammenfassung

In Art. 6 Abs. 1 RL 2001/23/EG hat der Europäische Gesetzgeber den Mitgliedstaaten die Schaffung eines Übergangsmandates für den Fall vorgegeben, dass die von einem Betriebsübergang betroffenen Arbeitnehmer nach nationalem Recht ansonsten einer solchen Vertretung verlustig gehen würden. Die Regelungen der Richtlinie sind dahin zu verstehen, dass die betriebliche Interessenvertretung im Rahmen des Übergangsmandates über die gleichen Rechte verfügen muss, wie

299 Willemsen/Annuß, NJW 1999, 2073, 2078; Krause, NZA 1998, 1201, 1204; Bischoff, Übergangsmandat (2004), 29.

300 Krause, NZA 1998, 1201, 1203; Jung, Übergangsmandat (1999), 188.

301 Krause, NZA 1998, 1201, 1203; Bischoff, Übergangsmandat (2004), 29; Jung, Übergangsmandat (1999), 188.

302 Vgl. HaKo-BetrVG/*Düwell*, § 21a Rn. 29; Richardi/*Annuß*, § 130 Rn. 13; weitergehend bis zu sechs Monate Fitting, § 130 Rn. 17; Engels in FS Wlotzke (1996), 279, 290.

303 Ebenso Krause, NZA 1998, 1201, 1204; Bischoff, Übergangsmandat (2004), 29.

diese für ein reguläres Mandat gelten. Das Übergangsmandat bezieht sich auf die vom Übergang der betrieblichen Einheit betroffenen Arbeitnehmer. In zeitlicher Hinsicht ist das Übergangsmandat so zu bestimmen, dass nach nationalem Recht eine neue betriebliche Interessenvertretung gebildet werden kann. Nach dem BetrVG kann ein Betriebsrat innerhalb von drei Monaten gebildet werden, so dass die Regelung in § 21a Abs. 1 Satz 3 und 4 BetrVG den Vorgaben der Richtlinie 2001/23/EG entspricht.

Kapitel 3: Betrieb und Verlust der Betriebsidentität

Das Übergangsmandat für die Arbeitnehmervertretung ist europarechtlich in Art. 6 der Richtlinie 2001/23/EG begründet. Die dortigen Vorgaben waren in das nationale deutsche Recht umzusetzen. Die Umsetzung des Übergangsmandates für das Betriebsverfassungsgesetz erfolgte durch Art. 1 Nr. 18 BetrVG-Reformgesetz vom 23.07.2001[304] als § 21a BetrVG.

Anknüpfungspunkt der Richtlinie ist der Begriff der wirtschaftlichen Einheit, deren Verlust der Selbstständigkeit durch Übergang auf einen anderen Rechtsträger den Schutz der Rechte und Ansprüche der Arbeitnehmer durch die Richtlinie begründet. Der Begriff der wirtschaftlichen Einheit ist Gegenstand der Rechtsprechung des EuGH.[305] Aufgabe des nationalen Gesetzgebers und der nationalen Gerichte ist die Übertragung der Vorgaben der Richtlinie und der hierzu ergangenen Rechtsprechung des EuGH in das nationale deutsche Recht.

Nachfolgend ist zunächst der nationale Begriff des Betriebes an sich zu klären, um die von § 21a BetrVG erfassten Betriebe zu bestimmen. Weiter ist zu untersuchen, wann die so bestimmten Betriebe ihre Identität verlieren.

I. Betriebsbegriff in § 21a BetrVG

Das Betriebsverfassungsgesetz enthält keine Legaldefinition des Betriebes. Auch im Rahmen des BetrVG-Reformgesetzes hat der Gesetzgeber auf eine gesetzliche Definition verzichtet und dies weiterhin Rechtsprechung und Literatur überlassen.[306] Damit setzt das Gesetz den Betriebsbegriff voraus.[307]

Auch § 21a BetrVG setzt das Vorliegen eines Betriebes voraus, der als Voraussetzung des Übergangsmandates gespalten oder mit anderen Betrieben oder Betriebsteilen zusammengefasst wird. Zuerst ist daher zu klären, wann ein Betrieb im Sinne von § 21a BetrVG vorliegt.

---

304 BGBl. 2001 I, 1852 ff..

305 Vgl. hierzu vorstehend Kap. 2.

306 RegE, BT-Drucks. 14/5741, 26.

307 Vgl. DKKW/*Trümner*, § 1 Rn. 33; Fitting, § 1 Rn. 58; HWK/*Gaul*, § 1 BetrVG Rn. 6; Richardi/*Richardi*, § 1 Rn. 15.

1. Betrieb

Für das Betriebsverfassungsgesetz gilt ein eigenständiger Betriebsbegriff. Begrifflichkeiten aus anderen gesetzlichen Regelungen können nicht herangezogen werden.[308] Das Gesetz knüpft an den Betrieb an, um eine arbeitnehmernahe Gestaltung der Betriebsverfassung zu ermöglichen.[309]

Die Definition des Betriebes erfolgt auch heute noch im Wesentlichen nach der von *Erwin Jacobi* begründeten[310] und von *Alfred Hueck*[311] weiter entwickelten Definition. Danach ist unter Betrieb im Sinne des Betriebsverfassungsgesetzes die organisatorische Einheit zu verstehen, innerhalb derer der Arbeitgeber alleine oder mit seinen Arbeitnehmern mit Hilfe von technischen und immateriellen Mitteln bestimmte arbeitstechnische Zwecke fortgesetzt verfolgt, die sich nicht in der Befriedigung von Eigenbedarf erschöpfen.[312] Die eingesetzten Betriebsmittel werden für den oder die arbeitstechnischen Zwecke zusammengefasst, geordnet und gezielt eingesetzt, der Einsatz der menschlichen Arbeitskraft wird von einem einheitlichen Leitungsapparat gesteuert.[313] Auf die Art des verfolgten Zweckes kommt es nicht an.[314]

Die Festlegung, ob eine organisatorische Einheit einen Betrieb im Sinne dieser Definition bildet, ist auf Grund verschiedener Kriterien zu treffen.

Wesentliches Indiz für einen Betrieb ist das Vorliegen eines einheitlichen Leitungsapparates.[315] Maßgeblich hierfür ist die Einheitlichkeit der Entscheidungen

---

308 DKKW/*Trümner*, § 1 Rn. 33; ErfK/*Koch*, § 1 Rn. 7; Fitting, § 1 Rn. 62; GK-BetrVG/*Franzen*, § 1 Rn. 26; HWGNRH/*Rose*, § 1 BetrVG Rn. 10.

309 Richardi, NZA 2001, 346, 348.

310 Jacobi in FS Ehrenberg (1927), 1, 9.

311 Hueck/Nipperdey, Arbeitsrecht I, 93.

312 BAG ständige Rechtsprechung 31.05.2000 - Az. 7 ABR 78/98, BAGE 95, 15, 20; 29.01.1987 - Az. 6 ABR 23/85, AP BetrVG 1972, § 1 Nr. 6; 07.08.1986 - Az. 6 ABR 57/85, BAGE 52, 325, 329; 23.09.1982 - Az. 6 ABR 42/81, BAG 40, 163, 165; DKKW/*Trümner*, § 1 Rn. 42; ErfK/*Koch*, § 1 Rn. 8; Fitting, § 1 Rn. 63; GK-BetrVG/*Franzen*, § 1 Rn. 28; HWGNRH/*Rose*, § 1 Rn. 7; HWK/*Rose*, § 1 BetrVG Rn. 7; Richardi/*Richardi*, § 1 Rn. 17; Hueck/Nipperdey, Arbeitsrecht I, 93; Wiese in FS Gaul (1992), 553, 559; Zöllner/Loritz, § 45 I 3.

313 Vgl. BAG 14.12.1994 - Az. 7 ABR 26/94, BAGE 79, 47, 53.

314 GK-BetrVG/*Franzen*, § 1 Rn. 28; Löwisch/Kaiser, § 1 Rn. 9; Richardi/*Richardi*, § 1 Rn. 23.

315 DKKW/*Trümner*, § 1 Rn. 78 ff.; Löwisch/Kaiser, § 1 Rn. 7; Richardi/*Richardi*, § 1 Rn. 27.

in mitbestimmungspflichtigen Angelegenheiten.[316] Diese werden für die organisatorische Einheit und die dort beschäftigten Arbeitnehmer einheitlich getroffen.[317] In der Regel ist die organisatorische Einheit einem Rechtsträger, d. h. einem Unternehmen zugeordnet.[318] Die Organisation ist insgesamt auf den Gesamtzweck der Einheit ausgerichtet.[319] Für das Bestehen eines Betriebes können weiter die Einheit der Betriebsstätte[320] und die auf eine gewisse Dauer angelegte Organisation[321] als Indizien herangezogen werden.

Die Feststellung, ob eine organisatorische Einheit die Wesensmerkmale eines Betriebes erfüllt, ist in der Gesamtbetrachtung aller Umstände und Merkmale jeweils für den Einzelfall zu ermitteln.

Dieser allgemeine Betriebsbegriff ist auch für § 21a BetrVG zugrunde zu legen.[322]

2. Gemeinsamer Betrieb, § 1 Abs. 2 BetrVG

Der Gesetzgeber hat darüber hinaus anerkannt, dass im Wirtschaftsleben auch mehrere Unternehmen einen gemeinsamen Betrieb führen können, wie § 1 Abs. 1 Satz 2 BetrVG zeigt. Damit hat der Gesetzgeber die langjährige ständige Rechtsprechung des Bundesarbeitsgerichtes zum Bestehen eines gemeinsamen Betriebes mehrerer Unternehmen aufgegriffen und kodifiziert.[323]

---

316 BAG 25.09.1986 - Az. 6 ABR 68/84, BAGE 53, 119, 127 f.; 23.09.1982 - Az. 6 ABR 42/81, BAGE 40, 163, 167; GK-BetrVG/*Franzen*, § 1 Rn. 43.

317 BAG 25.09.1986 - Az. 6 ABR 68/84, BAGE 53, 119, 127; 23.09.1982 - Az. 6 ABR 42/81, BAGE 40, 163, 168; Fitting, § 1 Rn. 71; Löwisch/Kaiser, § 1 Rn. 4; GK-BetrVG/*Franzen*, § 1 Rn. 43.

318 Fitting, § 1 Rn. 68; GK-BetrVG/*Franzen*, § 1 Rn. 37; HWGNRH/*Rose*; § 1 Rn. 24; Richardi/*Richardi*, § 1 Rn. 42.

319 DKKW/*Trümner*, § 1 Rn. 80.; GK-BetrVG/*Franzen*, § 1 Rn. 38; HWGNRH/*Rose*, § 1 Rn. 25; Löwisch/Kaiser, § 1 Rn. 5.

320 BAG 23.09.1982 - Az. 6 ABR 42/81, BAGE 40, 163, 168; Fitting, § 1 Rn. 74; Löwisch/Kaiser, § 1 Rn. 6.

321 Fitting, § 1 Rn. 77; GK-BetrVG/*Franzen*, § 1 Rn. 42 Löwisch/Kaiser, § 1 Rn. 7; Richardi/*Richardi*, § 1 Rn. 40.

322 Fitting, § 21a Rn. 9; GK-BetrVG/*Kreutz*, § 21a Rn. 17; HWGNRH/*Worzalla*, § 21a Rn. 4; Löwisch/Kaiser, § 21a Rn. 5.

323 Vgl. BAG 25.05.2005 – Az. 7 ABR 38/04, NZA 2005, 1080; 11.02.2004 – Az. 7 ABR 27/03, BAGE 109, 332, 335; 24.01.1996 – Az. 7 ABR 10/95, BAGE 82, 112, 116 f.; Fitting, § 1 Rn. 78; Schiefer/Worzalla, NZA 2011, 1396, 1397.

Kennzeichnend für den gemeinsamen Betrieb mehrerer Unternehmen ist der zusammengefasste, geordnete und gezielte Einsatz der in einer Betriebsstätte vorhandenen materiellen und immateriellen Betriebsmittel für einen einheitlichen arbeitstechnischen Zweck und die Steuerung der menschlichen Arbeitskraft durch einen einheitlichen Leitungsapparat.[324]

Die einheitliche Leitung muss sich auf die personellen und sozialen Angelegenheiten im gemeinsamen Betrieb beziehen.[325] Dies erfordert einen einheitlichen, betriebsbezogenen Leitungsapparat.[326] Wesentliches Indiz hierfür kann eine gemeinsame Personalabteilung sein, die für die beteiligten Unternehmen die wesentlichen Entscheidungen in personellen und sozialen Angelegenheiten trifft.[327] Dem steht nicht entgegen, wenn formal der Vertragsarbeitgeber die Arbeitgeberbefugnisse gegenüber dem einzelnen Arbeitnehmer ausübt.[328] Grundlage der einheitlichen Leitung ist nach der Rechtsprechung das Bestehen einer ausdrücklichen oder konkludenten Führungsvereinbarung zwischen den beteiligten Unternehmen.[329] Auf ihre Existenz kann aus den tatsächlichen Umständen geschlossen werden.[330] Dabei muss sie auf eine nicht unerhebliche Zeit angelegt sein.[331] Einen zeitlichen Anhaltspunkt bietet § 21a BetrVG mit einem Bestehen des Übergangsmandates für längstens sechs Monate.[332]

---

324 BAG 22.06.2005 – Az. 7 ABR 57/04, AP BetrVG 1972 § 1 Gemeinsamer Betrieb Nr. 23; 11.02.2004 – Az. 7 ABR 27/03, BAGE 109, 332, 335; 22.10.2003 – Az. 7 ABR 18/03, AP BetrVG 1972 § 1 Gemeinsamer Betrieb Nr. 21; Fitting, § 1 Rn. 80.

325 BAG 22.06.2005 - Az. 7 ABR 57/04, AP BetrVG 1972 § 1 Gemeinsamer Betrieb Nr. 23; 25.05.2005 - Az. 7 ABR 38/04, NZA 2005, 1080; 11.02.2004 - Az. 7 ABR 27/03, BAGE 109, 332, 335; 22.10.2003 - Az. 7 ABR 18/03, AP BetrVG 1972 § 1 Gemeinsamer Betrieb Nr. 21; 14.12.1994 - Az. 7 ABR 26/94, BAGE 79, 47, 54; Fitting, § 1 Rn. 81.

326 BAG 29.04.1999 - Az. 2 AZR 352/98, AP KSchG 1969 § 23 Nr. 21; Fitting, § 1 Rn. 82; GK-BetrVG/*Kreutz*, § 1 Rn. 46.

327 BAG 13.08.2008 - Az. 7 ABR 21/07, NZA-RR 2009, 255, 259 Tz. 37; 11.02.2004 - Az. 7 ABR 27/03, BAGE 109, 332, 337; Fitting, § 1 Rn. 82; HaKo-BetrVG/*Düwell*, § 1 Rn. 42.

328 BAG 24.01.1996 - Az. 7 ABR 10/95, BAGE 82, 112, 120; Fitting, § 1 Rn. 82.

329 BAG 21.02.2001 - Az. 7 ABR 9/00, EzA BetrVG 1972 § 1 Nr. 11; 09.02.2000 - Az. 7 ABR 21/98, juris; HWGNRH/*Rose*, § 1 Rn. 43; WPK/*Preis*, § 1 Rn. 35.

330 BAG 11.02.2004 - Az. 7 ABR 27/03, BAGE 109, 332, 336; 24.01.1996 - Az. 7 ABR 10/95, BAGE 82, 112, 118; 18.01.1990 - Az. 2 AZR 355/89, AP KSchG 1969 § 23 Nr. 9; GK-BetrVG/*Kreutz*, § 1 Rn. 45; HWGNRH/*Rose*, § 1 Rn. 51.

331 Fitting, § 1 Rn. 82; HWGNRH/*Rose*, § 1 Rn. 67.

332 Fitting, § 1 Rn. 82; Hanau, NJW 2001, 2513.

Diese Definition des gemeinsamen Betriebes mehrerer Unternehmen hat weiterhin Gültigkeit.[333]

Der Gesetzgeber geht davon aus, dass der Nachweis dieser Merkmale in der Praxis von Wahlvorständen oder Betriebsräten nur schwer erbracht werden kann. Zur Vereinfachung hat er daher in § 1 Abs. 2 Nr. 1 BetrVG die widerlegbare Vermutung aufgestellt, wenn die Betriebsmittel und die Arbeitnehmer mehrerer Unternehmen zur Verfolgung des oder der arbeitstechnischen Zwecke gemeinsam eingesetzt werden, dass dann ein gemeinsamer Betrieb mehrerer Unternehmen vorliegt.[334] Das Eingreifen der Vermutung setzt jedoch voraus, dass ein einheitlicher Leitungsapparat der am gemeinsamen Betrieb beteiligten Unternehmen geschaffen wird.[335]

Sollte die Vermutung nicht eingreifen, kann trotzdem der Nachweis eines gemeinsamen Betriebes geführt werden, wenn sich mehrere Unternehmen ausdrücklich oder konkludent auf eine Führungsvereinbarung geeinigt haben. Der Schluss auf eine Führungsvereinbarung kann im Einzelfall durch die tatsächlichen Umstände gezogen werden.[336]

In Betracht kommt auch, dass mehrere Unternehmen mehrere gemeinsame Betriebe führen. Trotz der einheitlichen Leitung werden diese Betriebe nicht zu einem einheitlichen Betrieb.[337]

Maßgeblich ist nach der Rechtsprechung daher die einheitliche Leitung in personellen und sozialen Angelegenheiten. Hieran fehlt es, wenn sich die Zusammenarbeit mehrerer Unternehmen auf eine Personalgestellung oder Arbeitnehmerüberlassung beschränkt.[338] In diesem Fall kann der gemeinsame Betrieb auch nicht durch die Regelung in § 1 Abs. 1 Satz 2 BetrVG begründet werden.[339]

Auch der gemeinsame Betrieb nach § 1 Abs. 1 Satz 2 BetrVG unterfällt § 21a BetrVG.[340]

---

333 So ausdrücklich BAG 13.08.2008 – Az. 7 ABR 21/07, NZA-RR 2009, 255, 257 Tz. 23.

334 Vgl. Regierungsbegründung BT-Drucks. 14/5741, 33.

335 BAG 09.06.2011 – Az. 6 AZR 132/10, AP BetrVG 1972 § 102 Nr. 164 Tz.19.

336 So BAG 11.02.2004 – Az. 7 ABR 27/03, BAGE 109, 332, 335 f..

337 Vgl. BAG 18.01.2012 – Az. 7 ABR 72/10, EzA § 1 BetrVG 2001 Nr. 9 Tz. 40.

338 BAG 28.04.2011 – Az. 8 AZR 709/09, juris Tz. 55 f.; 23.09.2010 – Az. 8 AZR 567/09, NZA 2011, 197, 199, Tz. 42 f..

339 LAG Hamburg 02.11.2010 – Az. 2 TaBV 12/09, Tz. 82 ff.; Schiefer/Worzalla, NZA 2011, 1396, 1397.

340 Fitting, § 21a Rn. 9; GK-BetrVG/*Kreutz*, § 21a Rn. 17; HWGNRH/*Worzalla*, § 21a Rn. 4; Löwisch/Kaiser, § 21a Rn. 5.

3. Selbstständiger Betrieb nach § 4 Abs. 1 Satz 1 BetrVG

Das BetrVG setzt in § 4 Abs. 1 BetrVG voraus, dass es neben dem Betrieb auch Betriebsteile gibt, ohne diese zu definieren.[341]

Als Betriebsteil ist eine Einheit anzusehen, die zwar in die Organisation eines Betriebes eingegliedert und an dessen Zweck ausgerichtet ist, diesem gegenüber aber organisatorisch abgrenzbar und relativ verselbstständigt ist.[342] Diese Betriebsbereiche sind räumlich und organisatorisch abgegrenzt, können wegen ihrer Einbindung in den Betrieb jedoch nicht alleine bestehen.[343]

Liegt ein Betriebsteil vor, kann dieser betriebsratsfähig sein, wenn er entweder räumlich weit vom Hauptbetrieb gelegen oder in Organisation und Aufgabenbereich eigenständig ist. Grundlegende Voraussetzung ist, dass in dem Betriebsteil in der Regel mindestens fünf ständig wahlberechtigte Arbeitnehmer beschäftigt werden, von denen drei wählbar sind.

Der Betriebsteil gilt dann als eigenständig, wenn er räumlich weit vom Hauptbetrieb entfernt ist, § 4 Abs. 1 S. 1 Nr. 1 BetrVG. Dies hängt maßgeblich davon ab, ob die räumliche Trennung von Hauptbetrieb und Betriebsteil eine ordnungsgemäße Betreuung der Belegschaft des Betriebsteils durch einen einheitlichen Betriebsrat noch zulässt. Sowohl müssen die Arbeitnehmer Mitglieder des Betriebsrates leicht erreichen können als auch umgekehrt die Betriebsratsmitglieder in der Lage sein, sich ohne Schwierigkeiten über die Verhältnisse im Betriebsteil zu informieren.[344] Ebenso muss es möglich sein, dass in diesem Betriebsteil beschäftigte Mitglieder des Betriebsrates kurzfristig an Betriebsratssitzungen im Hauptbetrieb teilnehmen können.[345] Entscheidend ist die Qualität der

341 Fitting § 4 Rn. 5.

342 BAG 07.05.2008 - Az. 7 ABR 15/07, NZA 2009, 328, 330 Tz. 19; 17.01.2007 - Az. 7 ABR 63/05, BAGE 121, 7, 11 Tz. 15; 21.07.2004 - Az. 7 ABR 57/03, AP BetrVG 1972 § 4 Nr. 15; ErfK/*Koch* § 4 BetrVG Rn. 2; Fitting, § 4 Rn. 7; GK-BetrVG/*Franzen* § 4 Rn. 4; Haas/Salamon NZA 2009, 299.

343 BAG 07.05.2008 - Az. 7 ABR 15/07, NZA 2009, 328, 330 Tz. 19; 17.01.2007 - Az. 7 ABR 63/05, BAGE 121, 7, 12 Tz. 15; 21.07.2004 - Az. 7 ABR 57/03, AP BetrVG 1972 § 4 Nr. 15; ErfK/*Koch* § 4 BetrVG Rn. 2; Fitting, § 4 Rn. 7; GK-BetrVG/*Franzen* § 4 Rn. 4.

344 BAG 07.05.2008 - Az. 7 ABR 15/07, NZA 2009, 328, 331 Tz. 26; ErfK/*Koch* § 4 BetrVG Rn. 3; Fitting § 4 Rn. 19.

345 BAG 07.05.2008 - Az. 7 ABR 15/07, NZA 2009, 328, 331 Tz. 26; Fitting § 4 Rn. 19; GK-BetrVG/*Franzen* § 4 Rn. 10 ff..

Verkehrsverbindungen und die konkreten Betreuungsmöglichkeiten, weniger die absolute Entfernung.[346]

Ein Betriebsteil kann daneben nach § 4 Abs. 1 S. 1 Nr. 2 BetrVG als selbstständiger Betrieb gelten, wenn er durch Aufgabenbereiche und Organisation eigenständig ist. Ein eigenständiger Aufgabenbereich kann insbesondere vorliegen, wenn in dem Betriebsteil ein vom Hauptbetrieb abweichender gesonderter arbeitstechnischer Zweck verfolgt wird.[347] Eine eigenständige Organisation des Betriebsteils liegt vor, wenn für den Betriebsteil eine den Einsatz der Arbeitnehmer bestimmende eigene Leitung, insbesondere für mitbestimmungspflichtige soziale und personelle Angelegenheiten besteht und tatsächlich ausgeübt wird.[348] Die eigenständige Leitung des Betriebsteils muss die wesentlichen Arbeitgeberfunktionen in mitbestimmungspflichtigen Angelegenheiten ausüben.[349]

4. Betriebe auf Grund Vereinbarung, § 3 Abs. 5 BetrVG

Als Betriebe gelten gemäß § 3 Abs. 5 Satz 1 BetrVG weiter die nach § 3 Abs. 1 Nr. 1 bis 3 BetrVG gebildeten Organisationseinheiten. Hierin liegt keine Definition des Betriebes, sondern eine gesetzliche Fiktion eines Betriebes für die Dauer der Laufzeit der kollektivrechtlichen Zuordnungsvereinbarung.[350] Die eigene Identität der von dieser Zuordnungsvereinbarung zu Organisationseinheiten zusammengefassten Betriebe bleibt von der Fiktionswirkung dabei unberührt.[351] Dies gilt solange, als die betriebliche Identität nicht durch weitere Organisationsmaßnahmen

---

346 BAG 07.05.2008 - Az. 7 ABR 15/07, NZA 2009, 328, 331 Tz. 26 und 29; Fitting § 4 Rn. 20; GK-BetrVG/*Franzen* § 4 Rn. 11.

347 DKKW/*Trümner* § 4 Rn. 63; Fitting § 4 Rn. 24; GK-BetrVG/*Franzen* § 4 Rn. 16; Richardi/*Richardi* § 4 Rn. 26.

348 BAG 14.01.2004 - Az. 7 ABR 26/03, juris, Tz. 29; 28.06.1995 - Az. 7 ABR 59/94, AP BetrVG 1972 § 4 Nr. 8.

349 BAG 21.07.2004 - Az. 7 ABR 57/03, AP BetrVG 1972 § 4 Nr. 15.

350 DKKW/*Trümner*, § 3 Rn. 195; Fitting, § 3 Rn. 76; Trümner, FA 2007, 226, 228; Schmiege, Betriebsverfassungsrechtliche Organisationsstrukturen (2007), 148.

351 BAG 07.06.2011 – Az. 1 ABR 110/09, AP BetrVG 1972 § 3 Nr. 8 Tz. 14; 18.03.2008 - Az. 1 ABR 3/07, BAGE 126, 161, 166 Tz. 24; DKKW/*Trümner*, § 3 Rn. 196; Fitting, § 3 Rn. 76; GK-BetrVG/*Franzen*, § 3 Rn. 60; HaKo-BetrVG/*Kloppenburg*, § 3 Rn. 81; Boemke, jurisPR-ArbR 2008 Nr. 45 Anm. 5; Haußmann, Anm. BAG 18.03.2008 – Az. 1 ABR 3/07, FD-ArbR 2008, 265375; Schiefer/Worzalla, NZA 2011, 1396, 1397.

des Arbeitgebers geändert wird.[352] Die Zuordnungsvereinbarung führt in erster Linie zum zukünftigen Verlust der eigenen betrieblichen Interessenvertretung.[353]

Die so gebildete Organisationseinheit ist maßgeblich für alle Rechte des für sie gebildeten Betriebsrates. Dies gilt für die Größe des Betriebsrates gemäß § 9 BetrVG genauso, wie für die Zahl der Freistellungen nach § 38 BetrVG. Ebenso sind die Mitbestimmungsrechte durch den für diese Organisationseinheit gebildeten Betriebsrat zukünftig auszuüben.[354] Kommt es zu einer Umstrukturierung der durch Zuordnungsvereinbarung geschaffenen Organisationseinheit, hängt der Fortbestand des für diese gebildeten Betriebsrats von der Wahrung der Identität des durch diese geschaffenen Repräsentationsbereiches ab. Hierfür ist auf den Repräsentationsbereich des Betriebsrates abzustellen, wie er sich aus dem kollektivrechtlichen Vertrag ergibt.[355]

Ausdrücklich stellt § 3 Abs. 5 Satz 2 BetrVG klar, dass auf die Mitglieder der nach § 3 Abs. 1 Nr. 1 bis 3 BetrVG gebildeten Arbeitnehmervertretungen die Vorschriften und Rechte des Betriebsrates und seiner Mitglieder Anwendung finden. Diese unterfallen insbesondere den Schutzvorschriften des § 15 KSchG.[356] Die auf kollektivrechtlicher Basis nach § 3 Abs. 3 Nr. 1 bis 3 BetrVG gebildeten Betriebsräte ersetzen die ursprünglich zu bildenden oder gebildeten Betriebsräte erstmals mit der nächsten regulären Neuwahl, soweit der Tarifvertrag oder die Betriebsvereinbarung keinen anderen Zeitpunkt vorsehen.[357]

Die so gebildeten Organisationseinheiten sind sowohl für die Wahl der Jugend- und Auszubildendenvertretung[358] als auch der Schwerbehindertenvertretung[359] maßgeblich.

---

352 BAG 07.06.2011 – Az. 1 ABR 110/09, AP BetrVG 1972 § 3 Nr. 8 Tz. 14; 18.03.2008 - Az. 1 ABR 3/07, BAGE 126, 161, 166 Tz. 24; Schiefer/Worzalla, NZA 2011, 1396, 1397.

353 Vgl. BAG 07.06.2011 – Az. 1 ABR 110/09, AP BetrVG 1972 § 3 Nr. 8 Tz. 14.

354 BT-Drucks. 14/5741, 35; ErfK/*Koch*, § 3 BetrVG Rn. 12; Fitting, § 3 Rn. 77; GK-BetrVG/*Franzen*, § 3 Rn. 59; Kania/Klemm, RdA 2006, 22, 24; Thüsing, ZIP 2003, 693, 702 ff.; Schmiege, Betriebsverfassungsrechtliche Organisationsstrukturen (2007), 148.

355 Fitting, § 3 Rn. 86; GK-BetrVG/*Franzen*, § 3 Rn. 61.

356 DKKW/*Trümner*, § 3 Rn. 198; ErfK/*Koch*, § 3 Rn. 12; Fitting, § 3 Rn. 78; GK-BetrVG/*Franzen*, § 3 Rn. 65; Hohenstatt/Dzida, DB 2001, 2498, 2503.

357 DKKW/*Trümner*, § 3 Rn. 201 f.; ErfK/*Koch*, § 3 BetrVG Rn. 11; Fitting, § 3 Rn. 74; Schmiege, Betriebsverfassungsrechtliche Organisationsstrukturen (2007), 149.

358 DKKW/*Trümner*, § 3 Rn. 203; Fitting, § 3 Rn. 79; GK-BetrVG/*Franzen*, § 3 Rn. 59.

359 BAG 10.11.2004 - Az. 7 ABR 17/04, AP BetrVG 1972 § 3 Nr. 4 unter B I 3 a der Gründe; DKKW/*Trümner*, § 3 Rn. 205; Fitting, § 3 Rn. 79; GK-BetrVG/*Franzen*, § 3 Rn. 59.

Dies gilt ebenso für die Bildung des Sprecherausschusses. Das SprAuG ist Teil des materiellen Betriebsverfassungsrechtes. Daher ist auch für das SprAuG auf den Betriebsbegriff des BetrVG abzustellen.[360] Zwar ist die Anwendung von § 3 Abs. 5 BetrVG seinem Wortlaut nach auf das BetrVG beschränkt. Das SprAuG ist jedoch mit dem BetrVG eng verzahnt, wie nicht zuletzt die §§ 1 Abs. 1 und 2 Abs. 2 SprAuG zeigen. Eine Schaffung geänderter Organisationseinheiten zur Bildung von Betriebsräten ist daher auch für die Bildung des Sprecherausschusses maßgeblich.[361]

5. Abgrenzung zum Begriff des Unternehmens

Das Betriebsverfassungsgesetz enthält keine Definition des Unternehmens, sondern setzt diesen ebenso wie den Begriff des Betriebes voraus.[362] Zu klären ist im Folgenden die Abgrenzung zwischen Unternehmen und Betrieb.

An den Begriff des Unternehmens knüpft das Gesetz in den §§ 47 ff., 106 ff. und 111 ff. BetrVG an. Auch das BetrVG legt den Unternehmensbegriff des Gesellschaftsrechtes als zwingend zugrunde.[363] Das Bundesarbeitsgericht definiert hierauf aufbauend das Unternehmen als die organisatorische Einheit, mit welcher der Unternehmer seine wirtschaftlichen und ideellen Ziele verfolgt.[364] Auf Grund der Verknüpfung von Unternehmen und Gesellschaft kann eine Gesellschaft als dessen einheitlicher Rechtsträger nur ein Unternehmen haben.[365]

---

360 Löwisch, SprAuG, § 1 Rn. 38; ErfK/*Oetker*, § 1 SprAuG, Rn. 2.

361 DKKW/*Trümner*, § 3 Rn. 204; ErfK/*Oetker*, § 1 SprAuG, Rn. 2; Fitting, § 3 Rn. 79; GK-BetrVG/*Franzen*, § 3 Rn. 59.

362 Vgl. BAG 05.03.1987 - Az. 2 AZR 623/85, BAGE 55, 117, 127; 05.12.1975 - Az. 1 ABR 8/74, BAGE 27, 359, 362; Fitting, § 1 Rn. 145; GK-BetrVG/*Franzen* § 1 Rn. 30; HWGNRH/*Rose* § 1 Rn. 14.

363 BAG 23.08.1989 - Az. 7 ABR 39/88, BAGE 63, 11, 15; WHSS/*Hohenstatt* Kap. D Rn. 4; Kort, AG 2003, 13, 14.

364 BAG 05.03.1987 - Az. 2 AZR 623/85, BAGE 55, 117, 128; 07.08.1986 - Az. 6 ABR 57/85, BAGE 52, 325, 329 f.;DKKW/*Wedde* Einleitung Rn. 118; Fitting, § 1 Rn. 145; GK-BetrVG/*Franzen*, § 1 Rn. 30; HWGNRH/*Rose* § 1 Rn. 14; Maschmann, NZA 2009, Beilage 1, 32, 33.

365 BAG 23.08.1989 - Az. 7 ABR 39/88 BAGE 63, 11, 15 f.; BAG 11.12.1987 - Az. 7 ABR 49/87, BAGE 57, 144, 149; 13.06.1985 - Az. 2 AZR 452/84, NZA 1986, 600, 601; Fitting, § 1 Rn. 146; GK-BetrVG/*Franzen*, § 1 Rn. 30; HWGNRH/*Rose* § 1 Rn. 15; Richardi/*Richardi* § 1 Rn. 52.

Im Normalfall hat ein Unternehmen einen oder mehrere Betriebe. Letzteres setzt voraus, dass der Einsatz der Betriebsmittel und Arbeitnehmer innerhalb des Unternehmens getrennt durch verschiedene Leitungsapparate gesteuert wird.[366] Die Führung eines gemeinsamen Betriebes durch mehrere Unternehmen ist eher selten.[367] Das Unternehmen kann daher in der Regel mit dem Rechtsträger des oder der Betriebe gleichgesetzt werden.[368]

Der Betrieb dient einem arbeitstechnischen Zweck.[369] Demgegenüber dient das Unternehmen dem dahinterstehenden wirtschaftlichen Zweck.[370] Hierin liegt der wesentliche Unterschied zum Betrieb. Das Unternehmen gibt die wirtschaftliche Zielsetzung vor, deren arbeitstechnische Umsetzung es mit Hilfe des Betriebes koordiniert und durchführt.

6. Ergebis

Der Betriebsbegriff in § 21a BetrVG umfasst sowohl die Betriebe nach § 1 BetrVG und § 4 Abs. 1 Satz 1 BetrVG als auch die Betriebe auf Grund Zuordnungsvereinbarung nach § 3 Abs. 1 Nr. 1 bis 3 BetrVG.[371] Nicht erfasst sind Betriebe außerhalb der Betriebsverfassung, wenn diese dem Personalvertretungsrecht oder dem Recht der öffentlich-rechtlichen Kirchen oder Religionsgemeinschaften unterfallen.[372]

II. Änderung der betrieblichen Organisation

Tatbestandliche Voraussetzung des § 21a BetrVG ist eine Änderung der betrieblichen Identität.[373] Das Gesetz spricht in diesem Zusammenhang von der Spaltung

---

366 BAG 23.09.1982 - Az. 6 ABR 42/81, BAGE 40, 163, 167; Fitting, § 1 Rn. 148; Richardi/*Richardi*, § 1 Rn. 12; GK-BetrVG/ *Franzen*, § 1 Rn. 33.

367 Kort, AG 2003, 13, 15.

368 WHSS/*Hohenstatt*, Kap. D Rn. 4; Kallmeyer/*Willemsen*, § 321 UmwG Rn. 1; Fitting, § 1 Rn. 146.

369 So bereits BAG 03.12.1954 - Az. 1 ABR 7/54, BAGE 1, 175, 178; HaKo-BetrVG/ *Kloppenburg*, § 1 Rn. 10.

370 Fitting, § 1 Rn. 145; GK-BetrVG/*Franzen*, § 1 Rn. 30; HaKo-BetrVG/*Kloppenburg*, § 1 Rn. 10; HWGNRH/*Rose*, § 1 Rn. 14; Richardi/*Richardi*, § 1 Rn. 18; WHSS/ *Hohenstatt*, Kap. D Rn. 4.

371 ErfK/*Koch*, § 21a BetrVG Rn. 1; GK-BetrVG/*Kreutz*, § 21a Rn. 17; Löwisch/Kaiser, § 21a Rn. 3; WPK/*Preis*, § 21a Rn. 7.

372 Löwisch/Kaiser, § 21a Rn. 3; WPK/*Preis*, § 21a Rn. 7.

373 Fitting, § 21a Rn. 7; Richardi/*Thüsing*, § 21a Rn. 4.

oder Zusammenfassung von Betrieben und Betriebsteilen, ohne diese Begriffe zu bestimmen.[374]

Im Folgenden ist zu prüfen, wann eine Betriebsänderung durch Spaltung oder Zusammenfassung vorliegt.

1. Änderung der betrieblichen Identität

Nach dem Gesetzeswortlaut kann es zu einer Änderung der Betriebsidentität durch die Spaltung oder Zusammenfassung von Betrieben oder Betriebsteilen kommen. Die Begriffe „Spaltung“ und „Zusammenfassung“ selbst werden durch § 21a BetrVG nicht definiert. Es handelt sich um unbestimmte Rechtsbegriffe. Diese Begriffe sind nachfolgend zu bestimmen.

a) Spaltung von Betrieben

Wesentliches Tatbestandsmerkmal von § 21a Abs. 1 Satz 1 BetrVG ist die Spaltung des Betriebes. Nach dem Wortlaut der Norm bleibt der Betriebsrat im Amt und führt die Geschäfte für die ihm bisher zugeordneten Betriebsteile weiter, soweit diese betriebsratsfähig bleiben und nicht in einen anderen Betrieb eingegliedert werden. Dieses Übergangsmandat entsteht somit bei jeder Spaltung eines Betriebes.[375] Nach dem Tatbestand ist unbeachtlich, ob durch die Spaltung der Betrieb untergeht oder lediglich Teile abgespalten werden, die Identität des Betriebes jedoch gewahrt bleibt. Absicht des Gesetzgebers war es, Schutzlücken zu schließen für den Fall, das auf Grund betrieblicher Umstrukturierungen zum Wegfall des Betriebsrates führen.[376] Zu klären ist zunächst, welche Formen der Spaltung das Gesetz erfasst. Weiter ist der Frage nachzugehen, ob alle Fälle der Spaltung den gesetzlichen Tatbestand erfüllen.

aa) Begriff der Spaltung

Der allgemeine Sprachgebrauch versteht unter einer Spaltung die Teilung einer zuvor bestehenden Einheit.[377] Gegenstand der Spaltung sind Betriebe im Sinne von

374 Fitting, § 21a Rn. 8.

375 Vgl. GK-BetrVG/*Kreutz*, § 21a Rn. 18.

376 BT-Drucks. 14/5741, Nr. 18, 39; GK-BetrVG/*Kreutz*, § 21a Rn. 19.

377 BAG 18.03.2008 - Az. 1 ABR 77/06, BAGE 126, 169, 172 Tz. 14.

§ 1 Abs. 1 BetrVG, § 4 Abs. 1 BetrVG und § 3 Abs. 1 Nr. 1 bis 3 BetrVG.[378] Eine Betriebsspaltung liegt vor, wenn aus dem bisherigen Betrieb durch eine Veränderung von Aufgabenbereich und Organisation zwei oder mehr Betriebe gebildet werden.[379] Da maßgebliches Kriterium des Betriebes die Leitungsstruktur ist,[380] erfordert die Spaltung eines Betriebes das Bestehen von künftig mindestens zwei oder mehr Leitungsstrukturen für die neuen Einheiten.[381] Die neuen Leitungsstrukturen üben jeweils Teile der bisherigen Leitung aus.[382] Die Teilung des Betriebes erfolgt dabei in tatsächlicher und im Falle einer unternehmensübergreifenden Spaltung auch in rechtlicher Hinsicht.[383]

Der Vollzug der Spaltung erfolgt durch die Unterstellung der betrieblichen Einheiten unter den jeweils eigenen Leitungsapparat. Dies steht in Abhängigkeit von der Errichtung oder dem Zugriff auf bestehende Leitungsstrukturen und die Zuordnung der durch die Spaltung entstandenen Betriebsteile zum jeweiligen Leitungsapparat.[384]

Die Spaltung des Betriebes erfolgt durch ein aktives Handeln des Unternehmens. Deshalb kommt es im Falle eines Widerspruches von Arbeitnehmern gegen den Betriebsübergang nicht zu einer Spaltung des Betriebes.[385] Der Widerspruch gegen den Betriebsübergang führt zum Ausscheiden des Arbeitnehmers aus dem Betrieb und nicht zur Spaltung des Betriebes. Es handelt sich auch nicht um einen vergleichbaren Sachverhalt, der eine entsprechende Regelung erfordern würde.[386]

---

378 Fitting, § 21a Rn. 9; GK-BetrVG/*Kreutz*, § 21a Rn. 17; WPK/*Wlotzke*, § 21a Rn. 9.

379 Kleinebrink/Commandeur, NZA 2007, 113, 116; Rieble, NZA 2003, Beilage zu Heft 16, 62, 63.

380 BAG 11.02.2004 - Az. 7 ABR 27/03, BAGE 109, 332, 335; 22.10.2003 - Az. 7 ABR 18/03, AP BetrVG 1972 § 1 Gemeinsamer Betrieb Nr. 21; ErfK/*Koch*, § 21a Rn. 2; GK-BetrVG/*Kreutz*, § 21a Rn. 21; HWGNRH/*Worzalla*, § 21a Rn. 4.

381 BAG 10.12.1996 - Az. 1 ABR 32/96, BAGE 85, 1, 6 f.; LAG Köln 23.01.2004 - Az. 12 TaBV 63/04, juris, Tz. 60; GK-BetrVG/*Kreutz*, § 21a Rn. 21; Löwisch/Kaiser, § 21a Rn. 6; Stege/Weinspach/Schiefer, § 21a Rn. 6; WPK/*Wlotzke*, § 21a Rn. 10; Löwisch/Schmidt-Kessel, BB 2001, 2162, 2163; Worzalla, FA 2001, 261, 262.

382 Vgl. BAG 10.12.1996 - Az. 1 ABR 32/96, BAGE 85, 1, 6; LAG Köln 23.01.2004 - Az. 12 TaBV 63/04, juris; Fitting, § 21a Rn. 10; GK-BetrVG/*Kreutz*, § 21a Rn. 21; Löwisch/Kaiser, § 21a Rn. 5.

383 GK-BetrVG/*Kreutz*, § 21a Rn. 20; WPK/*Preis*, § 21a Rn. 10; Kreutz in FS Wiese (1998), 235, 239 ff..

384 GK-BetrVG/*Kreutz*, § 21a Rn. 21.

385 So aber Löw, ArbuR 2007, 194, 195.

386 LAG Sachsen 21.06.2006 - Az. 2 Sa 677/05, juris, Tz. 23 ff..

Ebenso ist die Stillegung eines Betriebsteiles keine Spaltung. Eine Stillegung eines Betriebsteiles kann nicht zugleich eine Spaltung sein.[387] Daher liegt auch keine Spaltung vor, wenn ein an einem Gemeinschaftsbetrieb beteiligtes Unternehmen seine Tätigkeit einstellt und die anderen beteiligten Unternehmen den Betrieb unter Wahrung von dessen Identität fortführen.[388]

Eine Spaltung im Sinne von § 21a Abs. 1 Satz 1 BetrVG setzt damit voraus, dass aus einer zuvor bestehenden Einheit mindestens zwei neue Einheiten entstehen. Maßgeblich für die Beurteilung dieser Frage ist das Entstehen von zwei getrennten Leitungsstrukturen, die zukünftig die Leitung über diese Einheiten ausüben.

bb) Abspaltung

Werden von Ursprungsbetrieb ein oder mehrere kleinere Betriebsteile ausgegliedert und als eigenständige Betriebe fortgeführt oder in andere Betriebe eingegliedert oder mit diesen zusammengefasst, liegt ein Fall der Abspaltung vor.[389] Der Ursprungsbetrieb ändert zwar seine Organisation, behält aber seine Identität.[390]

Die Feststellung der Identitätswahrung trotz Abspaltung kann im Einzelfall schwierig sein.[391] Bleibt ein so großer Teil der bisherigen Organisationseinheit bestehen, dass man bei natürlicher Betrachtungsweise diesen Teil als identisch mit der vorher bestehenden Einheit ansehen kann, ist die organisatorische Einheit vor und nach der Umstrukturierung als dieselbe anzusehen. Maßgebliche Indizien können die Beibehaltung des Betriebszweckes, die Leitungsstruktur und das Verhältnis der betroffenen AN zueinander sein.[392] Wird ein deutlich kleinerer Teil vom Ursprungsbetrieb abgespalten, bleibt dessen Identität erhalten.[393] Ist von der

---

387 BAG 18.03.2008 - Az. 1 ABR 77/06, BAGE 126, 169, 172 Tz. 15; LAG Berlin-Brandenburg 28.07.2011, Az. 26 TaBV 1298/11, NZA-RR 2012, 38 ff, Tz. 42.

388 BAG 22.03.2005 - Az. 1 ABR 64/03, BAGE 114, 162, 165; 19.11.2003 - Az. 7 AZR 11/03, BAGE 109, 1, 4.

389 ErfK/*Koch*, § 21a BetrVG Rn. 2; Fitting, § 21a Rn. 9a; WPK/*Wlotzke*, § 21a Rn. 11; wohl auch DKKW/*Buschmann* § 21a Rn. 23 ff. der aber nicht zwischen Abspaltung und Aufspaltung unterscheiden will.

390 BAG 24.05.2012 – Az. 2 AZR 62/11, NZA 2013, 277, 282, Tz. 48; Fitting, § 21a Rn. 9a; WPK/*Wlotzke*, § 21a Rn. 11; Schultze/Schreck, AiB 2013, 440, 441; Kleinebrink/Commandeur, NZA 2007, 113, 116.

391 Kritisch GK-BetrVG/*Kreutz*, § 21a Rn. 24.

392 LAG Nürnberg 31.07.2007 - Az. 6 TaBV 31/07, juris, Tz. 31.

393 BAG 22.03.2005 - Az. 1 ABR 64/03, BAGE 114, 162, 165; Hanau in FS Küttner (2006), 357, 361.

Abspaltung weniger als die Hälfte der Belegschaft betroffen, spricht dies ebenfalls für die Wahrung der Identität.[394] Der abgespaltene Betriebsteil muss eine abgrenzbare, eigenständige Struktur in einer wirtschaftlich relevanten Größenordnung haben.[395]

Zusammenfassend liegt eine Abspaltung vor, wenn vom Ursprungsbetrieb ein kleinerer Teil ausgegliedert oder abgespalten wird und die Identität des abgebenden Betriebes trotzdem gewahrt bleibt. Dies ist anhand von Indizien zu prüfen.

cc) Aufspaltung

Im Gegensatz zur Abspaltung wird bei einer Aufspaltung der Ursprungsbetrieb aufgelöst.[396] Die Betriebsidentität geht dabei verloren. Die durch die Aufspaltung aus dem Ursprungsbetrieb gebildeten Organisationseinheiten bilden entweder selbstständige Betriebe[397] oder werden in bestehende Betriebe eingegliedert oder mit diesen zusammengefasst.[398]

Bei der Aufspaltung wird der Ursprungsbetrieb derart in seine Teile zerlegt, dass keine der aus der Betriebsaufspaltung hervorgehenden Einheiten mehr mit dem Ursprungsbetrieb identisch ist.[399] Der Ursprungsbetrieb wird gleichsam atomisiert.[400] Nach Auffassung des BAG ist dies nicht der Fall, solange die betrieblichen Strukturen fortgeführt werden, auch wenn der Betrieb eingeschränkt wird.[401] Eine Aufspaltung führt daher nur dann zum Identitätsverlust, wenn keine betrieblichen Strukturen mehr weitergeführt werden.[402]

---

394 LAG Nürnberg 31.07.2007 - Az. 6 TaBV 31/07, juris, Tz. 31 f. ; LAG Berlin 27.07.2006 - Az. 18 TaBV 145/06, juris, Tz. 24; GK-BetrVG/*Kreutz*, § 21a Rn. 25; Richardi/*Thüsing*, § 21a Rn. 6; Rieble/Gutzeit, NZA 2003, 233, 234.

395 BAG 10.12.1996 - Az. 1 ABR 32/96, BAGE 85, 1, 6.

396 BAG 24.05.2012 – Az. 2 AZR 62/11, NZA 2013, 277, 282, Tz. 48; 19.11.2003 - Az. 7 AZR 11/03, BAGE 109, 1, 3 f.; ErfK/*Koch*, § 21a BetrVG Rn. 2; Fitting, § 21a Rn. 9a; GK-BetrVG/*Kreutz*, § 21a Rn. 25; Löwisch/Kaiser, § 21a Rn. 5; Richardi/Thüsing, § 21a Rn. 6; WPK/*Wlotzke*, § 21a Rn. 12; WHSS/*Hohenstatt*, Kap. D Rn. 51.

397 Fitting, § 21a Rn. 9a; WPK/*Wlotzke*, § 21a Rn. 12.

398 ErfK/*Koch*, § 21a BetrVG Rn. 2.

399 Fitting, § 21a Rn. 9a; Löwisch/Kaiser, § 21a Rn. 5; WPK/*Preis*, § 21a Rn. 12; Schultze/Schreck, AiB 2013, 440, 441; Rieble, NZA 2003, Beilage zu Heft 16, 62, 63.

400 ErfK/*Koch*, § 21a BetrVG Rn. 2; WHSS/*Hohenstatt*, Kap. D Rn. 51; Kallmeyer/*Willemsen*, vor § 322 UmwG Rn. 26.

401 BAG 19.11.2003 - Az. 7 AZR 11/03, BAGE 109, 1, 4.

402 WHSS/*Hohenstatt*, Kap. D Rn. 51.

Eine Aufspaltung des Betriebes ist folglich dann gegeben, wenn der Betrieb auf Grund des Verlustes seiner Identität untergeht. Kennzeichnend hierfür ist der Verlust der bisherigen Organisation.

dd) Gemeinsamer Betrieb

Bei einem gemeinsamen Betrieb ist zu differenzieren, ob ein Betriebsteil abgespalten und möglicherweise verselbstständigt wird oder eines oder mehrere der beteiligten Unternehmen sich entscheiden, sich nicht mehr am gemeinsamen Betrieb – gleich aus welchem Grund – zu beteiligen.

Wird ein Betriebsteil des gemeinsamen Betriebes abgespalten und von einem der am gemeinsamen Betrieb beteiligten Unternehmen unter Beibehaltung der Betriebsführungsvereinbarung fortgeführt, bleibt die Identität des gemeinsamen Betriebes erhalten.[403] Es liegt keine Spaltung nach § 21a Abs. 1 BetrVG vor.[404] Zur Spaltung in diesem Sinne kommt es nur, wenn der abgespaltene Betriebsteil außerhalb des gemeinsamen Betriebes fortgeführt wird.

Beenden dagegen die am gemeinsamen Betrieb beteiligten Unternehmen die Führungsvereinbarung und führen die einzelnen Betriebsbereiche jeweils fort, handelt es sich um eine Aufspaltung gemäß § 21a Abs. 1 BetrVG.[405]

Hiervon zu unterscheiden sind die Fälle, in denen eines oder mehrere der am gemeinsamen Betrieb beteiligten Unternehmen ohne Änderung der Identität des gemeinsamen Betriebes aus diesem ausscheiden. Dies kann der Fall sein, wenn eines der beteiligten Unternehmen seinen Betrieb still legt und der gemeinsame Betrieb im Übrigen unverändert fortgeführt wird.[406] Für eine Auflösung des gemeinsamen Betriebes reicht auch die Einstellung des Betriebes durch eines der beteiligten Unternehmen nicht aus.[407] Auch hier wird die betriebliche Identität gewahrt.[408] Ebenso führt die Änderung des Betriebszweckes eines der beteiligten Unternehmen nicht zur Auflösung des Gemeinschaftsbetriebes.[409]

---

403 Fitting, § 21a Rn. 9a.

404 Ebenso Fitting, § 21a Rn. 9a.

405 DKKW/*Buschmann*, § 21a Rn. 32; Fitting, § 21a Rn. 9a a.E.; HWGNRH/*Worzalla*, § 21a Rn. 5; Richardi/*Thüsing*, § 21a Rn. 5b.

406 BAG 19.11.2003 – Az. 7 AZR 11/03, BAGE 109, 1 ff. Tz. 15; DKKW/*Buschmann*, § 21a Rn. 32; Fitting, § 21a Rn. 9a.

407 GK-BetrVG/*Franzen*, § 1 Rn. 61; HWK/*Gaul*, § 1 BetrVG Rn. 27; Annuß/Hohenstatt, NZA 2004, 420, 421.

408 BAG 19.11.2003 - Az. 7 AZR 11/03, BAGE 109, 1, 3 f..

409 BAG 29.11.2007 - Az. 2 AZR 763/06, AP KSchG 1969 § 1 Soziale Auswahl Nr. 95.

Festzuhalten ist, dass der gemeinsame Betrieb erst mit Auflösung der betrieblichen Leitungsstrukturen unter Veränderung der Betriebsidentität endet.[410] Dies ist die Voraussetzung für das Entstehen des Übergangsmandates nach § 21a BetrVG.[411]

Entsprechendes gilt, wenn eine Vereinbarung nach § 3 Abs. 1 Nr. 1 bis 3 BetrVG endet. Die Rückkehr zum gesetzlichen Regelzustand ist eine Aufspaltung.[412]

b) Zusammenfassung von Betrieben und Betriebsteilen

Werden Betriebe oder Betriebsteile zusammengefasst, sieht § 21a BetrVG auch für diesen Fall ein Übergangsmandat des Betriebsrates vor. Eine Definition für den Begriff der „Zusammenfassung" gibt das Gesetz nicht. Dieser ist daher näher zu bestimmen.

Werden Betriebe oder Betriebsteile zusammengefasst, sind grundsätzlich zwei Konstellationen zu betrachten. Die Zusammenfassung von Betrieben und Betriebsteilen kann unter Wahrung der Identität eines der beteiligten Betriebe erfolgen. Man spricht in diesem Fall von Eingliederung. Ebenso können alle beteiligten Betriebe und Betriebsteile ihre Identität verlieren und zu einem neuen Betrieb zusammengefasst werden. Dies wäre ein Fall der Zusammenfassung. Nachfolgend werden die Merkmale beider Begriffe untersucht.

(aa) Eingliederung in Betriebe

Unter Eingliederung wird die organisatorische Zusammenführung von zwei oder mehreren Betrieben oder Betriebsteilen verstanden, bei der die Identität eines beteiligten Betriebes oder Betriebsteiles erhalten bleibt.[413] Die bestehende Organisations- und Leitungsmacht wird auf die eingegliederten Arbeitnehmer ausgedehnt.[414] Die Arbeitnehmer des aufgenommenen Betriebes werden auf die Abteilungen des aufnehmenden Betriebes verteilt und nehmen die dort gegebenen Tätigkeiten wahr. Im Ergebnis wird der aufnehmende Betrieb lediglich größer,

410 BAG 19.11.2003 - Az. 7 AZR 11/03, BAGE 109, 1, 4; GK-BetrVG/*Franzen*, § 1 Rn. 61; Annuß/Hohenstatt, NZA 2004, 420, 421.

411 ErfK/*Koch*, § 1 BetrVG Rn. 16; Fitting, § 1 Rn. 95.

412 DKKW/*Buschmann*, § 21a Rn. 33; Fitting, § 21a Rn. 9a.

413 Richardi/*Thüsing*, § 21a Rn. 5; Huke/Lepping, FA 2004, 136; Thüsing, DB 2002, 738, 739; Löwisch/Schmidt-Kessel, BB 2001, 2162; Weiss/Raffler in FS Spiegelhalter (2009), 944, 945.

414 ArbG Darmstadt 28.07.2009 - Az. 4 BV 4/09, juris, Tz. 30.

ohne tief greifende Änderungen zu erfahren.[415] Im Gegenzug verlieren die aufgenommenen, bisher selbstständigen Betriebe oder Betriebsteile ihre Selbstständigkeit und werden in die Leitungsorganisation des aufnehmenden Betriebes integriert. Die Zuständigkeit in sozialen und personellen Angelegenheiten wird zukünftig vom aufnehmenden Betrieb wahrgenommen.[416]

Entscheidend ist, dass die Organisations- und Leitungsmacht im aufnehmenden Betrieb lediglich angepasst und im Hinblick auf größere Kapazitäten modifiziert werden muss, nicht jedoch eine grundlegend neue Organisation geschaffen wird.[417] Die betriebliche Identität des aufnehmenden Betriebes bleibt erhalten.[418] Änderungen der Organisationsstruktur kommen nur insoweit in Betracht, als diese durch die Übernahme untergeordneter Funktionen erweitert wird.[419]

Die Eingliederung ist vollzogen, wenn die Leitung des eingegliederten Betriebes oder Betriebsteiles durch den aufnehmenden Betrieb tatsächlich übernommen wurde.[420]

Maßgeblich ist somit die tatsächliche Leitungsübernahme. Damit kann der Begriff der „Eingliederung" nicht definiert werden, sondern ist typologisch unter Verwendung von Hilfskriterien zu bestimmen.[421] Das Vorliegen einer Eingliederung ist daher an Hand des Gesamteindrucks der organisatorischen Einheit vor und nach der Eingliederung zu bestimmen.[422]

Hierbei sind maßgeblich die Beibehaltung des Betriebszwecks, der Leitungsstruktur und das Verhältnis der betroffenen Belegschaften zueinander.[423] Als Hilfskriterien können die Anzahl der Arbeitnehmer des aufnehmenden Betriebes im Verhältnis zu der Arbeitnehmeranzahl des einzugliedernden Betriebes oder

---

415 LAG Düsseldorf 22.10.2008 - Az. 7 TaBV 85/08, juris, Tz. 58; GK-BetrVG/*Kreutz*, § 21a Rn. 62; WPK/*Wlotzke*, § 21a Rn. 15; Lutter/*Joost*, § 321 UmwG Rn. 22; Thüsing, DB 2002, 738, 739; Thüsing, DB 2004, 2474, 2475; Feudner, DB 2003, 882, 883.

416 Anschütz, Probleme der Betriebsratsbeteiligung (2002), 15.

417 ArbG Cottbus 24.01.2013 – Az. 3 BVGa 1/13, juris, Tz. 41; WHSS/*Hohenstatt*, Teil D Rn. 68; Fischer, RdA 2005, 39, 44.

418 So bereits Haag, Umstrukturierung (1996), 42.

419 Kreßel, DB 1989, 1623.

420 ArbG Dresden 19.06.2008 - Az. 5 BV 25/08, juris, Tz. 35.

421 Richardi/*Thüsing*, § 21a Rn. 5; Fischer, RdA 2005, 39, 40.

422 GK-BetrVG/*Kreutz*, § 21a Rn. 62; WHSS/*Hohenstatt* Kap. D Rn. 73; Thüsing, DB 2002, 738, 739.

423 LAG Hessen 23.10.2008 - Az. 9 TaBV 155/08, juris; LAG Hessen 06.05.2004 - 9 TaBVGa 61/04 - juris, Tz.26.

Betriebsteiles herangezogen werden.[424] Soweit sich die Änderung der Belegschaftsstärke unter 50 Prozent der ursprünglichen Arbeitnehmeranzahl bewegt, bleibt die Identität des aufnehmenden Betriebes gewahrt.[425] Fällt die Änderung der Belegschaftsstärke noch geringer aus, ist erst recht von einer Eingliederung auszugehen.[426]

Sind die Belegschaftsstärken dagegen annährend gleich stark, spricht dies gegen eine Eingliederung und für eine Zusammenfassung.[427] Führt die Erhöhung der Arbeitnehmeranzahl zu materiell-funktionalen Veränderungen der Möglichkeiten und Befugnisse des Betriebsrates, spricht dies ebenfalls gegen eine Eingliederung.[428]

Die quantitative Betrachtung der Belegschaftsstärke des aufnehmenden Betriebes vor und nach der Eingliederung ist jedoch nicht ausreichend.[429] Ausgehend vom Betriebsbegriff ist auch die räumliche Lage zu berücksichtigen.[430] Wird ein Betrieb oder Betriebsteil zu einem anderen verlegt, kann dies ein Indiz für die Eingliederung in diesen Betrieb sein.[431] Die Verlegung eines Betriebes an sich stellt nach § 111 Satz 3 Nr. 2 BetrVG regelmäßig zwar eine Betriebsänderung dar, die für sich genommen jedoch nicht zu einem Identitätsverlust führt.[432] Ebenso ist der Betriebszweck ein wesentliches Merkmal der betrieblichen Identität. Bleibt der betriebliche Zweck des aufnehmenden Betriebes zumindest überwiegend erhalten,

---

424 LAG Hessen 23.10.2008 - Az. 9 TaBV 155/08, juris, Tz. 22; LAG Nürnberg 31.07.2007 - Az. 6 TaBV 31/07, juris, Tz. 31; GK-BetrVG/*Kreutz* § 21a Rn. 25; Kallmeyer/*Willemsen*, § 321 UmwG Rn. 13; weitergehend Lutter/*Joost*, § 321 UmwG Rn. 15: Abgrenzung entsprechend der Wertung des § 13 Ab 2 Nr. 1 BetrVG an der Arbeitnehmeranzahl; Veränderungen unterhalb dieser Schwelle führen nicht zu einem Identitätsverlust.

425 BAG 25.09.1996 - Az. 1 ABR 25/96, AP ArbGG 1979 § 97 Nr. 4; LAG Nürnberg 31.07.2007 - Az. 6 TaBV 31/07, juris, Tz. 32; LAG Berlin 27.07.2006 - Az. 18 TaBV 145/06, juris, Tz. 24; GK-BetrVG/*Kreutz* § 21a Rn. 62.

426 Gaul, Betriebs- und Unternehmensaufspaltung, § 25 Rn. 161; Trittin, AiB 1998, 545, 547.

427 Gaul, Betriebs- und Unternehmensaufspaltung, § 25 Rn. 161; WHSS/*Hohenstatt*, Kap. D Rn. 70.

428 Fischer, RdA 2005, 39, 43.

429 So aber GK-BetrVG/*Kreutz* § 21a Rn. 62; Gaul, Betriebs- und Unternehmensaufspaltung, § 25 Rn. 161.

430 WHSS/*Hohenstatt*, Kap. D Rn. 69; Fischer, RdA 2005, 39, 42.

431 Gaul, Betriebs- und Unternehmensaufspaltung, S 25 Rn. 162; WHSS/*Hohenstatt*, Kap. D Rn. 69; Fischer, RdA 2005, 39, 42.

432 Vgl. Fitting, § 21a Rn. 7; Richardi/*Richardi*, § 1 Rn. 38; wohl zu weitgehend Fischer, RdA 2005, 39, 42.

spricht dies für die Beibehaltung der betrieblichen Identität und damit einer Eingliederung des aufgenommenen Betriebes.[433]

Die Eingliederung eines Betriebes oder Betriebsteiles in einen aufnehmenden Betrieb ist also dadurch gekennzeichnet, dass der aufnehmende Betrieb seine Identität behält, während der aufgenommene Betrieb oder Betriebsteil die seinige verliert. Dies ist durch eine generalisierende Betrachtung des aufnehmenden Betriebes zu ermitteln. Als Kriterien können hierzu die Belegschaftsstärke, Änderungen des Betriebssitzes oder des Betriebszweckes herangezogen werden. Bleibt der aufnehmende Betrieb überwiegend unverändert, liegt eine Eingliederung vor.

(bb) Zusammenfassung von Betrieben und Betriebsteilen

Das Gesetz verwendet die Begriffe „Zusammenfassung" in § 21a Abs. 2 BetrVG, „Zusammenlegung" in §§ 21a Abs. 3, 21b BetrVG und „Zusammenschluss" in §§ 106 Abs. 3 Nr. 8, 111 Satz 3 Nr. 3 BetrVG für den gleichen Sachverhalt.[434] Für die Definition des Begriffes in § 21a Abs. 2 BetrVG kann daher an § 111 Satz 3 Nr. 3 BetrVG angeknüpft werden. Dort wird der Begriff des Zusammenschlusses von Betrieben als die Bildung eines neuen Betriebes aus mindestens zwei anderen Betrieben unter Verlust von deren Identität verstanden.[435]

Damit ist auch der Begriff der Zusammenfassung in § 21a Abs. 2 BetrVG als die Verbindung von zwei oder mehreren zuvor eigenständig organisierten Betrieben oder Betriebsteilen zu verstehen, die zu einem neuen einheitlichen Betrieb unter einheitlicher Leitung und mit einheitlichem Zweck verbunden werden.[436] Hierunter fällt auch die Zusammenfassung mehrerer Betriebe verschiedener Unternehmen nach § 1 Abs. 2 BetrVG.[437]

Durch die Unterstellung unter einen neuen Leitungsapparat verlieren alle nunmehr zusammengefassten Einheiten ihre bisherige Identität.[438] Es entsteht eine

---

433 WHSS/*Hohenstatt*, Kap. D Rn. 69; Fischer, RdA 2005, 39, 43.

434 GK-BetrVG/*Kreutz*, § 21a Rn. 58; Fischer, RdA 2005, 39, 40; Konzen, RdA 2001, 76, 87; Richardi/Annuß, DB 2001, 41, 43; Gaul, Betriebs- und Unternehmensaufspaltung, § 27 Rn. 45.

435 DKKW/*Däubler*, § 111 Rn. 93; ErfK/*Kania*, § 111 BetrVG Rn. 15; Fitting, § 111 Rn. 84; GK-BetrVG/*Oetker*, § 111 Rn. 136; Löwisch/Kaiser, § 111 Rn. 30; Richardi/*Annuß*, § 111 Rn. 97; WPK/*Preis/Bender*, § 111 Rn. 21.

436 ArbG Cottbus 24.01.2013 – Az. 3 BVGa 1/13, juris, Tz. 37; Löwisch/Kaiser, § 21a Rn. 20; HWGNRH/*Worzalla*, § 21a Rn. 10; Feudner, DB 2003, 882, 884.

437 Schönhöft/Schönleber, BB 2013, 2485, 2488.

438 BAG 31.08.2005 - 5 AZR 517/04, BAGE 115, 367, 369 Tz.12; LAG Düsseldorf 16.10.2008 - Az. 11 TaBV 105/08, juris, Tz. 25; LAG Hessen 23.10.2008 - Az. 9

neue organisatorische Einheit, innerhalb derer der Arbeitgeber wieder einen arbeitstechnischen Zweck verfolgt.[439] Dies bedingt den Aufbau einer neuen Organisationsstruktur, die mit den vorhandenen Strukturen nicht weitgehend identisch ist. Die personelle Besetzung der einzelnen Funktion ist von untergeordneter Bedeutung.[440] Maßgeblich ist die Entstehung eines neuen Betriebes im Sinne von § 1 Abs. 1 BetrVG.[441]

Gegenstand der Zusammenfassung können neben Betrieben auch Betriebsteile sein, die zuvor Bestandteile anderer Betriebe waren und abgespalten wurden.[442] Eine Eigenständigkeit der Betriebsteile vor der Zusammenfassung ist nicht erforderlich. Ausreichend für das Entstehen des Übergangsmandates ist, dass ein Betriebsteil aus einem Betrieb mit Betriebsrat stammt.[443]

Die Zusammenfassung von Betrieben oder Betriebsteilen erweist sich als der umgekehrte Fall der Aufspaltung eines Betriebes.[444] Alle beteiligten Betriebe oder Betriebsteile verlieren ihre Identität. Es entsteht ein neuer Betrieb mit eigener Identität. Dabei kann die Zusammenfassung unternehmensintern oder unternehmensübergreifend erfolgen, wie § 21a Abs. 3 BetrVG zeigt.[445]

c) Auffassung von Kreutz

Einen anderen Ansatz verfolgt dagegen *Kreutz*. Nach seiner Auffassung ist für eine sichere Abgrenzung der Spaltung oder Zusammenfassung von Betrieben die Entwicklung von Sachkriterien zwingend erforderlich.[446]

TaBV 155/08, juris, Tz. 23; Fitting, § 21a Rn. 11; GK-BetrVG/*Kreutz*, § 21a; Rn. 59; Löwisch/Kaiser, §21a Rn. 20; WPK/*Wlotzke*, § 21a Rn. 17.

439 Gaul/Bonanni, ArbRB 2002, 46, 47.

440 Kreßel, DB 1989, 1623.

441 DKKW/*Buschmann*, § 21a Rn. 43; GK-BetrVG/*Kreutz*, § 21a Rn. 59; Rieble, NZA 2003, Beilage zu Heft 16, 62, 63.

442 Fitting, § 21a Rn. 9a; GK-BetrVG/Kreutz, § 21a Rn. 56; Richardi/*Thüsing*, § 21a Rn. 9ff.; WPK/*Wlotzke*, § 21a Rn. 7; a.A. Löwisch/Kaiser, § 21a Rn. 21: Nur Betriebsteile, die nach § 4 Ab 1 BetrVG als selbständige Betriebe gelten, für unselbständige Betriebsteile komme ein Übergangsmandat nicht in Betracht.

443 GK-BetrVG/*Kreutz*, § 21a Rn. 56; Jaeger/*Schuster*, Kap. 4 Rn. 26; Löwisch/Schmidt-Kessel, BB 2001, 2162, 2164.

444 Fitting, § 21a Rn. 11.

445 WPK/*Wlotzke*, § 21a Rn. 17.

446 GK-BetrVG/*Kreutz*, § 21a Rn. 25 ff., 62 ff..

Nach seiner Meinung führt jede Spaltung zu einem Identitätsverlust. Dies folge aus den neu geordneten Leitungsstrukturen infolge der Spaltung. Eine Spaltung bedeute lediglich die Unterstellung eines Betriebsteiles unter eine eigenständige Leitung.[447] Daneben gebe es keine Zusatzkriterien, nach denen eine die Identität wahrende Abspaltung von einer identitätsauflösenden Betriebsaufspaltung abgegrenzt werden kann. Eine unternehmensinterne Betriebsaufteilung führe niemals zu einem Untergang des Betriebes, da eine Einheit immer bestehen bleibe. Es handele sich immer um Abspaltungen.[448] Der Identitätsbegriff ermögliche daher keine Differenzierungen.[449] Ebenso löse die Übernahme der Begrifflichkeiten aus dem Umwandlungsrecht nicht die Abgrenzungsprobleme.[450]

Die gleichen Abgrenzungsprobleme bestehen für *Kreutz* bei der Zusammenfassung von Betrieben oder Betriebsteilen. Die Unterscheidung zwischen Eingliederung und Zusammenfassung anhand der Betriebsidentität hält er für nicht möglich. Die bisherigen Identitätsstrukturen entfielen mit der neuen Leitungsstruktur und könnten daher nicht zur Abgrenzung herangezogen werden. Eine Unterscheidung zwischen idenitätswahrender Eingliederung oder identitätsauflösender Zusammenlegung sei daher nicht möglich.[451] Die Abgrenzungsfrage sei daher völlig offen.[452]

Erforderlich sei vielmehr die Entwicklung von Sachkriterien. Nur so könne nachvollziehbar eine Abgrenzung sowohl bei der Unterscheidung zwischen Abspaltung und Aufspaltung[453] als auch zwischen Eingliederung und Zusammenfassung vorgenommen werden.[454] Als Sachkriterium will *Kreutz* die Änderung der Belegschaftsstärke heranziehen.[455]

Ausgehend von § 13 Abs. 2 Nr. 1 BetrVG soll eine Betriebsaufspaltung vorliegen, wenn mindestens die Hälfte der regelmäßigen Belegschaft anderweitigen

---

447 BAG 10.12.1996 - Az. 1 ABR 32/96, BAGE 85, 1, 6.

448 Kreutz in FS Wiese (1998), 235, 240.

449 GK-BetrVG/*Kreutz*, § 21a Rn. 24; Kreutz in Gedächtnisschrift Sonnenschein (2003), 829, 830; Kreutz in FS Wiese (1998) 1998, 235, 239; zust. MünchHB ArbR/*Joost*. 2. A. § 305 Rn. 17; Lerch, Auswirkungen von Betriebsübergängen (2006), 164 ff., 179 ff..

450 GK-BetrVG/*Kreutz*, § 21a Rn. 24; Rieble, NZA 2003, Sonderbeilage Heft 16, 62, 63.

451 Kreutz in FS Wiese (1998), 235, 241.

452 GK-BetrVG/*Kreutz*, § 21a Rn. 61.

453 GK-BetrVG/*Kreutz*, § 21a Rn. 25.

454 GK-BetrVG/*Kreutz*, § 21a Rn. 62.

455 GK-BetrVG/*Kreutz*, § 21a Rn. 25, 62.

Leitungsstellen unterstellt wird.[456] Sind weniger Arbeitnehmer von der Spaltung betroffen, handelt es sich um eine Abspaltung.

Entsprechend geht *Kreutz* solange von einer Eingliederung aus, als der kleinere aufzunehmende Betrieb weniger als die Hälfte der Arbeitnehmer des größeren Betriebes beschäftigt.[457] Dies folge aus der entsprechenden Wertung zu § 13 Abs. 2 Nr. 1 BetrVG, der eine Neuwahl des Betriebsrates vorsehe, wenn die Anzahl der Beschäftigten sich um mehr als die Hälfte erhöht habe. Maßgeblicher Stichtag sei der Tag des Zusammenschlusses.[458]

Kreutz ist der Auffassung, dass aus jeder Betriebsteilung eine Identitätslinie folge. Jede, der durch die Teilung entstehenden Einheiten, sei stets und notwendig mit dem vorherigen Betrieb identisch, so dass eine Teilung nie zu einem Untergang des Betriebes führen könne.[459]

Die Auffassung von *Kreutz* vermag nicht in vollem Umfang zu überzeugen. Zutreffend wird ihm entgegen gehalten, dass § 13 Abs. 2 Nr. 1 BetrVG einen anderen Regelungsgehalt hat.[460] Dieser sieht eine Neuwahl des Betriebsrates in der laufenden Wahlperiode vor, wenn sich zum Stichtag die Belegschaftsstärke um die Hälfte erhöht oder reduziert hat. Eine Änderung der betrieblichen Identität wird von der Regelung jedoch nicht erfasst. Zudem reduziert *Kreutz* die Abgrenzung auf ein einziges Merkmal. Dies wird jedoch dem Betriebsbegriff nicht gerecht. Entscheidendes Merkmal des Betriebes ist die Leitungsstruktur in personellen und sozialen Angelegenheiten. Die Änderung dieser Struktur lässt *Kreutz* außer Acht. Gerade an dieser Stelle definiert sich aber der Betrieb. Entscheidend für die Abgrenzung zwischen Aufspaltung und Abspaltung ist, ebenso wie für die Unterscheidung zwischen Eingliederung und Zusammenfassung, die Leitungsstruktur.[461]

Die Erhöhung oder Verringerung der Belegschaftsstärke ist ein Kriterium, das Hinweise auf die Beibehaltung oder den Verlust der betrieblichen Identität geben kann. Die Abgrenzung kann jedoch nicht allein auf dieses Merkmal gestützt werden, da die Feststellung eines Identitätsverlustes nur in einer Gesamtbetrachtung aller Merkmale des Betriebs vorgenommen werden kann.

---

456 GK-BetrVG/*Kreutz*, § 21a Rn. 25 unter Verweis auf LAG Nürnberg 04.09.2007 - Az. 6 TaBV 31/07; jetzt auch Schlenker-Rehage, Übergangsmandat Betriebs- und Personalrat (2010), 84 ff..

457 GK-BetrVG/*Kreutz*, § 21a Rn. 62.

458 GK-BetrVG/*Kreutz*, § 21a Rn. 62 a.E..

459 GK-BetrVG/*Kreutz*, § 21a Rn. 24, 61.

460 LAG Köln 23.01.2004 - Az. 12 TaBV 64/03, juris, Tz. 58.

461 LAG Köln 23.01.2004 - Az. 12 TaBV 64/03, juris, Tz. 60.

d) Zwischenergebnis

Die betriebliche Identität kann sich durch die Spaltung oder Zusammenfassung von Betrieben oder Betriebsteilen ändern. Wird die Betriebsidentität trotz Spaltung gewahrt, handelt es sich um eine Abspaltung. Verliert der Betrieb seine Identität, liegt eine Aufspaltung vor. Bei einem gemeinsamen Betrieb mehrerer Unternehmen kommt es erst dann zum Identitätsverlust, wenn die zugrunde liegende Führungsvereinbarung aufgelöst wird.

Ebenso ist die Betriebsidentität bei der Zusammenfassung von Betrieben oder Betriebsteilen maßgeblich. Bewahrt ein aufnehmender Betrieb seine Identität, handelt es sich um eine Eingliederung. Verlieren dagegen alle beteiligten Betriebe oder Betriebsteile ihre Identität liegt eine Zusammenfassung vor.

2. Wegfall der vertraglichen Grundlagen

Betriebe können auch auf vertraglicher Grundlage gemäß § 3 Abs. 1 BetrVG gebildet werden. Diese Verträge können durch Fristablauf oder Kündigung enden. Zu prüfen ist, ob auch hierin eine Betriebsspaltung im Sinne von § 21a Abs. 1 BetrVG liegt.

Endet ein Tarifvertrag oder eine Betriebsvereinbarung nach § 3 BetrVG, ohne dass gleichzeitig eine neue tarifliche oder betriebsverfassungsrechtliche Regelung in Kraft tritt, entfällt die Rechtsgrundlage für die auf Grund § 3 BetrVG durch Tarifvertrag oder Betriebsvereinbarung geschaffenen Betriebsräte, da weder der Tarifvertrag noch die Betriebsvereinbarung nach § 3 BetrVG eine Nachwirkung entfalten.[462] Mit Ablauf des Tarifvertrages oder der Betriebsvereinbarung soll daher der bestehende Betriebsrat das Übergangsmandat aus § 21a BetrVG bis zu einer Neuwahl eines Betriebsrates wahrnehmen.[463]

Dieser Auffassung wird entgegen gehalten, dass sie im Widerspruch zu Art. 5 UAbs. 1 RL 2001/23/EG stünde. Der europäische Normgeber habe den Fortbestand von betrieblichen Interessenvertretungen angeordnet. Vom Wortlaut der Richtlinie seien auch die vertraglich geschaffenen Vertretungen mit umfasst.[464]

---

462 Richardi/*Richardi*, § 3 Rn. 65; Thüsing, ZIP 2003, 693, 704.

463 GK-BetrVG/*Kraft*, § 3 Rn. 35; Richardi/*Richardi*, § 3 Rn. 65; Thüsing, ZIP 2003, 693, 704; Schmiege, Betriebsverfassungsrechtliche Organisationsstrukturen (2007), 167; a. A. Fitting, § 3 Rn. 84; Eich in FS Weinspach (2002), 17, 31: Fortführung der durch den Tarifvertrag gebildeten Gremien bis zum Ablauf ihrer Amtszeit.

464 Däubler, DB 2005, 666, 667.

Die Gerichte der Mitgliedstaaten sind nach der Rechtsprechung des Europäischen Gerichtshofes zur richtlinienkonformen Anwendung des nationalen Rechtes verpflichtet.[465] Vor dem Hintergrund der Richtlinie bestünden daher die durch § 3 BetrVG geschaffenen Betriebsräte bis zur nächsten Wahl fort. Eine Änderung des Leitungsapparates und damit verbunden eine Identitätsänderung sei nur dann beachtlich, wenn der Tarifvertrag an diese anknüpfe.[466]

Die letztgenannte Auffassung vermag nicht zu überzeugen. Voraussetzung für eine richtlinienkonforme Auslegung des nationalen Rechtes ist, dass der Anwendungsbereich der Richtlinie eröffnet ist. Die Anwendung der Richtlinie 2001/23/EG setzt voraus, dass ein Betrieb oder Betriebsteil auf einen Erwerber übergeht. Dies ist bei diesem Sachverhalt nicht der Fall. Über § 3 BetrVG erfolgt die Bildung von Betriebsratsstrukturen, um die betriebliche Arbeitnehmervertretung zu erleichtern. Ein Inhaberwechsel ist damit nicht verbunden. Damit ist der Anwendungsbereich der Richtlinie nicht eröffnet.

Es besteht jedoch eine vergleichbare Schutzbedürftigkeit der betroffenen Arbeitnehmer wie bei einer Betriebsspaltung. Durch das Auslaufen der Tarifverträge oder der Betriebsvereinbarung endet deren betriebliche Interessenvertretung. Um die Arbeitnehmer für den Zeitraum bis zum Abschluss eines neuen Tarifvertrages oder einer neuen Betriebsvereinbarung gemäß § 3 Abs. 1 BetrVG oder der Durchführung von Wahlen zu einem Betriebsrat nach dem Betriebsverfassungsgesetz nicht schutzlos zu stellen, ist die Fortführung des Betriebsrates im Rahmen des Übergangsmandates geboten. Dies ergibt sich aus § 3 Abs. 5 BetrVG. Die nach § 3 Abs. 1 Nr. 1 bis 3 BetrVG gebildeten Organisationseinheiten gelten als Betriebe im Sinne des Gesetzes. Damit unterfallen sie § 21a BetrVG.[467]

Festzuhalten ist, dass § 21a Abs. 1 BetrVG auf betriebliche Organisationseinheiten Anwendung findet, die auf Grundlage des § 3 Abs. 1 Nr. 1 bis 3 BetrVG gebildet sind.

3. Abgrenzung zum Betriebsübergang

Im Rahmen von Umstrukturierungen auf Ebene des Rechtsträgers kann es zu einem Übergang von Betrieben auf einen neuen Inhaber kommen. Dieser Übertragungsvorgang eröffnet den Anwendungsbereich der Richtlinie 2001/23/EG.

---

465 EuGH 05.10.2004, Rs. C-397/01 bis C-403/01 (Pfeiffer), Slg. 2004, I-8835 Tz. 113 ff..

466 Däubler, DB 2005, 666, 669; Eich in FS Weinspach (2002), 17.

467 ArbG Ulm 12.08.2009 - Az. 4 BV 5/09, juris Tz. 46; Schmiege, Betriebsverfassungsrechtliche Organisationsstrukturen (2007), 167.

Zu prüfen ist, ob allein der Betriebsübergang auf einen neuen Inhaber als Änderung der betrieblichen Identität zu verstehen, ist mit der Folge, dass der Betriebsrat ein Übergangsmandat wahrnimmt.

Voraussetzung für ein Übergangsmandat wäre, dass sich die Übertragung auf die betriebliche Identität auswirkt und zum Verlust der betriebsverfassungsrechtlichen Repräsentation durch den Betriebsrat führt.[468] Die bloße Übertragung eines Betriebes auf einen anderen Rechtsträger ist aber weder eine Spaltung noch eine Zusammenfassung im Sinne von § 21a Abs. 1 BetrVG.[469] Der Übergang des Betriebes als Ganzes auf einen anderen Inhaber lässt vielmehr dessen Identität unberührt. Der bestehende Betriebsrat bleibt im Amt.[470] Auf den Betriebsübergang findet § 21a BetrVG daher keine Anwendung.[471]

4. Abgrenzung zur Unternehmensänderung

Eine weitere Möglichkeit für die Entstehung eines Übergangsmandates sind Änderungen auf Ebene des Unternehmens. Beispielsweise kann eine Aufteilung des Unternehmens in neue Geschäftseinheiten erfolgen, verbunden mit einer Neuzuordnung der Betriebe. Fraglich ist, ob derartige Änderungen auf Ebene des Unternehmens als Betriebsänderung anzusehen sind.

Die Entstehung des Übergangsmandates nach § 21a BetrVG knüpft anders als die Vorgängerregelungen nicht an eine Änderung der Unternehmensstruktur an.[472] Die Unternehmensänderung ist marktbezogen und nach außen wirkend im Gegensatz zum Betrieb, der arbeitsbezogen nach innen organisiert ist.[473] Folge der Unternehmensänderung kann eine Betriebsänderung sein, muss es aber nicht. Im Gegensatz zu § 321 UmwG kann eine unternehmensinterne Umstrukturierung, zum Beispiel die Zusammenlegung von zwei Betrieben, das Übergangsmandat nach § 21a BetrVG auslösen.[474] Bei unternehmensübergreifenden Organisationsänderungen wie Spaltung oder Verschmelzung ist dies offensichtlich.

468 Vgl. GK-BetrVG/*Kreutz*, § 21a Rn. 19.

469 Fitting, § 21a Rn. 9; GK-BetrVG/*Kreutz*, § 21a Rn. 86.

470 Ständige Rechtsprechung vgl. BAG 05.06.2002 – Az. 7 ABR 17/01, BAGE 101, 273, 275; Fitting, § 1 Rn. 140; GK-BetrVG/*Kreutz*, § 21 Rn. 39; HWGNRH/*Worzalla/Huke*, § 21 BetrVG Rn. 29; Richardi/*Thüsing*, § 21 Rn. 28.

471 WPK/*Preis*, § 21a Rn. 3; Rieble, NZA 2002, 233, 234.

472 Richardi/*Thüsing*, § 21a Rn. 4.

473 Rieble, NZA 2003, Beilage zu Heft 16, 62, 63.

474 Rieble, NZA 2003, Beilage zu Heft 16, 62, 63.

Bei unternehmensinternen Betriebsspaltungen oder Verschmelzungen ist dagegen auf den Betriebsbegriff abzustellen.[475]

Allein eine Unternehmensänderung führt daher nicht zu einem Übergangsmandat. Maßgeblich für das Übergangsmandat ist die Betriebsidentität. Nur wenn diese sich in Folge der Unternehmensumstrukturierung ändert, kommt ein Übergangsmandat des Betriebsrates in Betracht.

III. Zusammenfassung

Abschließend ist festzuhalten, dass § 21a BetrVG alle Betriebe und als solche anzusehenden Organisationseinheiten des Betriebsverfassungsgesetzes erfasst. Änderungen von deren betrieblicher Identität können durch ihre Spaltung oder Zusammenfassung erfolgen. Dabei ist zwischen dem völligen Identitätsverlust bei Aufspaltung oder Zusammenfassung und dem Bewahren der Identität bei Abspaltung und Eingliederung zu differenzieren.

Keine Betriebsänderung ist der Betriebsübergang auf einen anderen Inhaber. Änderungen auf Unternehmensebene sind nur relevant, soweit sie zu Änderungen der Betriebsidentität führen.

---

475 Rieble, NZA 2002, 233, 234.

Kapitel 4: Voraussetzungen des Übergangsmandates im nationalen Recht

Änderungen der betrieblichen Organisation durch Spaltung oder Zusammenfassung von Betrieben oder Betriebsteilen, sowohl unternehmensintern als auch unternehmensextern, haben Einfluss auf die Existenz eines im Betrieb bestehenden Betriebsrates. Dessen Existenz hängt ab vom unveränderten Fortbestand des Betriebes, für welchen er gewählt worden ist.[476] Kommt es durch die Änderung der betrieblichen Organisation zu Änderungen des Betriebes und dessen Identität, besteht die Gefahr des Untergangs des Betriebsrates mit der Folge,[477] dass die Arbeitnehmer den kollektiv-rechtlichen Schutz des Betriebsverfassungsgesetzes in dieser Phase verlieren würden.

In dieser schwierigen Phase soll jedoch der Schutz der Arbeitnehmer ebenso wie ihre Rechte gewahrt bleiben.[478] Die Entstehung von betriebsratslosen Zeiten auf Grund einer betrieblichen Organisationsänderung soll verhindert werden.[479]

Die Richtlinie 2001/23/EG vom 12.03.2001[480] enthält in Art. 6 Vorgaben für ein Übergangsmandat der betrieblichen Interessenvertretung der Arbeitnehmer. Die Richtlinie war bis zum 17.07.2001 in deutsches Recht umzusetzen.[481] Die Umsetzung in nationales Recht ist durch Art. 1 Nr. 18 BetrVG-Reformgesetz vom 23.07.2001 als § 21a BetrVG erfolgt, welches am 28.07.2001 in Kraft getreten ist.[482] Die amtliche Fußnote zu § 21a BetrVG verweist ausdrücklich auf die Umsetzung der Vorgaben der Richtlinie 2001/23/EG in das deutsche Recht.

Aufgrund der Schaffung eines allgemeinen Übergangsmandates in § 21a BetrVG wurden § 321 UmwG und § 20 DBGrG durch Art. 3 Nr. 1 und Art. 5 Nr. 2

---

476 Vgl. BAG 31.05.2000 - Az. 7 ABR 78/98, BAGE 95, 15 ff.; Fitting, § 21a Rn. 1; GK-BetrVG/*Kreutz*, § 21a Rn. 7.

477 HWGNRH/*Worzalla/Huke*, § 21 Rn. 23; Richardi/*Thüsing*, § 21 Rn. 27.

478 Erwägung Nr. 3 zu RL 2001/23/EG, ABl EG Nr. L 82 vom 22.03.2001, 16.

479 BT-Drucks. 14/5741, 39.

480 ABl. EG Nr. L 82 vom 22.03.2001, 16 ff..

481 Art. 12 RL 2001/23/EG mit Verweis auf die Umsetzungsfristen der RL 77/187/EWG Anh. I Teil B.

482 BGBl. 2001 I, 1852.

BetrVG-Reformgesetz aufgehoben. Lediglich § 13 SpTrUG und § 6b VermG gelten als speziellere Regelungen weiter, wenn auch ohne praktische Relevanz.[483]

In der Praxis gibt es verschiedene Formen von betrieblichen Organisationsänderungen, die Auswirkungen auf die betriebliche Identität und damit die Existenz des Betriebsrates haben.

Im Folgenden ist zu untersuchen, unter welchen Voraussetzungen und in welchen Konstellationen das nationale Recht ein Übergangsmandat des Betriebsrates vorsieht.

I. Schutzzweck und Anwendungsbereich

Ausgangspunkt der Überlegungen ist die Frage, welche Aufgabe das Übergangsmandat erfüllen soll und in welchen Konstellationen von Änderungen der betrieblichen Identität es zur Anwendung kommt.

1. Schutzzweck des Übergangsmandates

Zunächst ist zu klären, welche Aufgabe dem Übergangsmandat nach § 21a BetrVG im Kontext des Betriebsverfassungsgesetzes zukommt.

Die Zuständigkeit des Betriebsrates erstreckt sich auf den Betrieb, von dessen Belegschaft er gewählt wurde.[484] Es gilt das Prinzip der betriebsbezogenen Repräsentation.[485] Diesem Grundsatz hat sich der Gesetzgeber mit der Schaffung des § 21a BetrVG angeschlossen.[486]

Dieses Prinzip beinhaltet jedoch die Gefahr, dass es im Rahmen einer betrieblichen Umorganisation zu einer Änderung der betrieblichen Identität kommt, mit der Folge, dass der Betriebsrat die Zuständigkeit für den Wahlbetrieb oder Teile davon verliert.[487] Für diesen Fall des Identitätsverlustes auf Grund Änderung der

---

483 GK-BetrVG/*Kreutz*, § 21a Rn. 5.

484 BAG 22.10.2003 - Az. 7 ABR 18/03, AP BetrVG 1972 § 1 Gemeinsamer Betrieb Nr. 21 unter I 2 a der Gründe; 31.05.2000 - Az. 7 ABR 78/98, BAGE 95, 15, 21f.; 23.11.1988 - Az. 7 AZR 121/88, BAGE 60, 191, 197; DKKW/*Buschmann*, § 21a Rn. 6; Fitting, § 21a Rn. 6; GK-BetrVG/*Franzen*, § 1 Rn. 65 f.; HaKo-BetrVG/*Düwell*, § 21a Rn. 3; Richardi/*Thüsing*, § 21a Rn. 2; Rieble, NZA 2002, 233, 234.

485 DKKW/*Buschmann*, § 21a Rn. 6; Fitting, § 21a Rn. 6; Richardi/*Thüsing*, § 21a Rn. 2.

486 GK-BetrVG/*Kreutz*, § 21a Rn. 7.

487 So GK-BetrVG/*Kreutz*, § 21a Rn. 7 der daher der Auffassung ist, dass dieses Prinzip erst Schutzlücken schafft, die dann wieder geschlossen werden müssen.

betrieblichen Organisation sieht § 21a BetrVG ein Übergangsmandat des Betriebsrates vor und vermeidet so Schutzlücken zum Nachteil der, von der Umstrukturierung betroffenen Arbeitnehmer.[488] Der Schutz der Arbeitnehmer soll durch die Amtskontinuität des Betriebsrates gewährleistet werden.[489]

Die gesetzliche Regelung ist zwingend. Das Übergangsmandat kann weder durch Tarifvertrag noch durch Betriebsvereinbarung ausgeschlossen werden.[490] Eine entsprechende Vereinbarung in einem Tarifvertrag oder einer Betriebsvereinbarung nach § 3 BetrVG wäre unwirksam.

Durch das Übergangsmandat in § 21a BetrVG soll daher sichergestellt werden, dass betriebliche Organisationsänderungen nicht zu betriebsratslosen Zeiten führen und die Arbeitnehmer in der kritischen Zeit nach einer solchen betrieblichen Umstrukturierung nicht den Schutz durch die Beteiligungsrechte des Betriebsrates verlieren.[491]

2. Anwendungsbereich

Weiter ist die Frage zu beantworten, in welchem Rahmen § 21a BetrVG Betriebsänderungen erfasst und ob nur unternehmensinterne Umstrukturierungen erfasst werden oder auch unternehmensexterne.

Das Übergangsmandat nach § 21a BetrVG erfasst nur Betriebsänderungen, die zum Verlust der Betriebsidentität führen.[492] Es entsteht bei der Spaltung oder Zusammenfassung von Betrieben oder Betriebsteilen im Zusammenhang mit einer Einzel- oder Gesamtrechtsnachfolge.[493] Auf die Art der Umstrukturierung und eventuell damit verbundene rechtsgeschäftliche Übertragungen von Betrieben oder Betriebsteilen auf einen anderen Rechtsträger kommt es dagegen nicht an.[494]

---

488 BT-Drucks. 14/5741, 39; Thüsing, DB 2002, 738.

489 Kittner, NZA 2012, 541, 542.

490 DKKW/*Buschmann*, § 21a Rn. 2; ErfK/*Koch*, § 21a BetrVG Rn. 1; Fitting, § 21a Rn. 5; GK-BetrVG/*Kreutz*, § 21a Rn. 8; HWGNRH/*Worzalla*, § 21a Rn. 2.

491 BT-Drucks. 14/5741, 39 zu Nr. 18; Begründung zu § 321 UmwG, BT-Drucks. 12/6699, 174; DKKW/*Buschmann*, § 21a Rn. 4; Fitting, § 21a Rn. 6; GK-BetrVG/*Kreutz*, § 21a Rn. 7; Richardi/*Thüsing*, § 21a Rn. 2; Weiss/Raffler in FS Spiegelhalter (2009), 944, 945.

492 BAG 19.11.2003 - 7 AZR 11/03, BAGE 109, 1, 4.

493 BT-Drucks. 14/5741, 39; ErfK/*Koch*, § 21a BetrVG, Rn. 1.

494 Engels/Trebinger/Löhr-Steinhaus, DB 2001, 532, 533 f..

Änderungen, die alleine die Ebene des Rechtsträgers betreffen, führen dagegen nicht zu einem Übergangsmandat.[495]

Es erfasst alle Tatbestände, bei denen sich die Anzahl der Betriebe durch Spaltung oder Zusammenfassung ändert. Dabei werden nur die Fälle erfasst, bei denen das Betriebsratsmandat durch quantitative Änderungen der Betriebsgrenzen endet. Unberücksichtigt bleiben qualitativ tief greifende Reorganisationsmaßnahmen, die innerhalb der Betriebsgrenzen ebenfalls zu einem Verlust der Betriebsidentität führen und damit das Amt des Betriebsrates infrage stellen können.[496] Hierunter fallen insbesondere die Betriebsänderungen nach § 111 Satz 3 Nr. 4 BetrVG, die eine grundlegende Änderung der Betriebsorganisation voraussetzen.[497] Diese wird bejaht, beispielsweise für die Übertragung der Aufgaben von Arbeitnehmern auf selbstständige Handelsvertreter[498] oder einer vollständigen Änderung der betrieblichen Organisation.[499]

Da maßgeblich für die Entstehung des Übergangsmandates allein die Änderung der betrieblichen Identität ist, erfasst § 21a BetrVG nicht nur Übertragungen von Betrieben oder Betriebsteilen an einen anderen Rechtsträger, sondern auch die unternehmensinterne Umstrukturierung mit Verlust der betrieblichen Identität.[500] Es wird daher jede betriebliche Umstrukturierung von § 21a BetrVG erfasst.[501]

Der Anwendungsbereich von § 21a BetrVG ist somit weitreichend. Neben den unternehmensübergreifenden Umstrukturierungen, die in der Regel mit einem Wechsel des Rechtsträgers verbunden sind, entsteht das Übergangsmandat auch dann, wenn die Umstrukturierung ausschließlich im Unternehmen selbst erfolgt. Voraussetzung ist allein der Verlust der betrieblichen Identität durch diese Maßnahmen.[502]

---

495 Vgl. ErfK/*Koch*, § 21a BetrVG Rn. 2; Fitting, § 21a Rn. 7; GK-BetrVG/*Kreutz*, § 21a Rn. 6.

496 WPK/*Wlotzke*, § 21a Rn. 4; ebenso Rieble, NZA 2003, Beilage zu Heft 16, 62, 63.

497 Vgl. hierzu GK-BetrVG/*Oetker*, § 111 Rn. 147 ff. m.w.N..

498 Vgl. BAG 18.11.2003 – Az. 1 AZR 637/02, BAGE 108, 311, 314.

499 Siehe hierzu DKKW/*Däubler*, § 111 Rn. 105; ErfK/*Kania*, § 111 BetrVG Rn. 17; Fitting, § 111 Rn. 92

500 BT-Drucks. 14/5741, 39; GK-BetrVG/*Kreutz*, § 21a Rn. 6; Gaul, Betriebs- und Unternehmensaufspaltung, § 27 Rn. 48; Gaul/Bonanni, ArbRB 2002, 46, 47; Däubler, ArbuR 2001, 285, 289.

501 Rieble, NZA 2002, 233.

502 Vgl. auch GK-BetrVG/*Kreutz*, § 21a Rn. 4; Schaub/*Koch*, § 219 Rn. 17.

II. Wegfall des bisherigen Betriebsrates

Anknüpfungspunkt für das Übergangsmandat ist somit die Änderung oder der Verlust der betrieblichen Identität.[503] Diese verändert sich durch Maßnahmen der Rechtsträger des Betriebes oder der Betriebe, die durch Spaltungen, Abspaltungen oder Zusammenfassungen von Betrieben oder Betriebsteilen in die betriebliche Organisationsstruktur eingreifen.[504]

Mit dem Untergang des Betriebes aufgrund des Verlustes der bisherigen betrieblichen Identität endet normalerweise das Mandat des Betriebsrates.[505] Im Fall von betrieblichen Organisationsänderungen durch Spaltung oder Zusammenfassung soll dies durch das Übergangsmandat verhindert werden.[506] Dieses dehnt die Zuständigkeit des Betriebsrates über den Zeitpunkt des Untergangs des Betriebes hinaus aus.[507]

Voraussetzung für das Übergangsmandat ist also, das der für den Betrieb gewählte Betriebsrat sein Amt infolge einer Spaltung oder Zusammenlegung zumindest für einen Teil der Belegschaft nicht dauerhaft weiterführen kann. Weiter ist erforderlich, dass der so entstandene neue Betrieb selbst betriebsratsfähig sein muss.[508]

III. Spaltung eines Betriebes, § 21a Abs. 1 BetrVG

Ein Betrieb kann durch Abspaltung eines Teiles seiner Belegschaft oder durch Aufspaltung seine Identität insgesamt verlieren. Im ersten Fall verliert nur ein Teil der Belegschaft den Schutz durch den Betriebsrat, im zweiten Fall endet das Mandat des Betriebsrates mit dem Wirksamwerden der Aufspaltung und die Belegschaft insgesamt verliert an sich den Schutz durch den Betriebsrat. Dies eröffnet den Anwendungsbereich des § 21a Abs. 1 BetrVG.

Dieser will in diesen Situationen den Schutz der Arbeitnehmer durch ein Übergangsmandat sicherstellen. Dies setzt voraus, dass die weiteren tatbestandlichen Voraussetzungen des § 21a Abs.1 BetrVG gegeben sind. Durch die Spaltung

503 HWK/*Reichold*, § 21a BetrVG Rn. 4; WPK/*Wlotzke*, § 21a Rn. 5.

504 Gaul/Bonanni, ArbRB 2002, 46, 47.

505 DKKW/*Buschmann*, § 21a Rn. 6; HWGNRH/*Worzalla/Huke*, § 21 Rn. 23; Richardi/*Thüsing*, § 21 Rn. 27; Hohenstatt/Müller-Bonanni, NZA 2003, 766, 767.

506 ErfK/*Koch*, § 21a BetrVG Rn. 2.

507 Fitting, § 21 Rn. 33; GK-BetrVG/*Kreutz*, § 21 Rn. 45.

508 Ebenso HaKo-BetrVG/*Düwell*, § 21a Rn. 60; HWK/*Reichold*, § 21a BetrVG Rn. 4.

müssen betriebsratsfähige Einheiten im Sinne von § 1 Abs. 1 Satz 1 BetrVG entstehen, die nicht in einen Betrieb mit bestehendem Betriebsrat eingegliedert werden. Dabei kann die Spaltung in Form einer Abspaltung eines Betriebsteiles oder der Aufspaltung des Betriebes erfolgen.[509] Nachfolgend ist zu klären, wann die Voraussetzungen eines Übergangsmandates auf Grund einer Spaltung vorliegen.

1. Entstehung eines betriebsratsfähigen Betriebes

In § 21a Abs. 1 Satz 1 BetrVG hat der Gesetzgeber als Voraussetzung für die Entstehung des Übergangsmandates festgelegt, dass der abgespaltene Betriebsteil seinerseits die Voraussetzungen des § 1 Abs. 1 Satz 1 BetrVG erfüllt. In ihm müssen in der Regel mindestens fünf gemäß § 7 BetrVG wahlberechtigte Arbeitnehmer beschäftigt sein, von denen wiederum drei nach § 8 BetrVG wählbar sein müssen. Maßgeblich ist die Anzahl der wahlberechtigten und wählbaren Arbeitnehmer nach der Spaltung.[510] Damit trägt der Gesetzgeber der Überbrückungsfunktion des Übergangsmandates Rechnung.[511] Dieses dient der Vermeidung einer Betriebsratslosigkeit aufgrund von Änderungen der betrieblichen Einheit bis zur Neuwahl eines Betriebsrates für die neu gebildeten Betriebe.[512]

Der abgespaltene Betriebsteil muss nicht selbst alle Merkmale eines Betriebes erfüllen. Ausreichend ist, dass er unter den Voraussetzungen des § 4 Abs. 1 BetrVG als selbstständiger Betrieb gilt.[513] Erfüllt der abgespaltene Betriebsteil diese Voraussetzungen nicht, kann der abgespaltene Betriebsteil bei Vorliegen der Voraussetzungen gemäß § 4 Abs. 2 BetrVG dem Hauptbetrieb zugeordnet werden,[514] da § 21a Abs. 1 BetrVG diese Regelung unberührt lässt.[515] In diesem Fall bleibt der Betriebsrat regulär im Amt, soweit die Voraussetzungen des § 1 Abs. 1 Satz 1 BetrVG erfüllt sind.[516]

Für die Arbeitnehmer im abgespaltenen Betriebsteil, soweit in diesem weniger als fünf wahlberechtigte Arbeitnehmer beschäftigt werden oder bei einem

509 Vgl. Kap. 3 II 1 a.
510 GK-BetrVG/*Kreutz*, § 21a Rn. 26.
511 Fitting, § 21a Rn. 13; GK-BetrVG/*Kreutz*, § 21a Rn. 26.
512 GK-BetrVG/*Kreutz*, § 21a Rn. 26; WPK/*Wlotzke*, § 21a Rn. 8.
513 ErfK/*Koch*, § 21a BetrVG Rn. 1.
514 HWGNRH/*Worzalla*, § 21a Rn. 6; Löwisch/Kaiser, § 21a Rn. 6; Löwisch/Schmidt-Kessel, BB 2001, 2162, 2163.
515 GK-BetrVG/*Kreutz*, § 21a Rn. 26, Löwisch/Kaiser, § 21a Rn. 7.
516 HWGNRH/*Worzalla*, § 21a Rn. 6.

Ausscheiden des abgespaltenen Betriebsteils aus dem Geltungsbereich des Betriebsverfassungsgesetzes besteht folglich kein Übergangsmandat.[517] Es kann aber ein Restmandat des bisherigen Betriebsrates in Betracht kommen.[518] Das Übergangsmandat endet, wenn während des Übergangsmandates die Beschäftigtenzahl unter fünf wahlberechtigte Arbeitnehmer sinkt.[519]

Die Beschränkung des Übergangsmandates auf abgespaltene betriebsratsfähige Betriebsteile ist mit Art. 6 Abs. 1 UAbs. 3 der Richtlinie 2001/23/EG vereinbar.[520] Nach der Richtlinie muss der nationale Gesetzgeber den Schutz der Arbeitnehmer durch das Fortbestehen der Interessenvertretung nur für den Zeitraum sicherstellen, der zur Bildung eines neuen Betriebsrates notwendig ist.[521] Kann nach der nationalen Rechtsordnung ein Betriebsrat nicht gebildet werden, besteht keine europarechtliche Verpflichtung zur Begründung eines Übergangsmandates.[522] Die Mitgliedstaaten sind frei in der Bestimmung der Mindestgröße eines Betriebes für die Errichtung einer Mitarbeitervertretung, so dass bei Unterschreitung der Mindestgröße das Mandat aus europarechtlicher Sicht nicht aufrechterhalten werden muss.[523]

Erste Voraussetzung für das Entstehen eines Übergangsmandates ist somit, dass der abgespaltene Betriebsteil die Voraussetzungen des § 1 Abs. 1 Satz 1 BetrVG erfüllt. Diese ausdrückliche Regelung in § 21a Abs. 1 Satz 1 BetrVG ist mit den Vorgaben der Richtlinie 2001/23/EG vereinbar.

2. Abspaltung

Bei einer Abspaltung behält der Ursprungsbetrieb grundsätzlich seine Identität, während ein kleinerer Teil abgespalten wird. Die Abspaltung an sich kann, muss aber nicht Auswirkungen auf die organisatorische Einheit „Betrieb" haben. Wird

517 HWGNRH/*Worzalla*, § 21a BetrVG Rn. 6; WPK/*Wlotzke*, § 21a Rn. 8.

518 Fitting, § 21a Rn. 13; ; Richardi/*Thüsing*, § 21a Rn. 12; Rieble, NZA 2002, 233, 235.

519 HWGNRH/*Worzalla*, § 21a Rn. 7.

520 Fitting, § 21a Rn. 13; GK-BetrVG/*Kreutz*, § 21a Rn. 26; HWGNRH/*Worzalla*, § 21a Rn. 6.

521 Fitting, § 21a Rn. 13; GK-BetrVG/*Kreutz*, § 21a Rn. 26; a. A. DKKW/*Buschmann*, § 21a Rn. 21, der jedoch verkennt, dass in diesen Fällen nach dem geltenden nationalen Recht ein Betriebsrat nicht mehr gebildet werden kann und daher kein Raum für das Übergangsmandat besteht.

522 Fitting, § 21a Rn. 13; Löwisch/Kaiser, § 21a Rn. 6.

523 HaKo-BetrVG/*Düwell*, § 21a Rn. 62.

ein Betriebsteil abgespalten und durch Übertragung auf einen anderen Rechtsträger rechtlich verselbstständigt, kann der Betrieb als solcher in Form eines Gemeinschaftsbetriebes mehrerer Unternehmen fortbestehen. Zu klären ist, ob bereits in diesem Fall ein Übergangsmandat des bisher zuständigen Betriebsrates in Betracht kommt. Weiter ist zu prüfen, unter welchen Voraussetzungen das Übergangsmandat entsteht, wenn der oder die abgespaltenen Betriebsteile organisatorisch verselbstständigt werden, d. h. die organisatorische Einheit verlassen. Diesen Fragen wird im Folgenden nachgegangen.

a) Gemeinschaftsbetrieb, § 1 Abs. 2 Nr. 2 BetrVG

Umstrukturierungen auf Ebene des Unternehmens können auch Auswirkungen auf die betriebliche Ebene entfalten. Dies kommt in Betracht, wenn bei Spaltung des Unternehmens einzelne Betriebsteile einem an der Spaltung beteiligtem Unternehmen zugeordnet werden. Bleibt der Betrieb trotzdem im Wesentlichen unverändert, stellt sich die Frage, ob diese Abspaltung ein Übergangsmandat des bisherigen Betriebsrates auslöst.

Der Gesetzgeber hat für diese Konstellation eine gesetzliche Regelung in § 1 Abs. 2 Nr. 2 BetrVG geschaffen. Danach wird ein gemeinsamer Betrieb mehrerer Unternehmen vermutet, wenn die Spaltung eines Unternehmens zur Folge hat, dass von einem Betrieb ein oder mehrere Betriebsteile einem an der Spaltung beteiligten anderen Unternehmen zugeordnet werden, die Organisation des betroffenen Betriebes sich jedoch nicht wesentlich ändert.[524] Erfasst wird jede Form der Übertragung auf einen anderen Rechtsträger, ohne dass es auf die Art des Rechtsgeschäftes ankommt.[525] Voraussetzung für das Eingreifen der gesetzlichen Vermutung ist, dass sich die Organisation des betroffenen Betriebes nicht wesentlich ändert.[526]

Der Begriff „wesentlich“ ist ein unbestimmter Rechtsbegriff, der durch die Gerichte näher zu konkretisieren ist.[527] Erforderlich für das Eingreifen der gesetzlichen Vermutung ist zum einen, dass die materiellen und immateriellen Betriebsmittel sowie die Arbeitnehmer weiterhin übergreifend eingesetzt werden.[528] Zum

524 Vgl. Regierungsbegründung BT-Drucks. 14/5741, 33.

525 HWK/*Gaul*, § 1 BetrVG Rn. 18.

526 DKKW/*Buschmann*, § 21a Rn. 29; Fitting, § 1 Rn. 93; HWGNRH/*Worzalla*, § 21a Rn. 12.

527 GK-BetrVG/*Franzen*, § 1 Rn. 56.

528 BAG 22.06.2005 – Az. 7 ABR 57/04, NZA 2005, 1248 ff.; 11.12.2007 – Az. 1 AZR 824/06, NZA-RR 2008, 298 ff. Tz. 19; HWK/*Gaul*, § 1 BetrVG Rn. 19.

anderen muss die Leitungsstruktur in personellen und sozialen Angelegenheiten fortbestehen.[529]

Soweit die Voraussetzungen des § 1 Abs. 2 Nr. 2 BetrVG vorliegen, wird der Fortbestand des bisherigen Betriebes gesetzlich vermutet.[530] Die betriebliche Einheit besteht fort, der gewählte Betriebsrat bleibt im Amt.[531] Aus diesem Grund liegen die Voraussetzungen für das Übergangsmandat nicht vor.[532] Insoweit wird § 21a BetrVG durch die Vermutung in § 1 Abs. 2 Nr. 2 BetrVG verdrängt.[533]

Damit ist festzuhalten, dass trotz Spaltung eines Betriebes bei Wahrung von dessen Identität der Betriebsrat im Amt bleibt. Aufgrund der gesetzlichen Vermutung in § 1 Abs. 2 Nr. 2 BetrVG ist von der Fortführung des Betriebes auszugehen, soweit dieser weiterhin von einer einheitlichen Leitung geführt wird. Erst die Aufhebung der einheitlichen Leitung führt zur tatsächlichen Spaltung und Entstehung des Übergangsmandates aus § 21a BetrVG. Gleiches gilt, wenn im Rahmen der Spaltung von vornherein auf eine Führungsvereinbarung verzichtet worden ist.[534]

b) Abspaltung, alle entstehenden Teile betriebsratsfähig

Die Spaltung eines Betriebes kann derart erfolgen, dass vom bestehenden Betrieb ein oder mehrere Betriebsteile oder Betriebsbereiche ausgegliedert, d. h., abgespalten werden, die jeweils die Voraussetzungen des § 1 Abs. 1 Satz 1 BetrVG erfüllen. Die Identität des Ursprungsbetriebes bleibt jedoch erhalten.[535]

In dieser Konstellation ändert sich zwar die Organisation des Ursprungsbetriebes, seine Identität wird jedoch gewahrt.[536] In diesem Fall bleibt der Betriebsrat für den Ursprungsbetrieb im regulären Amt. In Betracht kommt, bei Vorliegen

529 GK-BetrVG/*Franzen*, § 1 Rn. 56; HWK/*Gaul*, § 1 BetrVG Rn. 19; Heinze, ZfA 1997, 1, 11.

530 DKKW/*Trümner*, § 1 Rn. 163; Fitting, § 1 Rn. 94; GK-BetrVG/*Franzen*, § 1 Rn. 56.

531 BAG 19.11.2003 - Az. 7 AZR 11/03, BAGE 109, 1, 3; 18.01.1990 - Az. 2 AZR 355/89; AP KSchG 1969 § 23 Nr. 9; DKKW/*Trümner* § 1 Rn. 163; Fitting, § 1 Rn. 95; Sieg/Maschmann Rn. 345.

532 BAG 31.05.2000 - Az. 7 ABR 78/98, BAGE 95, 15, 19; HaKo-BetrVG/*Düwell*, § 1 Rn. 33.

533 DKKW/*Trümner*, § 1 Rn. 163.

534 Löwisch/Kaiser, § 1 Rn. 31.

535 HWGNRH/*Worzalla*, § 21a Rn. 12 ff..

536 HaKo-BetrVG/*Düwell*, § 21a Rn. 72; HWGNRH/*Worzalla*, § 21a Rn. 12 ff..

der Voraussetzungen im Übrigen, eine Neuwahl nach § 13 Abs. 2 Nr. 1 oder 2 BetrVG.[537]

Dies gilt auch dann, wenn es zu einer Abspaltung von Betriebsteilen kommt, und die im Wesentlichen unveränderte betriebliche Organisation von einem Betriebserwerber übernommen wird. Der Betriebsrat bleibt im Amt, solange die betriebliche Identität gewahrt bleibt. In diesem Fall besteht der Betriebsrat beim Erwerber weiter und übt das Übergangsmandat für die abgespaltenen, beim Veräußerer verbleibenden, Betriebsteile aus.[538]

Neben seinem regulären Mandat für den Ursprungsbetrieb übt der Betriebsrat ein Übergangsmandat für den oder die abgespaltenen Betriebsteile aus, soweit diese nicht in einen anderen Betrieb eingegliedert werden.[539] *Thüsing* äußert sich in diesem Punkt zumindest missverständlich. Nach seiner Auffassung setzt die Entstehung des Übergangsmandates stets den Verlust der Betriebsidentität voraus.[540] Dabei verkennt er, dass nach seiner Auffassung die Beschäftigten in dem abgespaltenem Betriebsteil nunmehr nicht durch den Betriebsrat im Rahmen des Übergangsmandates geschützt werden. Aufgabe des Übergangsmandates ist jedoch gerade der Schutz der Beschäftigten in dieser Konstellation.[541] Dies scheint im Ergebnis auch *Thüsing* anzunehmen, da er Neuwahlen im abgespaltenen Betriebsteil für zulässig erachtet und in diesem Zusammenhang das Bestehen eines Übergangsmandates anerkennt.[542] Im Ergebnis kommt somit auch *Thüsing* zu einem Übergangsmandat in dieser Konstellation.

Noch weiter geht *Kittner*, der ein Übergangsmandat für die abgespaltenen Betriebsteile ablehnt. Bei der Abspaltung bleibe der Ursprungsbetrieb bestehen und daher der Betriebsrat im Amt. Die vom Gesetzgeber angenommene Schutzlücke existiere daher nicht. Die Entstehung eines Übergangsmandates neben dem Vollmandat würde den Schutzzweck über den gesetzgeberischen Willen hinaus ausdehnen. Die unionsrechtlichen Vorgaben durch Art. 6 der RL 2001/23/EG seien

537 GK-BetrVG/*Kreutz*, § 21a Rn. 19; HaKo-BetrVG/*Düwell*, § 21a Rn. 72; WPK/*Wlotzke*, § 21a Rn. 11; Boecken, Unternehmensumwandlungen, Rn. 356; Rieble, NZA 2003, Sonderbeilage Heft 16, 63; Däubler, RdA 1995, 136, 145.

538 LAG Hessen 14.03.2011 – Az. 16 Sa 1677/10, NZA-RR 2011, 419, 420; Boemke, jurisPR-ArbR 28/2011 Anm. 3.

539 DKKW/*Buschmann*, § 21a Rn. 34; Fitting, § 21a Rn. 9a; HaKo-BetrVG/*Düwell*, § 21a Rn. 76; Löwisch/Kaiser, § 21a Rn. 6; WPK/*Wlotzke*, § 21a Rn. 11; Rieble, NZA 2003, Sonderbeilage Heft 16, 63, 64; Rieble, NZA 2002, 234, 235.

540 Richardi/*Thüsing*, § 21a Rn. 4 und 6; Thüsing, DB 2004, 2474.

541 So zutreffend WPK/*Wlotzke*, § 21a Rn. 11.

542 Richardi/*Thüsing*, § 21a Rn. 6 am Ende.

gewahrt durch das bestehende Widerspruchsrecht aus § 613a Abs. 6 BGB.[543] *Kittner* fordert daher eine teleologische Reduzierung von § 21a Abs. 1 BetrVG auf die Fälle der Aufspaltung.[544]

Die Auffassung von *Kittner* vermag in keiner Weise zu überzeugen. Ausdrücklicher Gesetzeszweck ist der Schutz der Arbeitnehmer vor Verlust ihrer Interessenvertretung aufgrund einer Umstrukturierung.[545] Dies betrifft gerade den Fall der Abspaltung, der zum Verlust der betrieblichen Interessenvertretung führt. *Kittner* nimmt den Arbeitnehmern gerade den Schutz, den der Gesetzgeber diesen gewähren will. Zudem setzt er sich in Widerspruch zu Art. 6 RL 2001/23/EG, in dem gerade für diesen Fall von den Mitgliedstaaten ein angemessener Schutz gefordert wird. Dieser Schutz wird nicht, wie *Kittner* meint, durch § 613a Abs. 6 BGB gewahrt. Diese Regelung ist Ausfluss aus Art. 1, 2 und 12 GG und den dort verankerten Rechten auf freie Entfaltung der Persönlichkeit und auf freie Arbeitsplatzwahl.[546] Der Arbeitnehmer soll davor geschützt werden, gegen seinen Willen zur Arbeit für einen fremden Vertragspartner verpflichtet zu werden.[547] Der Verbleib des Arbeitsverhältnisses im Falle des Widerspruches des Arbeitnehmers beim bisherigen Betriebsinhaber ist zudem unionsrechtlich nicht gefordert.[548] Die Schutzvorgaben von Art. 6 RL 2001/23/EG werden daher nur gewahrt, wenn die Arbeitnehmer im abgespaltenen Betriebsteil aufgrund des Übergangsmandates weiterhin durch ihre Interessenvertretung geschützt werden.

Nicht erforderlich ist die Fortführung des oder der ausgegliederten Betriebsteile als eigenständiger Betrieb. Durch die Abspaltung oder Ausgliederung entsteht zunächst gedanklich ein Übergangsmandat. Werden der oder die entstandenen Betriebe mit einen anderen Betrieb zusammengefasst, ergibt sich die Wahrnehmung des Übergangsmandates aus § 21a Abs. 2 BetrVG.[549]

Festzuhalten bleibt, dass bei Abspaltung von Betriebsteilen unter Wahrung der Identität des Ursprungsbetriebes dessen Betriebsrat ein Übergangsmandat für den

---

543 Kittner, NZA 2012, 541, 542.

544 Kittner, NZA 2012, 541, 543.

545 BT-Drucks. 14/5741, 39.

546 BT-Drucks. 14/7760, 20; BVerfG 25.01.2011 – Az. 1 BvR 1741/09, BVerfGE 128, 157 ff. Tz. 73; BAG 13.07.2006 – Az. 8 AZR 382/05, AP BGB § 613a Widerspruch Nr. 1 Tz. 38; ErfK/*Preis*, § 613a BGB Rn. 96.

547 ErfK/*Preis*, § 613a BGB Rn. 96; MünchHB ArbR/*Wank*, § 102 Rn. 14.

548 Vgl. WHSS/*Willemsen*, Kap. G Rn. 148.

549 GK-BetrVG/*Kreutz*, § 21a Rn. 28; siehe unten Ziffer IV.

oder die abgespaltenen Betriebsteile wahrnimmt, soweit die Voraussetzungen des § 1 Abs. 1 Satz 1 BetrVG von diesen Teilen erfüllt werden und die weiteren Voraussetzungen des § 21a BetrVG vorliegen.

c) Abspaltung, abgespaltener Teil nicht betriebsratsfähig

Im Rahmen der betrieblichen Umstrukturierung kann es auch zur Abspaltung oder Ausgliederung eines Betriebsteiles oder Betriebsbereiches kommen, der die Voraussetzungen des § 1 Abs. 1 Satz 1 BetrVG nicht erfüllt.

Nach dem Wortlaut des § 21a Abs. 1 Satz 1 BetrVG entsteht in diesem Fall kein Übergangsmandat des Betriebsrates für den abgespaltenen Betriebsteil. Voraussetzung für ein Übergangsmandat ist die Betriebsratsfähigkeit des abgespaltenen oder ausgegliederten Betriebsteiles.[550] Soweit die Voraussetzungen des § 1 Abs. 1 Satz 1 BetrVG nicht vorliegen, entstehen mit Wirksamwerden der Spaltung betriebsratslose Kleinstbetriebe.[551] Diese sind gemäß § 4 Abs. 2 BetrVG dem Hauptbetrieb zuzuordnen.[552] Als Hauptbetrieb kommt dabei auch der Ursprungsbetrieb in Betracht, dessen Betriebsrat vorliegend im Amt verbleibt. Möglich ist auch die Zuordnung zu einem anderen bestehenden oder aus einer Zusammenfassung von Betrieben hervorgegangenen Betrieb.[553] Der Schutz der Beschäftigten ist damit durch einen bestehenden Betriebsrat gewährleistet, so dass es eines Schutzes durch ein Übergangsmandat nicht bedarf.[554]

Buschmann ist dagegen der Auffassung, dass diese einschränkende Betrachtung gegen die Richtlinie 2001/23/EG verstoße. Anders als in Art. 6 Nr. 1 UAbs. 1 treffe die Richtlinie in Art. 6 Nr. 1 UAbs. 4 keine Ausnahmeregelung für den Fall, dass nach einer Spaltung die entstandenen Betriebe nicht mehr die Voraussetzungen des § 1 Abs. 1 Satz 1 BetrVG erfüllten.[555] Die Vorgaben in Art. 6 Nr. 1 UAbs. 4 der Richtlinie würden vielmehr grundsätzlich eine angemessene Vertretung während des Übergangszeitraumes vorsehen.[556] Daher dürfe nicht nur auf die Größe der abgespaltenen Betriebsteile zum Zeitpunkt der Spaltung abgestellt

550 Wie hier Fitting, § 21a Rn. 13; GK-BetrVG/*Kreutz*, § 21a Rn. 26; HWGNRH/*Worzalla*, § 21a Rn. 6; WPK/*Wlotzke*, § 21a Rn. 8; Vgl. auch Kap. III.1.

551 GK-BetrVG/*Kreutz*, § 21a Rn. 26; WPK/*Wlotzke*, § 21a Rn. 8.

552 GK-BetrVG/*Kreutz*, § 21a Rn. 26; HWK/*Reichold*, § 21a BetrVG Rn. 6; Löwisch/Kaiser, § 21a Rn. 6.

553 GK-BetrVG/*Kreutz*, § 21a Rn. 26; Löwisch/Kaiser, § 21a Rn. 6.

554 GK-BetrVG/*Kreutz*, § 21a Rn. 26.

555 DKKW/*Buschmann*, § 21a Rn. 21.

556 DKKW/*Buschmann*, § 21a Rn. 21.

werden, sondern müsse in die Betrachtung eine mögliche Zusammenfassung mit anderen Kleinstbetrieben einbezogen werden. Soweit dadurch ein betriebsratsfähiger Betrieb entstehe, lägen die Voraussetzungen für ein Übergangsmandat vor.[557] Zur Begründung führt *Buschmann* an, dieses Ergebnis ergebe sich bereits aus der Vorgängervorschrift des § 321 UmwG, die nicht auf die Betriebsratsfähigkeit der abgespaltenen Betriebsteile abgestellt habe[558], sowie aus der Richtlinie 2001/23/EG.[559] Diese sehe in Art. 6 Nr. 1 UAbs. 4 ein Übergangsmandat für den erforderlichen Zeitraum der Neubildung eines Betriebsrates vor. Dieses könne darüber hinaus auch bei laufenden Verhandlungen über eine Vereinbarung nach § 3 Abs. 1 Nr. und 2 BetrVG erforderlich werden.[560]

Die Auffassung von *Buschmann* vermag im Grundsatz nicht zu überzeugen. Er übersieht, dass die Richtlinie die Voraussetzungen für das Bestehen einer Vertretung der Arbeitnehmer dem nationalen Recht ausdrücklich überlässt. Knüpft der deutsche Gesetzgeber die Existenz einer Arbeitnehmervertretung an eine bestimmte Größe des Betriebes, verstoßen diese Vorgaben daher nicht gegen die Richtlinie. Dies zeigt sich auch in Art. 6 Nr. 1 UAbs. 4 der Richtlinie, der ein Übergangsmandat für den erforderlichen Zeitraum der Neubildung einer Arbeitnehmervertretung fordert. Kann diese nach den nationalen Vorschriften nicht mehr gebildet werden, bedarf es keines Übergangszeitraumes zur Neubildung. Daher geht auch der Hinweis von *Buschmann*[561] auf die Rechtsprechung des Bundesarbeitsgerichtes fehl. Entgegen *Buschmann* haben sowohl § 321 Abs. 1 Satz 1 UmwG i.d.F. 28.10.1994 als auch das Gericht selbst die Betriebsratsfähigkeit der abgespaltenen Teile für die Entstehung eines Übergangsmandates vorausgesetzt.[562] Nicht überzeugend ist daher auch der Hinweis von *Buschmann* auf § 3 Abs. 1 BetrVG. Dieser setzt voraus, dass bestehende Betriebe durch Tarifvertrag oder Betriebsvereinbarung zu einem neuen Betrieb zusammengeschlossen werden.[563]

Als Ergebnis bleibt festzuhalten, dass ein Übergangsmandat nicht in Betracht kommt, soweit der oder die abgespaltenen Betriebsteile nicht betriebsratsfähig

---

557 DKKW/*Buschmann*, § 21a Rn. 21, 36.

558 DKKW/*Buschmann*, § 21a Rn. 36 unter ausdrücklicher Berufung auf BAG 31.05.2000 - Az. 7 ABR 78/98, BAGE 95, 15, 24.

559 DKKW/*Buschmann*, § 21a Rn. 37.

560 DKKW/*Buschmann*, § 21a Rn. 37.

561 DKKW/*Buschmann*, § 21a Rn. 36.

562 Vgl. ausdrücklich BAG 03.05.2000 - Az. 7 ABR 78/98, BAGE 95, 15 ff. Ziffer IV 2 c bb der Gründe.

563 Vgl. GK-BetrVG/*Franzen*, § 3 Rn. 59 ff.; Fitting, § 3 Rn. 26, 33.

sind.[564] Diese Einschränkung des Übergangsmandates verstößt nicht gegen die Richtlinie 2001/23/EG.

d) Abspaltung, BetrVG nicht mehr anwendbar

Die Abspaltung oder Ausgliederung eines Betriebsteiles kann in der Folge auch dazu führen, dass dieser Betriebsteil nicht mehr in den Anwendungsbereich des Betriebsverfassungsgesetzes fällt. Dies kommt in Betracht, soweit der abgespaltene Betriebsteil zukünftig dem öffentlichen Recht unterfällt, § 130 BetrVG. Weiter findet das Betriebsverfassungsgesetz gemäß § 118 Abs. 2 BetrVG keine Anwendung auf Religionsgemeinschaften und ihre karitativen und erzieherischen Einrichtung, unabhängig von deren Rechtsform. Ebenso steht eine Verlagerung ins Ausland der Anwendung deutschen Rechtes entgegen.

Ist das Betriebsverfassungsgesetz auf den oder die abgespaltenen Betriebsteile nicht mehr anwendbar, soll ein Übergangsmandat nicht in Betracht kommen.[565] Dies folgt daraus, dass ein Übergangsmandat keinen Sinn mache, wenn ein Betriebsrat nicht gewählt werden kann.[566]

Düwell weist daraufhin, dass nach Art. 6 Abs. 1 UAbs. 4 der Richtlinie 2001/23/EG bereits dann Maßnahmen zur Sicherung der übergangsweisen Vertretung ergriffen werden müssen, wenn nach der Spaltung überhaupt eine Arbeitnehmervertretung gebildet werden könne. Es müsse sich gerade nicht um dieselbe Interessenvertretung handeln. Das Übergangsmandat aus § 21a BetrVG greife auch dann ein, wenn der Betrieb den Geltungsbereich des Betriebsverfassungsgesetzes verlasse. Daher bestehe das Übergangsmandat auch bei einem Wechsel des Betriebes in den Öffentlichen Dienst oder in eine Einrichtung von Religionsgemeinschaften.[567] Hierfür bedürfe es keiner ausdehnenden Auslegung des nationalen Rechtes. Der öffentliche Arbeitgeber sei bis zu einer nationalen gesetzgeberischen Regelung gemeinschaftsrechtlich verpflichtet, den in Art. 6 Abs. 1 UAbs. 4 der Richtlinie niedergelegten Grundsatz der angemessenen Vertretung in der Übergangszeit bis zur Neuwahl unmittelbar und ohne Rücksicht auf die Unterschiede der Vertretungssysteme anzuwenden.[568]

---

564 Im Ergebnis ebenso LAG Schleswig-Holstein 27.03.2012 – Az. 1 TaBV 12 b/11, juris, Tz. 27.

565 HWGNRH/*Worzalla*, § 21a Rn. 6; WPK/*Wlotzke*, § 21a Rn. 7; Rieble, NZA 2002, 233, 235.

566 Fitting, § 21a Rn. 13; Richardi/*Thüsing*, § 21a Rn. 12.

567 HaKo-BetrVG/*Düwell*, § 21a Rn. 64.

568 HaKo-BetrVG/*Düwell*, § 21a Rn. 65.

Zutreffend an der Auffassung von *Düwell* ist der Hinweis auf die fehlende richtlinienkonforme Regelung für diese Fallgestaltung. Dabei verkennt *Düwell* aber, dass es vorliegend an einer planwidrigen Regelungslücke fehlt. Der Gesetzgeber hat die Regelung in § 21a BetrVG in Kenntnis der Diskussion über ein allgemeines Übergangsmandat getroffen. Voraussetzung für eine richtlinienkonforme Auslegung ist jedoch die Planwidrigkeit der Regelungslücke im nationalen Recht.[569] Damit fehlt es bereits an den Voraussetzungen einer Auslegung. Zudem lässt *Düwell* die Frage offen, auf welcher Grundlage die Vertretung stehen soll. Eine richtlinienkonforme Auslegung alleine beantwortet nämlich nicht die Frage, nach welchen gesetzlichen Regelungen sich die Beteiligungsrechte der zuständigen Arbeitnehmervertretung im Übergangsmandat in diesen Fällen richten. Die fehlende gesetzliche Regelung kann daher nicht durch Auslegung oder unmittelbare Anwendung der Richtlinie ersetzt werden.

Festzuhalten bleibt somit, dass ein Übergangsmandat des Betriebsrates nicht in Betracht kommt, wenn der oder die abgespaltenen Betriebsteile den Geltungsbereich des Betriebsverfassungsgesetzes verlassen. Soweit europarechtlich eine Regelungslücke besteht, als eine Arbeitnehmervertretung nach Personalvertretungsrecht oder kirchlichem Recht gebildet werden könnte, ist ein Übergangsmandat nicht über § 21a BetrVG begründbar. Diese Lücke muss durch den Gesetzgeber geschlossen werden.

e) Zwischenergebnis

Ein Übergangsmandat des Betriebsrates im weiter bestehenden Ursprungsbetrieb entsteht somit nicht in jedem Fall einer Abspaltung von einem oder mehreren Betriebsteilen. Führt die Abspaltung zu keiner organisatorischen Änderung, liegen damit die Voraussetzungen des § 1 Abs. 2 BetrVG vor, es entsteht kein Übergangsmandat des Betriebsrates. Der bisherige Betriebsrat ist weiter zuständig. Entstehen durch die Abspaltung dagegen eine oder mehrere neue betriebsratsfähige Einheiten, nimmt der bisherige Betriebsrat für diese Einheiten ein Übergangsmandat nach § 21a BetrVG wahr. Sind die abgespaltenen Betriebsteile dagegen nicht betriebsratsfähig oder findet das Betriebsverfassungsgesetz auf sie keine Anwendung mehr, liegen die Voraussetzungen für das Übergangsmandat nicht vor. Die europarechtliche Regelungslücke für diese Fälle kann nicht durch eine unmittelbare Anwendung der Richtlinie oder Auslegung des § 21a BetrVG geschlossen werden.

---

569 Zutreffend GK-BetrVG/*Weber*, § 130 Rn. 10; Pawlak/Leydecker, ZTR 2008, 74, 77 für den Fall der Privatisierung.

3. Aufspaltung

Die Spaltung des Ursprungsbetriebes kann auch dergestalt erfolgen, dass dieser derart in Teile zerlegt wird, dass keine der aus der Aufspaltung hervorgehenden Einheiten mit dem Ursprungsbetrieb mehr identisch sind.[570]

Erfüllen eine oder mehrere der entstandenen betrieblichen Einheiten die Voraussetzungen des § 1 Abs. 1 Satz 1 BetrVG, so nimmt der Betriebsrat des Ursprungsbetriebes für diese Einheiten das Übergangsmandat wahr.[571] Dieses entsteht jedoch nicht, wenn die entstandenen Einheiten in einen anderen Betrieb eingegliedert werden.[572] Soweit eine Zusammenfassung mit anderen Betrieben oder Betriebsteilen erfolgt, kann ein Übergangsmandat nach § 21a Abs. 2 BetrVG in Betracht kommen.[573]

Wird der Betrieb derart aufgespalten, dass keiner der entstehenden Betriebe die Voraussetzungen des § 1 Abs. 1 Satz 1 BetrVG erfüllt, soll kein Übergangsmandat entstehen.[574] In diesem Fall endet die Amtszeit des Betriebsrates wegen Verlustes der Betriebsratsfähigkeit.[575] Die betroffenen Arbeitnehmer würden den Schutz ihrer Vertretung verlieren.

Hieraus ergibt sich die Frage, ob in diesen Fällen eine Regelungslücke besteht. *Buschmann* vertritt die Auffassung, dass die Richtlinie 2001/23/EG auch für diesen Fall ein Übergangsmandat zum Schutz der Arbeitnehmer fordere. Die Ausnahmeregelung in Art. 6 UAbs. 1 der Richtlinie gelte nicht für ihren Art. 6 UAbs. 4, der eine solche Regelung gerade nicht enthalte.[576] Zur Schließung dieses Umsetzungsdefizites fordert er auch in diesen Fällen ein Übergangsmandat des bisher zuständigen Betriebsrates, zumindest solange Verhandlungen über den Abschluss eines Tarifvertrages nach § 3 Abs. 1 Nr. 1 bis 3 BetrVG geführt werden.[577]

Diese Auffassung vermag nicht zu überzeugen. Zwar ist *Buschmann* zuzugeben, dass Art. 6 UAbs. 4 der Richtlinie anders als Art. 6 UAbs. 1 nicht ausdrücklich fordert, dass die Bedingungen zur Bildung einer Arbeitnehmervertretung erfüllt sein müssen. Er übersieht jedoch, dass auch Art. 6 UAbs. 4 der Richtlinie voraussetzt,

570 Vgl. Kap. 3 II 1 a (3); ebenso WPK/*Wlotzke* § 21a Rn. 12.

571 WPK/*Wlotzke*, § 21a Rn. 12.

572 Fitting, § 21a Rn. 9a; zu den Voraussetzungen im Übrigen siehe unten Ziffer IV.

573 Siehe unten Ziffer. V.

574 HWGNRH/*Worzalla*, § 21a Rn. 6.

575 GK-BetrVG/*Kreutz*, § 21a Rn. 27.

576 DKKW/*Buschmann*, § 21a Rn. 21; siehe auch oben Ziffer III 2 c.

577 So DKKW/*Buschmann*, § 21a Rn. 21 und 37.

dass die Bildung einer Arbeitnehmervertretung weiterhin möglich ist. Dies ergibt sich daraus, dass Art. 6 UAbs. 4 der Richtlinie das Übergangsmandat ausdrücklich auf den erforderlichen Zeitraum für die Neubildung der Vertretung abstellt. Dies impliziert entgegen der Annahme von *Buschmann*, dass die Voraussetzungen für die Bildung der Arbeitnehmervertretung weiterhin vorliegen müssen.

Allerdings kommt in diesen Fällen, soweit die Voraussetzungen des § 21b BetrVG vorliegen, ein Restmandat des Betriebsrates des Ursprungsbetriebes für alle entstandenen neuen betrieblichen Einheiten in Betracht.[578]

Ein Sonderfall der Aufspaltung ist das Auslaufen eines Zuordnungstarifvertrages nach § 3 Abs. 1 BetrVG. Mit Ende des Tarifvertrages liegen die Grundlagen für den auf dieser Basis gewählten Betriebsrat nicht mehr vor. Die zuvor durch § 3 Abs. 1 BetrVG zusammengefassten Betriebe sind wieder „selbstständig".[579] Für sie können wieder Betriebsräte nach §§ 1, 4 BetrVG gebildet werden.[580] Die Situation ist vergleichbar mit der Aufspaltung eines Betriebes, nur dass es an der Spaltung durch eine Maßnahme des Arbeitgebers fehlt. In diesem Fall findet § 21a Abs. 1 BetrVG keine unmittelbare Anwendung. Da der Sachverhalt jedoch mit der Spaltung eines Betriebes vergleichbar ist, kann diese Schutzlücke durch die analoge Anwendung von § 21a Abs. 1 BetrVG geschlossen werden. Der nach § 3 Abs. 1 BetrVG gebildete Betriebsrat übt ein Übergangsmandat für die ihm bisher zugeordneten betrieblichen Einheiten aus.[581]

Die Aufspaltung des Ursprungsbetriebes führt auf Grund des damit verbundenen Verlustes der Betriebsidentität zur Entstehung eines Übergangsmandates. Dies steht unter der weiteren Voraussetzung, dass die entstandenen Organisationseinheiten die Voraussetzungen des § 1 Abs. 1 Satz 1 BetrVG erfüllen und nicht in einen anderen Betrieb eingegliedert werden. Erfolgt eine Zusammenfassung mit anderen Betrieben oder Betriebsteilen, sind die Voraussetzungen für die Wahrnehmung des Übergangsmandates anhand von § 21a Abs. 2 BetrVG zu prüfen.

---

578 GK-BetrVG/*Kreutz*, § 21a Rn. 27; WPK/*Wlotzke*, § 21a Rn. 12.

579 Vgl. hierzu BAG 07.06.2011 – Az. 1 ABR 110/09, AP BetrVG 1972 § 3 Nr. 8 ff. Tz. 14.

580 Vgl. LAG München 29.06.2011 – Az. 11 TaBV 4/11, juris Tz. 52.

581 Ebenso LAG München 29.06.2011 – Az. 11 TaBV 4/11, juris Tz. 52; HaKo-BetrVG/*Kloppenburg*, § 3 Rn. 82; HWGNRH/*Worzalla*, § 21a Rn 4; Richardi/*Richardi*, § 3 Rn. 65; Thüsing, ZIP 2004, 693, 704; a.A. DKKW/*Trümner*, § 3 Rn. 234; Fitting § 3 Rn. 84; GK-BetrVG/*Franzen*, § 3 Rn. 36; Eich FS Weinspach (2002), 17, 31 die das Fortbestehen des regulären Mandates bis zum Ablauf der Amtszeit annehmen; Stöckel, Amt des Betriebsrats (2011), 212 die eine Analogie wegen des ausdrücklichen Wortlauts ablehnt.

4. Keine Eingliederung in Betrieb mit Betriebsrat

Das Übergangsmandat setzt nach § 21a Abs. 1 Satz 1 BetrVG weiter voraus, dass der oder die abgespaltenen Betriebsteile nicht in einen Betrieb eingegliedert werden, für den ein Betriebsrat besteht.[582] Es handelt sich hierbei um ein negatives Tatbestandsmerkmal.[583]

Bei einer Eingliederung werden die aufgenommen Arbeitnehmer Teil der Belegschaft des aufnehmenden Betriebes und somit von dessen Betriebsrat vertreten.[584] Deshalb bedarf es nicht eines Schutzes durch das Übergangsmandat. Dies würde zu einem Nebeneinander von zwei Betriebsräten führen, was mit dem Prinzip der einheitlichen betriebsbezogenen Interessenvertretung nicht vereinbar ist.[585] Damit schließt das Gesetz zugleich aus, dass der Fall der Eingliederung als Zusammenfassung von Betrieben die Voraussetzungen von § 21a Abs. 2 BetrVG erfüllt.[586]

Weitere Voraussetzung für die Entstehung des Übergangsmandates ist somit die unterbleibende Eingliederung in einen Betrieb mit bestehendem Betriebsrat. Dies ist vom Schutzzweck des Übergangsmandates her nicht geboten, da die eingegliederten Arbeitnehmer durch den bestehenden Betriebsrat vertreten werden.

5. Ergebnis

Ein Übergangsmandat des Betriebsrates nach Spaltung entsteht bei einer Abspaltung von einem oder mehreren Betriebsteilen, soweit diese ihrerseits betriebsratsfähig sind und im Anwendungsbereich des Betriebsverfassungsgesetzes verbleiben. Bei einer Aufspaltung des Ursprungsbetriebes setzt das Übergangsmandat voraus, dass betriebsratsfähige Einheiten nach der Auflösung des Ursprungsbetriebes entstehen.

---

582 Zum Begriff der Eingliederung siehe oben Kap. 3 Ziffer II 1 b (1).

583 So Fitting, § 21a Rn. 14; HWGNRH/*Worzalla*, § 21a Rn. 7; Rieble, NZA 2002, 233, 236.

584 LAG Düsseldorf, 22.10.2008 - Az. 7 TaBV 85/08, juris, Rn. 57; ErfK/*Koch*, § 21a BetrVG Rn. 3; Fitting, § 21a Rn. 14; GK-BetrVG/*Kreutz*, § 21a Rn. 29; HWGNRH/*Worzalla*, § 21a Rn. 7; Löwisch/Kaiser, § 21a Rn. 7; WPK/*Wlotzke*, § 21a Rn. 15.

585 DKKW/*Buschmann*, § 21a Rn. 38 ; Fitting, § 21a Rn. 14.

586 GK-BetrVG/*Kreutz*, § 21a Rn. 30; HWK/*Reichold*, § 21a BetrVG Rn. 7.

Weitere Voraussetzung des Übergangsmandates ist die fehlende Eingliederung in einen Betrieb mit Betriebsrat. Soweit es zu einer Eingliederung in einen Betrieb mit Betriebsrat kommt, besteht keine Notwendigkeit für ein Übergangsmandat, da die Vertretung der Arbeitnehmer gesichert ist.

Eine Neuwahl des Betriebsrates kann jedoch trotzdem sowohl beim Ursprungsbetrieb als auch beim aufnehmenden Betrieb in Betracht kommen. Kommt es durch die Abspaltung bzw. Eingliederung zu einer wesentlichen Änderung der Belegschaftsstärke, sieht das Gesetz bei Vorliegen der Voraussetzungen des § 12 Abs. 2 Nr. 1 BetrVG eine Neuwahl des Betriebsrates auch außerhalb des regulären Wahlzeitraumes vor. Bis dahin übt der Betriebsrat allerdings sein Vollmandat aus.[587]

IV. Zusammenfassung von Betrieben und Betriebsteilen, § 21a Abs. 2 BetrVG

Zum Verlust der betrieblichen Identität kann auch die Zusammenfassung von Betrieben und Betriebsteilen führen. Dies kann in zweifacher Weise erfolgen: Zum einen durch die Eingliederung eines Betriebes oder Betriebsteiles in einen bestehenden Betrieb. Dabei verlieren die eingegliederten Organisationseinheiten ihre Identität, während der aufnehmende Betrieb seine Identität bewahrt. Zum anderen kann die Zusammenfassung von Betrieben und Betriebsteilen dergestalt erfolgen, dass alle beteiligten Organisationseinheiten ihre Identität verlieren. Dabei können alle beteiligten Organisationseinheiten bereits zuvor einen Betriebsrat gebildet haben, oder auch nur einige von ihnen. Es stellt sich in allen Konstellationen die Frage, ob ein Übergangsmandat besteht und durch welchen Betriebsrat es wahrzunehmen ist.

Nachfolgend wird dieser Frage zunächst für Sachverhalte bei Eingliederungen von Betrieben oder Betriebsteilen in Betriebe nachgegangen. Im Folgenden wird diese Fragestellung dann für die verschiedenen Konstellationen bei Zusammenfassungen von Betrieben und Betriebsteilen untersucht.

587 Fitting, § 21a Rn. 14; GK-BetrVG/*Kreutz*, § 21a Rn. 30; WPK/*Wlotzke*, § 21a Rn. 15.

1. Entstehung eines betriebsratsfähigen Betriebes

Auch bei einer Zusammenfassung von Betrieben oder Betriebsteilen ist die Betriebsratsfähigkeit des neu gebildeten Betriebes grundlegende Voraussetzung für die Entstehung eines Übergangsmandates.[588] Fehlt es nach dem Zusammenschluss an dieser Voraussetzung, kommt nur ein Restmandat gemäß § 21b BetrVG in Betracht.[589]

2. Eingliederung in einen Betrieb

Im Rahmen von Umstrukturierungen können Betriebe oder Betriebsteile mit anderen Betrieben dadurch zusammengefasst werden, dass diese in den aufnehmenden Betrieb eingegliedert werden. Die Eingliederung führt zur Beendigung des Mandates des im eingegliederten Betrieb bestehenden Betriebsrates. Es ist daher jeweils die Frage zu klären, ob ein Übergangsmandat des Betriebsrates des eingegliederten Betriebes in Betracht kommt oder nicht. Hierfür ist zu unterscheiden, ob die Eingliederung in einen Betrieb mit bestehendem Betriebsrat, in einen Betrieb ohne Betriebsrat oder in einen Betrieb außerhalb des Betriebsverfassungsgesetzes erfolgt.

a) In dem ein Betriebsrat besteht

Kennzeichnend für die Eingliederung ist der Identitätsverlust des eingegliederten Betriebes und Fortbestand der Identität des aufnehmenden Betriebes. Durch den Verlust der betrieblichen Identität endet das Amt des Betriebsrates des eingegliederten Betriebes zum Zeitpunkt der Eingliederung.[590] Der Betriebsrat im aufnehmenden Betrieb besteht dagegen fort.[591]

---

588 ErfK/*Koch*, § 21a BetrVG Rn. 3; Fitting, § 21a Rn. 13; HWK/*Reichold*, § 21a BetrVG Rn. 6; einschränkend Löwisch/Kaiser, § 21a Rn. 21, die ein Übergangsmandat nur bei Zusammenfassung von selbstständigen Betriebsteilen nach § 4 Ab 1 BetrVG annehmen.

589 Richardi/*Thüsing*, § 21a BetrVG Rn. 13.

590 BAG 25.09.1996 - Az. 1 ABR 25/96, AP § 97 ArbGG 1979 Nr. 4 Tz. 30; WHSS/*Hohenstatt*, Kap. D Rn. 64.

591 LAG Hessen 23.10.2008 - Az. 9 TaBV 105/08, juris Rn. 22; LAG Hessen 06.05.2004 - Az. 9 TaBVGa 61/04, juris, Tz. 26; Fitting, § 21a Rn. 14; GK-BetrVG/*Kreutz*, § 21a Rn. 32; HWGNRH/*Worzalla*, § 21a Rn. 8; Richardi/*Thüsing*, § 21a Rn. 10; Gaul, Betriebs- und Unternehmensaufspaltung, § 27 Rn. 72; Feudner, DB 2003, 882, 884; Thüsing, DB 2002, 738, 739.

Die eingegliederten Beschäftigten werden in diesem Fall durch den weiter bestehenden Betriebsrat des aufnehmenden Betriebes vertreten.[592] Damit fehlt es an der Schutzlücke, die § 21a BetrVG schließen soll. Dieser dient der Vermeidung betriebsratsloser Zeiten bei Strukturveränderungen mit Auswirkungen auf den Bestand des Betriebsrates.[593]

Der Wortlaut des § 21a Abs. 2 BetrVG sieht dagegen ein Übergangsmandat bei jeder Zusammenfassung von Betrieben oder Betriebsteilen zu einem neuen Betrieb vor. Damit würde grundsätzlich auch bei einer Eingliederung ein Übergangsmandat entstehen, zumal der Betriebsrat des eingegliederten Betriebes sein Mandat verliert.

Ein Lösungsansatz für diesen vermeintlichen Widerspruch ergibt sich aus der Verweisung in § 21a Abs. 2 Satz 2 BetrVG auf § 21a Abs. 1 BetrVG. Danach gilt § 21a Abs. 1 BetrVG entsprechend für die Zusammenfassung von Betrieben und Betriebsteilen und somit auch für den Fall der Eingliederung. Dieser schließt in § 21a Abs. 1 Satz 1 BetrVG jedoch aus, dass ein Übergangsmandat bei Eingliederung in Betriebe mit bestehendem Betriebsrat entsteht.[594] Damit ergibt sich aus der gesetzlichen Regelung selbst, dass im Falle der Eingliederung kein Übergangsmandat besteht.

Kreutz ist dagegen der Auffassung, dass § 21a Abs. 2 BetrVG einer teleologischen Reduktion bedarf.[595] Das Tatbestandsmerkmal der Zusammenfassung von Betrieben oder Betriebsteilen soll dann nicht erfüllt sein, wenn eine Eingliederung vorliegt. Dies entspreche der Rechtslage vor Einführung des § 21a BetrVG, an die der Gesetzgeber ersichtlich anknüpfen wollte.[596] Aus diesem Grund entstehe bei der Eingliederung kein Übergangsmandat, da der Betriebsrat im aufnehmenden Betrieb regulär im Amt verbleibe. Dieser ist Funktionsnachfolger des Betriebsrates im eingegliederten Betrieb.[597]

Damit kommt *Kreutz* zum gleichen Ergebnis. Auch nach seiner Auffassung führt die Eingliederung zur Auflösung des Betriebes und damit zum Ende der Betriebsratsfähigkeit. Der eingegliederte Betrieb geht unter. Dagegen besteht der aufnehmende Betrieb fort, da dessen Identität gewahrt bleibt. Maßgeblich für die Frage der Existenz des Betriebsrates ist jedoch die Identitätswahrung des Betriebes. Dies

---

592 WPK/*Wlotzke*, § 21a Rn. 18.

593 Vgl. BT-Drucks. 14/5741, 39; GK-BetrVG/*Kreutz*, § 21a Rn. 60.

594 Vgl. Fitting, § 21a Rn. 14; HWGNRH/*Worzalla*, § 21a Rn. 8; Löwisch/Kaiser, § 21a Rn. 23; Richardi/*Thüsing*, § 21a Rn. 10; WPK/*Wlotzke*, § 21a Rn. 18.

595 GK-BetrVG/*Kreutz*, § 21a Rn. 60; ebenso HWK/*Reichold*, § 21a BetrVG Rn. 9.

596 GK-BetrVG/*Kreutz*, § 21a Rn. 60.

597 BAG 21.01.2003 - Az. 1 ABR 9/02, AP BetrVG 1972 § 21a Nr. 1 Rn. 43; GK-BetrVG/*Kreutz*, § 21a Rn. 63.

führt dazu, dass bei einer Eingliederung § 21a Abs. 2 BetrVG nicht berührt wird.[598] Auch aus diesem Grund besteht der Betriebsrat im aufnehmenden Betrieb fort und vertritt nunmehr alle Beschäftigten.

Festzuhalten ist, dass bei Eingliederung eines Betriebes in einen Betrieb mit bestehendem Betriebsrat kein Übergangsmandat des Betriebsrates des eingegliederten Betriebes entsteht.

b) In dem kein Betriebsrat besteht

Erfolgt die Eingliederung eines Betriebes mit bestehendem Betriebsrat in einen Betrieb ohne Betriebsrat, stellt sich ebenfalls die Frage nach einem Übergangsmandat. Die bisher durch einen Betriebsrat vertretenen Arbeitnehmer können durch die Eingliederung den Schutz ihres bisherigen Betriebsrates verlieren. Damit ist der Schutzbereich des § 21a BetrVG grundsätzlich eröffnet, der die Arbeitnehmer gerade vor dieser Situation schützen soll.

Zu klären ist daher, ob in dieser Konstellation ein Übergangsmandat des Betriebsrates des eingegliederten Betriebes entsteht oder auf Grund der Auflösung der Betriebsidentität ein Übergangsmandat nicht in Betracht kommen kann.

aa) Entstehung eines Übergangsmandates

Besteht im aufnehmenden Betrieb kein Betriebsrat, wohl aber im eingegliederten Betrieb, soll nach einer in Literatur und Rechtsprechung vertretenen Auffassung dessen Betriebsrat ein Übergangsmandat bis zur Neuwahl eines Betriebes für den ganzen Betrieb wahrnehmen.[599] Der Betriebsrat sei stets für den Betrieb als Ganzes zuständig und nicht nur für Betriebsteile.[600]

---

598 Wie hier LAG Hessen 23.10.2008 - Az. 9 TaBV 105/08, juris, Tz. 22; GK-BetrVG/*Kreutz*, § 21a Rn. 63; Feudner, DB 2003, 882, 884; Löwisch/Schmidt-Kessel, BB 2001, 2162, 2164.

599 So LAG Hessen 26.11.2009 – Az. 9/5 TaBVGa 226/09, juris, Tz. 35; DKKW/*Buschmann*, § 21a Rn. 44; ErfK/*Koch*, § 21a BetrVG Rn. 3; Fitting, § 21a Rn. 11a; HaKo-BetrVG/*Düwell*, § 21a Rn. 70; WPK/*Wlotzke*, § 21a Rn. 18; Schaub/*Koch*, § 219 Rn. 17c; Fischer, RdA 2005, 39, 40; Gaul/Bonnani, ArbRB 2002, 46, 50; Hanau in FS Küttner (2006), 357, 361.

600 LAG Hessen 26.11.2009 – Az. 9/5 TaBVGa 226/09, juris, Tz. 35 entgegen der Vorinstanz ArbG Wiesbaden 27.10.2009 – 2 BVGa 6/09, juris, das eine Beschränkung des Übergangsmandates auf den zuvor vertretenden und jetzt eingegliederten Betrieb angenommen hat.

Dieses Ergebnis wird mit dem Schutzzweck des § 21a BetrVG begründet, der bei Umstrukturierungen sich ergebende Schutzlücken vermeiden will.[601] Dahinter müsse der Schutz der Arbeitnehmer im größeren Betrieb vor einer aufgedrängten Betriebsratswahl zurückstehen.[602]

Zudem sei zu berücksichtigen, dass über § 21a Abs. 2 Satz 2 BetrVG auch § 21a Abs. 1 Satz 1 BetrVG zur Anwendung komme. Danach könne das Übergangsmandat bei Zusammenfassungen nur entfallen, wenn die Eingliederung in einen Betrieb mit Betriebsrat erfolge.[603] Zudem verlange § 21a Abs. 2 BetrVG nicht die Bildung eines neuen Betriebes, sondern nur die Zusammenfassung zu einem Betrieb.[604] Der Wortlaut lasse offen, ob stets eine neue Leitung gebildet werden muss oder die Zuordnung zu einer bestehenden Leitung ausreiche.[605] Zu berücksichtigen sei auch, dass bei Eingliederung eines betriebsratslosen Betriebes in einen Betrieb mit Betriebsrat die eingegliederten Arbeitnehmer in die Zuständigkeit eines von ihnen nicht gewählten Betriebsrates fielen.[606]

Der Konflikt zwischen Amtskontinuität und demokratischer Legitimation entstehe zwangsläufig bei jeder Zusammenfassung von Betrieben.[607] Diesen Konflikt habe der Gesetzgeber durch das Übergangsmandat zugunsten der Amtskontinuität gelöst. Die einheitliche Vertretung der Arbeitnehmer ergebe notwendig die Ausdehnung des Übergangsmandates auch auf die Arbeitnehmer, die den Betriebsrat nicht gewählt haben.[608] Das dabei entstehende Legitimationsdefizit werde vom Gesetzgeber in Kauf genommen, da es bei jeder Eingliederung oder Zusammenfassung entstehe. Die Beschäftigten der kleineren Einheit verlieren ihre Vertretung und werden übergangsweise durch einen von ihnen nicht gewählten Betriebsrat vertreten.[609] Der Legitimation des Betriebsrates komme daher keine entscheidende

---

601 Vgl. DKKW/*Buschmann*, § 21a Rn. 44; Fitting, § 21a Rn. 11a; HaKo-BetrVG/*Düwell*, § 21a Rn. 70; WPK/*Wlotzke*, § 21a Rn. 18; Stöckel, Amt des Betriebsrats (2011), 165.

602 So Bischoff, Übergangsmandat (2004), 101.

603 BAG 21.01.2003 - Az. 1 ABR 9/02, AP BetrVG 1972 § 21a Nr. 1 Rn. 43; WPK/*Wlotzke*, § 21a Rn. 18.

604 Fitting, § 21a Rn. 11a; WPK/*Wlotzke*, § 21a Rn. 18.

605 Fitting, § 21a Rn. 11a; WPK/*Wlotzke*, § 21a Rn. 18; Fischer, RdA 2005, 39, 44.

606 WPK/*Wlotzke*, § 21a Rn. 18.

607 Fischer, RdA 2005, 39, 41.

608 DKKW/*Buschmann*, § 21a Rn. 44; HaKo-BetrVG/*Düwell*, § 21a Rn. 70; Gaul/Bonanni, ArbRB 2002, 46, 50.

609 DKKW/*Buschmann*, § 21a Rn. 44; Gaul/Bonanni, ArbRB 2002, 46, 50.

Bedeutung für die Existenz des Übergangsmandates zu, wie bereits § 13 Abs. 2 Nr. 1 BetrVG zeige.[610] Eine Teilung der Belegschaft in einen durch den Betriebsrat im Rahmen des Übergangsmandates vertretenen Teil und einen nicht vertretenen Teil wäre zudem nicht praktikabel.[611]

Auf das entstehende Legitimationsproblem sei schon während des Gesetzgebungsverfahrens hingewiesen worden.[612] Der Gesetzgeber habe die Frage trotzdem nicht geregelt. Daher sei davon auszugehen, dass der Gesetzgeber eine Begrenzung des Übergangsmandates nicht gewollt habe.[613]

Eine teleologische Reduktion wird abgelehnt. Diese würde dazu führen, dass der Grundsatz der Amtskontinuität der unternehmerischen Gestaltungsfreiheit untergeordnet würde. Die Beschäftigten würden ihre betriebsverfassungsrechtliche Vertretung verlieren, ohne gleichzeitig den Schutz durch einen anderen Betriebsrat zu erhalten.[614] Es bestehe daher ein Übergangsmandat des Betriebsrates des eingegliederten Betriebes. Dieses erfasse auch die Arbeitnehmer des aufnehmenden, bisher betriebsratslosen Betriebes.[615]

Einschränkend nimmt *Kittner* ein Übergangsmandat für die Teile der Belegschaft an, die bereits zuvor von einem Betriebsrat vertreten worden sind. Er ist der Auffassung, die damit verbundene Zweiteilung der Belegschaft sei dem Gesetz nicht wesensfremd. Dies zeige sich bereits an der Unterscheidung in § 5 BetrVG zwischen Arbeitnehmern und leitenden Angestellten. Besonders deutlich würde dies jedoch bei Leiharbeitnehmern, die teilweise in die Zuständigkeit des Betriebsrates im aufnehmenden Betrieb fielen, teilweise durch einen eigenen Betriebsrat im Entleiherbetrieb geschützt werden.[616]

bb) Keine Entstehung eines Übergangsmandates

Die Gegenansicht vertritt die Auffassung, dass ein Übergangsmandat bei Eingliederung eines Betriebes mit Betriebsrat in einen betriebsratslosen Betrieb nicht

---

610 Gaul, Betriebs- und Unternehmensaufspaltung, § 27 Rn. 83; Gaul/Bonanni, ArbRB 2002, 46, 50.

611 Fitting, § 21a Rn. 19; HaKo-BetrVG/*Düwell*, § 21a Rn. 70.

612 Düwell, AiB 2001, 113, 114.

613 HaKo-BetrVG/*Düwell*, § 21a Rn. 70; WPK/*Wlotzke*, § 21a Rn. 18.

614 DKKW/*Buschmann*, § 21a Rn. 44; Bischoff, Übergangsmandat (2004), 101.

615 DKKW/*Buschmann*, § 21a Rn. 45; ErfK/*Koch*, § 21a BetrVG Rn. 4; Fitting, § 21a Rn. 11a; WPK/*Preis*, § 21a Rn. 18; HaKo-BetrVG/*Düwell*, § 21a Rn. 70; Engels, DB 1991, 966, 967; Schlenker-Rehage, Übergangsmandat Betriebs- und Personalrat (2010), 142 f..

616 Kittner, NZA 2012, 541, 545.

in Betracht komme. Der Betrieb bleibe betriebsratslos. Es entstehe kein Übergangsmandat.[617]

Entscheidend sei, dass der eingegliederte Betrieb seine Betriebsratsfähigkeit verloren habe.[618] Damit würden Wertungswidersprüche vermieden, da der Betriebsrat des eingegliederten Betriebes nicht zur Repräsentation des ganzen Betriebes legitimiert sei.[619] Die Amtszeit des Betriebsrates im eingegliederten Betrieb habe vielmehr mit der Eingliederung geendet.[620]

Dagegen behalte der aufnehmende Betrieb seine Identität. Bereits aus diesem Grund greife § 21a BetrVG nicht ein.[621] Der Erhalt der Betriebsidentität des aufnehmenden Betriebes legitimiere nur dessen Betriebsrat zur Fortsetzung seines Amtes. Dies könne sich nicht allein auf Grund des Umstandes ändern, dass im aufnehmenden Betrieb kein Betriebsrat bestehe.[622] Nur die Sicherstellung der betriebsverfassungsrechtlichen Kontinuität für die eingegliederten Arbeitnehmer könne es nicht rechtfertigen, die Belegschaft des in seiner Identität unverändert fortbestehenden Betriebes der Zuständigkeit eines von ihr nicht gewählten Betriebsrates unterzuordnen.[623] Auch würde ein Übergangsmandat in diesen Fällen gegen das Demokratieprinzip verstoßen.[624] Einer Mehrheit von Arbeitnehmern würde durch die Aufnahme von fremden Betriebsteilen mit geringer Belegschaftsstärke ein Betriebsrat aufgezwängt werden.[625] Dies würde zu einer Verletzung des Freiwilligkeitsprinzips des BetrVG führen.[626]

Gegen ein Übergangsmandat spreche auch, dass der Gesetzgeber von einer Regelung dieses Falles offensichtlich abgesehen habe. Die Problematik müsse auf Grund der Diskussion vor der Novellierung des Betriebsverfassungsgesetzes dem Gesetzgeber bekannt gewesen sein. Daher handele es sich um eine bewusste

---

617 GK-BetrVG/*Kreutz*, § 21a Rn. 63; HWGNRH/*Worzalla*, § 21a Rn. 9; Löwisch/Kaiser, § 21a Rn. 23; Richardi/*Thüsing*, § 21a Rn. 10; Kallmeyer/Willemsen, vor § 322 UmwG Rn. 34; Löwisch/Schmidt-Kessel, BB 2001, 2162, 2164.

618 GK-BetrVG/*Kreutz*, § 21a Rn. 63.

619 GK-BetrVG/*Kreutz*, § 21a Rn. 63; Seel, MDR 2008, 657, 660.

620 BAG 25.09.1996 - Az. 1 ABR 25/96, AP § 97 ArbGG 1979 Nr. 4; DKKW/*Buschmann*, § 21b Rn. 20; Fitting, § 1 Rn. 113 und § 21a Rn. 14; GK-BetrVG/*Kreutz*, § 21a Rn. 63; WHSS/*Hohenstatt*, Kap. D Rn. 65.

621 Richardi/*Thüsing*, § 21a Rn. 10; WHSS/*Hohenstatt*, Kap. D Rn. 65, 83; Kleinebrink, ArbRB 2004, 341; Rieble, NZA 2002, 233, 237; Thüsing, DB 2002, 738, 739.

622 WHSS/*Hohenstatt*, Kap. D Rn. 65.

623 WHSS/*Hohenstatt*, Kap. D Rn. 86; a.A. Bischoff, Übergangsmandat (2004), 101.

624 HWGNRH/*Worzalla*, § 21a Rn. 9; Maschmann, NZA 2009 Beilage 1, 32, 37.

625 Huke/Lepping, FA 2004, 136, 137; Rieble, NZA 2002, 233, 237.

626 Sieg/Maschmann Rn. 381.

Entscheidung des Gesetzgebers, die einer Ausdehnung des Übergangsmandates entgegenstehe.[627]

Dem stehe auch nicht Art. 6 Abs. 1 UAbs. 4 der Richtlinie 2001/23/EG entgegen.[628] Dieser fordere eine angemessene Vertretung der bisher vertretenen Arbeitnehmer bis zu einer Neuwahl des Betriebsrates. Eine Neuwahl des Betriebsrates erfolge im Fall der Eingliederung jedoch nicht.[629] Dies wäre außerhalb der regelmäßigen Betriebsratswahlen nach § 13 Abs. 1 BetrVG nur in den in § 13 Abs. 2 BetrVG geregelten Fällen möglich.

Insbesondere würde bei einer Eingliederung § 13 Abs. 2 Nr. 1 BetrVG in Betracht kommen, wenn 24 Monate nach der letzten Betriebsratswahl die Belegschaft um 50 Prozent der Beschäftigtenzahl, mindestens um 50 Arbeitnehmer gewachsen ist. Jederzeit ist nach § 13 Abs. 2 Nr. 6 BetrVG eine Neuwahl möglich, wenn kein Betriebsrat besteht. Dies bedeutet, dass die Eingliederung an sich kein gesetzlicher Grund für eine Neuwahl des Betriebsrates in der laufenden Wahlperiode sein kann. Die Arbeitnehmer sind deswegen jedoch nicht schutzlos, sondern können insbesondere nach § 13 Abs. 2 Nr. 6 BetrVG jederzeit einen Betriebsrat wählen.

Zudem würde eine Ausdehnung des Übergangsmandates im Wege der richtlinienkonformen Auslegung auf den ganzen Betrieb die Grenzen der Auslegung überschreiten. Dies sei eine Maximallösung, die nicht durch Auslegung erreicht werden könne. Vielmehr müsse der Gesetzgeber eine angemessene Regelung schaffen.[630]

Ein Übergangsmandat sei daher auch dann abzulehnen, wenn eine Eingliederung in einen größeren Betrieb ohne Betriebsrat erfolge.

cc) Stellungnahme

Die Formulierung in § 21a Abs. 2 BetrVG erweist sich vor diesem Hintergrund als nicht eindeutig. Sowohl Befürworter als auch Gegner eines Übergangsmandates bei Eingliederung eines Betriebes mit Betriebsrat in einen größeren, betriebsratslosen Betrieb leiten aus der gesetzlichen Regelung ihre jeweilige Auffassung ab. Aus diesem Grund ist der Wille des Gesetzgebers durch Auslegung der Norm zu ermitteln.

---

627 Feudner, DB 2003, 882, 883.

628 Ebenso Richardi/*Thüsing*, § 21a Rn. 10; WHSS/*Hohenstatt*, Kap. D. Rn. 86; a.A. Kallmeyer/Willemsen vor § 322 UmwG Rn. 30 ff.; Fitting, § 21a Rn. 19; Bischoff, Übergangsmandat (2004), 101.

629 Richardi/*Thüsing*, § 21a Rn. 10; WHSS/*Hohenstatt*, Kap. D Rn. 86.

630 WHSS/*Hohenstatt*, Kap. D Rn. 86.

(1) Europarechtliche Auslegung

Dabei ist zu berücksichtigen, dass nach der amtlichen Anmerkung § 21a BetrVG der Umsetzung des Art. 6 der Richtlinie 2001/23/EG des Rates vom 12.03.2001 dient. Ausgangspunkt für das Verständnis der Norm müssen daher die europarechtlichen Anforderungen an das Übergangsmandat sein.

Immanenter Bestandteil des europäischen Rechtes ist das Gebot einer unionsrechtskonformen Auslegung des nationalen Rechtes. Damit ist es dem nationalen Gericht möglich, im Rahmen seiner Zuständigkeit die volle Wirksamkeit des Unionsrechtes zu gewährleisten.[631] In seinem Anwendungsbereich verdrängt das Unionsrecht das nationale Recht.[632] Dieses europarechtliche Gebot erfordert daher nach Auffassung des EuGH eine Anwendung des gesamten nationalen Rechtes, um ein der Richtlinie entsprechendes Ergebnis zu erhalten.[633] Hierzu sind alle nationalen Auslegungsmethoden anzuwenden.[634]

Ermöglicht also das nationale Recht, durch Anwendung seiner Auslegungsmethoden eine nationale Regelung so auszulegen, dass das von der Richtlinie verfolgte Ziel erreicht wird, sind die nationalen Gerichte gehalten, diese Methoden anzuwenden.[635] Dabei bilden eindeutige Entscheidungen des nationalen Gesetzgebers die Grenze der zulässigen Auslegung.[636]

Die europarechtskonforme Auslegung erfolgt zunächst anhand von Wortlaut und Ziel der Richtlinie. Soweit keine Übereinstimmung mit der Richtlinie erzielt wird, ist die Auslegung unter Einbeziehung des gesamten nationalen Rechts vorzunehmen. Besteht auch dann keine Übereinstimmung, erfolgt die Auslegung anhand der nationalen Auslegungsmethoden unter Beachtung der dafür geltenden

631 EuGH 05.10.2004 - R C-397/01 „Pfeiffer", Slg. 2004, I-8835 Tz. 114; vgl. auch Litschen, ZTR 2004, 619, 621.

632 BVerfG 06.07.2010 – Az. 2 BvR 2661/06 „Honeywell", BVerfGE 126, 286, 301.

633 EuGH 19.01.2010 – Rs. C-555/07 „Kücükdeveci", Slg. 2010, I-365 ff. Tz.47; 05.10.2004 – Rs. C-397/01 „Pfeiffer", Slg. 2004, I-8835 Tz. 115; BAG 07.08.2012 – Az. 9 AZR 353/10 Tz. 11.

634 EuGH 05.10.2004 – Rs. C-397/01 „Pfeiffer", Slg. 2004, I-8835 Tz. 116.

635 EuGH 19.01.2010 – Rs. C-555/07 „Kücükdeveci", Slg. I-365 ff. Tz.48; BVerfG 26.11.2011 – Az. 2 BvR 2216/06, NJW 2012, 669 Rn. 47; 06.07.2010 – Az. 2 BvR 2661/06 „Honeywell", BVerfGE 126, 286,301; BAG 24.03.2009 - Az. 9 AZR 983/07, BAGE 130, 119, 135 Tz. 58; Meinel, BB 2004, 2359.

636 BAG 24.03.2009 - Az. 9 AZR 983/07, BAGE 130, 119, 137 Tz. 65; BGH 26.11.2008 - Az. VIII ZR 200/05, BGHZ 179, 27, 34 Tz. 20 f.; Thüsing, ZIP 2004, 2301, 2303.

Maximen.[637] Die Verpflichtung zur europarechtskonformen Auslegung endet, wenn die Auslegung contra legem erfolgen würde.[638] Die Befugnis zur Normverwerfung verbleibt ausschließlich beim Bundesverfassungsgericht.[639]

Bei Auslegung des § 21a Abs. 2 BetrVG anhand der Richtlinie 2001/23/EG ist zu beachten, dass von dieser nur betriebliche Umstrukturierungen erfasst werden, die mit einem Rechtsträgerwechsel verbunden sind. Unternehmensinterne Betriebsänderungen werden nicht erfasst. Da nach der amtlichen Begründung § 21a BetrVG insgesamt der Umsetzung der europarechtlichen Vorgaben dienen soll, ist der Zweck der Richtlinie gleichwohl für die Auslegung der Norm heranzuziehen.

Zweck der Richtlinie ist der Schutz der Arbeitnehmer bei betrieblichen Umstrukturierungen, die zum Wegfall der Interessenvertretung führen. Genaue Vorgaben für ein Übergangsmandat enthält Art. 6 Abs. 1 UAbs. 4 der Richtlinie jedoch nicht. Vielmehr wird nur die Sicherstellung einer angemessenen Vertretung für den erforderlichen Zeitraum zur Neubildung einer betrieblichen Interessenvertretung gefordert, wenn der Betrieb oder Betriebsteile ihre Selbstständigkeit verlieren. Diese Vertretung muss im Einklang mit dem nationalen Recht stehen.

Bischoff will hierunter auch die Eingliederung eines Betriebes oder Betriebsteiles in einen anderen Betrieb fassen. Nach ihrer Auffassung widerspräche es dem Schutzzweck der Richtlinie, wenn bei Eingliederung eines Betriebes mit bestehendem Betriebsrat in einen betriebsratslosen Betrieb kein Übergangsmandat entstehen würde. Vielmehr erfordere der Schutzzweck gerade in dieser Konstellation ein Übergangsmandat.[640]

Dabei verkennt *Bischoff*, dass sich diese Forderung nicht zwingend aus der Richtlinie ergibt. *Hohenstatt* weist zutreffend daraufhin, dass lediglich eine angemessene Vertretung bis zu einer Neuwahl nach dem nationalen Recht zu gewährleisten ist. Ein Übergangsmandat gestützt auf § 21a BetrVG würde weit über eine angemessene Vertretung hinausgehen. Dieses würde den ganzen Betrieb erfassen, nicht nur den zuvor vertretenen Teil der Arbeitnehmer.[641] Die Belegschaft im

---

637 BAG 24.01.2006 - Az. 1 ABR 6/05, BAGE 117, 27, 38 ff. Tz. 36 a.E.; Mörsdorf, EuR 2009, 219, 226; Kokott, RdA 2006 Beilage Heft 6, 30, 34; Kreft, RdA 2006 Beilage Heft 6, 38, 44; Lörcher, EuroAS 2004, 153, 158; kritisch hierzu Litschen, ZTR 2004, 619, 622.

638 EuGH 16.06.2005 – Rs. C-105/03 „Pupino“, Slg 2005, I-5285 ff. Tz. 47; BAG 07.08.2012 – Az. 9 AZR 353/10 Tz. 31; 17.11.2009 – Az. 9 AZR 844/98, BAGE 132, 247, 255 Tz. 26; Kreft, RdA 2006 Beilage Heft 6, 38, 45.

639 Schlachter, RdA 2005, 115, 119.

640 So Bischoff, Übergangsmandat (2004), 99.

641 WHSS/*Hohenstatt*, Kap. D Rn. 86.

aufnehmenden Betrieb hat sich jedoch gerade gegen die Bildung eines Betriebsrates entschieden.[642]

Aus Art. 6 Abs. 1 UAbs. 4 der Richtlinie lässt sich ein Übergangsmandat in den Fällen der Eingliederung in einen betriebsratslosen Betrieb daher nicht begründen. Dieses Ergebnis ist mit Art. 6 Abs. 1 UAbs. 4 der Richtlinie 2001/23/EG vereinbar.[643] Die Frage der Ausdehnung des Übergangsmandates in diesen Fällen ist daher weiter mit den nationalen Methoden zu klären.

(2) Logisch-grammatikalische Auslegung

Ein Übergangsmandat soll nach dem Wortlaut des § 21a Abs. 2 BetrVG entstehen, wenn Betriebe und Betriebsteile zusammengefasst werden. Im Übrigen verweist § 21a Abs. 2 BetrVG auf die entsprechende Anwendung des § 21a Abs. 1 BetrVG, der von der Bildung neuer betriebsratsfähiger Einheiten ausgeht.

Entgegen *Bischoff*[644] erfordert der Wortlaut für die Entstehung des Übergangsmandates die Bildung neuer betrieblicher Einheiten. Dies ist zudem die logische Grundvoraussetzung. Nur in diesem Fall kann das Bedürfnis nach einer übergangsweisen Vertretung entstehen. Würde sich die Betriebsstruktur nicht ändern, bliebe der bestehende Betriebsrat im Amt. Ein Übergangsmandat wäre nicht erforderlich.

Weiter ist zu berücksichtigen, dass der Wortlaut nur dann ein Übergangsmandat vorsieht, wenn im größten Betrieb ein Betriebsrat besteht. Dies folgt unmittelbar aus § 21a Abs. 2 Satz 1 BetrVG.[645]

Damit ergibt die logisch-grammatikalische Auslegung, dass § 21a Abs. 2 BetrVG die Entstehung eines neuen Betriebes erfordert. Hieran fehlt es bei einer Eingliederung. Wesen der Eingliederung ist der Fortbestand des aufnehmenden Betriebes. Dies spricht dafür, in diesem Fall ein Übergangsmandat auszuschließen.[646]

(3) Historische Auslegung

Eine Aussage lässt sich auch nicht aus der Entwicklung der Norm gewinnen. Sowohl § 21a Abs. 2 BetrVG als auch § 321 Abs. 2 UmwG a.F. haben diesen Fall geregelt. Allerdings wurde zu § 321 UmwG a.F. die Auffassung vertreten,

642 Vgl. Richardi/*Thüsing*, § 21a Rn. 10; WHSS/*Hohenstatt*, Kap. D Rn. 86.
643 Ebenso Richardi/*Thüsing*, § 21a Rn. 10.
644 Bischoff, Übergangsmandat (2004), 97.
645 Ebenso Richardi/*Thüsing*, § 21a Rn. 10.
646 Ebenso HWGNRH/*Worzalla*, § 21a Rn. 11.

die Erstreckung des Übergangsmandates auf bisher betriebsratslose Einheiten verstoße gegen das Freiwilligkeitsprinzip des Betriebsverfassungsgesetzes.[647]

Der Gesetzgeber hat in Kenntnis dieser Auffassung von einer ausdrücklichen Regelung in § 21a Abs. 2 BetrVG abgesehen. Aus der Entwicklung heraus kann dies als Anhaltspunkt für den Ausschluss eines Übergangsmandates bei Eingliederung in einen betriebsratslosen Betrieb gewertet werden.[648]

(4) Systematische Auslegung

Zweck des Übergangsmandates ist die Schließung einer Vertretungslücke bei Untergang des Betriebsrates auf Grund betrieblicher Umstrukturierungen. Die Existenz des Betriebsrates hängt vom Fortbestand der Identität des Betriebes ab, von dessen Belegschaft er gewählt worden ist. Wird der Betrieb aufgelöst, geht dessen Identität infolge einer Eingliederung verloren, endet das Mandat des Betriebsrates.[649]

Demgegenüber bleibt bei der Eingliederung die Identität des aufnehmenden Betriebes erhalten. Kennzeichen von dessen Identität ist die Entscheidung der Belegschaft, von der Wahl eines Betriebsrates abzusehen.[650] Dies spricht jedoch dagegen, dieser Mehrheit eine Vertretung durch den Betriebsrat der Minderheit auch nur für einen Übergangszeitraum aufzudrängen.[651]

Das tragende Prinzip des Betriebsverfassungsrechtes ist die Abhängigkeit des Betriebsrates vom Bestand seines Wahlbetriebes. Abweichungen hiervon, also eine Ausdehnung der zeitlichen oder sachlichen Zuständigkeit über diesen Bereich hinaus, bedürfen einer gesetzlichen Regelung. Entsprechend wird die Zuständigkeit des Betriebsrates in S 21b BetrVG und § 22 BetrVG zeitlich erweitert, in § 21a BetrVG auch sachlich. Dabei knüpfen sowohl § 21a BetrVG als auch § 21b BetrVG an den Verlust der betrieblichen Identität an. Die Sonderregelungen greifen nur ein, wenn es zu einem Identitätsverlust kommt. Dies ist zwar beim eingegliederten Betrieb der Fall, jedoch ist zu berücksichtigen, dass der aufnehmende Betrieb in seiner Identität weiter besteht. Besteht im aufnehmenden Betrieb ein Betriebsrat, bleibt dieser aufgrund der fortbestehenden Identität des Betriebes im Amt. Dies muss auch dann gelten, wenn im aufnehmenden Betrieb kein

647 WHSS/*Hohenstatt*, Kap. D Rn. 86; Lutter/*Joost*, § 321 UmwG, Rn. 28.

648 A.A. Bischoff, Übergangsmandat (2004), 101.

649 Richardi/*Thüsing*, § 21a Rn. 10; WHSS/*Hohenstatt*, Kap. D Rn. 65.

650 Vgl. Richardi/*Thüsing*, § 21a Rn. 10; Thüsing, DB 2002, 738, 739.

651 Vgl. GK-BetrVG/*Kreutz*, § 21a Rn. 63; Richardi/*Thüsing*, § 21a Rn. 10; WHSS/*Hohenstatt*, Kap. D Rn. 83; Rieble, NZA 2002, 233, 237.

Betriebsrat besteht, da auch dann der maßgebliche Ansatzpunkt der Identität des aufnehmenden Betriebes unberührt bleibt. Es ist nicht nachvollziehbar, diese beiden Fälle der Identitätswahrung des aufnehmenden Betriebes unterschiedlich zu behandeln.

Dies ist auch *Kittner* entgegen zu halten. Der eingegliederte Betrieb ist aufgrund des Verlustes seiner Identität untergegangen. Die von *Kittner*[652] angenommene Zweiteilung der Belegschaft besteht nicht. Die leitenden Angestellten sind durch § 5 Abs. 3 BetrVG vom Geltungsbereich des Gesetzes ausgenommen, wie der ausdrückliche Wortlaut von § 5 Abs. 3 Satz 1 BetrVG zeigt. Die Rechte dieses Personenkreises werden durch eine eigene Interessenvertretung, dem Sprecherausschuss, gewahrt. Die Leiharbeitnehmer werden kollektivrechtlich als Arbeitnehmer des Betriebes behandelt. Die von *Kittner* angesprochene „gespaltene Arbeitgeberstellung" bezieht sich ausschließlich auf das Individualarbeitsrecht und kann nicht zur Begründung kollektivrechtlicher Folgen herangezogen werden.

Die Systematik des Betriebsverfassungsgesetzes spricht daher für die Ablehnung eines Übergangsmandates bei Eingliederung, da die Identität des aufnehmenden Betriebs erhalten bleibt.

(5) Ratio legis

Zweck des § 21a BetrVG ist der Schutz der Arbeitnehmer vor einem Verlust der Beteiligungsrechte in der kritischen Phase von betrieblichen Umstrukturierungen. Dem Betriebsrat soll bei jeder betrieblichen Umstrukturierung, unabhängig von einer Spaltung oder Zusammenlegung von Betrieben, ein Übergangsmandat zukommen. Voraussetzung ist der Wegfall des Betriebsrates auf Grund dieser Maßnahmen.[653]

Hieraus wird der Schluss gezogen, ein Übergangsmandat müsse auch in dem Fall entstehen, wenn eine Eingliederung in einen betriebsratslosen Betrieb erfolge. Dies ergebe sich direkt aus dem Schutzzweck.[654] *Bischoff* kommt daher zu der Auffassung, dass § 21a Abs. 2 Satz 1 BetrVG auch bei Eingliederung eines Betriebes oder Betriebsteile in einen betriebsratslosen Betrieb ein Übergangsmandat vorsehe.[655]

---

652 So Kittner, NZA 2012, 541, 545.

653 Vgl. amtliche Begründung BT-Drucks. 14/5741, 39.

654 So Fitting, § 21a Rn. 11; Bischoff, Übergangsmandat (2004), 99.

655 Bischoff, Übergangsmandat (2004), 100.

Dieses Ergebnis führt jedoch zu Wertungswidersprüchen. *Kreutz* weist zutreffend daraufhin, dass dem Betriebsrat des eingegliederten Betriebes ein Übergangsmandat zufiele, obwohl sein Betrieb aufgelöst ist und er nur durch einen kleinen Teil der Belegschaft legitimiert ist.[656] Zudem würde es dem System der Betriebsverfassung widersprechen, trotz Fortbestand der Betriebsidentität des aufnehmenden Betriebes dessen Arbeitnehmer einem fremden Betriebsrat unterzuordnen.[657]

Es lässt sich jedoch weder § 21a Abs. 2 Satz 1 BetrVG noch der amtlichen Begründung entnehmen, dass der Gesetzgeber auch in dieser Fallgestaltung zwingend ein Übergangsmandat vorsehen wollte. Aufgabe von § 21a BetrVG ist die Fortführung des Betriebsratsmandates über den Zeitpunkt der Spaltung oder Zusammenfassung hinaus bis zu einer Neuwahl. Dies setzt die Bildung eines neuen Betriebes voraus. Kommt es auf Grund der Eingliederung nicht zu einer Neubildung eines Betriebes, ist der Anwendungsbereich des § 21a Abs. 2 Satz 1 BetrVG nicht eröffnet.[658]

dd) Zwischenergebnis

Betrachtet man alle Argumente der Auslegung, ist ein Übergangsmandat bei einer Eingliederung in einen betriebsratslosen Betrieb abzulehnen. Dieses lässt sich weder europarechtlich noch aus § 21a BetrVG begründen. Vielmehr sprechen Entstehung und Systematik dafür, in diesem Fall die Entscheidung der Belegschaft des aufnehmenden Betriebes zu respektieren.

Die Auslegung ergibt somit, dass bei Eingliederung in einen betriebsratslosen Betrieb kein Übergangsmandat des Betriebsrates des eingegliederten Betriebes oder Betriebsteiles entsteht.

c) In Betrieb außerhalb des BetrVG

Schließlich ist die Möglichkeit zu betrachten, dass der oder die Betriebe oder Betriebsteile in einen Betrieb außerhalb des Betriebsverfassungsgesetzes eingegliedert werden. Auch hier stellt sich die Frage nach einem Übergangsmandat des bisherigen Betriebsrates.

---

656 GK-BetrVG/*Kreutz*, § 21a Rn. 63.

657 Richardi/*Thüsing*, § 21a Rn. 10; WHSS/*Hohenstatt*, Kap. D Rn. 83; Rieble, NZA 2002, 233, 237.

658 Ebenso Richardi/*Thüsing*, § 21a Rn. 10; a.A. Bischoff, Übergangsmandat (2004), 100.

Werden der oder die Betriebe oder Betriebsteile in einen Betrieb eines öffentlich-rechtlichen Trägers eingegliedert, findet das Betriebsverfassungsgesetz gemäß § 130 BetrVG keine Anwendung mehr. Gleiches gilt nach § 118 Abs. 2 BetrVG für Betriebe von Religionsgemeinschaften und deren karitativen und erzieherischen Einrichtungen ohne Rücksicht auf deren Rechtsform. Für diese Betriebe kann ein Betriebsrat nicht gebildet werden. Die Betriebsratsfähigkeit ist jedoch Voraussetzung für die Entstehung des Übergangsmandates.[659] Ein Übergangsmandat muss in diesen Fällen daher ausscheiden.[660]

Düwell will auch in diesen Fällen ein Übergangsmandat annehmen. Nach seiner Auffassung werde übersehen, dass § 21a BetrVG der Umsetzung von Art. 6 Abs. 1 UAbs. 4 der Richtlinie 2001/23/EG diene. Dieser fordere aber schon dann Maßnahmen zur Sicherung der Arbeitnehmervertretung, wenn nach einem rechtsgeschäftlichen Übergang überhaupt eine Arbeitnehmervertretung gebildet werden könne. Ausreichend sei die Fähigkeit, überhaupt eine Arbeitnehmervertretung zu bilden, um europarechtlich ein Übergangsmandat zu begründen.[661]

Die Auffassung von *Düwell* ist zu differenzieren. Erfolgt eine Eingliederung in einen Betrieb außerhalb des Betriebsverfassungsgesetzes, in dem eine Arbeitnehmervertretung nach dem dort anwendbaren Arbeitnehmervertretungsrecht besteht, sind die europarechtlichen Forderungen an einen weiter bestehenden Schutz der Arbeitnehmer erfüllt. Die bestehende Arbeitnehmervertretung ist für die eingegliederten Arbeitnehmer ab dem Zeitpunkt der Eingliederung zuständig. Insoweit muss die gleiche Regelung wie bei einer Eingliederung in einen Betrieb mit bestehendem Betriebsrat gelten.[662]

Erfolgt die Eingliederung dagegen in einen Betrieb ohne Arbeitnehmervertretung, besteht eine vergleichbare Situation mit der Eingliederung in einen Betrieb ohne Betriebsrat. Nach der hier vertretenen Auffassung besteht in diesem Fall kein Übergangsmandat, da maßgeblich der in seiner Identität weiter bestehende Betrieb ist.[663] Dies muss auch gelten bei einer Eingliederung in einen Betrieb ohne Arbeitnehmervertretung außerhalb des Betriebsverfassungsgesetzes. Ist maßgeblich auf den Fortbestand des Betriebes und die Bewahrung seiner Identität abzustellen, besteht auch vorliegend kein Übergangsmandat.

659 Vgl. Fitting, § 21a Rn. 13.
660 So auch Richardi/*Thüsing*, § 21a Rn. 12.
661 HaKo-BetrVG/*Düwell*, § 21a Rn. 64.
662 Vgl. oben Ziffer IV. 1 a.
663 Vgl. oben Ziffer IV. 1 b.

d) Zwischenergebnis

Wird ein Betrieb oder Betriebsteil in einen Betrieb mit bestehendem Betriebsrat eingegliedert, entsteht kein Übergangsmandat für den Betriebsrat des eingegliederten Betriebes oder Betriebsteils. Erfolgt die Eingliederung in einen Betrieb ohne Betriebsrat kommt, ein Übergangsmandat ebenfalls nicht in Betracht. Es ist vorrangig auf den Fortbestand des aufnehmenden Betriebes abzustellen. Dessen Identitätswahrung steht einem Übergangsmandat entgegen. Das Übergangsmandat setzt die Bildung eines neuen Betriebes voraus. Dieses Merkmal ist in Fällen der Eingliederung nicht erfüllt. Dieses Ergebnis entspricht der nationalen Rechtsordnung und ist daher auch mit Art. 6 Abs. 1 UAbs. 4 der Richtlinie 2001/23/EG vereinbar. Erfolgt eine Eingliederung in einen Betrieb außerhalb des Betriebsverfassungsgesetzes, kommt ein Übergangsmandat auf Grund der fehlenden Anwendbarkeit des § 21a BetrVG ebenfalls nicht in Betracht.

3. Zusammenfassung von Betrieben und Betriebsteilen

Die Zusammenfassung von Betrieben und Betriebsteilen kann auch durch Bildung eines neuen Betriebes mit neuer Organisation erfolgen. Dabei verlieren die beteiligten Betriebe und Betriebsteile ihre bisherige Identität. Es wird aus ihnen ein neuer Betrieb mit neuer Leitungsstruktur und somit neuer Identität gebildet.[664] Allein die Schaffung einer einheitlichen Betriebsleitung ist jedoch nicht ausreichend, wenn die Identität der bisherigen Betriebe im Übrigen unverändert bleibt.[665] Durch die Zusammenfassung muss eine neue Betriebsidentität geschaffen werden.[666]

Die beteiligten Betriebe und Betriebsteile können alle über einen Betriebsrat verfügen. Genauso kommt jedoch in Betracht, dass nur einige oder nur einer über einen Betriebsrat verfügen. Es stellt sich bei der Zusammenfassung dieser Betriebe und Betriebsteile daher jeweils die Frage, ob ein Übergangsmandat entsteht und welcher Betriebsrat es in diesem Fall wahrnimmt. Nachfolgend werden diese Fragen im Einzelnen untersucht.

---

664 Vgl. Fitting, § 21a Rn. 11; GK-BetrVG/*Kreutz*, § 21a Rn. 59; HWK/*Reichold*, § 21a BetrVG Rn. 9.

665 So ArbG Düsseldorf 24.04.2008 – Az. 6 BV 184/07, juris, Tz. 71.

666 Vgl. BAG 17.01.2007 – Az. 7 ABR 63/05, BAGE 121, 7, 11 Tz. 15; LAG Düsseldorf 22.10.2008 – Az. 7 TaBV 85/08, juris, Tz. 60 ff..

a) In allen Betrieben ist ein Betriebsrat gebildet

Im gesetzlichen Regelfall ist für alle beteiligten Betriebe und Betriebsteile ein Betriebsrat gebildet.[667] Diese Betriebsräte verlieren jeweils mit der Auflösung des Betriebes ihr Mandat. Durch die Zusammenfassung der Betriebe und Betriebsteile zu einem neuen Betrieb liegen die Voraussetzungen des Übergangsmandates nach § 21a Abs. 2 BetrVG vor, soweit der neue Betrieb die Voraussetzungen des § 1 Abs. 1 Satz 1 BetrVG erfüllt.[668]

aa) Träger des Übergangsmandates

Nachdem alle Betriebsräte ihr Mandat durch den Zusammenschluss der Betriebe und Betriebsteile verlieren, stellt sich die Frage, ob jeder Betriebsrat ein Übergangsmandat für seinen früheren Wahlbereich wahrnimmt oder ein Betriebsrat das Übergangsmandat für den neu gebildeten Betrieb ausübt.

Dahinter steht die Frage der Legitimation. Ein Betriebsrat ist für die Belegschaft zuständig, die ihn durch seine Wahl legitimiert hat.[669] Dies würde dafür sprechen, in Fällen der Zusammenfassung jeden betroffenen Betriebsrat ein Übergangsmandat ausüben zu lassen. Andererseits sind in allen Betrieben durch Wahlen legitimierte Betriebsräte gebildet, deren Funktionsnachfolger kraft Gesetzes der das Übergangsmandat wahrnehmende Betriebsrat wird und dieser dadurch seine Legitimation erfährt.[670]

Der Gesetzgeber hat sich zur Lösung dieser Frage in § 21a Abs. 2 Satz 1 BetrVG für eine Kollisionsregelung entschieden. Danach übt der Betriebsrat das Übergangsmandat aus, dem zuvor die meisten wahlberechtigten Arbeitnehmer zugeordnet waren.[671] Es gilt das Prinzip der größeren Zahl.[672] Ein etwaig verbleibendes Legitimationsdefizit nimmt der Gesetzgeber dabei in Kauf.[673] Dieses Ergebnis wahrt das Prinzip der einheitlichen Interessenvertretung im Betrieb.[674]

---

667 GK-BetrVG/*Kreutz*, § 21a Rn. 66.

668 Fitting, § 21a Rn. 13; WPK/*Wlotzke*, § 21a Rn. 17.

669 WHSS/*Hohenstatt*, Kap. D Rn. 82.

670 GK-BetrVG/*Kreutz*, § 21a Rn. 67.

671 DKKW/*Buschmann*, § 21a Rn. 46; Fitting, § 21a Rn. 19; GK-BetrVG/*Kreutz*, § 21a Rn. 71; HaKo-BetrVG/*Düwell*, § 21a Rn. 85; WPK/*Wlotzke*, § 21a Rn. 20.

672 DKKW/*Buschmann*, § 21a Rn. 46; HaKo-BetrVG/*Düwell*, § 21a Rn. 85.

673 HWK/*Reichold*, § 21a BetrVG Rn. 9; Löwisch/Kaiser, § 21a Rn. 22; WPK/*Wlotzke*, § 21a Rn. 24; weitergehend GK-BetrVG/*Kreutz*, § 21a Rn. 67, der die Legitimationskette als gewahrt ansieht.

674 Fitting, § 21a Rn. 18; GK-BetrVG/*Kreutz*, § 21a Rn. 69; WHSS/*Hohenstatt*, Kap. D Rn. 82.

Dem steht nicht entgegen, dass der das Übergangsmandat wahrnehmende Betriebsrat, gemessen an § 9 BetrVG, möglicherweise unterbesetzt ist. Dieser Fall kann auch ohne eine Zusammenfassung eintreten, wie die Regelung in § 13 Abs. 2 Nr. 1 BetrVG zeigt.[675] Zudem bestehen nur geringe Legitimationsdefizite. Die Mandate der Betriebsräte der kleineren Einheiten enden vorzeitig mit dem Wirksamwerden der Zusammenfassung.[676] Dieses Ergebnis ändert sich nicht durch das Übergangsmandat. Vielmehr wird durch dieses der Schutz der Arbeitnehmer erhöht. Im Übrigen verbleibt diesen Betriebsräten das Restmandat nach § 21b BetrVG.[677]

bb) Bestimmung des Trägers

Keine gesetzlichen Vorgaben bestehen jedoch zur Ermittlung des Betriebsrates, der auf Grund der Größe des Betriebes das Übergangsmandat wahrnimmt.

Das Gesetz stellt im Wortlaut allein auf die Zahl der wahlberechtigten Arbeitnehmer ab. Die Bestimmung der wahlberechtigten Arbeitnehmer ergibt sich daher aus § 7 BetrVG und bezieht Leiharbeitnehmer mit ein.[678]

Nicht geregelt ist dagegen der maßgebliche Zeitpunkt für die Ermittlung dieser Anzahl. Als maßgeblicher Zeitpunkt kommen entweder die letzte Betriebsratswahl oder das Wirksamwerden des Zusammenschlusses in Betracht.

(1) Zeitpunkt letzte Wahl

Teilweise wird als maßgeblicher Zeitpunkt die letzte Betriebsratswahl vorgeschlagen.[679] Dies wird damit begründet, dass dieser Zeitpunkt für Rechtsklarheit und Rechtssicherheit sorge und die tatsächliche Betriebsratsgröße berücksichtige.[680] Damit stehe dem Betriebsrat eine größere Zahl von Betriebsratsmitgliedern für das Übergangsmandat zur Verfügung.[681]

---

675 GK-BetrVG/*Kreutz*, § 21a Rn. 69.

676 HaKo-BetrVG/*Düwell*, § 21a Rn. 84.

677 Fitting, § 21a Rn. 18; GK-BetrVG/*Kreutz*, § 21a Rn. 69.

678 Zutreffend GK-BetrVG/*Kreutz*, § 21a Rn. 71; HWK/*Reichold*, § 21a BetrVG Rn. 16; a.A. Löwisch/Kaiser, § 21a Rn. 24, die Leiharbeitnehmer nicht zu den Arbeitnehmern des Betriebes zählen und deswegen nicht berücksichtigen wollen; HaKo-BetrVG/*Düwell*, § 21a Rn. 85 der contra legem die Anzahl der Arbeitnehmer nach § 5 BetrVG zugrunde legen will.

679 Fitting, § 21a Rn. 18; GK-BetrVG/*Kreutz*, § 21a Rn. 71.

680 So Fitting, § 21a Rn. 18.

681 GK-BetrVG/*Kreutz*, § 21a Rn. 71.

Die Arbeitnehmerzahl ermittle sich nach der Eintragung der Wahlberechtigten in die Wählerliste am Tage der letzten Stimmabgabe. Dies schließe Manipulationen aus.[682] Dieser Maßstab werde vom Gesetz auch bei der Stimmgewichtung in § 47 Abs. 7 BetrVG zugrunde gelegt.[683]

(2) Zeitpunkt der Zusammenfassung

Die Gegenauffassung will auf den Zeitpunkt der Zusammenfassung abstellen.[684] Dies wird mit dem Demokratieprinzip begründet.[685] Zudem folge bereits aus dem Wortlaut von § 21a Abs. 2 BetrVG, dass der Gesetzgeber die tatsächliche Anzahl im Zeitpunkt der Zusammenfassung zugrunde legen wollte.[686] Dies entspreche auch der Systematik des Gesetzes, das nur bei der Größe des Gremiums auf den Zeitpunkt der Wahl abstelle, ansonsten für Schwellenwerte aber immer die aktuelle Größe maßgeblich sei.[687] Die Regelung in § 21a Abs. 2 BetrVG habe daher auch eine temporale Komponente, die auf den Zeitpunkt der Zusammenfassung abstelle. Dies werde für alle anderen Tatbestandsmerkmale des § 21a BetrVG unproblematisch angewendet.[688] Ein Abstellen auf den Zeitpunkt der letzten Betriebsratswahl würde zudem bei einer zwischenzeitlichen Änderung der tatsächlichen Verhältnisse zu unbefriedigenden Ergebnissen führen.[689]

(3) Stellungnahme

Überzeugend erscheint die letzte Auffassung. Zutreffend weist diese darauf hin, dass außer für die Größe des Betriebsrates alle Beteiligungsrechte von der tatsächlichen Anzahl der Arbeitnehmer abhängen. Dies gilt insbesondere für die Existenz des Betriebsrates selbst. Sinkt die Belegschaftsstärke unter fünf ständig beschäftigte Arbeitnehmer, endet das Mandat.[690] Die Regelung in § 47

---

682 Fitting, § 21a Rn. 18; GK-BetrVG/*Kreutz*, § 21a Rn. 71; WPK/*Wlotzke*, § 21a Rn. 20.

683 GK-BetrVG/*Kreutz*, § 21a Rn. 71.

684 HWGNRH/*Worzalla*, § 21a Rn. 11; HWK/*Reichold*, § 21a BetrVG Rn. 16; Rieble/Gutzeit, ZIP 2004, 693, 694; Rieble, NZA 2002, 233, 237; Löwisch/Schmidt-Kessel, BB 2001, 2162; Kamp, Scheinbetriebsrat (2006), 30 ff..

685 HWGNRH/*Worzalla*, § 21a Rn. 11; Rieble/Gutzeit, ZIP 2004, 693, 694; Rieble, NZA 2002, 233, 237; Löwisch/Schmidt-Kessel, BB 2001, 2162.

686 Rieble/Gutzeit, ZIP 2004, 693, 694.

687 Rieble/Gutzeit, ZIP 2004, 693, 695.

688 Kamp, Scheinbetriebsrat (2006), 30.

689 Jaeger/*Schuster*, Kap. 4 Rn. 28.

690 BAG 07.04.2004 - Az. 7 ABR 41/03, BAGE 110, 159, 162; DKKW/*Trümner*, § 1 Rn. 257; Fitting, § 1 Rn. 269; GK-BetrVG/*Franzen*, § 1 Rn. 106; HWGNRH/*Rose*, § 1 Rn. 84; Rieble/Gutzeit, ZIP 2004, 693, 696.

Abs. 7 BetrVG, welche die Gegenauffassung heranzieht, führt zu keinem anderen Ergebnis. Vielmehr zeigt gerade diese Ausnahmeregelung, dass nur bei gesonderter gesetzlicher Anordnung die Arbeitnehmerzahl zu einem Stichtag zu beachten ist.[691]

Kein Argument für den Zeitpunkt der Betriebsratswahl als maßgeblich stellen die behaupteten Manipulationsmöglichkeiten des Arbeitgebers dar.[692] Die Belegschaftsstärke liegt in der Organisationshoheit des Arbeitgebers, ebenso wie die Struktur des Betriebes. Dieser entscheidet und beeinflusst die Anzahl der Arbeitnehmer der zusammengefassten Betriebe und Betriebsteile. Hierin liegt keine Manipulation, zumal sich bei beiden Lösungsansätzen durch nachträgliche Strukturänderungen die tatsächliche Arbeitnehmerzahl von der Anzahl der Arbeitnehmer zum Zeitpunkt der Wahl erheblich unterscheiden kann.[693]

Legt man das Prinzip der größeren Zahl als Basis für die gesetzliche Legitimierung des Betriebsrates zur Wahrnehmung des Übergangsmandates zugrunde, ist auf den Zeitpunkt der Zusammenfassung abzustellen.[694]

cc) Zwischenergebnis

Festzuhalten ist damit, dass bei einer Zusammenfassung von Betrieben und Betriebsteilen, für die jeweils ein Betriebsrat besteht, das Übergangsmandat durch den Betriebsrat wahrgenommen wird, der die größte Anzahl an wahlberechtigten Arbeitnehmern vertritt. Es gilt das Prinzip der größeren Zahl. Maßgeblicher Zeitpunkt für diese Festlegung ist der Zeitpunkt der Zusammenfassung. Die Verhältnisse zu diesem Zeitpunkt geben dem Betriebsrat die größtmögliche Legitimation zur Wahrnehmung des Übergangsmandates.

b) Nicht in allen Betrieben besteht ein Betriebsrat

Häufiger wird der Fall vorliegen, dass nicht in allen Betrieben und Betriebsteilen, die zu einem neuen Betrieb zusammengefasst werden, ein Betriebsrat besteht. Zu klären ist, wann in diesen Fällen ein Übergangsmandat entsteht.

---

691 Vgl. HWGNRH/*Worzalla*, § 21a Rn. 11; Rieble/Gutzeit, ZIP 2004, 693, 696.

692 So Fitting, § 21a Rn. 18; GK-BetrVG/*Kreutz*, § 21a Rn. 71.

693 Rieble/Gutzeit, ZIP 2004, 693, 697.

694 Ebenso HWGNRH/*Worzalla*, § 21a Rn. 11; HWK/*Reichold*, § 21a BetrVG Rn. 16; Rieble/Gutzeit, ZIP 2004, 693, 697; Kamp, Scheinbetriebsrat (2006), 31.

aa) Existenz eines Übergangsmandates

Die Frage nach einem Übergangsmandat stellt sich zum einen, wenn bei einer Zusammenfassung nur im größten Betrieb oder Betriebsteil ein Betriebsrat gebildet ist, nicht jedoch in einem weiteren von der Zusammenfassung betroffenen Betrieb oder Betriebsteil. Diese Fragestellung gilt auch, wenn ein Betriebsrat nur im kleineren Betrieb oder Betriebsteil bestanden hat, nicht jedoch im größeren. In der dritten Fallkonstellation stellt sich diese Frage, wenn mehrere Betriebe oder Betriebsteile von der Zusammenfassung betroffen sind und nicht in allen ein Betriebsrat gebildet war, insbesondere nicht im größten von dem Zusammenschluss betroffenen Betrieb oder Betriebsteil.

Teilweise wird die Entstehung des Übergangsmandates vom Bestehen eines Betriebsrates im größten Betrieb abhängig gemacht. Die Gegenauffassung will ein Übergangsmandat grundsätzlich annehmen, sobald ein Betrieb oder Betriebsteil durch einen Betriebsrat vertreten worden ist. Nachfolgend wird untersucht, unter welchen Voraussetzungen ein Übergangsmandat bei der Zusammenfassung von Betrieben oder Betriebsteilen in diesen Konstellationen in Betracht gezogen werden muss.

(1) Ablehnung eines Übergangsmandates

Die Ausdehnung des Übergangsmandates im Falle einer Zusammenfassung auf die zuvor nicht durch einen Betriebsrat vertretenen Teile des neu gebildeten Betriebes war stets umstritten.

Bereits zu § 321 UmwG a.F. bestand der Streit, ob sich das Übergangsmandat bei einer Zusammenfassung auch auf zuvor betriebsratslose Teile erstreckt. Dies wurde abgelehnt.[695]

Nachdem der Gesetzgeber trotz dieses Streites keine ausdrückliche Regelung getroffen habe, wird dem Wortlaut in § 21a Abs. 2 BetrVG daher eine gesteigerte Bedeutung zugemessen.[696] Nach dem Wortlaut übt aber der Betriebsrat das Übergangsmandat aus, der die größere Anzahl an Arbeitnehmern vertrete. Ist der größte Betrieb oder Betriebsteil beim Zusammenschluss betriebsratslos, führe dies dazu, dass kein Übergangsmandat entstehe, da dieser Betrieb keinen Betriebsrat habe.[697]

695 Vgl. Kallmeyer/*Willemsen*, 2. Aufl., § 321 Rn. 9.

696 Lingemann, NZA 2002, 934, 945.

697 HWGNRH/*Worzalla*, § 21a Rn. 11; Feudner, DB 2003, 882, 885; Rieble, NZA 2002, 233, 238.

Das Übergangsmandat setze daher das Bestehen eines Betriebsrates im größten Betrieb oder Betriebsteil voraus.[698]

Dieser verfüge zudem über die größte demokratische Legitimation zur Vertretung der Arbeitnehmer.[699] Die fehlende demokratische Legitimation stehe daher der Wahrnehmung des Übergangsmandates durch einen Betriebsrat einer kleineren Einheit entgegen.[700] Auch die Kollisionsregel in § 21a Abs. 2 BetrVG stelle auf die größere Anzahl der Arbeitnehmer ab. Haben diese keinen Betriebsrat, bestehe kein Übergangsmandat.[701] Die betriebsverfassungsrechtlichen Zuständigkeiten sollen durch § 21a BetrVG lediglich erhalten, nicht erweitert werden.[702]

Zur Legitimation des Betriebsrates im Übergangsmandat ersetze das Gesetz die Wahl durch das Prinzip der größeren Zahl. Dies erfordere das Bestehen eines Betriebsrates im größten Betrieb oder Betriebsteil, da sonst die Minderheit über die Mehrheit herrsche.[703] Die Mitglieder der größten Belegschaft seien vor Fremdbestimmung zu schützen.[704]

Ein nur partielles Übergangsmandat für die Arbeitnehmer, die zuvor durch einen Betriebsrat vertreten worden sind, sei ebenfalls abzulehnen. Eine Zweiteilung der Belegschaft in einen Teil, vertreten durch einen Betriebsrat im Übergangsmandat, und einen Teil ohne Vertretung sei nicht möglich.[705]

Nach dieser Auffassung setzt die Entstehung eines Übergangsmandates daher immer voraus, dass im größten der zusammengeschlossenen Betriebe oder Betriebsteile zuvor ein Betriebsrat bestanden hat.

(2) Anerkennung eines Übergangsmandates

Die Gegenauffassung weist daraufhin, dass das Gesetz nicht differenziere zwischen Betrieben mit oder ohne Betriebsrat.[706] Vielmehr sei es Ziel des Gesetzgebers, betriebsratslose Zeiten infolge einer betrieblichen Umstrukturierung zu

---

698 Reichold, NZA 2001, 857, 859.

699 HWGNRH/*Worzalla*, § 21a Rn. 11.

700 Reichold, NZA 2001, 857, 859; Richardi/Annuß, DB 2001, 41, 44; Willemsen/Hohenstatt, DB 1997, 2609, 2612.

701 Feudner, DB 2003, 882, 885; Rieble, NZA 2003, Sonderbeilage Heft 16, 62, 65; Willemsen/Hohenstatt, DB 1997, 2609, 2613.

702 HWGNRH/*Worzalla*, § 21a Rn. 11; Gaul/Bonanni, ArbRB 2002, 46, 50.

703 Rieble, NZA 2003, Sonderbeilage Heft 16, 62, 65; Rieble, NZA 2002, 233, 237.

704 Rieble, NZA 2002, 233, 237.

705 Rieble, NZA 2002, 233, 237.

706 Worzalla, FA 2001, 261, 263; Stöckel, Amt des Betriebsrats (2011), 162.

vermeiden.[707] Dies zeige sich auch in § 17 Abs. 2 BetrVG.[708] Eine Ablehnung eines Übergangsmandates würde daher dem Zweck des § 21a BetrVG widersprechen.[709]

Die Ablehnung eines Übergangsmandates in diesen Fällen würde dazu führen, dass Arbeitnehmer in Betrieben mit Betriebsrat allein auf Grund der Tatsache der Zusammenfassung mit größeren, betriebsratslosen Betrieben den Schutz durch einen Betriebsrat verlieren.[710] Dies sei mit dem Schutzzweck des Übergangsmandates nicht vereinbar.[711] Zumindest bei unternehmensübergreifenden Zusammenschlüssen wäre zudem das Unionsrecht verletzt, da die Richtlinie 2001/23/EG für diesen Fall ein Übergangsmandat fordere.[712]

Zudem beschränke sich die Kollisionsregel in § 21a Abs. 2 BetrVG auf die Bestimmung des Betriebsrates, der das Übergangsmandat wahrnehme, soweit hierfür mehrere Betriebsräte in Betracht kommen.[713] Eine weitergehende Aussage lasse sich daher aus dieser Regelung nicht gewinnen.

Das Übergangsmandat scheitere auch nicht an einer fehlenden Legitimation. Das Legitimationsdefizit sei nicht größer als in den Fällen der Eingliederung.[714] Der Legitimation komme zudem keine entscheidende Bedeutung bei. Dies zeige sich an § 13 Abs. 2 Nr. 1 BetrVG, der eine Neuwahl bei Änderungen der Betriebsgröße von den Verhältnissen an einem Stichtag abhängig macht.[715] Den bestehenden Konflikt zwischen Amtskontinuität und demokratischer Legitimation habe der Gesetzgeber durch das Übergangsmandat gelöst.[716]

Dem Interesse der Minderheit an einer Vermeidung einer vertretungslosen Zeit räume der Gesetzgeber Vorrang ein gegenüber möglichen Legitimationsdefiziten und dem Interesse der Mehrheit am Schutz vor einem Betriebsrat.[717] Ein Übergangsmandat entstehe daher auch dann, wenn nur in den kleineren Einheiten ein

---

707 ArbG Frankfurt/Main, 24.09.2001 - Az. 15/18 BV 187/01, AiB 2002, 629, 630; Däubler, ArbuR 2001, 285, 289.

708 Lepper/Wiesinger, AuA 2002, 204, 208.

709 Fitting, § 21a Rn. 11, 19; Kreutz in Gedächtnisschrift Sonnenschein (2003), 829, 841.

710 Fitting, § 21a Rn. 19.

711 GK-BetrVG/*Kreutz*, § 21a Rn. 72.

712 Fitting, § 21a Rn. 19; GK-BetrVG/*Kreutz*, § 21a Rn. 72.

713 Fitting, § 21a Rn. 11; WPK/*Wlotzke*, § 21a Rn. 17.

714 DKKW/*Buschmann*, § 21a Rn. 44; Löwisch/Kaiser, § 21a Rn. 22; Richardi/*Thüsing*, § 21a Rn. 11; Lepper/Wiesinger, AuA 2002, 204, 208.

715 Gaul, Betriebs- und Unternehmensaufspaltung, § 27 Rn. 80; Gaul/Bonanni, ArbRB 2002, 46, 50.

716 DKKW/*Buschmann*, § 21a Rn. 44; Fischer, RdA 2005, 39, 41.

717 Weiss/Raffler in FS Spiegelhalter (2009), 944, 947.

Betriebsrat bestanden hat.[718] Die Problematik habe der Gesetzgeber im Gesetzgebungsverfahren diskutiert. Eine gesetzliche Regelung sei nicht erfolgt, daher bestehe keine Begrenzung des Übergangsmandates auf die vorher vertretenen Arbeitnehmer.[719]

Gegen die Auffassung, dass Voraussetzung des Übergangsmandates das Bestehen eines Betriebsrates im größten Betrieb sei, spreche auch der Umstand, dass die Zusammenfassung unter Auflösung der betrieblichen Identitäten erfolge. Damit verliere auch der größte Betrieb seine Identität.[720]

Das Gesetz sehe keine Zweiteilung der Belegschaft in einen Teil mit einer Vertretung durch einen Betriebsrat im Übergangsmandat und einen Teil ohne eine solche Vertretung vor.[721] Der zu bestellende Wahlvorstand werde für den ganzen Betrieb gebildet und führe für diesen eine Betriebsratswahl durch.[722]

Aus diesen Gründen erfasse das Übergangsmandat alle Betriebe und damit auch solche, die vor der Zusammenfassung ohne Vertretung durch einen Betriebsrat waren.[723] Das Übergangsmandat bestehe wegen des Grundsatzes der einheitlichen Ausübung der Mitbestimmungsrechte für den ganzen Betrieb. Hat im größten Betrieb kein Betriebsrat bestanden, nehme der Betriebsrat der nächst größeren Einheit das Übergangsmandat wahr.[724]

(3) Einschränkung des Übergangsmandates

Kittner dagegen will einschränkend ein Übergangsmandat nur für die Arbeitnehmer annehmen, die bereits vor der Zusammenfassung durch einen Betriebsrat vertreten worden sind. Die dadurch erfolgende Zweiteilung der Belegschaft sei

---

718 DKKW/*Buschmann*, § 21a Rn. 43; Fitting, § 21a Rn. 19; Schaub/*Koch*, § 219 Rn. 17b.

719 HaKo-BetrVG/*Düwell*, § 21a Rn. 70.

720 WHSS/*Hohenstatt*, Kap. D Rn. 87.

721 HaKo-BetrVG/*Düwell*, § 21a Rn. 70; Richardi/*Thüsing*, § 21a Rn. 11; WPK/*Wlotzke*, § 21a Rn. 23; Gaul/Bonanni, ArbRB 2002, 46, 50.

722 Richardi/*Thüsing*, § 21a Rn. 11.

723 Fitting, § 21a Rn. 11; GK-BetrVG/*Kreutz*, § 21a Rn. 68, 72; WPK/Wlotzke, § 21a Rn. 17, 23; Gaul, Betriebs- und Unternehmensaufspaltung, § 27 Rn. 84; Engels/Trebinger/Löhr-Steinhaus, DB 2001, 532, 534; Löwisch/Schmidt-Kessel, BB 2001, 2162, 2164.

724 DKKW/*Buschmann*, § 21a Rn. 43; ErfK/*Koch*, § 21a BetrVG Rn. 4; Fitting, § 21a Rn. 19; GK-BetrVG/*Kreutz*, § 21a Rn. 73; HaKo-BetrVG/*Düwell*, § 21a Rn. 71; Löwisch/Kaiser, § 21a Rn. 22; Richardi/*Thüsing*, § 21a Rn. 11; WHSS/*Hohenstatt*, Kap. D Rn. 88; Däubler, ArbuR 2001, 285, 289; Engels/Trebinger/Löhr-Steinhaus, DB 2001, 532, 534; Hanau, NJW 2001, 2513, 2515; Worzalla, FA 2001, 261, 263.

im Gesetz selbst angelegt, wie § 5 Abs. 3 BetrVG hinsichtlich der leitenden Angestellten als auch die Behandlung der Leiharbeitnehmer im Rahmen des Gesetzes zeige.[725]

Nach seiner Auffassung übergeht die Meinung, die das Bestehen des Übergangsmandates von der Existenz eines Betriebsrates in der größten zusammengefassten Einheit abhängig macht, den Willen der Arbeitnehmer in der kleineren Einheit. Dem Grundsatz der Kontinuität des Betriebsrates werde der Vorrang vor dessen demokratischer Legitimation eingeräumt, ohne dass dies begründet werde.[726]

Zudem schaffe dies Missbrauchsmöglichkeiten. Würden zuerst zwei kleinere betriebsratslose Betriebe zusammengefasst und erst dann die Zusammenführung mit einem dritten Betrieb, für den ein Betriebsrat gebildet worden ist, erfolgen, würde ein Übergangsmandat nicht entstehen. Keine Lösung biete diese Auffassung für die bestehenden Legitimationsdefizite. Es würde auch nach dieser Meinung zuvor nicht durch einen Betriebsrat vertretenen Arbeitnehmern nunmehr eine Arbeitnehmervertretung aufgezwungen.[727]

(4) Stellungnahme

Aus dem dargestellten Meinungsstand ergibt sich, dass weder die Formulierung der Norm eindeutig ist, noch der gesetzgeberische Wille klar zum Ausdruck kommt. Zur Erforschung des Regelungsgehaltes des § 21a Abs. 2 BetrVG ist dieser daher auszulegen.

(aa) Europarechtliche Auslegung

Dabei ist zu berücksichtigen, dass nach der amtlichen Anmerkung § 21a BetrVG der Umsetzung des Art. 6 der Richtlinie 2001/23/EG des Rates vom 12.03.2001 dient. Ausgangspunkt für das Verständnis der Norm müssen daher die europarechtlichen Anforderungen an das Übergangsmandat sein.

Ziel der Richtlinie ist es, die kontinuierliche Vertretung der Arbeitnehmer gerade während einer betrieblichen Umstrukturierung zu gewährleisten.[728] Dafür fordert Art. 6 Abs. 1 UAbs. 4 der Richtlinie, dass die vor dem Übergang vertretenen Arbeitnehmer während des erforderlichen Zeitraumes für eine Neubildung im Einklang mit dem nationalen Recht angemessen vertreten werden. Hieraus

725 Kittner, NZA 2012, 541, 545.
726 So Kittner NZA 2012, 541, 545.
727 So Kittner, NZA 2012, 541, 544.
728 Vgl. Kap. 2 II.

folgt, dass für die bisher vertretenen Arbeitnehmer eine angemessene Vertretung für einen Übergangszeitraum durch den nationalen Gesetzgeber sichergestellt werden muss. Daraus ergibt sich weiter, dass ein vollständiger Ausschluss des Übergangsmandates bei Betriebsratslosigkeit des größten Betriebes mit der Richtlinie nicht in Übereinstimmung zu bringen ist. Vielmehr erfordert die Richtlinie, dass eine angemessene Vertretung der bisher vertretenen Arbeitnehmer sichergestellt wird.

Dem kann nicht entgegen gehalten werden, dass die Richtlinie Fälle der unternehmensinternen Umstrukturierung mangels Überganges auf einen anderen Rechtsträger nicht erfasst. Dies ist zwar grundsätzlich zutreffend, übersieht aber die gesetzgeberische Begründung für die Einführung des § 21a BetrVG. Dieser dient ausdrücklich der Umsetzung der Richtlinie. Nachdem § 21a Abs. 3 BetrVG, der die unternehmensexternen Umstrukturierungen erfasst und für den die Richtlinie Anwendung findet, ausdrücklich § 21a Abs. 1 und 2 BetrVG für anwendbar erklärt, muss im Sinne einer einheitlichen Rechtsanwendung für die Auslegung von § 21a Abs. 2 BetrVG die Richtlinie maßgeblich sein. Nur so können Wertungswidersprüche zwischen unternehmensinternen und unternehmensexternen Umstrukturierungen von Betrieben vermieden werden.

Die Richtlinie klärt jedoch nicht die Frage, ob das Übergangsmandat auf betriebsratslose Betriebe im Falle einer Zusammenfassung auszudehnen ist. Die Frage ist daher weiter anhand der nationalen Auslegungskriterien zu untersuchen.

(bb) Logisch-grammatikalische Auslegung

Der Wortlaut des § 21a Abs. 2 BetrVG legt fest, dass der Betriebsrat des nach Zahl der Arbeitnehmer größten Betriebes das Übergangsmandat wahrnimmt. Dabei trifft der Gesetzestext keine Aussagen darüber, ob für die Ermittlung des größten Betriebes alle Betriebe zu betrachten sind, auch die ohne Betriebsrat, oder es sich um eine reine Kollisionsregel für die Betriebe mit Betriebsrat handelt, im Übrigen aber alle Betriebe erfasst werden.

Aus den Wortlaut kann man daher sowohl darauf schließen, dass ein Übergangsmandat voraussetzt, dass im größten Betrieb ein Betriebsrat besteht, da dieser das Übergangsmandat wahrnimmt. Ist der größte Betrieb ohne Betriebsrat, kommt es nicht zu einem Übergangsmandat.[729] Ebenso kann aus dem Wortlaut auch der gegenteilige Schluss gezogen werden, dass es sich bei § 21a Abs. 2 BetrVG um eine reine Kollisionsregel handelt, die lediglich die Wahrnehmung

---

729 So HWGNRH/*Worzalla*, § 21a Rn. 11; Feudner, DB 2003, 882, 885; Rieble, NZA 2002, 233, 238.

des Übergangsmandates regelt, es aber nicht vom Bestand eines Betriebsrates im größten Betrieb abhängig macht.[730]

Der Wortlaut des § 21a Abs. 2 Satz 1 BetrVG ist daher nicht eindeutig. Aus ihm lässt sich nicht ableiten, ob ein Übergangsmandat bei Zusammenfassungen von Betrieben und Betriebsteilen das Bestehen eines Betriebsrates im größten Betrieb oder Betriebsteil voraussetzt, oder die Existenz eines Betriebsrates in einem der zusammengefassten Betriebe oder Betriebsteile ausreichend ist.

(cc) Historische Auslegung

Mit der Einführung des § 21a BetrVG hat der Gesetzgeber die Regelungen in den Spezialgesetzen § 13 Abs. 1 Satz 2 SpTrUG, § 6b Abs. 9 Satz 2 VermG, § 20 DBGrG sowie in § 321 UmwG a.F. aufgehoben. Das Übergangsmandat wurde als allgemeiner Rechtsgrundsatz im Betriebsverfassungsgesetz verankert.[731]

Bereits zu § 321 Abs. 2 UmwG a.F.[732] wurden verschiedene Auffassungen über die Entstehung eines Übergangsmandates in diesen Fallkonstellationen vertreten. Teilweise wurde angenommen, dass ein Übergangsmandat nur in Betracht komme, wenn im größten Betrieb ein Betriebsrat besteht.[733] Dies würde dafür sprechen, auch vorliegend den Text des § 21a Abs. 2 Satz 1 BetrVG dahin gehend zu verstehen, dass ein Übergangsmandat das Bestehen eines Betriebsrates im größten Betrieb voraussetzt.

Nach einer anderen Auffassung reiche das Bestehen eines Betriebsrates in einem der zusammengefassten Betriebe oder Betriebsteile aus für das Entstehen des Übergangsmandates. Dieses wurde dann auf die zuvor vertretenen Arbeitnehmer beschränkt.[734]

Der Gesetzgeber hat diesen Streit jedoch nicht zum Anlass genommen, bei Einführung des § 21a Abs. 2 BetrVG für Klarheit zu sorgen. Stattdessen hat er nahezu unverändert den Wortlaut von § 321 Abs. 2 UmwG a.F. in § 21a Abs. 2 BetrVG übernommen. Aufgrund des nicht entschiedenen Meinungsstreites ergeben sich aus der historischen Auslegung damit keine Anhaltspunkte für die Reichweite des Übergangsmandates in diesen Fällen.

---

730 So Fitting, § 21a Rn. 11; WPK/*Wlotzke*, § 21a Rn. 17.

731 Vgl. BT-Drucks. 14/5741, 39.

732 I.d.F. vom 28.10.1994, BGBl. 1994 I, 3210.

733 Vgl. Kallmeyer/*Willemsen*, 2. Aufl., § 321 Rn. 9.

734 Lutter/*Joost*, § 321 UmwG Rn. 22.

(dd) Systematische Auslegung

Das Betriebsverfassungsgesetz geht von einer einheitlichen Wahrnehmung der Mitbestimmungsrechte aus.[735] Dies setzt voraus, dass für einen Betrieb nur ein Betriebsrat zuständig ist, der alle Arbeitnehmer dieses Betriebes vertritt.

Durch die Zusammenfassung der Betriebe und Betriebsteile ist ein neuer, einheitlicher Betrieb mit einer eigenen Leitung in personellen und sozialen Angelegenheiten entstanden. Die zuvor bestehenden Betriebe und Betriebsteile haben durch die Zusammenfassung ihre Identität verloren und sind untergegangen.[736] Für diesen ist ein einheitlicher Wahlvorstand zu bilden, der die Wahl zu einem Betriebsrat für den neu entstanden Betrieb durchführt.[737]

Hierin liegt auch der systematische Unterschied zur Eingliederung von Betrieben oder Betriebsteile mit einem Betriebsrat in einen größeren, betriebsratslosen Betrieb. Die Identität des aufnehmenden größeren Betriebes bleibt gewahrt. Dies rechtfertigt es, den Betriebsrat ohne Übergangsmandat untergehen zu lassen. Die Kontinuität der Betriebsidentität, als maßgeblicher Ansatzpunkt der Betriebsverfassung, muss Vorrang vor der Amtskontinuität haben, die sich aus der Betriebsidentität ableitet. Hingegen verlieren bei der Zusammenfassung alle beteiligten Betriebe und Betriebsteile ihre Identität. Damit ist die Kontinuität der Betriebsidentität nicht mehr gegeben, die der Amtskontinuität vorgehen würde. In diesem Fall kommt der Grundsatz der Amtskontinuität zum Tragen und damit die Entstehung des Übergangsmandates zu deren Sicherung.[738]

Die einheitliche Ausübung der Mitbestimmungs- und Mitwirkungsrechte bedingt daher, dass auch das Übergangsmandat einheitlich für den neu entstandenen Betrieb ausgeübt wird. Weiter hat dieser Grundsatz zur Folge, dass alle Arbeitnehmer vom Übergangsmandat umfasst werden. Es kann nicht darauf ankommen, ob alle Arbeitnehmer zuvor durch einen Betriebsrat vertreten worden sind.[739] Aus dem Grundsatz der einheitlichen Wahrnehmung der Mitbestimmung folgt die Vertretung aller Arbeitnehmer des neu entstandenen Betriebes durch den Betriebsrat, der das Übergangsmandat wahrnimmt. Eine Zweiteilung der Belegschaft für die Dauer des Übergangsmandates ist nicht praktikabel, da die

735 HaKo-BetrVG/*Düwell*, § 21a Rn. 70; Richardi/*Thüsing*, § 21a Rn. 11; WPK/*Wlotzke*, § 21a Rn. 23; Gaul/Bonanni, ArbRB 2002, 46, 50.

736 Richardi/*Thüsing*, § 21a Rn. 10; WHSS/*Hohenstatt*, Kap. D Rn. 87.

737 Ebenso Richardi/*Thüsing*, § 21a Rn. 11.

738 Vgl. hierzu auch WHSS/*Hohenstatt*, Kap. D Rn. 87.

739 So aber Kittner NZA 2012, 541, 545.

Mitbestimmungsrechte entweder für die gesamte Belegschaft wahrgenommen werden müssen oder eben nicht.[740]

Die systematische Auslegung spricht daher dafür, das Übergangsmandat des Betriebsrates auf den ganzen neu gebildeten Betrieb auszudehnen, unabhängig davon, in welchem der zusammengefassten Betriebe oder Betriebsteile zuvor ein Betriebsrat bereits gebildet war.

Der für die Wahrnehmung des Übergangsmandates zuständige Betriebsrat ermittelt sich nach § 21a Abs. 2 Satz BetrVG. Der Betriebsrat, der die größte Anzahl an wahlberechtigten Arbeitnehmern vertritt, würde somit das Übergangsmandat ausüben.

(ee) Ratio legis

Absicht des Gesetzgebers bei Schaffung des § 21a BetrVG war die Schließung von Schutzlücken bei betrieblichen Umstrukturierungen sowie die Umsetzung der europarechtlichen Vorgaben aus Art. 6 Abs. 1 der Richtlinie 2001/23/EG.[741] Der Gesetzgeber will ausdrücklich mit § 21a BetrVG die Entstehung betriebsratsloser Zeiten infolge betrieblicher Umstrukturierungen verhindern. Etwaige Legitimationsdefizite nimmt das Gesetz hin, zumal es in § 1 Abs. 1 BetrVG davon ausgeht, dass in jedem Betrieb ein Betriebsrat besteht.

Dieser Schutzgedanke des Gesetzes erfordert aber ein Übergangsmandat, das allein vom Bestand eines Betriebsrates in einem der zusammengefassten Betriebe oder Betriebsteile abhängt. Nur so kann der Schutz der bisher vertretenen Arbeitnehmer gewährleistet bleiben und der Zweck des Gesetzes erfüllt werden.[742] Damit entsteht bei Zusammenfassungen von Betrieben und Betriebsteilen stets ein Übergangsmandat, wenn für eine der betrieblichen Einheiten ein Betriebsrat besteht.

Ein damit entstehendes Legitimationsdefizit des Betriebsrates im Übergangsmandat fällt demgegenüber nicht ins Gewicht.[743] Der nach dem Verlust der Betriebsidentität in den Vordergrund tretende Aspekt der Amtskontinuität als auch die unionsrechtlichen Vorgaben zum Schutz der betroffenen Arbeitnehmer führen zwangsläufig zu diesem Defizit.[744] Aufgrund der zeitlichen Einschränkung des

---

740 Ebenso WHSS/*Hohenstatt*, Kap. D Rn. 87; die Probleme seiner entgegenstehenden Auffassung muss auch *Kittner* einräumen, NZA 2012, 541, 546.

741 Vgl. amtl. Begründung BT-Drucks. 14/5741, 39.

742 A.A. Kittner, NZA 2012, 541, 545.

743 A.A. Kittner, NZA 2012, 541, 545.

744 So auch Fitting, § 21a Rn. 18.

Übergangsmandates und der Vorgabe zeitnaher Neuwahlen des Betriebsrates kann dieses Defizit in diesem Fall jedoch hingenommen werden.[745]

Die Festlegung in § 21a Abs. 2 Satz 1 BetrVG, der Betriebsrat des nach Anzahl der Arbeitnehmer größten Betriebes nehme das Übergangsmandat wahr, ist eine reine Kollisionsregel. Aus ihr ergibt sich, welcher Betriebsrat von mehreren in Betracht kommenden das Übergangsmandat ausübt. Es handelt sich nicht um eine Voraussetzung für die Entstehung des Übergangsmandates.

bb) Zwischenergebnis

Die Auslegung des § 21a Abs. 2 Satz 1 BetrVG ergibt, dass für die Entstehung eines Übergangsmandates bei der Zusammenfassung von Betrieben und Betriebsteilen die Existenz eines Betriebsrates für eine der zusammengeschlossenen betrieblichen Einheiten ausreichend ist. Hierfür sprechen neben den europarechtlichen Vorgaben der Richtlinie 2001/23/EG insbesondere die systematische Auslegung der Vorschrift als auch die Absicht des Gesetzgebers.[746]

Der Schutzzweck der Vorschrift kann nur erreicht werden, wenn die Existenz eines Betriebsrates für eine der zusammengefassten Einheiten bereits das Übergangsmandat für den ganzen entstandenen Betrieb entstehen lässt. Nur in diesem Fall bleibt der Grundsatz der einheitlichen Wahrnehmung der Mitbestimmungsrechte gewahrt.

Der Zusammenschluss von Betrieben und Betriebsteilen führt daher immer zur Entstehung eines Übergangsmandates, wenn in einer der beteiligten Einheiten ein Betriebsrat bestanden hat.[747] Die Wahrnehmung erfolgt durch den Betriebsrat, der die größte Anzahl wahlberechtigter Arbeitnehmer vertritt. Hierbei muss es sich nicht um den nach Anzahl der Arbeitnehmer größten Betrieb oder Betriebsteil handeln. In allen drei Fallkonstellationen entsteht daher ein Übergangsmandat. Dieses nimmt der Betriebsrat wahr, der die zahlenmäßig stärkste Belegschaft vertreten hat. Dabei muss es sich nicht um den größten Betrieb oder Betriebsteil im Rahmen der Zusammenfassung handeln.

---

745 Fitting, § 21a Rn. 18; Richardi/*Thüsing*, § 21a Rn. 11.

746 Ebenso Bischoff, Übergangsmandat (2004), 137.

747 DKKW/*Buschmann*, §21a Rn. 43; Fitting, § 21a Rn. 19; GK-BetrVG/*Kreutz*, § 21a Rn. 73; HaKo-BetrVG/*Düwell*, § 21a Rn. 71; WPK/*Wlotzke*, § 21a Rn. 20; Fischer, RdA 2005, 39, 40; Hanau, NJW 2001, 857, 859.

c) Mit Betrieben außerhalb des BetrVG

Die Zusammenfassung von Betrieben und Betriebsteilen kann auch mit Betrieben außerhalb des Anwendungsbereiches des Betriebsverfassungsgesetzes erfolgen. Eine Eingliederung in einen Betrieb außerhalb des Gesetzes führt nicht zur Entstehung eines Übergangsmandates.[748] Es stellt sich die Frage, ob dies auch bei einer Zusammenfassung mit Betrieben außerhalb des Betriebsverfassungsgesetzes gilt oder in diesem Fall ein Übergangsmandat denkbar ist.

Bei der Zusammenfassung mit Betrieben und Betriebsteilen aus dem öffentlichen Dienst oder dem kirchlichen Bereich ist denkbar, dass der neu entstandene Betrieb zukünftig dem Betriebsverfassungsgesetz unterfällt. Im Hinblick auf den dargelegten Schutzzweck der Regelung[749] ist ein Übergangsmandat auch in diesem Fall anzunehmen. Dieses wird nach dem Wortlaut des § 21a Abs. 2 Satz 1 BetrVG vom Betriebsrat des größten Betriebes wahrgenommen. Soweit dieser Betrieb oder Betriebsteil zuvor durch eine Personalvertretung oder einer Mitarbeitervertretung vertreten wurde, verlieren diese mit dem Wechsel in den Geltungsbereich des Betriebsverfassungsrechtes ihre gesetzliche Grundlage und damit ihr Mandat. Die bisher nach dem Personalvertretungsrecht oder kirchlichen Mitbestimmungsrecht vertretenen Betriebe und Betriebsteile sind somit ohne Arbeitnehmervertretung. Dies rechtfertigt es, diese Betriebe und Betriebsteile im Falle der Zusammenfassung als betriebsratslos zu behandeln. Der Betriebsrat des größten Betriebes, der zuvor nach dem Betriebsverfassungsgesetz bestanden hat, nimmt das Übergangsmandat bis zur Neuwahl wahr.

Fraglich ist die Entstehung eines Übergangsmandates, wenn der neue Betrieb außerhalb des Geltungsbereiches des Betriebsverfassungsgesetzes liegt. Hier ist zunächst an die Möglichkeit zu denken, dass ein Übergangsmandat des Personalrates oder der Mitarbeitervertretung in Betracht kommt, soweit nach den anzuwendenden Gesetzes diese Möglichkeit besteht.

Eine Zusammenfassung mit Betrieben und Betriebsteilen, die zur Entstehung eines Betriebes außerhalb des Betriebsverfassungsgesetzes führt, ist in der Regel mit einem Wechsel des Rechtsträgers verbunden. Damit ist der Anwendungsbereich von Art. 6 Abs. 1 der Richtlinie 2001/23/EG eröffnet. Diese fordert bei Verlust der Arbeitnehmervertretung auf Grund einer betrieblichen Umstrukturierung die Sicherstellung einer angemessenen Vertretung der Arbeitnehmer bis zur Neubildung der Interessenvertretung entsprechend den nationalen Regelungen.

---

748 Vgl. oben Ziffer IV. 1 c.

749 Vgl. oben Ziffer IV. 2 b.

Besteht ein Übergangsmandat eines Personalrates oder einer Mitarbeitervertretung für den neu gebildeten Betrieb, sind die Arbeitnehmer weiterhin durch eine Interessenvertretung geschützt. Die europarechtlichen Forderungen sind erfüllt.

Als weitere Möglichkeit ist der Fall zu betrachten, dass entweder ein Übergangsmandat eines Personalrates oder einer Mitarbeitervertretung rechtlich nicht vorgesehen ist oder diese Arbeitnehmervertretungen nicht bestehen. In diesem Fall werden die Arbeitnehmer bei der Zusammenfassung nicht durch eine Interessenvertretung geschützt. Die Forderungen der Richtlinie nach einem Schutz der Arbeitnehmer werden nicht erfüllt.

Fraglich ist, ob diese Schutzlücke durch eine europarechtskonforme Auslegung geschlossen werden kann. Damit soll der Richtlinie zur Wirksamkeit verholfen werden. Allerdings wird die europarechtskonforme Auslegung durch die Entscheidungen des nationalen Gesetzgebers begrenzt. Diese stehen vorliegend einer europarechtskonformen Auslegung entgegen. Der nationale deutsche Gesetzgeber hat die Geltungsbereiche der einzelnen Gesetze zur betrieblichen Mitbestimmung gegeneinander abgegrenzt. Diese nationalen Einschränkungen können im Wege der Auslegung nicht überwunden werden.

Es kommt daher nicht in Betracht, im Wege der Auslegung das Übergangsmandat nach § 21a Abs. 2 Satz 1 BetrVG auf Betriebe im Bereich der Personalvertretungsgesetze oder kirchlichen Mitbestimmung auszudehnen.[750] Dies setzt eine gesetzliche Regelung voraus.

Für den Fall der Zusammenfassung in einen Betrieb außerhalb des Betriebsverfassungsgesetzes kommt daher ein Übergangsmandat des Betriebsrates auch dann nicht in Betracht, wenn weder ein Personalrat noch eine Mitarbeitervertretung ein Übergangsmandat für den neu gebildeten Betrieb wahrnehmen. Diese europarechtswidrige Lücke kann nur durch den Gesetzgeber geschlossen werden.

4. Ergebnis

Erfolgt die Zusammenfassung von Betrieben und Betriebsteilen im Wege einer Eingliederung, kommt ein Übergangsmandat des Betriebsrates des eingegliederten Betriebes oder Betriebsteiles nicht in Betracht. Dies gilt unabhängig davon,

750 Ebenso HWK/*Reichold*, § 21a BetrVG Rn. 21; für den umgekehrten Fall ebenfalls ablehnend LAG Köln 10.03.2000 - Az. 13 TaBV 9/00, NZA-RR 2001, 423; 11.02.2000 - Az. 4 TaBV 2/00, NZA-RR 2001, 87; Pawlak/Leydecker, ZTR 2008, 74.

ob im aufnehmenden Betrieb ein Betriebsrat besteht oder nicht. Maßgeblich ist insoweit allein die Tatsache, dass der aufnehmende Betrieb seine Identität bewahrt.

Dagegen entsteht bei der Zusammenfassung von Betrieben und Betriebsteilen unter Auflösung von deren bisheriger Identität und Bildung eines neuen Betriebes stets ein Übergangsmandat. Ausreichend ist, dass in einem der zusammengefassten Betriebe oder Betriebsteile ein Betriebsrat bestanden hat. Das Übergangsmandat wird von dem Betriebsrat wahrgenommen, der die meisten wahlberechtigten Arbeitnehmer vertritt. Ist der größte Betrieb betriebsratslos, fällt das Amt dem Betriebsrat im nächst kleineren Betrieb anheim.

Erfolgt eine Zusammenfassung mit Betrieben außerhalb des Anwendungsbereiches des Betriebsverfassungsgesetzes, ist zu differenzieren: Ist das Betriebsverfassungsrecht weiterhin anwendbar, nimmt der Betriebsrat des Betriebes mit den meisten Wahlberechtigten das Übergangsmandat wahr. Findet das Betriebsverfassungsrecht dagegen keine Anwendung mehr, entsteht auch dann kein Übergangsmandat, wenn im neu gebildeten Betrieb keine Interessenvertretung der Arbeitnehmer nach den Personalvertretungsgesetzen oder kirchlichem Recht besteht. Diese europarechtswidrige Lücke ist durch den Gesetzgeber zu schließen.

V. Unternehmensübergreifende Betriebsänderung, § 21a Abs. 3 BetrVG

Neben unternehmensinternen Umstrukturierungen können auch Unternehmensumstrukturierungen zu Spaltungen und Zusammenfassungen von Betrieben führen; dies insbesondere dann, wenn es in diesem Zusammenhang zu Betriebs- oder Betriebsteilveräußerungen im Sinne des § 613a BGB kommt. Für diesen Fall sieht § 21a Abs. 3 BetrVG ausdrücklich die Geltung von § 21a Abs. 1 und 2 BetrVG vor.[751] Der Gesetzgeber will betriebsratslose Zeiten unabhängig davon vermeiden, ob die betriebliche Umstrukturierung im Zusammenhang mit einem Betriebsübergang im Wege der Einzel- oder Gesamtrechtsnachfolge oder ausschließlich auf Grund von Änderungen der Betriebsorganisation innerhalb eines Unternehmens erfolgt.[752]

---

751 Vgl. GK-BetrVG/*Kreutz*, § 21a Rn. 83.

752 Vgl. amtliche Begründung BT-Drucks. 14/5741, 39.

Der Vertretungsbereich des Betriebsrates im Übergangsmandat wird dabei erweitert. In § 21a Abs. 3 BetrVG ist ein unternehmensübergreifendes Übergangsmandat geregelt. Das Übergangsmandat erweitert den Vertretungsanspruch des Betriebsrates über die Unternehmensgrenze hinaus.[753]

Nachfolgend werden die Voraussetzungen für das unternehmensübergreifende Übergangsmandat untersucht.

1. Unternehmensübergreifende Betriebsumstrukturierung

Das Übergangsmandat nach § 21a Abs. 3 BetrVG knüpft ausdrücklich an eine Umwandlung nach dem Umwandlungsgesetz oder eine Betriebsveräußerung an. Die Spaltung oder Zusammenfassung von Betrieben muss im Zusammenhang damit stehen. Dabei ist der Begriff „Zusammenlegung" in § 21a Abs. 3 BetrVG als „Zusammenfassung" zu lesen.[754]

Die ausdrückliche Anknüpfung an betriebliche Umstrukturierungen im Zusammenhang mit Umwandlungen oder Betriebsveräußerungen schließt eine Anwendung des § 21a Abs. 3 BetrVG aus, wenn der Betrieb im Wesentlichen als Ganzes auf einen anderen Rechtsträger nach § 613a BGB übergeht. In diesem Fall führt der Betriebsrat sein Amt regulär fort. Dies gilt unabhängig davon, ob der Übergang im Wege der Einzel- oder Gesamtrechtsnachfolge erfolgt.[755]

Kommt es im Fall des Betriebsübergangs nach § 613a BGB zu Widersprüchen nach § 613a Abs. 6 BGB der betroffenen Arbeitnehmer, verbleiben diese beim bisherigen Betriebsinhaber während der Betriebsrat zusammen mit dem Betrieb auf den Betriebserwerber übergeht. Für diesen Fall wird ebenfalls ein Übergangsmandat des bisher für die widersprechenden Arbeitnehmer zuständigen Betriebsrates gefordert.[756] Dieses wird damit begründet, dass der Verlust der Interessenvertretung letztlich in der Entscheidung des Arbeitgebers für den Betriebsübergang

---

753 GK-BetrVG/*Kreutz*, § 21a Rn. 84.

754 So auch GK-BetrVG/*Kreutz*, § 21a Rn. 85.

755 Ständige Rechtsprechung, zuletzt BAG 05.06.2002 - Az. 7 ABR 17/01, BAGE 101, 273, 275 f.; DKKW/*Buschmann*, § 21 Rn. 36; Fitting, § 21 Rn. 34; GK-BetrVG/*Kreutz*, § 21 Rn. 39; HaKo-BetrVG/*Düwell*, § 21 Rn. 30; HWK/*Reichold*, § 21 BetrVG Rn. 13; Richardi/*Thüsing*, § 21 Rn. 28; HWGNRH/*Worzalla/Huke*, § 21 Rn. 28; WPK/*Wlotzke*, § 21 Rn. 16; Huke/Lepping, FA 2004, 136; Kreft in FS Wissmann (2005), 347, 349.

756 So aber DKKW/*Buschmann*, § 21a Rn. 25a; Fitting, § 21a Rn. 12a; Löw, ArbuR 2007, 194.

liege. Zudem führe der Widerspruch nicht automatisch zum Ausscheiden des widersprechenden Arbeitnehmers aus der Betriebsgemeinschaft. Dies setze vielmehr eine entsprechende Handlung des Arbeitgebers voraus.[757] Die so entstandene Schutzlücke sei unionsrechtskonform durch § 21a BetrVG im Wege der Auslegung zu schließen.[758]

Dem kann nicht gefolgt werden. Es fehlt bereits an einer Spaltung oder Zusammenfassung eines Betriebes, so dass die Voraussetzungen des Übergangsmandates nicht vorliegen.[759] Das durch Ausübung des Widerspruchsrechtes erfolgende Ausscheiden der Arbeitnehmer aus dem Betrieb ist weder mit einer Spaltung noch einer Zusammenfassung von Betrieben vergleichbar, da es am gestaltenden Akt des Arbeitgebers mit der Bildung eines neuen Betriebes fehlt.[760] Die Sachverhalte sind nicht miteinander vergleichbar.[761] Aus demselben Grund kommt auch kein Restmandat in Betracht.[762]

Ein unternehmensübergreifendes Übergangsmandat nach § 21a Abs. 3 BetrVG kommt daher immer dann in Betracht, wenn sich betriebliche Organisationsänderungen über Unternehmensgrenzen hinweg vollziehen, weil sie auf einer Unternehmensumstrukturierung beruhen.[763]

2. Entstehung des Übergangsmandates

Das unternehmensübergreifende Übergangsmandat entsteht bei der Spaltung oder Aufspaltung von Betrieben und der anschließenden Veräußerung der Betriebsteile an einen anderen Rechtsträger nach § 613a BGB.[764] Maßgeblich ist die tatsächliche Änderung der Betriebsorganisation.[765]

---

757 So DKKW/*Buschmann*, § 21a Rn. 25a.

758 Fitting, § 21a Rn. 12a a.E..

759 GK-BetrVG/*Kreutz*, § 21a Rn. 86.

760 HWGNRH/*Worzalla*, § 21a Rn. 5; Moll/Ersfeld, DB 2012, 1108, 1109.

761 Vgl. auch LAG Nürnberg 09.08.2011 – Az. 6 Sa 230/10, juris, Tz. 55 und 57.

762 LAG Sachsen 21.06.2006 - Az. 2 Sa 677/05, juris Tz. 22; Fitting, § 21b Rn. 6; GK-BetrVG/*Kreutz*, § 21a Rn. 86; Richardi/*Thüsing*, § 21b Rn. 4b; Moll/Ersfeld, DB 2012, 1108, 1109; Löwisch in FS Bepler (2012), 403, 406; a.A. LAG Rheinland-Pfalz 18.04.2005 - Az. 2 TaBV 15/05, NZA-RR 2005, 529 bei Widerspruch zahlreicher Arbeitnehmer; Schubert, ArbuR 2003, 132, 133.

763 GK-BetrVG/*Kreutz*, § 21a Rn. 88.

764 GK-BetrVG/*Kreutz*, § 21a Rn. 89; HaKo-BetrVG/*Düwell*, § 21a Rn. 97.

765 Fitting, § 21a Rn. 12; HWK/*Reichold*, § 21a BetrVG Rn. 19.

Ebenso entsteht bei einer unternehmensübergreifenden Zusammenfassung von Betrieben oder Betriebsteilen ein unternehmensübergreifendes Übergangsmandat.[766] Bei einer Rechtsträgerspaltung können die bisher verschiedenen Betrieben zugeordneten Betriebsteile auf einen neu gegründeten Rechtsträger übergehen und dort zu einem neuen Betrieb zusammengefasst werden.[767] Dieses entsteht auch, wenn ein Rechtsträger zwei seiner Betriebe an einen Erwerber veräußert und der Erwerber beide Betriebe zu einem Betrieb zusammenfasst. Voraussetzung hierfür ist, dass ein einheitlicher Leitungsapparat unmittelbar bei Übergang die Leitung übernimmt.[768]

Kein unternehmensübergreifendes Übergangsmandat entsteht dagegen, wenn die an der Spaltung beteiligten Rechtsträger den gespaltenen Betrieb gemeinsam fortführen. Dies ergibt sich aus § 1 Abs. 2 Nr. 2 BetrVG. Liegen die Voraussetzungen für einen gemeinsamen Betrieb vor, bleibt der Betriebsrat regulär im Amt, weil der Betrieb, für den er gewählt ist, unverändert fortbesteht.[769] Wird der gemeinsame Betrieb später beendet, entsteht ein unternehmensübergreifendes Übergangsmandat, soweit die Betriebsteile betriebsratsfähig sind und nicht eingegliedert werden.[770]

Die Errichtung eines gemeinsamen Betriebes mehrerer Unternehmen durch Abschluss einer Führungsvereinbarung oder Vorliegen der Voraussetzungen des § 1 Abs. 2 Nr. 1 BetrVG ist ebenfalls ein Fall des § 21a Abs. 3 BetrVG. Hierdurch werden die bisher selbstständigen Betriebe unter Verlust ihrer Identität zu einem neuen Betrieb zusammengefasst. Es würde bis zur Neuwahl eines Betriebsrates für den Gemeinschaftsbetrieb ein betriebsratsloser Zustand eintreten. Um dies zu vermeiden nimmt der Betriebsrat des größeren Betriebes ein Übergangsmandat nach § 21a Abs. 3 i.V.m. Abs. 2 BetrVG wahr.[771] Gleiches gilt für den Fall, dass der gemeinsame Betrieb gespalten wird.[772]

---

766 DKKW/*Buschmann*, § 21a Rn. 42.

767 Vgl. GK-BetrVG/*Kreutz*, § 21a Rn. 92.

768 So GK-BetrVG/*Kreutz*, § 21a Rn. 93.

769 DKKW/*Buschmann*, § 21a Rn. 29; Fitting, § 1 Rn. 94; GK-BetrVG/*Kreutz*, § 21a Rn. 90; HWGNRH/*Worzalla*, § 21a Rn. 12; HWK/*Reichold*, § 21a BetrVG Rn. 20; WPK/*Wlotzke*, § 21a Rn. 21; Gaul, Betriebs- und Unternehmensaufspaltung, § 27 Rn. 6; WHSS/*Hohenstatt*, Kap. D Rn. 17 ff.; Rieble, NZA 2002, 233, 238.

770 GK-BetrVG/*Kreutz*, § 21a Rn. 91; WPK/*Wlotzke*, § 21a Rn. 22; Rieble, NZA 2003 Sonderbeilage Heft 16, 62, 66.

771 So Rieble, NZA 2002, 233, 238; a.A. GK-BetrVG/*Kreutz*, § 21a Rn. 94 der § 21a Ab 2 BetrVG analog anwenden will.

772 DKKW/*Buschmann*, § 21a Rn. 32; Rieble, NZA 2002, 233, 238; a.A. GK-BetrVG/*Kreutz*, § 21a Rn. 94; WPK/*Wlotzke*, § 21a Rn. 22 die § 21a Ab 1 analog anwenden wollen.

Keine Spaltung liegt dagegen vor, wenn eines der am Gemeinschaftsbetrieb beteiligten Unternehmen seinen Betrieb stilllegt und der Betrieb von den verbleibenden Arbeitgebern weitergeführt wird.[773]

3. Ergebnis

Ein Übergangsmandat kann nach § 21a Abs. 3 BetrVG auch bei einer unternehmensübergreifenden Umstrukturierung von Betrieben entstehen. Die Umstrukturierung muss tatsächliche Auswirkungen auf die Betriebsstruktur haben. Änderungen allein auf Ebene des Unternehmens begründen aus diesem Grund kein Übergangsmandat.

Wird im Rahmen einer Unternehmensumstrukturierung ein Betrieb zwar gespalten, von den beteiligten Unternehmen jedoch ohne Organisationsänderung fortgeführt, entsteht kein Übergangsmandat. Aufgrund der fehlenden Änderung der Betriebsorganisation bleibt der Betriebsrat mit einem regulären Mandat im Amt.

Werden von mehreren Unternehmen Betriebe zu einem gemeinsamen Betrieb zusammengefasst, führt dies zum Wegfall bestehender Betriebsräte. Dies ist kein direkter Anwendungsfall des § 21a Abs. 3 BetrVG. Dieser ist auf Grund des Schutzzweckes des § 21a BetrVG und der vergleichbaren Situation jedoch analog auf diesen Sachverhalt anzuwenden.

Damit entsteht bei unternehmensübergreifenden betrieblichen Umstrukturierungen immer dann ein Übergangsmandat, wenn die betriebliche Organisationsänderung zum Wegfall des bestehenden Betriebsrates führt.

VI. Subsidiarität

Nicht jede betriebliche Änderung muss zu einem Verlust der Betriebsidentität führen. Wird nur ein Teil eines Betriebes abgespalten, kann der verbleibende Betrieb seine Identität bewahren. Fraglich ist daher, ob der Betriebsrat in jedem Falle einer betrieblichen Änderung ein Übergangsmandat wahrnimmt oder nur bei Verlust der betrieblichen Identität.

773 BAG 19.11.2003 - Az. 7 ABR 11/03, BAGE 109, 1, 4; DKKW/*Buschmann*, § 21a Rn. 32; GK-BetrVG/*Kreutz*, § 21a Rn. 94.

Diese Frage stellt sich insbesondere bei einer bloß räumlichen Verlegung des Betriebes,[774] einer Änderung des Betriebszweckes unter Aufrechterhaltung der betrieblichen Organisation, bei einem bloßen Wechsel des Betriebsinhabers oder Gesellschafters, einer Änderung der Rechtsform der Gesellschaft[775] oder einem vollständigen Betriebsübergang.[776]

Ein Übergangsmandat nach § 21a BetrVG soll nur dann in Betracht kommen, wenn der Betriebsrat nicht auf Grund der allgemeinen Regelungen fortbesteht.[777] Dies ergibt sich aus dem Schutzzweck des Übergangsmandates, eine betriebsratslose Zeit zu vermeiden. Daraus folgt, dass ein Übergangsmandat nicht in Betracht kommen kann, wenn der Betriebsrat nach den allgemeinen Regeln im Amt bleibt.[778]

Die Subsidiarität des Übergangsmandates ist bereits zu § 321 UmwG vertreten worden.[779] Vom Fortbestand dieser Konzeption ist auszugehen.[780] Solange die Identität des Betriebes gewahrt bleibt, gilt daher das Prinzip „Regelmandat vor Übergangsmandat".[781] Der Begriff „Regelmandat" bezeichnet die weitere Ausübung des regulären Vollmandates. Aus diesem Grund kann ein Übergangsmandat bei Zuordnungen von Betrieben oder Organisationseinheiten auf Unternehmensebene nach § 3 Abs. 1 Nr. 1 b bis 3 BetrVG das Übergangsmandat nicht auslösen, da diese Einheiten ihre Identität bewahren.[782]

Bei einer Abspaltung besteht das reguläre Betriebsratsmandat im Ursprungsbetrieb daher fort, soweit dieser trotz Abspaltung seine Identität bewahrt. Dies ergibt sich aus der erforderlichen teleologischen Reduktion des § 21a BetrVG.[783] Nur für die Arbeitnehmer im abgespaltenen Betriebsteil erfordert der Schutzzweck des § 21a BetrVG ein Übergangsmandat.[784]

---

774 Fitting, § 21a Rn. 7.

775 DKKW/*Buschmann*, § 21a Rn. 11.

776 BAG 27.07.1994 - Az. 7 ABR 37/93, AP BGB § 613a Nr. 118.

777 Richardi/*Thüsing*, § 21a Rn. 4; ErfK/*Koch*, § 21a BetrVG Rn. 3; Thüsing, DB 2004, 2474.

778 ErfK/*Koch*, § 21a BetrVG Rn. 3; Thüsing, DB 2002, 738.

779 Kallmeyer/*Willemsen*, § 321 UmwG Rn. 1; Lutter/*Joost*, § 321 UmwG Rn. 14, 17; Mengel, Umwandlungen (1997), 294; Willemsen, RdA 1993, 133, 140, jedoch ohne nähere Begründung.

780 ErfK/*Koch*, § 21a BetrVG Rn. 3; Richardi/*Thüsing*, § 21a Rn. 4.

781 Rieble, NZA 2003, Beilage zu Heft 16, 62, 63.

782 BAG 18.03.2008 – Az. 1 ABR 3/07, BAGE 126, 161, 167 Tz. 27; ErfK/*Koch*, § 21a BetrVG Rn. 3.

783 GK-BetrVG/*Kreutz*, § 21a Rn. 19.

784 Rieble, NZA 2003, Beilage zu Heft 16, 62, 64.

Zusammenfassend ist festzustellen, dass ein Übergangsmandat nur dann in Betracht kommt, wenn das reguläre Mandat durch den Betriebsrat wegen Verlustes der Betriebsidentität nicht weitergeführt werden kann. Bewahrt im Falle einer Spaltung der Ursprungsbetrieb seine Identität, bleibt der Betriebsrat im Amt. Das Übergangsmandat besteht lediglich für den abgespaltenen Betriebsteil.

VII. Abgrenzung zu anderen irregulären Mandaten

Eine Änderung der betrieblichen Identität kann auch zur Stillegung des Betriebes als Ganzes oder Änderung der Beschäftigtenzahl führen. Diese Konstellationen sind nachfolgend vom Übergangsmandat des Betriebsrates nach § 21a BetrVG abzugrenzen.

1. Restmandat § 21b BetrVG

Ein Restmandat des Betriebsrates entsteht gemäß § 21b BetrVG, wenn der Betrieb durch Stilllegung, Spaltung oder Zusammenfassung untergeht. Damit erfasst § 21b BetrVG bei Spaltung und Zusammenfassung eines Betriebes denselben Sachverhalt, für den § 21a BetrVG ein Übergangsmandat anordnet. Dies macht es erforderlich, die Anwendungsbereiche von § 21a BetrVG und § 21b BetrVG voneinander abzugrenzen.

Das in der Rechtsprechung bereits lange anerkannte Restmandat[785] ist in das Betriebsverfassungsgesetz durch Art. 1 Nr. 19 des BetrVG-Reformgesetzes als § 21b BetrVG eingefügt worden.[786] Es entsteht, wenn durch Auflösung der betrieblichen Organisation das Amt des Betriebsrates vorzeitig endet.[787]

Seinem Inhalt nach handelt es sich um ein nachwirkendes Mandat, das funktional auf die im Zusammenhang mit dem Untergang des Betriebes bestehenden

---

785 BT-Drucks. 14/5741, 40 zu Nr. 19; BAG 14.08.2001 - Az. 1 ABR 52/00, AP BetrVG 1972, § 21b Nr. 1; 05.10.2000 - Az. 1 AZR 48/00, BAGE 96, 15, 21 f.; 12.01.2000 - Az. 7 ABR 61/98, AP BetrVG 1972, § 24 Nr. 5; 01.04.1998 - Az. 10 ABR 17/97, BAGE 88, 247, 253; 23.11.1988 - Az. 7 AZR 121/88, BAGE 60, 191, 202; 16.06.1987 - Az. 1 AZR 528/85, BAGE 55, 344, 354.

786 BGBl. I 2001, 1852 ff..

787 ErfK/*Koch*, § 21b Rn. 2; Fitting, § 21b Rn.5; GK-BetrVG/*Kreutz*, § 21b Rn. 7; HaKo-BetrVG/*Düwell*, § 21b Rn. 2; HWGNRH/*Worzalla*, § 21b Rn. 3; WPK/*Wlotzke*, § 21b Rn. 3.

Mitbestimmungs- und Mitwirkungsrechte begrenzt ist.[788] Aufgaben des Betriebsrates, die nicht mit der Auflösung des Betriebes zusammen hängen, fallen dagegen nicht unter das Restmandat.[789] Damit handelt es sich nicht um ein Vollmandat.[790] Es wird von dem Betriebsrat ausgeübt, der im Zeitpunkt der Auflösung des Betriebes im Amt war.[791] Dieser Zeitpunkt bestimmt auch Größe und personelle Zusammensetzung des das Restmandat wahrnehmenden Betriebsrates.[792] Das Restmandat steht dem Betriebsrat gegen den Arbeitgeber des untergegangenen Betriebes zu.[793]

Das Restmandat erhält somit die Funktionsfähigkeit und Kontinuität des bisherigen Betriebsrates aufrecht, damit dieser die im Zusammenhang mit der Auflösung des Betriebes bestehenden betriebsverfassungsrechtlichen Aufgaben erfüllen kann. Dagegen dehnt das Übergangsmandat nach § 21a BetrVG die Zuständigkeit des Betriebsrates auf diejenigen Betriebe aus, die aus einer Spaltung oder Zusammenfassung hervorgegangen und noch ohne Betriebsrat sind.[794]

Teilweise wird in der Literatur angenommen, das Restmandat sei daher subsidiär und komme nur zur Anwendung soweit die Beteiligungsrechte nicht anderweitig wahrgenommen werden könnten.[795] Zur Begründung wird darauf verwiesen, dass ein Nebeneinander von Übergangsmandat und Restmandat zu Rechtsunsicherheiten in der Praxis führe. Dies ließe sich durch die Subsidiarität

---

788 BAG 06.12.2006 - Az. 7 ABR 62/05, AP BetrVG 1972 § 21b Nr. 5; 12.01.2000 - Az. 7 ABR 61/98, AP BetrVG § 24 Nr. 5; ErfK/*Koch*, § 21b BetrVG Rn. 3; Fitting, § 21b Rn. 16; GK-BetrVG/*Kreutz*, § 21b Rn. 10; WPK/*Wlotzke*, § 21b Rn. 13 ff.; Thüsing, DB 2004, 2474, 2475.

789 BAG 14.08.2001 - Az. 1 ABR 52/00, AP BetrVG 1972 § 21b Nr. 1; DKKW/*Buschmann*, § 21b Rn. 5; ErfK/*Koch*, § 21b BetrVG Rn. 3; Fitting,§ 21b Rn. 18; GK-BetrVG/*Kreutz*, § 21b Rn. 13; WPK/*Wlotzke*, § 21b Rn. 13.

790 Fitting, § 21b Rn. 16; HWGNRH/*Worzalla*, § 21b Rn. 5; GK-BetrVG/*Kreutz*, § 21b Rn. 10; WPK/*Wlotzke*, § 21b Rn. 13.

791 Fitting, § 21b Rn. 14; GK-BetrVG/*Kreutz*, § 21b Rn. 16; WPK/*Wlotzke*, § 21b Rn. 11.

792 GK-BetrVG/*Kreutz*, § 21b Rn. 16; HWGNRH/*Worzalla*, § 21b Rn. 9; HWK/*Reichold*, § 21b BetrVG Rn. 12; Richardi/*Thüsing*, § 21b Rn. 13, § 21b Rn. 13; WPK/*Wlotzke*, § 21b Rn. 11.

793 Fitting, § 21b Rn. 10; GK-BetrVG/*Kreutz*, § 21b Rn. 25; HaKo-BetrVG/*Düwell*, § 21b Rn. 5; HWK/*Reichold*, § 21b BetrVG Rn. 17; Richardi/*Thüsing*, § 21b Rn. 5.

794 WPK/*Wlotzke*, § 21b Rn. 17.

795 HaKo-BetrVG/*Düwell*, § 21b Rn. 11; HWGNRH/*Worzalla*, § 21b Rn. 4; Löwisch/Kaiser, § 21b Rn. 2; Feudner, DB 2003, 882, 885; Hanau, NJW 2001, 2513, 2515; Löwisch/Schmidt-Kessel, BB 2001, 2162, 2165.

des Restmandates vermeiden. Die Arbeitnehmer seien geschützt, da ihre Interessen durch das Übergangsmandat des Betriebsrates gewahrt würden.[796]

Diese rein praktischen Erwägungen verkennen, dass die Formulierung „erforderlich" in § 21b BetrVG nur die Existenz des Betriebsrates zeitlich ausdehnt, nicht jedoch den Geltungsbereich.[797] Zudem können auch bei einer Subsidiarität des Restmandates in der Praxis Probleme bei Zusammenfassungen von Betrieben entstehen, wie *Thüsing*[798] zutreffend aufzeigt.[799] Anhaltspunkte für eine Subsidiarität des § 21b BetrVG lassen sich auch nicht dem Gesetz selbst oder den Gesetzesmaterialien entnehmen.[800] Das Vorliegen der Voraussetzungen des § 21b BetrVG ist daher immer unabhängig davon zu prüfen, ob zugleich die Voraussetzungen des § 21a BetrVG gegeben sind.[801]

Im Ergebnis bestehen Restmandat und Übergangsmandat nebeneinander.[802] Wird ein Betriebsteil abgespalten, liegen die Voraussetzungen des Restmandates hinsichtlich des Ursprungsbetriebes nicht vor, da der Betrieb weiter besteht.[803] Kommt es zu einer Aufspaltung des Ursprungsbetriebes, übt dessen Betriebsrat bezüglich aller entstanden Betriebsteile ein Restmandat aus.[804] Im Falle einer Zusammenfassung steht allen beteiligten Betriebsräten ein Restmandat für die betriebliche Einheit zu, für die sie gewählt wurden.[805] Dies gilt auch für die Eingliederung eines Betriebes. Dessen Betriebsrat nimmt ein Restmandat wahr.[806]

2. Geschäftsführungsbefugnis § 22 BetrVG

Die Möglichkeit zur Weiterführung der Geschäfte trotz vorzeitiger Beendigung des Mandates ergibt sich für den Betriebsrat auch aus § 22 BetrVG. Danach führt

---

796 Löwisch/Kaiser, § 21b, Rn. 2; Lelley, DB 2008, 1433, 1435.

797 GK-BetrVG/*Kreutz*, § 21b Rn. 24; Richardi/*Thüsing*, § 21b Rn. 5 ff.; WPK/*Wlotzke*, § 21b Rn. 17; wohl auch DKKW/*Buschmann*, § 21b Rn. 16.

798 Richardi/*Thüsing*, § 21b Rn. 6.

799 Ebenso WPK/*Wlotzke*, § 21b Rn. 17.

800 GK-BetrVG/*Kreutz*, § 21b Rn. 24; HWK/*Reichold*, § 21b BetrVG Rn. 17; a.A. Hanau, NJW 2001, 2513, 2515.

801 GK-BetrVG/*Kreutz*, § 21b Rn. 25.

802 Fitting, § 21b Rn. 13; GK-BetrVG/*Kreutz*, § 21b Rn. 24.

803 Fitting, § 21b Rn. 11.

804 Fitting, § 21b Rn. 10; GK-BetrVG/*Kreutz*, § 21b Rn. 26.

805 Fitting, § 21b Rn. 12; GK-BetrVG/*Kreutz*, § 21b Rn. 27; WPK/*Wlotzke*, § 21b Rn. 18.

806 LAG Bremen 09.12.2004 - Az. 3 TaBV 15/04, ArbuR 2005, 420; Fitting, § 21b Rn. 13; GK-BetrVG/*Kreutz*, § 21b Rn. 27.

der Betriebsrat in den Fällen des § 13 Abs. 2 Nr. 1 bis 3 BetrVG die Geschäfte bis zu einer Neuwahl des Betriebsrates und Bekanntgabe des Wahlergebnisses weiter. Vergleichbar mit dem Übergangs- als auch dem Restmandat weitet auch § 22 BetrVG die Amtszeit des Betriebsrates aus.

Die Geschäftsführungsbefugnis ist umfassend und beinhaltet insbesondere alle Mitwirkungs- und Mitbestimmungsrechte.[807] Es besteht kein sachlicher Unterschied zwischen dem Fortbestand des Betriebsrates und der Weiterführung der Geschäfte nach § 22 BetrVG.[808] Allerdings ist der Betriebsrat aus § 22 BetrVG verpflichtet, unverzüglich Neuwahlen einzuleiten.[809] Mit der Bekanntgabe des Wahlergebnisses endet die Geschäftsführungsbefugnis.[810] Soweit es nicht zu einer Neuwahl kommt, führt der Betriebsrat die Geschäfte bis zum regulären Ende der Amtszeit.[811] Während dieser Zeit haben die Mitglieder die gleiche Rechtsstellung wie in einem regulär amtierenden Betriebsrat.[812]

Anknüpfungspunkt für die Geschäftsführungsbefugnis ist allerdings nicht eine Änderung der betrieblichen Identität und dem daraus folgendem Ende des Betriebsrates. Vielmehr kommt die Geschäftsführungsbefugnis nach § 22 BetrVG nur zum Tragen, wenn die Voraussetzungen des § 13 Abs. 2 Nr. 1 bis 3 BetrVG vorliegen.[813] Diese erfassen die Reduzierung der Belegschaftsstärke um 50 Prozent innerhalb von zwei Jahren nach der letzten Wahl, die Unterschreitung der gesetzlich vorgesehenen Anzahl der Mitglieder des Betriebsrates sowie den Rücktritt des Betriebsrates auf Grund Beschlusses. In anderen als diesen gesetzlich geregelten Fällen kommt eine Weiterführung der Amtsgeschäfte nach § 22 BetrVG nicht in Betracht.[814]

Im Gegensatz zum Übergangsmandat ist die Geschäftsführungsbefugnis nach § 22 BetrVG daher rein betriebsbezogen. Eine Ausdehnung auf andere Betriebe

---

807 ErfK/*Koch*, § 22 Rn. 2; GK-BetrVG/*Kreutz*, § 22 Rn. 17; HWGNRH/*Schlochauer*, § 22 Rn. 7.

808 GK-BetrVG/*Kreutz*, § 22 Rn. 16.

809 Fitting, § 22 Rn. 9; HWGNRH/*Huke*, § 22 Rn. 8.

810 DKKW/*Buschmann*, § 22 Rn. 12; GK-BetrVG/*Kreutz*, § 22 Rn. 20; HWGNRH/*Huke*, § 22 Rn. 10.

811 DKKW/*Buschmann*, § 22 Rn. 13; ErfK/*Koch*, § 22 BetrVG Rn. 2; GK-BetrVG/*Kreutz*, § 22 Rn. 21; HWGNRH/*Huke*, § 22 Rn. 11.

812 BAG 12.03.2009 - Az. 2 ABR 24/08, NZA-RR 2010, 180, 182 Tz. 26; DKKW/*Buschmann*, § 22 Rn. 11; ErfK/*Koch*, § 22 BetrVG Rn. 2; Fitting, § 22 Rn. 8; HaKo-BetrVG/*Düwell*, § 22 Rn. 11; Richardi/*Thüsing*, § 22 Rn. 6.

813 WPK/*Wlotzke*, § 22 Rn. 1.

814 GK-BetrVG/*Kreutz*, § 22 Rn. 8.

oder Betriebsteile im Zusammenhang mit Spaltungen oder Zusammenfassungen kommt nicht in Betracht, da diese Konstellationen vom Katalog des § 22 BetrVG nicht erfasst werden.[815]

3. Ergebnis

Das Übergangsmandat nach § 21a BetrVG ist sowohl vom Restmandat nach § 21b BetrVG als auch von der Geschäftsführungsbefugnis nach § 22 BetrVG zu unterscheiden. Letztere gibt dem Betriebsrat bei bestimmten Konstellationen die Möglichkeit, die Amtsgeschäfte bis zur Bekanntgabe des Wahlergebnisses einer unverzüglichen Neuwahl weiterzuführen. Dabei ist die Geschäftsführungsbefugnis auf den Ursprungsbetrieb beschränkt. Das Restmandat kann zwar bei Spaltungen oder Zusammenfassungen eine Zuständigkeit über den Betrieb hinaus begründen, ist aber auf mitbestimmungsrechtliche Sachverhalte im direkten Zusammenhang mit der Spaltung oder Zusammenfassung beschränkt.

VIII. Zusammenfassung

Durch das Übergangsmandat in § 21a BetrVG sollen die Belegschaften vor dem Verlust ihrer betrieblichen Interessenvertretung auf Grund betrieblicher Umstrukturierungen geschützt werden. Anknüpfungspunkt ist daher die Änderung der betrieblichen Identität durch die Spaltung oder Zusammenfassung von Betrieben und Betriebsteilen. Dieses ist jedoch nur dann anzunehmen, wenn der Betriebsrat nicht sein reguläres Mandat weiterführen kann. Das reguläre Mandat geht dem Übergangsmandat vor.

Die durch Umstrukturierung neu entstehende betriebliche Organisationseinheit muss betriebsratsfähig im Sinne von § 1 Abs. 1 BetrVG sein, damit ein Übergangsmandat in Betracht kommt. Voraussetzung ist zudem, dass die entstehende Einheit im Geltungsbereich des Betriebsverfassungsgesetzes verbleibt. Bestehende Schutzlücken bei einem Verlassen des Geltungsbereiches des Gesetzes bei Spaltung oder Zusammenfassung müssen durch den Gesetzgeber geschlossen werden.

Bei einer Abspaltung von Betriebsteilen oder Aufspaltung des ganzen Betriebes entsteht das Übergangsmandat, soweit nicht eine Eingliederung in einen Betrieb

815 Ebenso Bischoff, Übergangsmandat (2004), 16.

mit bestehenden Betriebsrat erfolgt und die neu entstandenen Einheiten betriebsratsfähig im Anwendungsbereich des Gesetzes sind.

Bei der Zusammenfassung von Betrieben und Betriebsteilen zu neuen, betriebsratsfähigen Einheiten ist eine Differenzierung erforderlich. Erfolgt die Zusammenfassung in Form einer Eingliederung in einen größeren Betrieb entsteht kein Übergangsmandat. Dies gilt auch dann, wenn im größeren Betrieb kein Betriebsrat gebildet ist. Werden dagegen die Betriebe und Betriebsteile unter Auflösung ihrer Identität zu einem neuen Betrieb zusammengefasst, entsteht das Übergangsmandat bereits dann, wenn für einen der Betriebe oder Betriebsteile ein Betriebsrat zuvor bestanden hat. Das Übergangsmandat ist in diesem Fall durch den Betriebsrat wahrzunehmen, der die meisten wahlberechtigten Arbeitnehmer vertritt.

Zu unterscheiden ist das Übergangsmandat von Restmandat und Geschäftsführungsbefugnis. Beide sind im Gegensatz zum Übergangsmandat rein betriebsbezogen. Das Restmandat ist auf die Abwicklung vergangener Sachverhalte gerichtet, die Geschäftsführungsbefugnis allein auf eine zeitliche Überbrückung bis zur Neuwahl eines Betriebsrates. Beiden fehlt die betriebsübergreifende Schutzfunktion des Übergangsmandates.

Kapitel 5: Inhalt und Dauer des Übergangsmandates

Betriebliche Umstrukturierungen mit Auswirkungen auf die betriebliche Identität führen zur Entstehung eines Übergangsmandates. Nach dem Wortlaut des § 21a Abs. 1 Satz 1 BetrVG bleibt der Betriebsrat im Amt und führt die Geschäfte weiter.

Damit trifft der Gesetzestext keine Aussagen zur personellen Besetzung des Betriebsrates während des Übergangsmandates, dem Inhalt des Übergangsmandates und zu dessen Beendigung. Diesen Fragen wird im Folgendem nachgegangen.

I. Zusammensetzung des BR

Bei der Zusammensetzung des Betriebsrates während des Übergangsmandates ist zwischen der Zusammenfassung und der Spaltung bzw. Abspaltung von Betrieben und Betriebsteilen zu unterscheiden. Während bei der Zusammenfassung grundsätzlich die ursprüngliche Belegschaft in den betroffenen Betrieben oder Betriebsteilen unverändert bleibt, führen Abspaltung oder Spaltung von Betrieben oder Betriebsteilen zu Änderungen in der Belegschaft. In diesen Fällen verlieren Arbeitnehmer ihre Wählbarkeit gemäß § 8 Abs. 1 BetrVG, da sie aus den Betrieben ausscheiden.

Nachfolgend werden die Auswirkungen von betrieblichen Umstrukturierungen auf die Zusammensetzung des Betriebsrates in diesen Fällen untersucht.

1. Zusammenfassung von Betrieben und Betriebsteilen

Die Zusammenfassung von Betrieben oder Betriebsteilen führt zur Bildung eines neuen Betriebes. Damit behalten alle Mitglieder der Betriebsräte der zusammengefassten Betriebe und Betriebsteile ihre Wählbarkeit nach § 8 BetrVG und damit ihr Amt. Die Umstrukturierung führt daher an sich zu keinen personellen Veränderungen in den Betriebsratsgremien.

Um ein Nebeneinander der verschiedenen beteiligten Betriebsräte zu vermeiden, ordnet § 21a Abs. 2 BetrVG für diesen Fall jedoch an, dass der Betriebsrat des größten Betriebes das Übergangsmandat wahrnimmt.[816] Dieser Betriebsrat nimmt

816 Vgl. hierzu Kapitel 4 Ziffer IV 3 d.

in seiner bisherigen Besetzung das Übergangsmandat wahr.[817] Die anderen Betriebsräte verlieren hingegen ihr Mandat.

2. Abspaltung von Betriebsteilen

Bei der Abspaltung von Betriebsteilen kann es hingegen dazu kommen, dass Mitglieder des Betriebsrates aus dem Wahlbetrieb ausscheiden. Mit dem Verlust ihrer Betriebszugehörigkeit verlieren sie jedoch auch ihre Wählbarkeit im Wahlbetrieb. Im Zeitpunkt der Abspaltung würde daher ihr Betriebsratsmandates gemäß § 24 Nr. 3 oder 4 BetrVG enden. Die betriebliche Umstrukturierung führt somit zu direkten Auswirkungen auf die Zusammensetzung des Betriebsrates. Fraglich ist, ob diese Folge der Umstrukturierung mit § 21a BetrVG vereinbar ist, der die Kontinuität der Arbeitnehmervertretung sichern will.

a) Personelle Kontinuität

Eine starke Auffassung in der Literatur vertritt den Grundsatz der personellen Kontinuität. Danach bleibt der Betriebsrat während des Übergangsmandates nicht nur als Organ, sondern auch in seiner personellen Besetzung bestehen.[818] Die personelle Zusammensetzung des Betriebsrates sowie die Anzahl seiner Mitglieder sollen durch die Umstrukturierung unverändert bleiben.[819] Im Amt bleiben sollen auch die Betriebsratsmitglieder, die abgespaltenen nicht betriebsratsfähigen Betriebsteilen angehören oder in einen Betrieb mit Betriebsrat eingegliedert werden.[820] Auch das Nachrücken von Ersatzmitgliedern nach § 25 BetrVG während

817 GK-BetrVG/*Kreutz*, § 21a Rn. 76.

818 DKKW/*Buschmann*, § 21a Rn. 35; ErfK/*Koch*, § 21a BetrVG, Rn. 7; Fitting, § 21a Rn. 16; GK-BetrVG/*Kreutz*, § 21a Rn. 34; HWK/*Reichold*, § 21a BetrVG Rn. 14; Löwisch/Kaiser, § 21a Rn. 8; Richardi/*Thüsing*, § 21a Rn. 22; WHSS/*Hohenstatt*, Kap. D Rn. 95; Schultze, ArbRAktuell 2013, 413; Gragert, NZA 2004, 289; Gaul/Bonanni, ArbRB 2002, 46, 49; Rieble, NZA 2002, 236; Engels/Trebinger/Löhr-Steinhaus, DB 2001, 532; Däubler, ArbuR 2001, 1; Löwisch/Schmidt-Kessel, DB 2001, 2162, 2163; Stöckel, Amt des Betriebsrats (2011), 148.

819 Fitting, § 21a Rn. 16; GK-BetrVG/*Kreutz*, § 21a Rn. 34; Richardi/*Thüsing*, § 21a Rn. 22; Jung, Übergangsmandat (1999), 69.

820 GK-BetrVG/*Kreutz*, § 21a Rn. 34; a.A. HWGNRH/*Worzalla*, § 21a Rn. 24; Worzalla, FA 2001, 261, 263.

des Übergangsmandates soll aufgrund der Zusammensetzung des Betriebsrates im Zeitpunkt der Umstrukturierung erfolgen.[821]

Entgegen § 24 Nr. 3 und 4 BetrVG sollen die Betriebsratsmitglieder, die in dem abgespaltenen Betriebsteil beschäftigt sind, nicht wegen Beendigung des Arbeitsverhältnisses oder Verlust der Wählbarkeit aus dem Betriebsrat ausscheiden.[822] Diese Vorschrift müsse vielmehr teleologisch reduziert werden.[823] Aufgabe des § 24 Nr. 3 und 4 BetrVG sei es, die Besetzung des Betriebsrates mit Mitgliedern zu verhindern, die nicht mehr zu der Belegschaft gehörten, deren Interessen der Betriebsrat vertritt.[824] Das Übergangsmandat sei jedoch eine gesetzliche Ausnahme vom Prinzip der betriebsbezogenen Interessenvertretung.[825] Für dieses folge aus der Einheitlichkeit des Mandates die Einheitlichkeit der Besetzung.[826] Daher verdränge § 21a BetrVG als die speziellere Regelung § 24 Nr. 3 und 4 BetrVG.[827]

Nur die Beibehaltung der bisherigen Besetzung vermeide effektiv eine Behinderung der Betriebsratsarbeit.[828] Diese wäre nicht mehr gewährleistet beim Nachrücken von unerfahrenen Ersatzmitgliedern. Dieser Gesichtspunkt für die Arbeit des Betriebsrates sei sowohl bei der Ausübung des Übergangsmandates als auch des Vollmandates, soweit der Betriebsrat nach der Umstrukturierung im Amt bleibt, zu berücksichtigen. Da die Belegschaft des Ursprungsbetriebes den Betriebsrat gewählt habe, sei es unbedenklich, wenn es zu einem Arbeitgeberwechsel komme. Ansonsten würde auch der Bezug zum neuen Betrieb fehlen, wenn kein Mitglied des Betriebsrates die Arbeitsbedingungen in diesem selbst kennen würde. Schließlich enthalte das Gesetz keine Anhaltspunkte für eine unterschiedliche Besetzung des Betriebsrates für das Regel- und das Übergangsmandat.[829]

---

821 DKKW/*Buschmann*, § 21a Rn. 35; GK-BetrVG/*Kreutz*, § 21a Rn. 34; HWGNRH/*Worzalla*, § 21a Rn. 24; Löwisch/Kaiser, § 21a Rn. 8; WPK/*Wlotzke*, § 21a Rn. 26; Löwisch/Schmidt-Kessel, BB 2001, 2162, 2163.

822 Fitting, § 21a Rn. 16; WHSS/*Hohenstatt*, Kap. D. Rn. 95; Rieble, NZA 2002, 233, 236;.

823 ErfK/*Koch*, § 21a Rn. 7; HWK/*Reichold*, § 21a BetrVG Rn. 14.

824 Fitting, § 21a Rn. 16; ähnlich ErfK/*Koch*, § 21a BetrVG Rn. 7.

825 Fitting, § 21a Rn. 16; WPK/*Wlotzke*, § 21a Rn. 26; Gragert, NZA 2004, 289, 290.

826 Richardi/*Thüsing*, § 21a Rn. 23; Rieble, NZA 2002, 233, 236; Löwisch/Schmidt-Kessel, BB 2001, 2162, 2163.

827 DKKW/*Buschmann*, § 21a Rn. 35; Fitting, § 21a Rn. 16; GK-BetrVG/*Kreutz*, § 21a Rn. 34; Hahn/Rudolph, AiB 2009, 436, 439; Gragert, NZA 2004, 289, 290; Rieble, NZA 2002, 233, 236; Weiss/Raffler in FS Spiegelhalter (2009), 944, 945.

828 WHSS/*Hohenstatt*, Kap. D Rn. 95.

829 Gragert, NZA 2004, 289, 290.

Eine Änderung der personellen Besetzung erfolge nur, wenn ein Betriebsratsmitglied aus dem Arbeitsverhältnis mit dem bisherigen Betriebsinhaber ausscheide und dieses auch nicht mit dem Arbeitgeber der neu gebildeten Einheit fortsetze.[830] Das Betriebsratsmitglied gehöre dann weder der alten Belegschaft, noch der Belegschaft der neu gegründeten Einheit an. Hier verbleibe es bei § 24 Nr. 4 BetrVG und es rückt ein Ersatzmitglied nach.[831]

Der Grundsatz der personellen Kontinuität führe daher zum Auseinanderfallen von Arbeitsverhältnis und Betriebsratsamt.[832] Dies sei jedoch hinzunehmen, um gerade in Fällen der Spaltung einen funktionsfähigen Betriebsrat zu gewährleisten.[833] Ebenso wenig könne das Arbeitsverhältnis abweichend von § 613a BGB und § 323 UmwG dem Betriebsratsmandat folgen. Eine Zuordnung zu zwei Betrieben scheide jedenfalls dann aus, wenn sie unterschiedlichen Arbeitgebern zugeordnet seien.[834]

Für die Dauer des Übergangsmandates sei der Betriebsrat daher in der bisherigen personellen Besetzung sowohl für den Ursprungsbetrieb als auch die neu gebildete betriebsratsfähige Organisationseinheit zuständig.[835] Ein Nachrücken von Ersatzmitgliedern oder eine Neuwahl nach § 13 Abs. 2 Nr. 2 BetrVG komme erst nach Beendigung des Übergangsmandates in Betracht.[836]

b) Eingeschränkte personelle Kontinuität

Für den Fall einer Abspaltung von Betriebsteilen unter Wahrung der Identität des Ursprungsbetriebes wird von Teilen der Literatur eine teleologische Reduktion des § 24 Nr. 3 und 4 BetrVG für die Ausübung des Übergangsmandates abgelehnt.[837] Für die Ausübung des Übergangsmandates soll der Betriebsrat in seiner bisherigen personellen Zusammensetzung bestehen bleiben. Für die Wahrnehmung von Aufgaben im verbleibendem Betrieb soll sich die personelle Zusammensetzung dagegen nach den allgemeinen Vorschriften richten.

---

830 Fitting, § 21a Rn. 17; HWGNRH/*Worzalla*, § 21a Rn. 24.

831 Fitting, § 21a Rn. 17; Richardi/*Thüsing*, § 21a Rn. 22.

832 Fitting, § 21a Rn. 16; Richardi/*Thüsing*, § 21a Rn. 23; Jaeger/*Schuster*, Kap. 4 Rn. 27.

833 Richardi/*Thüsing*, § 21a Rn. 23.

834 Richardi/*Thüsing*, § 21a Rn. 23.

835 DKKW/*Buschmann*, § 21a Rn. 35; Fitting, § 21a Rn. 16; Rieble, NZA 2003, Sonderbeilage Heft 16, 62, 64.

836 WHSS/*Hohenstatt*, Kap. D Rn. 95.

837 ErfK/*Koch*, § 21a BetrVG Rn. 7; GK-BetrVG/*Kreutz*, § 21a Rn. 34; HWGNRH/*Worzalla*, § 21a BetrVG Rn. 24; HWK/*Reichold*, § 21a BetrVG Rn. 15; Schlenker-Rehage, Übergangsmandat Betriebs- und Personalrat (2010), 108.

Zur Begründung führen die Vertreter dieser Auffassung an, dass in den Fällen der Abspaltung unter Wahrung der Identität des Ursprungsbetriebes Regelmandat und Übergangsmandat nebeneinander stünden. Hier müsse der Betriebsrat im Regelmandat die auf Grund der Abspaltung ausgeschiedenen Mitglieder nach §§ 24 Nr. 4, 25 BetrVG ersetzen.[838] Die ausgeschiedenen Mitglieder seien nur zur Wahrnehmung des Übergangsmandates berufen.[839] Gehe es dagegen um die Wahrnehmung von Mitbestimmungs- und Beteiligungsrechten, die ausschließlich den verbleibenden Betrieb betreffen, sei allein der Betriebsrat im Regelmandat zuständig. Hier fehle den ausgeschiedenen Mitgliedern das Mandat, da sie diesem Betrieb nicht mehr angehörten.[840] Die Tatsache, dass der Betriebsrat Regel- und Übergangsmandat in diesem Fall in unterschiedlichen Besetzungen wahrnehme, sei hinzunehmen.[841]

Dieser Auffassung wird von den Vertretern des Grundsatzes der personellen Kontinuität entgegen gehalten, dass diesem Ansatz die Praktikabilität fehle. Zudem sei dies mit der von § 21a BetrVG gewollten Amtskontinuität nicht vereinbar.[842]

Für den Fall der Aufspaltung sind auch die Vertreter dieser Meinung der Auffassung, dass neben das Übergangsmandat das Restmandat nach § 21b BetrVG für den untergegangenen Ursprungsbetrieb trete. In diesem Fall gebe es nur eine einheitliche personelle Besetzung für beide Mandate.[843]

Diese Auffassung würde dazu führen, dass bei Abspaltung eines Betriebsteiles unter Wahrung der Identität des Ursprungsbetriebes der Betriebsrat in zwei verschiedenen Besetzungen seine Aufgaben erfüllen müsste: Das Übergangsmandat würde in der bisherigen Besetzung wahrgenommen. Alle Aufgaben, die den Restbetrieb betreffen, wären dagegen in der Besetzung des Regelmandates, unter Berücksichtigung des Nachrückens der Ersatzmitglieder für die ausgeschiedenen Betriebsratsmitglieder, wahrzunehmen.

---

838 ErfK/*Koch*, § 21a BetrVG Rn. 7; GK-BetrVG/*Kreutz*, § 21a Rn. 34; HWK/*Reichold*, § 21a BetrVG Rn. 15.

839 So ErfK/*Koch*, § 21a BetrVG Rn. 7.

840 ErfK/*Koch*, § 21a BetrVG Rn. 7.

841 So GK-BetrVG/*Kreutz*, § 21a Rn. 34.

842 Fitting, § 21a Rn. 16; WPK/*Wlotzke*, § 21a Rn. 27; Gragert, NZA 2004, 289, 290; Rieble, NZA 2003 Sonderbeilage Heft 16, 62, 63.

843 HWK/*Reichold*, § 21a BetrVG Rn. 15.

c) Ablehnung der personellen Kontinuität

Düwell ist dagegen der Auffassung, dass mit der Abspaltung des Betriebsteiles die, diesem Betriebsteil zugeordneten Arbeitnehmer, gemäß § 24 Nr. 3 und 4 BetrVG aus der Belegschaft des verbleibenden Ursprungsbetriebes ausscheiden. Für Betriebsratsmitglieder würden keine Sonderregelungen gelten.[844] Auch diese verlören bei einer unternehmensinternen Umstrukturierung ihr Mandat, ebenso wie bei einer Versetzung. Erfolge eine rechtsträgerübergreifende Umstrukturierung, schieden sie zudem aus dem Arbeitsverhältnis aus. Das Arbeitsverhältnis würde, soweit kein Widerspruch nach § 613a Abs. 6 BGB fristgerecht erfolgt, auf den neuen Arbeitgeber übergehen. Damit ende das Arbeitsverhältnis zum vorherigen Arbeitgeber ebenso, wie das Betriebsratsmandat.[845]

Die Begründung für den Fortbestand der bisherigen personellen Besetzung, den Besonderheiten des Übergangsmandates trage § 24 Nr. 3 und 4 BetrVG keine Rechnung, lehnt *Düwell* ab. Der Gesetzgeber habe diese Problematik aus § 321 UmwG gekannt und trotzdem keine entsprechende Änderung des § 24 BetrVG vorgenommen oder sich in der Entwurfsbegründung dazu geäußert.[846] Die geforderte teleologische Reduzierung des § 24 Nr. 4 BetrVG bei Spaltung sei mit dem geltenden Recht nicht vereinbar.[847] Auch die vermittelnde Auffassung, die eine unterschiedliche Besetzung für Regelmandat und Übergangsmandat annehme, vermag nach seiner Auffassung nicht zu überzeugen, da derselbe Betriebsrat nicht in unterschiedlichen Zusammensetzungen beraten und beschließen könne. Es bedürfe der Einheitlichkeit der Zusammensetzung.[848]

Nach Auffassung von *Düwell* ist im Falle der Spaltung das Übergangsmandat in der Besetzung des Regelmandates auszuüben. Für die ausscheidenden Betriebsratsmitglieder rücken die Ersatzmitglieder nach. Dies folgt für *Düwell* aus dem gesetzlichen Vorrang des regulären Mandates.[849]

844 HaKo-BetrVG/*Düwell*, § 21a Rn. 77; ebenso Hauck in FS Richardi (2007), 537, 538.

845 HaKo-BetrVG/*Düwell*, § 21a Rn. 77 unter Berufung auf BAG 25.05.2000 - Az. 8 AZR 416/99, NZA 2000, 1115 ff. für das Personalvertretungsrecht.

846 HaKo-BetrVG/*Düwell*, § 21a Rn. 78.

847 HaKo-BetrVG/*Düwell*, § 21a Rn. 78.

848 HaKo-BetrVG/*Düwell*, § 21a Rn. 79; Rieble, NZA 2002, 233, 236; Löwisch/Schmidt-Kessel, BB 2001, 2162, 2163.

849 HaKo-BetrVG/*Düwell*, § 21a Rn. 79.

d) Stellungnahme

Zutreffend weist *Düwell* darauf hin, dass das Problem der personellen Zusammensetzung des Betriebsrates während des Übergangsmandates bereits zu § 321 UmwG bestanden habe.[850] Gleichwohl hat der Gesetzgeber bei Schaffung des § 21a BetrVG keine Entscheidung in dieser Frage getroffen. Insbesondere § 21a BetrVG selbst gibt keine Hinweise. In § 21a Abs. 1 Satz 1 BetrVG wird nur festgelegt, dass der Betriebsrat im Amt bleibe und die Geschäfte weiterführe. Die Frage der personellen Zusammensetzung klärt das Gesetz nicht. Die Beantwortung ist daher durch Auslegung zu ermitteln.

aa) Europarechtliche Auslegung

Für die Feststellung der zutreffenden Zusammensetzung des Betriebsrates während des Übergangsmandates ist zu berücksichtigen, dass nach der amtlichen Anmerkung § 21a BetrVG der Umsetzung des Art. 6 der Richtlinie 2001/23/EG des Rates vom 12.03.2001 dient. Ausgangspunkt für das Verständnis der Norm müssen daher die europarechtlichen Anforderungen an das Übergangsmandat sein.

Ziel der Richtlinie ist es, die kontinuierliche Vertretung der Arbeitnehmer gerade, während einer betrieblichen Umstrukturierung, zu gewährleisten.[851] Dafür fordert Art. 6 Abs. 1 UAbs. 4 der Richtlinie, dass die vor dem Übergang vertretenen Arbeitnehmer während des erforderlichen Zeitraumes für eine Neubildung im Einklang mit dem nationalen Recht angemessen vertreten werden.

Weder aus dem Wortlaut der Richtlinie noch den Materialien zur Entstehung oder Begründung ihres Art. 6 Abs. 1 UAbs 4, lassen sich Rückschlüsse auf die Besetzung der Arbeitnehmervertretung ziehen. Die Richtlinie begnügt sich damit, eine angemessene Vertretung nach dem nationalen Recht zu fordern. Damit lässt sich auf Grund der Richtlinie keine der drei Auffassungen ausschließen. Vielmehr sind alle Auffassungen mit der Richtlinie vereinbar, da sie jeweils zu einer angemessenen Vertretung der Arbeitnehmer führen.

bb) Logisch-grammatikalische Auslegung

Im Falle einer Spaltung bleibt nach dem Wortlaut des § 21a Abs. 1 Satz 1 BetrVG der Betriebsrat im Amt und führt die Geschäfte weiter. Bei einer Zusammenfassung weist § 21a Abs. 2 Satz 1 BetrVG das Übergangsmandat dem größeren Betriebsrat zu. Beide Regelungen verweisen lediglich auf das Gremium Betriebsrat, ohne

---

850 Vgl. Lutter/*Joost*, § 321 UmwG Rn. 29 zur alten Rechtslage.

851 Vgl. Kap. 2 II.

jedoch Aussagen zur personellen Zusammensetzung des Gremiums zu treffen. Alle drei dargestellten Auffassungen sind daher zunächst mit dem Wortlaut vereinbar.[852]

Zu berücksichtigen ist jedoch auch, dass der Wortlaut dafür spricht, dass hinsichtlich der personellen Zusammensetzung des Betriebsrates es bei den normalen Regelungen verbleibt. In dem das Gesetz ausdrücklich dem Betriebsrat als Gremium das Übergangsmandat zuweist, stellt es gleichzeitig fest, dass auf dieses Gremium die Vorschriften zur Besetzung anwendbar bleiben. Für eine Ausnahmeregelung fehlt es an Andeutungen im Gesetz.[853]

Die logisch-grammatikalische Auslegung spricht daher eher für die Auffassung, dass sich die personelle Besetzung des Übergangsmandates nach den allgemeinen Regelungen, insbesondere nach § 24 BetrVG richtet.

cc) Historische Auslegung

Die personelle Zusammensetzung des Betriebsrates während des Übergangsmandates war bereits für § 321 UmwG a.F. umstritten.[854] Die aufgezeigten Meinungen wurden daher bereits zu dieser Vorschrift vertreten.[855] Auch § 20 DBGrG hat lediglich dem Betriebsrat ein Übergangsmandat zugewiesen, ohne Regelungen für die personelle Zusammensetzung zu treffen.

Düwell will aus diesem Umstand ableiten, dass der Gesetzgeber die Zusammensetzung des Betriebsrates während des Übergangsmandates nach den allgemeinen Regelungen vornehmen will.[856]

Es erscheint zweifelhaft, ob diesem Schweigen des Gesetzgebers eine solche Aussagekraft beigemessen werden kann. Zu Recht weist *Düwell* selbst darauf hin, dass sich in den Gesetzesmaterialien keine Hinweise auf eine Diskussion dieser Problematik durch den Gesetzgeber finden.[857] Näherliegend erscheint es, dass der Gesetzgeber dieses Problem nicht beachtet und daher keine Regelung getroffen hat.

Damit kann die historische Auslegung keine der genannten Auffassungen stützen. Es lässt sich nur feststellen, dass alle Meinungen bereits zu den Vorgängerregelungen vertreten wurden, ohne dass der Gesetzgeber im Rahmen des § 21a BetrVG eine abschließende Regelung getroffen hat.

---

852 Ebenso Gaul, Betriebs- und Unternehmensaufspaltung, § 27 Rn. 65; Bischoff, Übergangsmandat (2004), 117; Jung, Übergangsmandat (1999), 66.

853 Zutreffend HaKo-BetrVG/*Düwell*, § 21a Rn. 76.

854 Vgl. Lutter/*Joost*, § 321 UmwG Rn. 38 ff..

855 Lutter/*Joost*, § 321 UmwG Rn. 39; Sagasser, 2. Aufl., Kap. F Rn. 58.

856 Vgl. HaKo-BetrVG/*Düwell*, § 21a Rn. 77.

857 Vgl. Begründung BT-Drucks. 14/5741, 39 und HaKo-BetrVG/*Düwell*, § 21a Rn. 78.

dd) Systematische Auslegung

Die Regelungen zum Übergangsmandat in § 21a BetrVG stehen im Zweiten Teil des Betriebsverfassungsgesetzes, im Zweiten Abschnitt zur Amtszeit des Betriebsrates. Während § 21 BetrVG den Beginn und das Ende der regelmäßigen Amtszeit des Betriebsrates regelt, finden sich in § 21a BetrVG und § 21b BetrVG Regelungen zur Ausdehnung der Amtszeit. Daraus folgt, dass während des Übergangsmandates die Amtszeit des Betriebsrates andauert.[858]

Das Erlöschen der Mitgliedschaft ist in § 24 BetrVG geregelt, der ebenso wie § 21a BetrVG im Zweiten Abschnitt steht. Inhaltlich regelt § 24 BetrVG das Erlöschen der Mitgliedschaft im Betriebsrat und bezieht sich dabei auf die vorgehenden §§ 21 bis 23 BetrVG, die in den Tatbeständen des § 24 BetrVG aufgegriffen werden.

Dies spricht dafür, dass auf Grund der Stellung im Gesetz und der Systematik der Gründe für ein Erlöschen der Mitgliedschaft, die Regelungen des § 24 BetrVG auch für das Übergangsmandat aus § 21a BetrVG gelten.[859]

Dabei kann das Mandat des Betriebsrates nicht nach § 24 Nr. 1 BetrVG erlöschen, da das Mandat an sich auf Grund § 21a BetrVG fortbesteht.[860] Anwendbar bleiben jedoch § 24 Nr. 3 und 4 BetrVG, nach denen das Mandat bei Ausscheiden aus dem Arbeitsverhältnis oder Verlust der Wählbarkeit endet. Einigkeit besteht bei allen Auffassungen, dass bei einem endgültigen Ausscheiden aus dem Arbeitsverhältnis zum bisherigen Arbeitgeber oder zum neuen Arbeitgeber bei Übertragungsfällen das Betriebsratsmandat auch während des Übergangsmandates erlischt.[861]

Im Falle eines endgültigen Ausscheidens eines Betriebsratsmitgliedes aus dem Arbeitsverhältnis kommt es daher zum Nachrücken eines Ersatzmitgliedes nach § 25 BetrVG. Offen bleibt damit die Frage, ob § 24 Nr. 4 BetrVG auf den Betriebsrat im Übergangsmandat anwendbar ist mit der Folge, dass es zu Änderungen in der personellen Zusammensetzung kommen kann.

858 Ebenso Bischoff, Übergangsmandat (2004), 118.

859 A.A. Bischoff, Übergangsmandat (2004), 118, die systematisch allein § 24 Nr. 1 BetrVG betrachtet.

860 Insoweit zutreffend Bischoff, Übergangsmandat (2004), 118.

861 Fitting, § 21a Rn. 17; GK-BetrVG/*Kreutz*, § 21a Rn. 34 am Ende; HaKo-BetrVG/*Düwell*, § 21a Rn. 77.

ee) Ratio legis

Ausdrückliche Aufgabe von § 21a BetrVG ist der Schutz der Arbeitnehmer vor einer betriebsratslosen Zeit.[862] Diese Aufgabe erfüllt der Betriebsrat während des Übergangsmandates nach allen Auffassungen, da die Vertretung durch den Betriebsrat im Übergangsmandat sichergestellt ist.[863]

Zur Begründung der personellen Identität wird der Schutzzweck der Vorschrift um den Gedanken der effektiven Vertretung erweitert. Die übergegangenen Betriebsratsmitglieder würden die Interessen der Arbeitnehmer im abgespaltenen Betriebsteil stärker vertreten, zumal sie mit den Gegebenheiten vor Ort besser vertraut seien. Außerdem sei die wechselseitige Erreichbarkeit von Betriebsrat und Arbeitnehmern sehr viel besser sichergestellt, was für die Interessenvertretung von erheblicher Bedeutung sei, wie § 4 Abs. 1 Nr. 1 BetrVG zeige.[864]

Diese Argumentation übersieht, dass die Zugehörigkeit eines Betriebsratsmitgliedes zu dem abgespaltenen Betriebsteil letztlich vom Zufall abhängt. Gerade bei größeren Betrieben ist nicht sichergestellt, dass in jeder Betriebsabteilung ein Betriebsratsmitglied arbeitet. Zudem stellt sich die Anwesenheit eines Betriebsratsmitgliedes nur dann als weiterer Vorteil dar, wenn eine Verlagerung des Betriebes nach der betrieblichen Umstrukturierung erfolgt. Bleibt der abgespaltene Betrieb am bisherigen Standort, verschlechtert sich nicht die Erreichbarkeit.

Die geforderte teleologische Reduktion würde voraussetzen, dass der Zweck des Gesetzes eine Einschränkung des Anwendungsbereiches von § 24 Nr. 4 BetrVG erfordern würde.[865] Dies wird übersehen, wenn mit der bloßen Behauptung, dass § 24 Nr. 3 und 4 BetrVG den Besonderheiten des § 21a BetrVG nicht gerecht werde, eine teleologische Reduktion dieser Norm gefordert wird.[866]

---

862 Vgl. BT-Drucks. 14/5741, 39.

863 Ebenso Bischoff, Übergangsmandat (2004), 118.

864 Gaul, Betriebs- und Unternehmensaufspaltung, § 27 Rn. 66; Bischoff, Übergangsmandat (2004), 118.

865 Vgl. Larenz, Methodenlehre, 391.

866 Für eine teleologische Reduktion DKKW/*Buschmann*, § 21a Rn. 35; ErfK/*Koch*, § 21a BetrVG Rn. 7; Fitting, § 21a Rn. 16;GK-BetrVG/*Kreutz*, § 21a Rn. 34; HWGNRH/*Worzalla*, § 21a Rn. 24; HWK/*Reichold*, § 21a BetrVG Rn. 14; Löwisch/Kaiser, § 21a Rn. 8; Richardi/*Thüsing*, § 21a Rn. 22; WHSS/*Hohenstatt*, Kap. D Rn. 95; Gragert, NZA 2004, 289; Gaul/Bonanni, ArbRB 2002, 46, 49; Rieble, NZA 2002, 233, 236; Däubler, ArbuR 2001, 1; Engels/Trebinger/Löhr-Steinhaus, DB 2001, 532; Löwisch/Schmidt-Kessel, DB 2001, 2162, 2163; Bischoff, Übergangsmandat (2004), 119.

Der Nachweis, dass der Gesetzeszweck nur auf diesem Wege erreicht werden kann, wird von den Vertretern dieser Auffassung jedoch nicht erbracht.

Damit erweisen sich die Begründungen sowohl für die personelle Kontinuität des Betriebsrates im Übergangsmandat als auch die eingeschränkte Kontinuität mit wechselnden Besetzungen für Regelmandat und Übergangsmandat als nicht tragfähig. Es verbleibt bei der Anwendung von § 24 Nr. 4 BetrVG.

Die teleologische Auslegung ergibt somit, dass § 21a BetrVG keine teleologische Reduktion des § 24 BetrVG erfordert.

e) Zwischenergebnis

Als Ergebnis ist festzuhalten, dass sich die Zusammensetzung des Betriebsrates bei Ausübung des Übergangsmandates nach den allgemeinen Regelungen des § 24 Nr. 4 BetrVG richtet. Der Schutzzweck gebietet keine Abweichung vom Grundsatz der gesetzlichen Regelung. Betriebsratsmitglieder, deren Arbeitsplatz im abgespaltenen Betriebsteil liegt, verlieren damit ihr Amt, da sie nicht mehr nach § 8 Abs. 1 BetrVG wählbar sind. In den Betriebsrat, der das Übergangsmandat wahrnimmt, rücken für die ausgeschiedenen Mitglieder nach § 25 Abs. 1 BetrVG die gewählten Ersatzmitglieder nach. In dieser Besetzung nimmt der Betriebsrat auch seine Aufgaben im Übergangsmandat wahr.

3. Bei der Aufspaltung von Betrieben

Wird ein Betrieb aufgespalten, verliert er seine Identität. Grundsätzlich endet damit das Amt des Betriebsrates. Seine Mitglieder verlieren ihr Mandat. Für diesen Fall ordnet § 21a Abs. 1 BetrVG an, dass der Betriebsrat weiterhin im Amt bleibt.

Die personelle Zusammensetzung des Betriebsrates ändert sich in diesem Fall nicht. Aufgrund der Aufspaltung können Ersatzmitglieder, anders als bei einer Abspaltung, nicht in das Gremium nachrücken.[867] Der Betriebsrat muss daher das Übergangsmandat in seiner bisherigen Zusammensetzung ausüben, um die beabsichtigte Kontinuität in der Interessenvertretung zu gewährleisten.[868]

867 Zutreffend ErfK/*Koch*, § 21a BetrVG Rn. 7.

868 Vgl. Fitting, § 21a Rn. 16; HWK/*Reichold*, § 21a BetrVG Rn. 14; WHSS/*Hohenstatt*, Kap. D Rn. 95.

4. Ergebnis

Das Übergangsmandat wird in § 21a BetrVG dem Betriebsrat als Gremium zugewiesen. Die personelle Zusammensetzung des Betriebsrates bestimmt sich nach den allgemeinen Regelungen. Der Verlust der Wählbarkeit im Falle einer Abspaltung von Betriebsteilen kann zum Erlöschen der Mitgliedschaft im Betriebsrat führen. Der Zweck von § 21a BetrVG erfordert keine teleologische Reduktion des § 24 Nr. 4 BetrVG, da die Vertretung der Arbeitnehmer im abgespaltenen Betriebsteil durch einen Betriebsrat durch § 21a BetrVG sichergestellt ist.

Hingegen bleibt sowohl bei der Zusammenfassung von Betrieben und Betriebsteilen als auch bei der Aufspaltung eines Betriebes der Betriebsrat für die Wahrnehmung des Übergangsmandates personell unverändert.

II. Vollmandat

Nach dem Wortlaut des § 21a Abs. 1 Satz 1 BetrVG führt der Betriebsrat die Geschäfte weiter. Dies gilt sowohl für das Übergangsmandat bei Spaltungen wie für Zusammenfassungen, wie § 21a Abs. 2 Satz 2 BetrVG zeigt.

Offen bleibt damit die Frage, in welchem Umfang dem Betriebsrat Rechte auf Grund des Übergangsmandates zustehen. Auf Grund der gesetzlich angeordneten Weiterführung der Geschäfte des Betriebsrates wird überwiegend angenommen, dass das Übergangsmandat ein Vollmandat sei und grundsätzlich die Wahrnehmung sämtlicher Beteiligungsrechte, Befugnisse und Aufgaben nach dem Betriebsverfassungsgesetz umfasse.[869] Gleichwohl können sich Einschränkungen aus dem übergangsweisen Charakter des Übergangsmandates ergeben.[870] Zu prüfen ist daher, an welchen Stellen sich das Übergangsmandat trotz seiner Charakteristik als Vollmandat vom regulären Mandat unterscheiden könnte. Hierzu werden die Rechte und Pflichten des Betriebsrates während des Übergangsmandates im Bereich der Geschäftsführung sowie der Mitbestimmung in sozialen, personellen und wirtschaftlichen Fragen untersucht.

869 DKKW/*Buschmann*, § 21a Rn. 61; ErfK/*Koch* § 21a BetrVG Rn. 5; Fitting, § 21a Rn. 20; GK-BetrVG/*Kreutz*, § 21a Rn. 38; HWGNRH/*Worzalla*, § 21a Rn. 30, HWK/*Reichold*, § 21a BetrVG Rn. 10; Richardi/*Thüsing*, § 21a Rn. 16; WPK/*Wlotzke*, § 21a Rn. 28; a. A. Heinze, ZfA 1997, 1, 10; Mengel, Umwandlungen (1997), 299.

870 Vgl. GK-BetrVG/*Kreutz*, § 21a Rn. 37.

1. Geschäftsführung des Betriebsrates

Das Übergangsmandat bewirkt eine Ausdehnung der Zuständigkeit des Betriebsrates über den ursprünglichen Wahlbetrieb hinaus. Es stellt sich damit die Frage, ob für die Geschäftsführung auf den Ursprungsbetrieb oder die neu gebildete Organisationseinheit abzustellen ist. Unter diesem Gesichtspunkt werden nachfolgend ausgewählte Befugnisse des Betriebsrates im Rahmen seiner Geschäftsführung untersucht.

a) Betriebsausschuss, Ausschüsse und Arbeitsgruppen

aa) Betriebsausschuss, § 27 BetrVG

Für Betriebsräte mit neun oder mehr Mitgliedern ordnet § 27 Abs. 1 Satz 1 BetrVG die Bildung eines Betriebsausschusses an. Voraussetzung für die Bildung des Betriebsausschusses ist damit das Bestehen eines Betriebsrates und eine Größe von mindestens neun Mitgliedern.

Das Übergangsmandat führt dazu, dass der Betriebsrat über den Zeitpunkt des Wirksamwerdens der betrieblichen Umstrukturierung hinaus sowohl sein Amt fortführt als auch in der Größe unverändert bleibt. Daraus folgt, dass die Voraussetzungen des § 27 Abs. 1 Satz 1 BetrVG weiter vorliegen. Hat vor der betrieblichen Umstrukturierung ein Betriebsausschuss bestanden, bleibt dieser auch während des Übergangsmandates im Amt.[871]

bb) Ausschüsse und Arbeitsgruppen

In den §§ 28, 28a BetrVG ist die Möglichkeit vorgesehen, dass in Betrieben mit mehr als 100 Arbeitnehmern der Betriebsrat Ausschüsse bildet und diesem bestimmte Aufgaben überträgt oder in Abstimmung mit dem Arbeitgeber Arbeitsgruppen zu Lösung bestimmter Aufgaben einsetzt. Neben dem Bestehen des Betriebsrates ist damit die Betriebsgröße von mehr als 100 Arbeitnehmern die maßgebliche Voraussetzung.

Sinn und Zweck des Übergangsmandates ist der Schutz der Arbeitnehmer während einer Übergangsphase. Diese sollen so gestellt werden, als ob für den neuen Betrieb bereits ein Betriebsrat gewählt worden wäre.[872] Maßgeblich für die

871 Ebenso GK-BetrVG/*Kreutz*, § 21a Rn. 35.

872 GK-BetrVG/*Kreutz*, § 21a Rn. 37; Däubler, RdA 1995, 136, 144.

Fortführung der Ausschüsse und Arbeitsgruppen ist daher die Arbeitnehmeranzahl in der neu gebildeten betrieblichen Organisationseinheit.[873]

Damit hängt die Fortführung der Ausschüsse und Arbeitsgruppen von der Belegschaftsstärke der neu gebildeten Einheiten ab. Nur wenn in diesen mehr als 100 Arbeitnehmer beschäftigt werden, können die Ausschüsse und Arbeitsgruppen fortgeführt werden.[874]

cc) Wirtschaftsausschuss

In Unternehmen mit in der Regel mehr als 100 ständig beschäftigten Arbeitnehmern ist gemäß § 106 BetrVG ein Wirtschaftsausschuss zu bilden. Dieser ist keine eigenständige unternehmensbezogene Arbeitnehmervertretung.[875]

Der Wirtschaftsausschuss bleibt im Ursprungsunternehmen bestehen, solange die Anzahl der ständig beschäftigten Arbeitnehmer nicht unter 100 sinkt. Wird diese Zahl unterschritten, endet der Wirtschaftsausschuss von Gesetzes wegen.

Wird ein Betriebsteil mit mindestens 100 Arbeitnehmern abgespalten, kann der das Übergangsmandat wahrnehmende Betriebsrat für diesen abgespaltenen Betriebsteil einen Wirtschaftsausschuss gemäß §§ 106, 107 BetrVG berufen. In diesen dürfen jedoch nur unternehmenszugehörige Arbeitnehmer berufen werden. Im Falle einer unternehmensübergreifenden Betriebsspaltung kann der Wirtschaftsausschuss nicht Rechte in zwei Unternehmen geltend machen.[876]

b) Betriebsversammlungen

In allen Betrieben ist regelmäßig gemäß § 43 BetrVG eine Betriebsversammlung einzuberufen. Dies gilt auch während des Übergangsmandates.[877]

Der Betriebsrat ist daher auch im Übergangsmandat verpflichtet, die regelmäßige Information der Belegschaft im Rahmen von Betriebsversammlungen fortzuführen.

---

873 GK-BetrVG/*Kreutz*, § 21a Rn. 35.

874 ebenso ErfK/*Koch*, § 21a BetrVG Rn. 7; Fitting, § 21a Rn. 23; GK-BetrVG/*Kreutz*, § 21a Rn. 35 u. 37; WPK/*Wlotzke*, § 21a Rn. 28.

875 HaKo-BetrVG/*Düwell*, § 21a Rn. 45.

876 Rieble, NZA 2003, Beilage zu Heft 16, 62, 66.

877 Fitting, § 21a Rn. 20; GK-BetrVG/*Kreutz*, § 21a Rn. 38; HWGNRH/*Worzalla*, § 21a BetrVG Rn. 30.

c) Kosten des Übergangsmandates

Durch die Tätigkeit des Betriebsrates im Rahmen des Übergangsmandates werden Kosten für den Arbeitgeber verursacht. Diese können aus der bezahlten Freistellung für die Wahrnehmung des Übergangsmandates oder aus dem hierfür erforderlichen Sachaufwand entstehen. Nicht geklärt ist, wer jeweils Träger dieser durch das Übergangsmandat entstandenen Kosten ist.

aa) Freistellung, § 37 BetrVG

Zur Wahrnehmung der Aufgaben als Betriebsrat verpflichtet § 37 Abs. 2 BetrVG den Arbeitgeber zur Freistellung von Betriebsratsmitgliedern unter Fortzahlung von deren Vergütung. Voraussetzung ist allein, dass die Arbeitsbefreiung nach Umfang und Art des Betriebes zur ordnungsgemäßen Durchführung ihrer Aufgaben erforderlich ist.

Damit folgt aus § 37 Abs. 2 BetrVG der Grundsatz, dass der jeweilige Vertragsarbeitgeber die Ansprüche des Betriebsratsmitgliedes auf Freistellung und Entgeltfortzahlung zu erfüllen hat. Dies gilt auch im Rahmen des Übergangsmandates.[878] Bei einer unternehmensinternen betrieblichen Umstrukturierung entstehen daher keine Probleme hinsichtlich der bezahlten Freistellung von Betriebsratsmitgliedern für ihre Tätigkeit im Rahmen des Übergangsmandates, da sich der Vertragsarbeitgeber nicht ändert.

Kommt es jedoch im Rahmen der betrieblichen Umstrukturierung zu einer Übertragung von betrieblichen Einheiten unter Entstehung eines Übergangsmandates auf einen neuen Rechtsträger, können Mandat und Arbeitsverhältnis auseinanderfallen. Der Betriebsrat muss im Rahmen des Übergangsmandates Aufgaben für eine betriebliche Einheit wahrnehmen, die nicht mehr demselben Rechtsträger angehört.

Für diesen Fall wird vertreten, dass seitens des Betriebsratsmitgliedes gegen den Vertragsarbeitgeber nur ein Anspruch auf unbezahlte Freistellung bestehe. Der Entgeltanspruch sei gegen den neuen Betriebsinhaber zu richten. Es liege eine Lücke vor, die der Gesetzgeber nicht gesehen und daher nicht geregelt habe. Diese sei durch einen sachgerechten Kompromiss zu schließen.[879]

---

878 DKKW/*Buschmann*, § 21a Rn. 60; ErfK/*Koch*, § 21a BetrVG Rn. 8; Fitting, § 21a Rn. 27; GK-BetrVG/*Kreutz*, § 21a Rn. 99; HWGNRH/*Worzalla*, § 21a Rn. 38; WPK/*Wlotzke*, § 21a Rn. 36.

879 Fitting, § 21a Rn. 27; HWK/*Reichold*, § 21a BetrVG Rn. 18; WPK/*Wlotzke*, § 21a Rn. 36; Auktor, NZA 2003, 950, 953.

Dem kann nicht gefolgt werden. Grundsätzlich ist der Anspruch aus § 37 Abs. 2 BetrVG ein individualvertraglicher Anspruch, der durch das einzelne Betriebsratsmitglied gegenüber seinem Vertragsarbeitgeber geltend zu machen ist.[880] Voraussetzung ist allein, dass die Freistellung zur ordnungsgemäßen Durchführung der betriebsverfassungsrechtlichen Aufgaben erforderlich ist. Hierzu zählen auch die gesetzlich zugewiesenen Tätigkeiten im Rahmen des Übergangsmandates.[881] Damit fällt die Wahrnehmung des Übergangsmandates in den Kreis der notwendigen Tätigkeiten des Betriebsrates, so dass die Anspruchsvoraussetzungen des § 37 Abs. 2 BetrVG gegeben sind.[882]

Es verbleibt damit bei dem Grundsatz, dass der Vertragsarbeitgeber alleine zur Freistellung für die Betriebsratstätigkeit und Fortzahlung des Entgeltes für diesen Zeitraum verpflichtet ist. Die Gegenauffassung verkennt die gesetzlichen Voraussetzungen des § 37 Abs. 2 BetrVG, insbesondere dass das Übergangsmandat eine gesetzliche Aufgabe des Betriebsrates darstellt. Zudem wird so eine Benachteiligung des Betriebsratsmitgliedes vermieden, da dieses sich nicht an zwei Arbeitgeber wenden muss, um eine Freistellung für seine Tätigkeit sowie die Fortzahlung seiner Vergütung für diesen Zeitraum zu erreichen.

bb) Freistellung, § 38 BetrVG

Zur Sicherstellung einer möglichst wirksamen Betriebsratsarbeit konkretisiert § 38 Abs. 1 BetrVG die allgemeinere Regelung in § 37 Abs. 2 BetrVG und sieht dazu ab einer bestimmten Betriebsgröße eine völlige Freistellung von Betriebsratsmitgliedern von der Arbeit vor.[883] Kommt es zu einer nicht nur vorübergehenden Erhöhung der Anzahl der regelmäßig beschäftigten Arbeitnehmer oder sinkt die Belegschaftsstärke nicht nur vorübergehend, so erhöht oder verringert sich entsprechend § 38 Abs. 1 BetrVG die Anzahl der freigestellten Betriebsratsmitglieder.[884] Fraglich ist daher, welche Auswirkungen die betriebliche Umstrukturierung auf die Freistellung nach § 38 BetrVG hat.

---

880 Fitting, § 21a Rn. 27; WPK/*Preis*, § 21a Rn. 36; Gragert, NZA 2004, 289, 293.

881 DKKW/*Buschmann*, § 21a Rn. 60.

882 A.A. Richardi/*Thüsing*, § 21a Rn. 24, der einen Anspruch auf unbezahlte Freistellung gegenüber dem Vertragsarbeitgeber und einen Entgeltanspruch gegenüber dem Betriebsinhaber annimmt.

883 Vgl. Fitting, § 38 Rn. 1.

884 DKKW/*Wedde*, § 38 Rn. 10; Fitting, § 38 Rn. 15; GK-BetrVG/*Weber*, § 38 Rn. 13 ff.; HWGNRH/*Glock*, § 38 Rn. 12; Richardi/*Thüsing*, § 38 Rn. 11; WPK/*Kreft*, § 38 Rn. 10.

In Betracht kommt, es bei der Anwendung der allgemeinen Regelungen in § 38 BetrVG zu belassen.[885] Die Anzahl der freigestellten Betriebsratsmitglieder soll sich im Falle einer Abspaltung nach der Stärke des Restbetriebes richten.[886] Es komme durch das Übergangsmandat zu keiner Erhöhung der Anzahl der freizustellenden Betriebsratsmitglieder.[887]

Die Gegenauffassung vertritt die Meinung, dass sich die Anzahl der Freistellungen nach der organisatorischen Gesamtheit im Regelmandat und im Übergangsmandat richten.[888] Die im Zeitpunkt der betrieblichen Umstrukturierung bestehenden Freistellungen blieben daher erhalten.[889] Auch während des Übergangsmandates richte sich die Zahl der Freistellungen nach der Gesamtzahl der repräsentierten Arbeitnehmer.[890]

Diese Auffassung ist zutreffend. Dem Freistellungsanspruch nach § 38 Abs. 1 BetrVG liegt die Vorstellung zugrunde, dass ab einer bestimmten Betriebsgröße die ordnungsgemäße Wahrnehmung des Betriebsratsmandates die völlige Freistellung von Mitgliedern des Betriebsrates von ihrer vertraglichen Arbeitspflicht erfordert. Dies muss gerade auch gelten für den Fall von betrieblichen Umstrukturierungen, die zu einem erheblichen Mehraufwand für den Betriebsrat durch Wahrnehmung des Übergangsmandates und der damit erweiterten Aufgabenstellung führen. Abzustellen ist daher auf die Gesamtheit der vom Betriebsrat während der Wahrnehmung des Übergangsmandates vertretenen Arbeitnehmer. Nur so kann der Zweck des § 38 Abs. 1 BetrVG erfüllt werden. Nach Beendigung des Übergangsmandates ist die Anzahl der Freistellungen wieder bezogen auf den jeweiligen Betrieb zu ermitteln.[891]

cc) Schulungen, § 37 Abs. 6 BetrVG

Soweit der Betriebsrat die für seine Tätigkeit erforderlichen Kenntnisse nicht besitzt, kann er nach § 37 Abs. 6 BetrVG die Freistellung von Mitgliedern

885 ErfK/*Koch*, § 21a BetrVG Rn. 8.

886 Maschmann, NZA 2009 Beilage 1, 32, 35.

887 ErfK/*Koch*, § 21a BetrVG Rn. 8; Fitting, § 21a Rn. 27; Sieg/Maschmann Rn. 379.

888 DKKW/*Buschmann*, § 21a Rn. 60; Gragert, NZA 2004, 289, 291.

889 GK-BetrVG/*Kreutz*, § 21a Rn. 99; Schlenker-Rehage, Übergangsmandat Betriebs- und Personalrat (2010), 135.

890 GK-BetrVG/*Kreutz*, § 21a Rn. 35; HWGNRH/*Worzalla*, § 21a Rn. 30; HWK/*Reichold*, § 21a BetrVG Rn. 18; WPK/*Wlotzke*, § 21a Rn. 36; Gragert, NZA 2004, 289, 291; Gaul/Bonanni, ArbRB 2002, 46, 49.

891 Ebenso Gragert, NZA 2004, 289, 291.

zur Teilnahme an entsprechenden Schulungen fordern. Erforderlich ist, dass in diesen Schulungen Kenntnisse vermittelt werden, die für die Arbeit des Betriebsrates erforderlich sind. Fraglich ist, ob dies auch während des Übergangsmandates gilt.

Die Wahrnehmung des Übergangsmandates gehört zu den gesetzlichen Aufgaben des Betriebsrates. Während dieser Zeit führt er die Geschäfte des Betriebsrates fort. Damit besteht ein Anspruch auf Teilnahme an Schulungen auch während des Übergangsmandates, da in den Schulungen die erforderlichen Kenntnisse für die Tätigkeit vermittelt werden.[892] Die Befristung des Übergangsmandates steht dem nicht entgegen, da es allein auf die Erforderlichkeit der Schulung für die Aufgabenwahrnehmung ankommt. Die Erforderlichkeit der Schulung selbst richtet sich dabei nach der Tätigkeit im Übergangsmandat.[893]

Daraus folgt, dass der Betriebsrat in Wahrnehmung des Übergangsmandates an Schulungen teilnehmen kann. Erforderlich ist jedoch, dass die vermittelten Kenntnisse für seine Tätigkeit erforderlich sind.

dd) Kostentragung, § 40 BetrVG

Der Arbeitgeber ist nach § 40 Abs. 1 BetrVG verpflichtet, die durch die Tätigkeit des Betriebsrates entstehenden Kosten zu tragen. Insbesondere sind durch den Arbeitgeber die im erforderlichen Umfang für die Tätigkeit erforderlichen Räume, sachlichen Mittel, Informations- und Kommunikationstechnik sowie Büropersonal zur Verfügung zu stellen. Dies ergibt sich aus § 40 Abs. 2 BetrVG. Fraglich ist, welcher Rechtsträger im Falle einer unternehmensübergreifenden Umstrukturierung die durch das Übergangsmandat entstehenden Kosten zu tragen hat, da in diesem Fall Vertragsarbeitgeber und Betriebsinhaber nicht mehr identisch sind.

Für den Fall der Spaltung wird vertreten, dass die Kosten der Betriebsratstätigkeit durch den Inhaber des Restbetriebes zu tragen seien.[894] Zur Begründung wird angeführt, dass der bisherige Betriebsinhaber durch sein Handeln das Übergangsmandat ausgelöst habe.[895]

Weiter wird vertreten, dass die Kosten nach § 40 durch den Inhaber des Betriebes, für welchen das Übergangsmandat wahrgenommen wird, zu tragen sind.

---

892 HWGNRH/*Worzalla*, § 21a Rn. 31; Hahn/Rudolph, AiB 2009, 436, 439.

893 BAG 28.08.1996 - Az. 7 AZR 840/95, AP BetrVG 1972, § 37 Nr. 117; HWGNRH/*Worzalla*, § 21a Rn. 31.

894 Maschmann, NZA 2009 Beilage 1, 32, 35; Worzalla, FA 2001, 262, 264.

895 HWGNRH/*Worzalla*, § 21a Rn. 38.

Dieser habe als Vertragsarbeitgeber das geschuldete Entgelt für die Dauer der Betriebsratstätigkeit zu zahlen.[896]

Schließlich wird eine gesamtschuldnerische Haftung von altem und neuem Arbeitgeber in Erwägung gezogen.[897] Dem wird entgegengehalten, dass für eine gesamtschuldnerische Haftung die gesetzliche Grundlage fehle.[898] Eine solche würde zu einer einseitigen Besserstellung des Betriebsrates mit Übergangsmandat führen.[899]

Die Annahme einer gesamtschuldnerischen Haftung erscheint vorliegend trotz der Einwände interessengerecht. Der Sachverhalt ist grundsätzlich vergleichbar mit der Kostentragungspflicht im Fall eines gemeinsamen Betriebes mehrerer Unternehmen. Das Übergangsmandat beruht auf vertraglichen Absprachen mehrerer Unternehmen.[900] Die hierbei entstehenden Kosten der Betriebsratstätigkeit dürfen nicht zu Lasten der Mitglieder des Betriebsrates gehen, soweit die Kosten erforderlich sind. Hieraus ergibt sich, dass die Arbeitgeber zur Kostentragung verpflichtet sind, die dafür die Umstände gesetzt haben. Diese haften als Gesamtschuldner.[901] Die gesamtschuldnerische Haftung vermeidet zudem, dass die beteiligten Arbeitgeber den Betriebsrat an den jeweils anderen verweisen können.[902]

Der Kostenausgleich zwischen den gesamtschuldnerisch haftenden Unternehmen sollte daher durch diese vertraglich geregelt werden.[903] Soweit es an einer entsprechenden vertraglichen Vereinbarung fehlt, kommt eine entsprechende Anwendung der §§ 421 ff. BGB für die Kosten der Betriebsratstätigkeit in Betracht.[904]

896 DKKW/*Buschmann*, § 21a Rn. 60; Fitting, § 21a Rn. 27; WPK/*Wlotzke*, § 21a Rn. 35; a.A. Richardi/*Thüsing*, § 21a Rn. 24: Freistellungsanspruch gegen den Vertragsarbeitgeber und Vergütungsanspruch gegen Betriebsinhaber.

897 ArbG Leipzig 05.05.2006 - Az. 10 BV 57/05, NZA-RR 2007, 24; Fitting, § 21a Rn. 27; HWGNRH/*Worzalla*, § 21a Rn. 38; Schiefer/Worzalla, NZA 2011, 1396, 1399; Hahn/Rudolph, AiB 2009, 436, 439; Gragert, NZA 2004, 289, 292; Schlenker-Rehage, Übergangsmandat Betriebs- und Personalrat (2010), 134.

898 GK-BetrVG/*Kreutz*, § 21a Rn. 101; Löwisch/Kaiser, § 21a Rn. 9; Richardi/*Thüsing*, § 21a Rn. 24.

899 Richardi/*Thüsing*, § 21a Rn. 24.

900 BAG 19.04.1989 - Az. 7 ABR 6/88, BAGE 61, 340, 347; Schultze, ArbRAktuell 2013, 413; Gragert, NZA 2004, 289, 292; Worzalla, FA 2001, 261, 264.

901 BAG 08.04.1992 - Az. 7 ABR 56/91, BAGE 70, 126, 136 f.

902 ArbG Leipzig 05.05.2006 - Az. 10 BV 57/05, NZA-RR 2007, 24.

903 DKKW/*Buschmann*, § 21a Rn. 60; Richardi/*Thüsing*, § 21a Rn. 24; Rieble, NZA 2002, 233, 236.

904 ArbG Leipzig 05.05.2006 - Az. 10 BV 57/05, NZA-RR 2007, 24; Fitting, § 21a Rn. 27; HWGNRH/*Worzalla*, § 21a Rn. 38; Schiefer/Worzalla, NZA 2011, 1396, 1399; Gragert, NZA 2004, 289, 292.

Als Maßstab kann in diesem Fall das Größenverhältnis der Belegschaften zueinander in Betracht gezogen werden.[905]

d) Führen von Beschlussverfahren

Das Übergangsmandat des Betriebsrates ist zeitlich begrenzt. Vor diesem Hintergrund ist es fraglich, ob der Betriebsrat in Wahrnehmung des Übergangsmandates Beschlussverfahren einleiten kann.

Der Betriebsrat kann zur Durchsetzung seiner Rechte aus dem Betriebsverfassungsgesetz bei den Arbeitsgerichten Beschlussverfahren gemäß § 2a Abs. 2 ArbGG einleiten. Diese Möglichkeit besteht auch während des Übergangsmandates.[906] Keine Voraussetzung hierfür ist, dass ein Abschluss des Verfahrens vor dem Ende des Übergangsmandates möglich ist.[907]

Dies ergibt sich daraus, dass laufende Beschlussverfahren, die die neue betriebliche Einheit betreffen, nach der Neuwahl eines Betriebsrates im Rahmen der Funktionsnachfolge von diesem fortgeführt werden.[908] Der Vornahme einer besonderen Prozesshandlung hierzu bedarf es dabei nicht.[909] Auch die Eingliederung eines Betriebes in einen anderen Betrieb mit Betriebsrat führt nicht zur Beendigung des anhängigen Beschlussverfahrens. Dieses wird vielmehr durch den im aufnehmenden Betrieb bestehenden Betriebsrat fortgeführt.[910] Die Entscheidung über die Fortführung des Beschlussverfahrens liegt nach Beendigung des Übergangsmandates beim nunmehr zuständigen neu gewählten Betriebsrat.[911]

e) Schutzvorschriften

aa) Kündigungsschutz

Die Kündigung eines Betriebsratsmitgliedes ist nach § 15 Abs. 1 Satz 2 KSchG unzulässig. Eine Kündigung kommt nur dann in Betracht, wenn ein wichtiger

905 So Fitting, § 21a Rn. 27 im Anschluss an Jung, Übergangsmandat (1999), 77.

906 DKKW/*Buschmann*, § 21a Rn. 61; ErfK/*Koch*, § 21a Rn. 5; Fitting, § 21a Rn. 20; Richardi/*Thüsing*, § 21a Rn. 16.

907 Fitting, § 21a Rn. 20; Richardi/*Thüsing*, § 21a Rn. 16.

908 Gaul, Betriebs- und Unternehmensaufspaltung, § 27 Rn. 62.

909 BAG 21.01.2003 - Az. 1 ABR 9/02, AP BetrVG 1972, § 21a Nr. 1.

910 BAG 21.01.2003 - Az. 1 ABR 9/02, AP BetrVG 1972, § 21a Nr. 1.

911 Fitting, § 21a Rn. 20; HaKo-BetrVG/*Düwell*, § 21a Rn. 53; WHSS/*Hohenstatt*, Kap. D Rn. 93.

Grund im Sinne von § 626 BGB vorliegt und der Betriebsrat der Kündigung nach § 103 Abs. 1 BetrVG zugestimmt oder diese Zustimmung durch das Arbeitsgericht rechtskräftig ersetzt ist.

Die Betriebsratsmitglieder üben im Rahmen des Übergangsmandates ihre Tätigkeit als Betriebsräte aus. Daraus ergibt sich die gleiche Schutzbedürftigkeit wie im Regelmandat. Auch im Übergangsmandat muss die Interessenvertretung der Arbeitnehmer vor einer Druckausübung durch den Arbeitgeber geschützt werden. Daher besteht auch während des Übergangsmandates für die Betriebsratsmitglieder der besondere Kündigungsschutz aus § 15 Abs. 1 KSchG.[912] Ebenso bedarf die außerordentliche Kündigung eines Mitgliedes des Betriebsrates während der Wahrnehmung des Übergangsmandates der Zustimmung des Betriebsrates nach § 103 BetrVG.[913]

Dies gilt auch dann, wenn es zu einer unternehmensübergreifenden Umstrukturierung und es in der Folge zu einem Auseinanderfallen von Mandat und Arbeitsverhältnis kommt, soweit man sich nicht der hier vertretenen Meinung anschließt.[914] Kommt es im Rahmen der betrieblichen Umstrukturierung zu einem Mandatsverlust, so beginnt der nachwirkende Kündigungsschutz mit Ende des Übergangsmandates.[915] Der nachwirkende Kündigungsschutz gilt auch in diesem Fall für ein Jahr.[916]

bb) Versetzung

Nach der vorliegend vertretenen Auffassung verliert ein Betriebsratsmitglied sein Mandat, wenn sein Arbeitsplatz in dem Betriebsteil liegt, der im Rahmen der Umstrukturierung abgespalten oder zusammengefasst wird. Fraglich ist, ob die Abspaltung oder Zusammenfassung von Betriebsteilen die Zustimmung des Betriebsrates nach § 103 Abs. 3 BetrVG erfordert, im Hinblick auf den damit verbundenen Mandatsverlust. Die Interessenlage ist vergleichbar mit dem Schutz vor Versetzung, wie ihn § 103 Abs. 3 BetrVG gewährt. Dies würde voraussetzen, dass die Ausgliederung eine Versetzung im Sinne von § 95 Abs. 3 BetrVG darstellt.

Die Voraussetzungen einer Versetzung ergeben sich aus § 95 Abs. 3 BetrVG. Danach erfordert eine Versetzung eine nicht nur vorübergehende Zuweisung eines

---

912 Jaeger/*Göpfert*, Kap. 26, Rn. 19; Hahn/Rudolph, AiB 2009, 436, 439.

913 GK-BetrVG/*Raab*, § 103 Rn. 18.

914 DKKW/*Buschmann*, § 21a Rn. 59; GK-BetrVG/*Raab*, § 103 Rn. 18; Löwisch/Kaiser, § 21a Rn. 9; Löwisch/Schmidt-Kessel, BB 2001, 2163.

915 DKKW/*Buschmann*, § 21a Rn. 59; Löwisch/Kaiser, § 21a Rn. 9; Hahn/Rudolph, AiB 2009, 436, 439.

916 Löwisch/Kaiser, § 21a Rn. 9.

neuen Arbeitsplatzes. Daran fehlt es jedoch bei einer Umstrukturierung des Betriebes durch Spaltung oder Zusammenfassung. Das Betriebsratsmitglied behält in diesem Fall seinen konkreten Arbeitsplatz. Damit liegen die Voraussetzungen einer Versetzung nicht vor, so dass § 103 Abs. 3 BetrVG nicht anwendbar ist.[917] Dagegen ist die Zustimmung des Betriebsrates erforderlich, wenn eine Versetzung im Sinne von § 95 Abs. 3 BetrVG erfolgt und das Betriebsratsmitglied dadurch das Übergangsmandat verliert.[918]

f) Entsendung von Mitgliedern in den Gesamtbetriebsrat

Bestehen in einem Unternehmen mehrere Betriebsräte, so ist gemäß § 47 Abs. 1 BetrVG ein Gesamtbetriebsrat zu errichten.

Hierfür ist auch der Betriebsrat mit Übergangsmandat als bestehender Betriebsrat im Sinne von § 47 Abs. 1 BetrVG zu berücksichtigen. Dieser entsendet Mitglieder in einen bestehenden Gesamtbetriebsrat.[919]

Die Anzahl der Mitglieder des Betriebsrates im Gesamtbetriebsrat richtet sich nach der bisherigen Besetzung.[920] Die Stimmenzahl im Gesamtbetriebsrat bestimmt sich dagegen nach der Arbeitnehmerzahl des neuen Betriebes.[921]

Besteht beim aufnehmenden Rechtsträger bereits ein Gesamtbetriebsrat oder ist dieser nunmehr auf Grund des Vorliegens der gesetzlichen Voraussetzungen zu bilden, übt dieser gegenüber der neu geschaffenen betrieblichen Einheit seine regulären Zuständigkeiten aus.[922]

---

917 Fitting, § 103 Rn. 67; GK-BetrVG/*Raab*, § 103 Rn. 40; Annuß, NZA 2001, 367, 369; Löwisch, NZA 2001 Beilage Heft 24, 40, 48; a. A. KR/*Etzel*, § 103 BetrVG Rn. 163.

918 Fitting, § 103 Rn. 67; GK-BetrVG/*Raab*, § 103 Rn. 40.

919 Fitting, § 21a Rn. 20; GK-BetrVG/*Kreutz*, § 47 Rn. 6; HWGNRH/*Worzalla*, § 21a Rn. 29; Feudner, DB 2003, 882, 886; Rieble, NZA 2002, 233, 240; Sieg/Maschmann Rn. 388; Peix, Fortbestand Gesamtbetriebsrat (2008), 96.

920 Peix, Fortbestand Gesamtbetriebsrat (2008), 257.

921 Peix, Fortbestand Gesamtbetriebsrat (2008), 260 f.

922 Rieble, NZA 2003 Beilage zu Heft 16, 62, 67.

2. Allgemeine Aufgaben

a) Wahrnehmung der Informations- und Beteiligungsrechte

Im Rahmen des Übergangsmandates stehen dem Betriebsrat alle Rechte und Befugnisse aus dem Betriebsverfassungsgesetz uneingeschränkt, wenn auch zeitlich befristet, zu.[923] Seine hieraus resultierenden Rechte muss der Betriebsrat jeweils gesondert gegenüber dem betreffenden Arbeitgeber geltend machen.[924]

Der Betriebsrat nimmt während des Übergangsmandates alle Mitwirkungs- und Mitbestimmungsrechte, insbesondere im sozialen, personellen und wirtschaftlichen Bereich wahr.[925] Hierzu zählt auch die Zuleitung eines Verschmelzungsvertrages der an einer Umwandlung beteiligten Unternehmen gemäß § 5 Abs. 3 UmwG.[926] Soweit die Geltendmachung von Mitbestimmungs- oder Mitwirkungsrechten an bestimmte Schwellenwerte geknüpft ist, wie beispielsweise im Rahmen der personellen Mitbestimmung nach §§ 99 ff. BetrVG, sind grundsätzlich die Verhältnisse in der jeweiligen neuen betrieblichen Einheit maßgeblich.[927] Durch das Übergangsmandat soll eine betriebsratslose Zeit verhindert, nicht jedoch zusätzliche Mitbestimmungsrechte gewährt werden.[928] Ebenso ist der Betriebsrat im Übergangsmandat vor dem Ausspruch von Kündigungen nach § 102 BetrVG zu beteiligen.[929]

b) Zutrittsrecht

Im Rahmen des Übergangsmandates kann das Betreten eines Betriebes notwendig werden, für den das Betriebsratsmitglied auf Grund des Übergangsmandates zwar zuständig ist, jedoch diesem Betrieb nicht angehört.

---

923 ErfK/*Koch*, § 21a BetrVG Rn. 5; Fitting, § 21a Rn. 20; GK-BetrVG/*Kreutz*, § 21a Rn. 77; HaKo-BetrVG/*Düwell*, § 21a Rn. 51; HWGNRH/*Worzalla*, § 21a Rn. 30; Richardi/*Thüsing*, § 21a Rn. 16; Henssler in FS Kraft, 219, 235.

924 Rieble, NZA 2002, 233, 236.

925 DKKW/*Buschmann*, § 21a Rn. 61; ErfK/*Koch*, § 21a Rn. 5; Fitting, § 21a Rn. 20; GK-BetrVG/*Kreutz*, § 21a Rn. 38; HaKo-BetrVG/*Düwell*, § 21a Rn. 51; HWGNRH /*Worzalla*, § 21a Rn. 30; Löwisch/Kaiser, § 21a Rn. 10; Richardi/*Thüsing*, § 21a Rn. 16.

926 Vgl. Dzida, GmbHR 2009, 459, 460.

927 ErfK/*Koch*, § 21a BetrVG Rn. 7; GK-BetrVG/*Kreutz*, § 21a Rn. 37; HaKo-BetrVG/ *Düwell*, § 21a Rn. 51; HWGNRH/*Worzalla*, § 21a Rn. 30; HWK/*Reichold*, § 21a BetrVG Rn. 10; Rieble, NZA 2002, 233, 235.

928 Gaul, Betriebs- und Unternehmensaufspaltung, § 27 Rn. 61; Rieble, NZA 2002, 233, 235; Mengel, Umwandlungen (1997), 298 ff..

929 DKKW/*Buschmann*, § 21a Rn. 61; Fitting, § 21a Rn. 23.

Grundsätzlich besteht ein Zugangsrecht des Betriebsrates zu allen Betriebsteilen, für die das Übergangsmandat ausgeübt wird.[930] Daher können die Mitglieder des Betriebsrates im Rahmen des Übergangsmandates jederzeit Betriebe betreten, die anderen Unternehmen angehören und dort in Erfüllung ihrer Aufgaben mit Arbeitnehmern sprechen.[931]

Umstritten ist jedoch, ob die Mitglieder des Betriebsrates die von ihnen im Rahmen des Übergangsmandates vertretenen Arbeitnehmer jederzeit am Arbeitsplatz aufsuchen können ohne vorherige Anmeldung[932] oder nur nach vorheriger Anmeldung bei der Personal- bzw. Abteilungsleitung.[933]

Das Zutrittsverlangen eines nicht dem Betrieb angehörenden Betriebsratsmitgliedes zur Wahrnehmung des Übergangsmandates ist vergleichbar mit dem Zutrittsrecht der im Betrieb vertretenen Gewerkschaft nach § 2 Abs. 2 BetrVG. Der Arbeitgeber muss es nicht hinnehmen, dass das betriebsfremde Betriebsratsmitglied sich allein auf Grund des Übergangsmandates ohne seine Kenntnis im Betrieb aufhält. Daher muss das Betriebsratsmitglied dem Arbeitgeber mitteilen, dass es den Betrieb betritt, jedoch ohne konkrete Angaben zu seinen Aufgaben zu machen.[934] Der Arbeitgeber kann den Zugang jedoch nur im Ausnahmefall unter Berücksichtigung von Erforderlichkeit und Verhältnismäßigkeit für bestimmte Personen, zu einem bestimmten Zeitpunkt oder für bestimmte Räumlichkeiten einschränken oder verweigern.[935]

c) Geheimhaltungspflicht

Die Geheimhaltungspflicht aus § 79 BetrVG ist auch vom Betriebsrat im Übergangsmandat zu beachten. Werden abgespaltene Betriebe oder Betriebsteile an Unternehmen übertragen, die im Wettbewerb zum abgebenden Unternehmen stehen, erstreckt sich die Geheimhaltungspflicht des Betriebsrates aus § 79 BetrVG auch gegenüber dem eigenen Unternehmen.[936]

---

930 DKKW/*Buschmann*, § 21a Rn. 61, ErfK/*Koch*, § 21a Rn. 8; Gragert, NZA 1994, 289, 293.

931 ArbG Duisburg 03.09.1996 - Az. 2 BVGa 7/96, ArbuR 1996, 506; ErfK/*Koch*, § 21a BetrVG Rn. 8; HWGNRH/*Worzalla*, § 21a Rn. 33; Gragert, NZA 2004, 289, 293.

932 BAG 17.01.1989 - Az. 1 AZR 805/87, AP LPVG NW § 2 Nr. 1; DKKW/*Wedde*, § 39 Rn. 29; Fitting, § 39 Rn. 31.

933 LAG Nürnberg 18.10.1993 - Az. 7 TaBV 13/93, NZA 1994, 378; Richardi/*Thüsing*, § 39 Rn. 30.

934 Ebenso Gragert, NZA 2004, 289, 293.

935 ErfK/*Koch*, § 2 BetrVG Rn. 6; Fitting, § 2 Rn. 76; GK-BetrVG/*Franzen*, § 2 Rn. 72 ff.; Richardi/*Richardi*, § 2 Rn. 127.

936 HWGNRH/*Worzalla*, § 21a Rn. 36.

Die Geheimhaltungspflicht auch gegenüber dem eigenen Arbeitgeber in diesen Konstellationen ist notwendiges Korrektiv für das uneingeschränkte Vollmandat des Betriebsrates. Für den Fall von Wettbewerbssituationen sind die Rechte des Betriebsrates im Rahmen des Übergangsmandates nicht eingeschränkt. Der Gesetzgeber hat auf entsprechende Regelungen wie in §§ 13 Abs. 3 SpTrUG und § 69 Abs. 9 VermG verzichtet. Eine teleologische Reduktion kommt für diese Fälle daher nicht in Betracht.[937] Es finden daher nur die allgemeinen Regelungen zum Schutz von Betriebs- und Geschäftsgeheimnissen Anwendung.[938]

3. Abschluss und Weitergeltung von Betriebsvereinbarungen

Die Betriebsvereinbarung ist das wichtigste Gestaltungsinstrument des Betriebsrates zur Ausübung seiner Mitbestimmungsrechte.[939] Sie wirkt gemäß § 77 Abs. 4 Satz 1 BetrVG unmittelbar und zwingend für alle Arbeitsverhältnisse im Betrieb. Damit ist der räumliche Geltungsbereich der Betriebsvereinbarung auf den Betrieb beschränkt, dessen Betriebsrat sie abgeschlossen hat.[940] Die Rechtsetzungsbefugnis des Betriebsrates ist beschränkt auf seinen Wahlbetrieb.[941] Eine Erstreckung des Geltungsbereiches auf andere, betriebsratslose Betriebe ist nicht möglich.[942] Kommt es zu einer Änderung der tatsächlichen Gegebenheiten, die zur Gegenstandslosigkeit der Betriebsvereinbarung führen, endet ihre Wirksamkeit. Der Untergang des Betriebes kann daher zur Beendigung der Betriebsvereinbarung führen.[943]

Damit stellt sich die Frage, ob der Betriebsrat im Übergangsmandat zur Ausübung seiner Beteiligungsrechte Betriebsvereinbarungen schließen kann, da er außerhalb seines Betriebes tätig wird. Weiter ist das Schicksal von bestehenden Betriebsvereinbarungen auf Grund der betrieblichen Umstrukturierung zu klären.

---

937 GK-BetrVG/*Kreutz*, § 21a Rn. 95; HWGNRH/*Worzalla*, § 21a Rn. 36; Gragert, NZA 2004, 289, 294.

938 Gaul/Bonanni, ArbRB 2002, 46, 48.

939 WPK/*Preis*, § 77 Rn. 1.

940 ErfK/*Kania*, § 77 BetrVG Rn. 32; Fitting, § 77 Rn. 34; HWGNRH/*Worzalla*, § 77 Rn. 28; WPK/*Preis*, § 77 Rn. 16.

941 BAG 28.06.2005 - Az. 1 AZR 213/04, AP BetrVG 1972 § 77 Betriebsvereinbarung Nr. 25; Fitting, § 77 Rn. 34.

942 BAG 19.02.2002 – Az. 1 ABR 26/01, AP BetrVG 1972 § 4 Nr. 13; Fitting, § 77 Rn. 34.

943 Vgl. Fitting, § 77 Rn. 160; GK-BetrVG/*Kreutz*, § 77 Rn. 399 ff..

a) Abschluss von Betriebsvereinbarungen

Betriebsvereinbarungen sind nach § 77 Abs. 2 BetrVG von Betriebsrat und Arbeitgeber gemeinsam zu vereinbaren. Die Zuständigkeit für den Abschluss der Betriebsvereinbarung steht daher dem Betriebsrat zu, der für diesen Betrieb gewählt worden ist.[944] Diese Begrenzung auf den Wahlbetrieb ist zwingend und kann auch durch eine Vereinbarung der Betriebsparteien nicht auf andere Betriebe erstreckt werden.[945] Damit stellt sich die Frage, ob der Betriebsrat in Ausübung des Übergangsmandates wirksam Betriebsvereinbarungen für Betriebe und Betriebsteile schließen kann, für die er nicht gewählt ist.

Das Übergangsmandat soll die Arbeitnehmer in der kritischen Phase einer betrieblichen Umstrukturierung insbesondere vor dem Verlust ihrer Beteiligungsrechte schützen.[946] Die Ausübung der Beteiligungsrechte des Betriebsrates erfolgt gerade im Bereich der sozialen Mitbestimmung durch Betriebsvereinbarungen. Zweck der sozialen Mitbestimmung ist die Beteiligung der Arbeitnehmer über ihre Interessenvertreter an der Gestaltung der wichtigsten Arbeitsbedingungen.[947] Dieser Schutzgedanke erfordert aber, dass auch im Übergangsmandat die sozialen Mitbestimmungsrechte ausgeübt werden.

Die Ausübung des Übergangsmandates setzt daher die Befugnis des Betriebsrates voraus, für die von ihm im Übergangsmandat vertretene betriebliche Einheit Betriebsvereinbarungen zu schließen.[948] Dies gilt sowohl für die Fälle der Spaltung als auch der Zusammenfassung von Betrieben und Betriebsteilen.[949] Der Abschluss von Betriebsvereinbarungen erfolgt jeweils für die betriebliche Einheit, für die das Übergangsmandat wahrgenommen wird.

Der das Übergangsmandat wahrnehmende Betriebsrat ist folglich in Fällen der Spaltung als auch Zusammenfassung von Betrieben und Betriebsteilen auch zum Abschluss von Betriebsvereinbarungen für diese betrieblichen Einheiten berechtigt.

---

944 BAG 28.06.2005 - Az. 1 AZR 213/04, AP BetrVG 1972 § 77 Betriebsvereinbarung Nr. 25; Fitting, § 77 Rn. 34.

945 BAG 19.02.2002 - Az. 1 ABR 26/01, AP BetrVG 1972 § 4 Nr. 13; Fitting, § 77 Rn. 34.

946 Amtliche Begründung, BT-Drucks. 14/5741, 39.

947 Vgl. Fitting, § 87 Rn. 3.

948 DKKW/*Buschmann*, § 21a Rn. 61; ErfK/*Koch*, § 21a BetrVG Rn. 5; Fitting, § 21a Rn. 20; GK-BetrVG/*Kreutz*, § 21a Rn. 38; HaKo-BetrVG/*Düwell*, § 21a Rn. 51; HWGNRH/*Worzalla*, § 21a Rn. 30; HWK/*Reichold*, § 21a BetrVG Rn. 10; Löwisch/Kaiser, § 21a Rn. 10; Richardi/*Thüsing*, § 21a Rn. 16; WPK/*Wlotzke*, § 21a Rn. 28.

949 DKKW/*Buschmann*, § 21a Rn. 61; Löwisch/Kaiser, § 21a Rn. 10, 25.

b) Weitergeltung von Betriebsvereinbarungen

Betriebsvereinbarungen gelten unmittelbar und zwingend in dem Betrieb, für den sie abgeschlossen worden sind.[950] Bewahrt der Betrieb seine Identität trotz eines Betriebsüberganges im Rahmen einer Umstrukturierung, gelten die geschlossenen Betriebsvereinbarungen weiterhin normativ.[951] Ebenso gelten Gesamtbetriebsvereinbarungen fort.[952] Geht dagegen der Betrieb durch Spaltung oder Zusammenfassung mit anderen Betrieben oder Betriebsteilen unter, stellt sich die Frage, ob die geschlossenen Betriebsvereinbarungen weiterhin normative Geltung beanspruchen können oder nicht.

Eine normative Fortgeltung würde gemäß § 77 Abs. 4 BetrVG zur zwingenden und unmittelbaren Geltung der Betriebsvereinbarung für alle Betriebsangehörigen, auch für neu eingestellte Arbeitnehmer führen. Die Betriebsvereinbarung kann jederzeit mitbestimmungsfrei gekündigt werden. In Angelegenheiten der erzwingbaren Mitbestimmung oder bei Vereinbarung würde die Betriebsvereinbarung gemäß § 77 Abs. 6 BetrVG nachwirken.

Käme es dagegen nicht zu einer normativen Fortgeltung der Betriebsvereinbarung, würde § 613a Abs. 1 Satz 2 BGB nur bei unternehmensexternen Umstrukturierungen einen zeitlich beschränkten Bestandsschutz für die bereits Beschäftigten gewährleisten, beschränkt auf Inhaltsnormen und ablösbar durch andere kollektiv- oder individualrechtliche Regelungen, für die nicht das Günstigkeitsprinzip gelten würde.[953] Nachfolgend wird die mögliche normative Fortgeltung der Betriebsvereinbarung für den Fall der unternehmensinternen als auch unternehmensexternen betrieblichen Umstrukturierung untersucht.

aa) Unternehmensinterne Umstrukturierung

Im Falle der unternehmensinternen Umstrukturierung werden aus den bestehenden Betrieben durch Spaltung oder Zusammenlegung neue betriebliche Einheiten

---

950 BAG 28.06.2005 - Az. 1 AZR 213/04, AP BetrVG 1972 § 77 Betriebsvereinbarung Nr. 25; GK-BetrVG/*Kreutz*, § 77 Rn. 229 f.; HWGNRH/*Worzalla*, § 77 Rn. 177.

951 BAG 05.02.1991 – Az. 1 ABR 32/90, BAGE 67, 168, 188 f.; 22.07.1994 – Az. 7 ABR 37/93, AP BGB § 613a Nr. 118; 18.09.2002 – Az. 1 ABR 54/01, BAGE 102, 356, 362 f.; Meyer, DB 2000, 1174, 1176; Sieg/Maschmann Rn. 406.

952 BAG 18.09.2002 – Az. 1 ABR 54/01, NZA 2003, 670, 674 f..

953 BAG 28.06.2005 - Az.1 AZR 213/04, AP BetrVG 1972 § 77 Betriebsvereinbarung Nr. 25; Fitting § 77 Rn. 171; Maschmann, NZA 2009 Beilage 1, 32, 37; Lindemann/Simon BB 2003, 2510.

gebildet, ohne dass es zu einem Wechsel des Rechtsträgers kommt.[954] Mit Durchführung der Umstrukturierung geht der bisherige Betrieb unter. Zu klären ist, ob mit dem Untergang des Betriebes die zuvor geltenden Betriebsvereinbarungen unwirksam werden oder weiterhin Geltung beanspruchen.[955]

Anknüpfungspunkt von Betriebsvereinbarungen ist der Betrieb, da diese für einen bestimmten Betrieb geschlossen werden.[956] Ihre Geltung wird an den Bestand des Betriebes geknüpft.[957] Es wird daher die Auffassung vertreten, mit Untergang des Betriebes könne sich die Betriebsidentität bereits aus logischen Gründen nicht sowohl im Ursprungsbetrieb als auch in den entstehenden neuen Betrieben fortsetzen.[958] Mit der Rechtsgeschäftslehre sei es zudem nicht vereinbar, eine Vereinbarung nicht nur zwischen den bisherigen Parteien fortbestehen zu lassen, sondern ohne gesetzliche Grundlage auch auf die neu gebildeten Einheiten zu erstrecken.[959] Die Fortgeltung von Betriebsvereinbarungen für diesen Fall könne auch nicht auf § 21a BetrVG gestützt werden, da dessen Schutzzweck nur die Verhinderung einer betriebsratslosen Zeit sei und das Übergangsmandat ohne Neuwahl enden könne.[960] Durch das Übergangsmandat erfolge lediglich eine vorübergehende institutionelle Absicherung.[961] Daher schaffe § 21a BetrVG keinen Grund für eine kollektivrechtliche Fortgeltung von Betriebsvereinbarungen.[962]

Anknüpfungspunkt für eine normative Weitergeltung der Betriebsvereinbarungen könne allein der Betrieb sein, da die inhaltlichen Regelungen auf diesen

---

954 Fitting, § 77 Rn. 162.

955 Fitting, § 77 Rn. 162; GK-BetrVG/*Kreutz*, § 77 Rn. 399; Kreft in FS Wissmann (2005), 347, 351.

956 Vgl. Kreft in FS Wissmann (2005), 347, 351.

957 Preis/Richter, ZIP 2004, 925, 928 ff.; Rieble/Gutzeit, NZA 2003, 233, 237; Rieble, NZA 2003 Beilage Heft 16; 62, 70.

958 So Hohenstatt/Müller-Bonanni, NZA 2003, 766, 769; ; Rieble, NZA 2003 Beilage Heft 16; 62, 70.

959 Preis/Richter, ZIP 2004, 925, 930; Hohenstatt/Müller-Bonanni, NZA 2003, 766, 770.

960 Preis/Richter, ZIP 2004, 925, 929; Müller, RdA 1996, 287, 289; Jacobs in FS Konzen (2006), 345, 348.

961 Fitting, § 21a Rn. 22a; WHSS/*Hohenstatt*, Kap. E Rn. 83; Preis/Richter, ZIP 2004, 925, 929.

962 Fitting, § 21a Rn. 22a; Picot, Arbeitsrecht Unternehmenskauf, Rn. 74; Thüsing, DB 2004, 2474, 2477; Schubert, Behandlung kollektivvertraglicher Normenkollisionen (2002), 121.

bezogen seien und nicht auf den Betriebsrat.[963] Nur bei Erhalt der betrieblichen Identität könnten daher Betriebsvereinbarungen kollektivrechtlich weitergelten.[964] Gehe dagegen im Rahmen der innerbetrieblichen Umstrukturierung die Betriebsidentität verloren, sollen die Betriebsvereinbarungen normativ enden, da der Regelungsbereich weggefallen sei.[965] Ohne eine gesetzliche Grundlage sei eine normative Weitergeltung der Betriebsvereinbarung nicht möglich.[966]

Dem wird entgegen gehalten, dass bei einer Ablehnung der normativen Weitergeltung ein Wertungswiderspruch zum Übergangsmandat als Vollmandat entstünde.[967] Durch die Schaffung des Übergangsmandates erhalte der Grundsatz der Amtskontinuität Vorrang vor der Betriebsidentität.[968] Daher könne die Erhaltung der Betriebsidentität nicht Voraussetzung für die normative Weitergeltung von Betriebsvereinbarungen sein, da dies zu einer Beeinträchtigung des Übergangsmandates führe.[969] Ausreichend müsse die Amtskontinuität des Betriebsrates sein, da damit der funktionale Gestaltungspartner auf betrieblicher Ebene fortbestehe.[970]

Es sei zudem widersprüchlich, wenn der Betriebsrat im Ursprungsbetrieb auf Grund des Übergangsmandates weiterhin für die betriebliche Einheit zuständig wäre, die von ihm geschlossenen Betriebsvereinbarungen jedoch ihre Wirksamkeit

963 Gaul, Betriebs- und Unternehmensaufspaltung, § 25 Rn. 119; Röder/Haussmann, DB 1999, 1754; Heinze, DB 1998, 1861, 1864; Schubert, Behandlung kollektivvertraglicher Normenkollisionen (2002), 208; Heinze in FS Schaub (1998), 275, 287.

964 Schubert, Behandlung kollektivvertraglicher Normenkollisionen (2002), 138; Boemke, jurisPR-ArbR 2008 Nr. 45 Anm. 5.

965 BAG 18.09.2002 - Az. 1 ABR 54/01, BAGE 102, 356, 363; 14.08.2001 - Az. 1 AZR 619/00, BAGE 98, 323, 332; ErfK/*Kania*, § 77 Rn. 121; Henssler in FS Kraft (1998), 219, 236; Maschmann, NZA 2009 Beilage 1, 32, 38; Thüsing, DB 2004, 2474, 2477; Letzas, Fortgeltung von Einzel- und Gesamtbetriebsvereinbarungen (2008), 110.

966 Rieble/Gutzeit, NZA 2003, 233, 234.

967 BAG 18.09.2002- Az. 1 ABR 54/01, BAGE 102, 356, 370; Fitting, § 77 Rn. 174; GK-BetrVG/*Kreutz*, § 77 Rn. 404; Bachner, AiB 2003, 408; Bachner, NJW 2003, 2865; Kreutz in FS 50 Jahre Bundesarbeitsgericht (2004), 993, 1012; Kreutz in FS Sonnenschein (2003), 829, 837; Schaub in FS Wlotzke (1996), 103, 108.

968 GK-BetrVG/*Kreutz*, § 77 Rn. 404.

969 Kreutz in FS 50 Jahre Bundesarbeitsgericht (2004), 993, 1011.

970 DKKW/*Berg*, § 77 Rn. 96; Fitting, § 77 Rn. 174; GK-BetrVG/*Kreutz*, § 21a Rn. 39, § 77 Rn. 404; Meyer, SAE 2003, 310, 313; Mues, DB 2003, 1273, 1275; Klak/Wiesinger in FS Hromadka (2008), 205, 215; Kreutz in FS 50 Jahre Bundesarbeitsgericht (2004), 993, 1010; Berg, Unternehmensinterne Umstrukturierungen (2000), 127.

verlören.[971] Zudem bliebe die Legitimation erhalten, da die Betriebsvereinbarungen normativ für die Arbeitnehmer weitergelten würden, die zuvor schon in ihrem Geltungsbereich waren.[972] Die zeitliche Beschränkung des Übergangsmandates stehe ebenfalls einer normativen Weitergeltung nicht entgegen. Der Betriebsrat ist in Ausübung des Übergangsmandates verpflichtet, zeitnah Neuwahlen einzuleiten und so die weitere Vertretung der Arbeitnehmer sicherzustellen.[973]

Durch die betriebliche Umstrukturierung werde auch die Gestaltungsaufgabe von Betriebsvereinbarungen nicht beeinträchtigt.[974] Diese gelten daher weiter, soweit sie ihre Gestaltungsaufgabe behalten.[975] Erst mit Entfallen ihrer Gestaltungsaufgabe ende ihre Geltung.[976]

Die besseren Argumente sprechen für die normative Weitergeltung der Betriebsvereinbarungen bei einer unternehmensinternen Umstrukturierung.

Zwar erscheint der Hinweis auf die fehlende Vereinbarkeit mit der Betriebsidentitätslehre auf den ersten Blick richtig. Es ist jedoch zu berücksichtigen, dass jede betriebliche Umstrukturierung bei enger Auslegung nicht nur zur Schaffung einer oder mehrerer neuer betrieblichen Einheiten führt, sondern stets den Verlust der Identität des Ursprungsbetriebes begründen kann.[977] Bereits eine umfangreiche Personalreduzierung kann zu einer Änderung der betrieblichen Identität führen. Für diese Konstellation steht jedoch außer Frage, dass die Betriebsvereinbarungen normativ weitergelten, da der Betrieb im Übrigen keine Änderung erfährt. Die Anknüpfung an die Betriebsidentität als Ausgangspunkt der normativen Weitergeltung vermag daher nicht zu überzeugen.

Zweck des Übergangsmandates ist der Schutz der Arbeitnehmer vor dem Verlust der Beteiligungsrechte.[978] Die Beteiligungsrechte werden im Ursprungsbetrieb durch die geschlossenen Betriebsvereinbarungen ausgeübt und gewahrt. Die Schutzfunktion ist jedoch nur wirksam, wenn der durch die bestehenden

---

971 BAG 18.09.2002 - Az. 1 ABR 54/01, BAGE 102, 356, 370; Fitting, § 77 Rn. 174; GK-BetrVG/*Kreutz*, § 77 Rn. 404; Bachner, AiB 2003, 408; Schaub in FS Wlotzke (1996), 103, 108.

972 BAG 18.09.2002 - Az. 1 ABR 54/01, BAGE 102, 356, 370; LAG München 11.03.2009 - Az. 5 TaBV 6/08, juris, Tz. 38.

973 Mues, DB 2003, 1271, 1277; Kreutz in FS 50 Jahre Bundesarbeitsgericht (2004), 993, 1014.

974 Kreutz in FS Sonnenschein (2003), 829, 837.

975 Kreutz in FS Wiese (1998), 235, 248.

976 Bachner, NJW 2003, 2861, 2865.

977 Ebenso Kreft in FS Wissmann (2005), 347, 354.

978 Vgl. Begründung BT-Drucks. 14/5741, 39.

Betriebsvereinbarungen vermittelte Schutz ebenso nach der Umstrukturierung weiter besteht, wie der Betriebsrat selbst. Es wäre unverständlich den Betriebsrat im Übergangsmandat zum nochmaligen Abschluss der bereits bestehenden Betriebsvereinbarungen zu zwingen, um eine normative Geltung der bestehenden Betriebsvereinbarungen zu erreichen. Dies ist auch vor dem Hintergrund zu sehen, dass die Gegenauffassung eine Transformation der Betriebsvereinbarungen in den Arbeitsvertrag, entsprechend § 613a Abs. 1 Satz 2 BGB vornimmt, ohne dessen direkte oder analoge Anwendbarkeit im Falle einer unternehmensinternen Umstrukturierung überzeugend begründen zu können.[979]

Eine normative Weitergeltung der Betriebsvereinbarungen führt auch nicht zu einer Schlechterstellung der Arbeitnehmer. Das *BAG* nimmt eine kollektive Kündigungsmöglichkeit für den Arbeitgeber auch dann an, wenn Betriebsvereinbarungen nach § 613a Abs. 1 Satz 2 BGB Bestandteil des Arbeitsvertrages werden.[980] Die Regelungssperre des § 613a Abs. 1 Satz 2 BGB, soweit man ihn für anwendbar hält, würde daher nicht umgangen.[981] Vielmehr wird durch die normative Fortgeltung dem europarechtlichen Schutzgedanken überzeugender Rechnung getragen, da der Status der Betriebsvereinbarung und damit die Rechtsposition des Arbeitnehmers erhalten bleibt.[982]

Nicht überzeugend ist auch das Argument, das Übergangsmandat begründe auf Grund seiner zeitlichen Begrenzung keine normative Weitergeltung der Betriebsvereinbarungen. Die Amtszeit des Betriebsrates hat ebenso wenig Auswirkungen auf die Fortgeltung von Betriebsvereinbarungen wie ein Wegfall des Betriebsrates. Die Geltung bestehender Betriebsvereinbarungen wird hierdurch nicht berührt.[983]

Im Ergebnis rechtfertigen diese Überlegungen die normative Weitergeltung der Betriebsvereinbarungen.[984] Die Betriebsvereinbarungen erfassen dieselben

979 Richardi/*Richardi*, § 77 Rn. 216; WHSS/*Hohenstatt*, Kap. E Rn. 86; Gaul, Betriebs- und Unternehmensaufspaltung, § 25 Rn. 187 ff.; Thüsing, DB 2004, 2474, 2479 der eine Weitergeltung insgesamt ablehnt.

980 BAG 18.09.2002 - Az. 1 ABR 54/01, BAGE 102, 356, 366; Fitting, § 77 Rn. 175.

981 Ebenso Kreft in FS Wissmann (2005), 347, 355.

982 HWK/*Gaul*, § 77 Rn. 73.

983 Fitting, § 77 Rn. 175; GK-BetrVG/*Kreutz*, § 77 Rn. 409; HWGNRH/*Worzalla*, § 77 Rn. 245; Richardi/*Richardi*, § 77 Rn. 209; WPK/*Preis*, § 77 Rn. 39; Salamon, RdA 2007, 153, 156; Kreft in FS Wissmann (2005), 347, 349; Kreutz in FS Kraft (1998), 323, 335 ff..

984 Ebenso BAG 18.09.2002 - Az. 1 ABR 54/01, BAGE 102, 356, 364 ff.; Fitting, § 77 Rn. 162; GK-BetrVG/*Kreutz*, § 77 Rn. 404; Fuhlrott/Fabritius, BB 2013, 1592, 1593; wohl auch Maschmann, NZA 2009 Beilage 1, 32, 39.

Arbeitnehmer wie vor der betrieblichen Umstrukturierung.[985] Der Abschluss dieser Betriebsvereinbarungen erfolgte durch den zuvor von den Arbeitnehmern im Rahmen der Betriebsratswahl legitimierten Betriebsrat. Diese Legitimation wirkt fort. Hier kann kein Unterschied bestehen zu dem Fall, dass der Betrieb betriebsratslos wird.[986]

Nachfolgend ist zu klären, in welchem Umfang die Betriebsvereinbarungen in den Fällen der betrieblichen Umstrukturierung normativ weitergelten.

(1) Spaltung

Bei Spaltung eines Betriebes wird dieser entweder in mehrere Teile aufgespalten oder im Fall der Abspaltung ein Betriebsteil ausgegliedert. Während bei der Aufspaltung die betriebliche Identität des Ursprungsbetriebes verloren geht, bleibt seine Identität bei einer Abspaltung gewahrt.

Die durch Spaltung oder Ausgliederung entstehenden neuen betrieblichen Einheiten sind mit dem Ursprungsbetrieb zumindest teilidentisch.[987] Zwar werden von ihnen jetzt weniger Arbeitnehmer als früher erfasst, es handelt sich jedoch um dieselben Arbeitnehmer.[988] Die normative Weitergeltung der Betriebsvereinbarungen folgt aus dem Grundsatz der Amtskontinuität des Betriebsrates.[989] Dies spricht für die normative Weitergeltung der Betriebsvereinbarungen.[990]

Im Falle der Abspaltung bleiben die Betriebsvereinbarungen im Ursprungsbetrieb wirksam. Wird der abgespaltene Betriebsteil als selbstständiger Betrieb weitergeführt, gelten die Betriebsvereinbarungen normativ weiter.[991] In diesem Fall

985 Fitting, § 77 Rn. 165.

986 Vgl. BAG 18.09.2002 - Az. 1 ABR 54/01, BAGE 102, 356, 370; Richardi/*Richardi* § 77 Rn. 209.

987 DKKW/*Berg*, § 77 Rn. 99; ErfK/*Kania*, § 77 BetrVG Rn. 124; Fitting, § 77 Rn. 165; Salamon, RdA 2007, 153, 157; Kreft in FS Wissmann (2005), 347, 353.

988 Fitting, § 77 Rn. 165.

989 LAG München 11.03.2009 - Az. 5 TaBV 6/08, juris, Tz. 39.

990 BAG 14.08.2013 – Az. 7 ABR 56/11 Tz. 26, ZTR 2014, 58; 18.09.2002 - Az. 1 ABR 54/01, BAGE 102, 356, 365; Fitting, § 77 Rn. 165; GK-BetrVG/*Kreutz*, § 77 Rn. 404 f.; HWK/*Gaul*, § 77 BetrVG Rn. 71; Salamon, RdA 2007, 153, 158; Bange, Fortgeltung von Kollektivverträgen (2001), 210; Löwisch in FS Bepler (2012), 403, 405; Kreft in FS Wissmann (2005), 347, 354; a.A. Niklas/Mückl, DB 2008, 2250, 2251; Thüsing, DB 2004, 2474, 2477; Letzas, Fortgeltung von Einzel- und Gesamtbetriebsvereinbarungen (2008), 148.

991 Fitting, § 77 Rn. 166; Kreft in FS Wissmann (2005), 347, 352 ff.; Hauck, BB 2008 Spezial Nr. 4, 19, 20; kritisch Müller, RdA 1996, 287, 291.

besteht kein Unterschied zur Aufspaltung.[992] Für die Fälle der Eingliederung in einen anderen Betrieb oder der Zusammenfassung mit anderen Betrieben zu einem neuen Betrieb gelten die nachfolgenden Darlegungen.

Eine Änderung oder Aufhebung der weitergeltenden Betriebsvereinbarungen kann jederzeit erfolgen. Hierzu sind sowohl der Betriebsrat im Übergangsmandat als auch der neu gewählte Betriebsrat befugt.[993]

(2) Eingliederung

Bei Eingliederung eines Betriebes oder Betriebsteiles in einen anderen Betrieb verliert der eingegliederte Teil seine Selbstständigkeit.

Bestehen im aufnehmenden Betrieb Betriebsvereinbarungen über dieselben Regelungsgegenstände wie im eingegliederten Betrieb, werden dessen Regelungen gegenstandslos.[994] Maßgebend sind alleine die Betriebsvereinbarungen des aufnehmenden Betriebes.[995]

Bestehen allerdings im aufnehmenden Betrieb keine inhaltsgleichen Betriebsvereinbarungen, gelten die Betriebsvereinbarungen des eingegliederten Betriebes normativ für diesen weiter, wenn und soweit ihre Anwendung auch im aufnehmenden Betrieb möglich und sinnvoll ist.[996]

Ist der aufnehmende Betrieb betriebsratslos, gelten die Betriebsvereinbarungen nicht normativ weiter.[997] Nach der hier vertretenen Ansicht besteht in diesem Fall kein Übergangsmandat des Betriebsrates, so dass der Anknüpfungspunkt für eine normative Weitergeltung der Betriebsvereinbarungen fehlt.

Die fortgeltenden Betriebsvereinbarungen können durch die Betriebsparteien jederzeit aufgehoben oder durch eine andere Vereinbarung ersetzt werden.[998]

---

992 ErfK/*Kania*, § 77 BetrVG Rn. 124; Fitting, § 77 Rn. 166.

993 Fitting, § 77 Rn. 164.

994 DKKW/*Berg* § 77 Rn. 97; ErfK/*Kania*, § 77 Rn. 122; Fitting § 77 Rn. 163; GK-BetrVG/*Kreutz* § 77 Rn. 406; Müller, RdA 1996, 287, 289; Maschmann, NZA 2009 Beilage 1, 32, 39; Bange, Fortgeltung von Kollektivverträgen (2001), 212.

995 DKKW/*Berg*, § 77 Rn. 97; Fitting, § 77 Rn. 163; GK-BetrVG/*Kreutz*, § 77 Rn. 406; Richardi/*Richardi*, § 77 Rn. 211; Seel, MDR 2008, 657, 660.

996 DKKW/*Berg*, § 77 Rn. 97; ErfK/*Kania*, § 77 Rn. 122; Fitting, § 77 Rn. 163; GK-BetrVG/*Kreutz*, § 77 Rn. 406; Richardi/*Richardi*, § 77 Rn. 211; Kreft in FS Wissmann (2005), 347, 351; a.A. Maschmann, NZA 2009 Beilage 1, 32, 39; Salamon, RdA 2007, 153, 158; differenzierend Meyer, SAE 2003, 310, 313 f..

997 Ebenso Sieg/Maschmann Rn. 420.

998 ErfK/*Kania*, § 77 Rn. 122; Fitting, § 77 Rn. 163.

(3) Zusammenfassung von Betrieben oder Betriebsteilen

Auch bei einer Zusammenfassung mehrerer Betriebe oder Betriebsteile unter Verlust ihrer Identität zu einer neuen betrieblichen Einheit gelten die bisherigen Betriebsvereinbarungen in ihrem ursprünglichen Geltungsbereich normativ fort.[999] Diese bleiben solange bestehen, wie ihre Anwendung im neuen Betrieb möglich und sinnvoll ist und keine inhaltsgleichen Regelungen für den neuen Betrieb geschaffen sind.[1000]

Der Anwendungsbereich ist allerdings auf die jeweiligen, zuvor in ihrem Geltungsbereich befindlichen Arbeitnehmer begrenzt.[1001] Ist die gleichzeitige Anwendung der Betriebsvereinbarungen nicht sinnvoll möglich, sind diese als gegenstandslos anzusehen.[1002]

Zu einer Abänderung, Ablösung oder Aufhebung dieser Betriebsvereinbarungen ist sowohl der das Übergangsmandat wahrnehmende Betriebsrat des größten Betriebes als auch zukünftig der neu gewählte Betriebsrat befugt.[1003]

(4) Zwischenergebnis

Werden Betriebe im Rahmen einer unternehmensinternen Umstrukturierung gespalten oder zusammengefasst, führt der damit verbundene Identitätsverlust nicht zur Unwirksamkeit der zuvor bestehenden Betriebsvereinbarungen. Diese gelten vielmehr normativ weiter, bis sie aufgehoben oder durch eine andere Betriebsvereinbarung abgelöst werden. Befugt hierzu sind sowohl der Betriebsrat im Übergangsmandat als auch der neu gewählte Betriebsrat.

bb) Unternehmensexterne Umstrukturierung

Fraglich ist, ob eine normative Weitergeltung auch bei unternehmensexternen Umstrukturierungen in Betracht kommt. Wegen des damit verbundenen Rechtsträgerwechsels kommt grundsätzlich die Anwendung von § 613a Abs. 1 Satz 2 BGB in Betracht, der eine Transformation der Regelungen in den

---

999 DKKW/*Berg*, § 77 Rn. 98; Fitting, § 77 Rn. 164; GK-BetrVG/*Kreutz*, § 77 Rn. 405; a.A. HWGNRH/*Worzalla*, § 77 Rn. 244.

1000 ErfK/*Kania*, § 77 BetrVG Rn. 123; Fitting, § 77 Rn. 164; GK-BetrVG/*Kreutz*, § 77 Rn. 405; Richardi/*Richardi*, § 77 Rn. 211; a.A. HWK/*Gaul*, § 77 Rn. 77.

1001 BAG 07.06.2011 – Az. 1 ABR 110/09, AP BetrVG 1972 § 3 Nr. 8 Tz. 14; LAG München 11.03.2009 - Az. 5 TaBV 6/08, juris, Tz. 41; ErfK/*Kania*, § 77 BetrVG Rn. 123; Richardi/*Richardi*, § 77 Rn. 211; Schiefer, DB 2005, 2134; Mues, DB 2003, 1273.

1002 Fitting, § 77 Rn. 164.

1003 Fitting, § 77 Rn. 164.

Arbeitsvertrag vorsieht, soweit keine Betriebsvereinbarung mit gleichem Regelungsgehalt besteht.

Wird der Betrieb als Ganzes auf einen anderen Rechtsträger übertragen und dort unter Wahrung seiner Identität selbstständig fortgeführt, gelten die Betriebsvereinbarungen weiterhin normativ.[1004]

Bei Übertragung eines Betriebsteiles auf einen anderen Rechtsträger wird dagegen teilweise in Anwendung des § 613a BGB eine Transformation der Bestimmungen der Betriebsvereinbarung in den Arbeitsvertrag angenommen.[1005] Zur Begründung wird darauf verwiesen, dass bei einem Betriebsübergang die Betriebsvereinbarungen in den Arbeitsvertrag transformiert werden.[1006] Zudem reiche der Schutz nach § 613a BGB gerade in zeitlicher Hinsicht weiter als der Schutz des § 21a BetrVG. Der stärkeren Gefährdung der Arbeitnehmerrechte durch die Umorganisation oder den Übergang auf einen Erwerber könne nur durch den weiterreichenden Schutz des § 613a BGB begegnet werden.[1007] Weiter sei problematisch, dass bei einer unterbliebenen Neubildung eines Betriebsrates während des Übergangsmandates eine Anwendung des § 613a BGB mit dessen Ende nicht in Betracht komme, da die Voraussetzungen nicht mehr vorlägen.[1008] Auch könne im Interesse der Rechtsicherheit die Transformation nicht bis zum Ablauf des Übergangsmandates verschoben werden.[1009] Soweit die Amtskontinuität des Betriebsrates im Übergangsmandat zur Begründung herangezogen werde, verkenne dieses Argument, dass das Übergangsmandat ein Vorgriff auf die Mandate der noch zu wählenden neuen Betriebsräte sei.[1010]

1004 BAG 18.09.2002 - Az. 1 ABR 54/01, BAGE 102, 356, 365; 15.01.2002 - Az. 1 AZR 58/01, BAGE 100, 166, 168; 27.07.1994 - Az. 7 ABR 37/93, AP BGB § 613a Nr. 118; 05.02.1991 - Az. 1 ABR 32/90, BAGE 67, 168, 189; DKKW/*Berg*, § 77 Rn. 100; Fitting, § 77 Rn. 168; GK-BetrVG/*Kreutz*, § 77 Rn. 416; HWGNRH/*Worzalla*, § 77 Rn. 243; Richardi/*Richardi*, § 77 Rn. 214; WPK/*Preis*, § 77 Rn. 48; Thüsing, DB 2004, 2474, 2477; Kreutz in FS Kraft (1998), 323, 333; Kreft in FS Wissmann (2005), 347, 348.

1005 Preis/Richter, ZIP 2004, 925, 929; Thüsing, DB 2004, 2474; Hohenstatt/Müller-Bonanni, NZA 2003, 766, 770; Rieble, NZA 2003 Sonderbeilage Heft 16, 62, 70.

1006 BAG 15.01.2002 - Az. 1 AZR 58/01, BAGE 100, 166, 168; 14.08.2001 - Az. 1 AZR 619/00, BAGE 98, 323, 332; HWK/*Reichold*, § 21a BetrVG Rn. 10; Löwisch/Kaiser, § 21a Rn. 10; Bauer/von Steinau-Steinrück, NZA 2000, 505, 507; Kreutz in FS 50 Jahre Bundesarbeitsgericht (2004), 996 Fn 12 m.w.N..

1007 Thüsing, DB 2004, 2474, 2479.

1008 Rieble in FS Wiese (1998), 433, 467.

1009 Huke/Lepping, FA 2004, 135, 138.

1010 Rieble, NZA 2003, Sonderbeilage Heft 16, 62, 71.

Dem wird entgegen gehalten, dass aufgrund des Auffangcharakters von § 613a BGB die Weitergeltung der Betriebsvereinbarungen in erster Linie normativ gesichert werden solle.[1011] Dies werde von der Argumentation, § 21a BetrVG und § 613a BGB regelten unterschiedliche Bereiche, weswegen aus § 21a BetrVG die Weitergeltung von Betriebsvereinbarungen nicht hergeleitet werden könne, da § 613a BGB lex specialis sei,[1012] verkannt.[1013] Einer normativen Fortgeltung stünde auch nicht § 613a Abs. 1 Satz 2 bis 4 BGB entgegen. Dieser greife nur als subsidiäre Regelung ein, wenn eine normative Weitergeltung der Betriebsvereinbarungen ausscheide.[1014] Der Fortbestand der Betriebsvereinbarungen könne auch bei einer Umstrukturierung nicht weitergehend geschützt sein, als bei Fortbestehen der betrieblichen Identität.[1015]

Überzeugender erscheint die normative Weitergeltung von Betriebsvereinbarungen auch bei externen Umstrukturierungen von Betrieben. Dies ergibt sich bereits aus dem Übergangsmandat, das nach § 21a Abs. 3 BetrVG auch bei unternehmensübergreifenden Umstrukturierungen gilt. Dadurch wird die Amtskontinuität rechtsträgerübergreifend gesichert. Dies führt zur normativen Weitergeltung der Betriebsvereinbarungen in allen veräußerten Einheiten, die bis dahin dem Ursprungsbetrieb zugeordnet waren.[1016]

Weiter ist zu berücksichtigen, dass die Spaltung oder Ausgliederung beim ursprünglichen Rechtsträger erfolgt und damit gegenüber dem Betriebsübergang vorgreiflich ist. Übertragen werden die neu gebildeten Betriebe, in denen unter der Voraussetzung der Wahrung ihrer Selbstständigkeit nach der Rechtsprechung des *BAG* die bestehenden Betriebsvereinbarungen normativ weitergelten. Erfolgt beim Erwerber eine Zusammenfassung mit Betrieben oder eine

---

1011 HaKo-BetrVG/*Lorenz*, § 77 Rn. 92; Niklas/Mückl, DB 2008, 2250; Trittin, AiB 2004, 41, 43.

1012 Gaul, Betriebs- und Unternehmensaufspaltung, § 25 Rn. 119; WHS/*Hohenstatt* Kap. E Rn. 19.

1013 Kreutz in FS 50 Jahre Bundesarbeitsgericht (2004), 1013.

1014 BAG 15.01.2002 - Az. 1 AZR 58/01, BAGE 100, 166, 168; 27.07.1994 - Az. 7 ABR 37/93, AP BGB § 613a Nr. 118; 05.02.1991 - Az. 1 ABR 32/90, BAGE 67, 168, 189; Fitting, § 77 Rn. 168; GK-BetrVG/*Kreutz*, § 77 Rn. 417; Schiefer, DB 2005, 2134; Preis/Steffan in FS Kraft (1998), 477, 479.

1015 Schiefer/Pogge, NJW 2003, 3734, 3741; Schiefer in FS 50 Jahre Bundesarbeitsgericht (2004) 859, 874.

1016 BAG 18.11.2003 - Az. 1 AZR 604/02, BAGE 108, 299, 303 ff.; 18.09.2002 - Az. 1 ABR 54/01; BAGE 102, 356, 370; Fitting, § 77 Rn. 174; GK-BetrVG/*Kreutz*, § 77 Rn. 421; Mues, DB 2003, 1273, 1276; Richardi/Kortstock, RdA 2004, 173, 175.

Eingliederung in einen bestehenden Betrieb des Erwerbers, so handelt es sich erneut um eine unternehmensinterne Umstrukturierung.[1017] Für diese gelten die oben dargelegten Grundsätze. Erfolgt beim Erwerber die Eingliederung in einen Betrieb, entsteht kein Übergangsmandat. In diesem Fall greift die Auffangregelung in § 613a BGB.[1018]

Auch bei einer unternehmensexternen betrieblichen Umstrukturierung gelten die Betriebsvereinbarungen daher normativ weiter, soweit der übertragene Betrieb oder Betriebsteil seine Selbstständigkeit bewahrt. Erfolgt beim Erwerber eine Zusammenfassung mit Betrieben oder Betriebsteilen des Erwerbes, handelt es sich dann um eine unternehmensinterne Umstrukturierung. Die Betriebsvereinbarungen gelten in diesem Rahmen normativ weiter. Nur im Falle der Eingliederung in einen Betrieb des Erwerbers werden die Betriebsvereinbarungen Bestandteil des Arbeitsvertrages, da in diesem Fall kein Übergangsmandat besteht.

cc) Umstrukturierung außerhalb des Betriebsverfassungsgesetzes

Werden Betriebe oder Betriebsteile im Rahmen der Umstrukturierung auf einen Erwerber übertragen, der gemäß §§ 118 Abs. 2, 130 BetrVG aus dem Anwendungsbereich des Betriebsverfassungsgesetzes ausgenommen ist, kommt es zu keiner normativen Weitergeltung der Betriebsvereinbarungen. In diesem Fall greift die Auffangregelung in § 613a BGB.[1019]

dd) Zwischenergebnis

Werden Betriebe innerhalb des Unternehmens unter Entstehung eines Übergangsmandates umstrukturiert, gelten die im Ursprungsbetrieb bestehenden Betriebsvereinbarungen weiterhin normativ für alle entstandenen neuen Einheiten. Erfolgt im Rahmen der Umstrukturierung die Übertragung an einen anderen Rechtsträger, gelten die Betriebsvereinbarungen normativ weiter, wenn die übertragene Einheit ihre Selbstständigkeit behält. Erfolgt eine Zusammenfassung mit Betrieben oder Betriebsteilen des Erwerbers, gelten die Grundsätze für eine innerbetriebliche Umstrukturierung. Eine normative Fortgeltung der Betriebsvereinbarungen scheidet nur im Falle einer Eingliederung aus, da es in diesem Fall nicht zur Entstehung eines Übergangsmandates kommt. Hier greift § 613a BGB als Auffangtatbestand.

1017 GK-BetrVG/*Kreutz*, § 77 Rn. 420; Mues, DB 2003, 1273, 1275.

1018 Ebenso GK-BetrVG/*Kreutz*, § 77 Rn. 421.

1019 GK-BetrVG/*Kreutz*, § 77 Rn. 422.

c) Kündigung von Betriebsvereinbarungen

Kann der Betriebsrat im Übergangsmandat Betriebsvereinbarungen schließen, stellt sich die Frage, ob er selbst Betriebsvereinbarungen auch kündigen kann oder ihm gegenüber die Kündigung von Betriebsvereinbarungen durch den Arbeitgeber erklärt werden kann.

Das Recht zur Kündigung einer Betriebsvereinbarung korrespondiert mit der Befugnis zu ihrem Abschluss. Während des Übergangsmandates kann der Betriebsrat daher bestehende Betriebsvereinbarungen kündigen.[1020] Gleichzeitig kann auch der Arbeitgeber die Kündigung von Betriebsvereinbarungen gegenüber dem Betriebsrat im Übergangsmandat erklären.[1021]

Während des Übergangsmandates können somit bestehende Betriebsvereinbarungen von beiden Betriebsparteien gekündigt werden.

4. Ergebnis

Das Übergangsmandat unterscheidet sich inhaltlich nicht vom Regelmandat. Die Organisationsrechte des Betriebsrates bestehen unverändert. Die Tätigkeit von Betriebsausschuss, Ausschüssen und Arbeitsgruppen bleibt durch das Übergangsmandat unberührt. Dies gilt auch für die Pflichten des Betriebsrates, insbesondere die regelmäßige Durchführung der vorgesehenen Betriebsversammlungen. Die Kostentragung ist zu differenzieren. Die Entgeltkosten der Tätigkeit im Übergangsmandat sind vom Vertragsarbeitgeber zu tragen. Die übrigen anfallenden Kosten der Betriebsratstätigkeit nach § 40 BetrVG sind im Falle eines unternehmensübergreifenden Übergangsmandat dagegen gesamtschuldnerisch von den Arbeitgebern zu übernehmen, denen gegenüber das Mandat wahrgenommen wird. Zu diesen Kosten zählt auch die Führung von Beschlussverfahren.

Der persönliche Schutz der Betriebsratsmitglieder vor Kündigungen und Versetzungen besteht auch während des Übergangsmandates. Sie haben Zutritt zu allen von ihnen vertretenen Arbeitnehmern, auch im unternehmensübergreifenden Mandat. Allerdings kann von ihnen eine Anmeldung abverlangt werden. In Bezug auf vertrauliche Informationen, über die sie im Rahmen eines unternehmensübergreifenden Übergangsmandates Kenntnis erlangen, sind sie gegenüber ihrem Arbeitgeber zur Verschwiegenheit verpflichtet.

1020 Fitting, § 77 Rn. 164; Meyer, ZIP 2004, 545, 547; Meyer, SAE 2003, 310, 313.

1021 HaKo-BetrVG/*Düwell*, § 21a Rn. 52; Hertzfeld, DB 2006, 2177, 2180; Meyer, ZIP 2004, 545, 547; Meyer SAE 2003, 310, 313.

Auch im Übergangsmandat stehen dem Betriebsrat alle Mitbestimmungs- und Beteiligungsrechte zu. Er kann Betriebsvereinbarungen schließen und kündigen. Die Betriebsvereinbarungen gelten normativ weiter, außer es erfolgt eine Eingliederung in einen anderen Betrieb.

III. Dauer des Übergangsmandates

Das Übergangsmandat endet nach § 21a Abs. 1 Satz 3 BetrVG mit der Bekanntgabe des Wahlergebnisses für den neu gewählten Betriebsrat, spätestens jedoch sechs Monate nach Wirksamwerden der Spaltung. Eine Verlängerung um bis zu sechs Monate durch Betriebsvereinbarung oder Tarifvertrag ist gemäß § 21a Abs. 1 Satz 4 BetrVG möglich. Die gesetzliche Regelung lässt mit dieser Formulierung jedoch offen, wann genau das Übergangsmandat beginnt und wann es endet.

1. Beginn des Übergangsmandates

Der Gesetzgeber knüpft in § 21a BetrVG für den Beginn des Übergangsmandates an die Spaltung des Betriebes an. Anders als bei § 321 UmwG a. F., der für das Wirksamwerden der Spaltung an die Eintragung im Handelsregister anknüpfte, fehlt es an einem eindeutigen gesetzlichen Bezugspunkt im Rahmen von § 21a BetrVG.

Als Anknüpfungspunkt für den Beginn des Übergangsmandates kommt zum einen die Bekanntgabe der Änderung der Betriebsstruktur an den Betriebsrat in Betracht.[1022] Die Gegenansicht knüpft den Beginn des Übergangsmandates an die tatsächliche Veränderung auf der betrieblichen Ebene, wobei die Zuordnung des Betriebsvermögens außer Acht bleibt.[1023]

Das Betriebsratsmandat hängt ab von dem Fortbestand der betrieblichen Organisation. Wird durch einen gestalterischen Akt des Arbeitgebers die Organisation des Betriebes geändert, wird hierdurch der Bestand des Mandates berührt.[1024] Der Betrieb ist gekennzeichnet durch die Leitungsmacht in personellen und sozialen Angelegenheiten. Die Übertragung dieser Leitungsmacht markiert den Vollzug

1022 ArbG Frankfurt/Main 24.09.2001 - Az. 15/18 BV 187/01, AiB 2002, 629, 630; DKKW/*Buschmann* § 21a Rn. 49; Hahn/Rudolph, AiB 2009, 436, 440.
1023 Löwisch/Kaiser, § 21a Rn. 14; Gaul/Bonanni, ArbRB 2002, 46, 47.
1024 Junker in Hromadka, Recht und Praxis der Betriebsverfassung, 99, 122.

der Organisationsänderung.[1025] Anknüpfungspunkt für den Beginn des Übergangsmandates muss daher die Änderung der Organisationsstruktur oder der Übergang der Leitungsmacht auf den neuen Inhaber sein.[1026] Auf den gesellschaftsrechtlichen Zeitpunkt der Spaltung oder Zusammenfassung kommt es dagegen nicht an.[1027]

Wird über die Frage der Bildung eines neuen Betriebes ein Beschlussverfahren gemäß § 18 Abs. 2 BetrVG geführt, beginnt das Übergangsmandat erst mit rechtskräftigem Abschluss dieses Verfahrens.[1028]

2. Ende des Übergangsmandates

Das Übergangsmandat des Betriebsrates endet gemäß § 21a Abs. 1 Satz 3 BetrVG mit der Bekanntgabe des Wahlergebnisses des neu gewählten Betriebsrates, spätestens nach Ablauf von sechs Monaten. Nachfolgend wird untersucht, welche Auswirkungen das Übergangsmandat auf die Durchführung der Betriebsratswahl hat.

a) Einleitung der Neuwahl

Der Betriebsrat ist auf Grund der Regelung in § 21a Abs. 1 Satz 2 BetrVG verpflichtet, unverzüglich Neuwahlen einzuleiten.[1029] Zur Durchführung der Neuwahlen hat der Betriebsrat einen Wahlvorstand zu bestellen.

aa) Bildung des Wahlvorstandes

Die Bestellung des Wahlvorstandes erfolgt gemäß § 16 Abs. 1 BetrVG.[1030] Die Regelung in § 21a Abs. 1 Satz 2 BetrVG verdrängt als lex specialis die ansonsten für betriebsratslose Einheiten geltende Regelung in § 17 BetrVG.[1031]

1025 ErfK/*Koch*, § 21a BetrVG Rn. 6; Fitting, § 21a Rn. 24.

1026 BAG 31.05.2000 - Az. 7 ABR 78/98, BAGE 95, 15 ff.; DKKW/*Buschmann*, § 21a Rn. 48; ErfK/*Koch*, § 21a BetrVG Rn. 6; Fitting, § 21a Rn. 24; HaKo-BetrVG/*Düwell*, § 21a Rn. 57; HWGNRH/*Worzalla*, § 21a Rn. 40; HWK/*Reichold*, § 21a BetrVG Rn. 12; Richardi/*Thüsing*, § 21a Rn. 18; WHSS/*Hohenstatt*, Kap. D Rn. 91; WPK/*Wlotzke*, § 21a Rn. 30; Löwisch/Schmidt-Kessel, BB 2001, 2162, 2163.

1027 DKKW/*Buschmann*, § 21a Rn. 48; HaKo-BetrVG/*Düwell*, § 21a Rn. 57; Hahn/Rudolph, AiB 2009, 436, 440.

1028 DKKW/*Buschmann*, § 21a Rn. 51.

1029 DKKW/*Buschmann*, § 21a Rn. 62; ErfK/*Koch*, § 21a BetrVG Rn. 5.

1030 BAG 31.05.2000 - Az. 7 ABR 78/98, BAGE 95, 15, 28; DKKW/*Buschmann*, § 21a Rn. 62; ErfK/*Koch*, § 21a BetrVG Rn. 5; HaKo-BetrVG/*Düwell*, § 21a Rn. 54; Richardi/*Thüsing*, § 21a Rn. 21.

1031 Fitting, § 21a Rn. 22; HaKo-BetrVG/*Düwell*, § 21a Rn. 54.

Die Bestellung des Wahlvorstandes hat für alle betrieblichen Einheiten zu erfolgen, die ohne das Übergangsmandat nicht von einem Betriebsrat vertreten würden.[1032] Daher ist insbesondere für die neu gebildeten Betriebe ein Wahlvorstand zu bestellen.[1033]

Das Übergangsmandat verpflichtet den Betriebsrat, den Wahlvorstand jeweils unverzüglich zu bestellen.[1034] Die Unverzüglichkeit der Bestellung bestimmt sich dabei nach § 121 BGB. Der Betriebsrat muss ohne schuldhaftes Zögern den Wahlvorstand bestellen.[1035] Teilweise wird daher gefordert, dass die Bestellung des Wahlvorstandes innerhalb von zwei Wochen nach Beginn des Übergangsmandates erfolgen muss.[1036] Die Fristen des §§ 16 Abs. 1 Satz 1 und Abs. 2 BetrVG gelten nicht im Rahmen des § 21a Abs. 1 BetrVG.[1037]

Teilweise wird dem Betriebsrat auch eine längere Frist für die Einleitung des Wahlverfahrens eingeräumt, ohne dies genauer zu spezifizieren. Begründet wird dies mit der ungeschriebenen Aufgabe des Betriebsrates als Träger des Übergangsmandates die Integration der neu gebildeten Betriebsteile zu fördern. Aus diesem Grund sei dem Betriebsrat ein Ermessensspielraum einzuräumen, wenn er den geeigneten Zeitpunkt für die Wahl gekommen halte, um eine sachgerechte Wahl zu ermöglichen.[1038]

Die Auffassung von *Düwell* erscheint auf Grund des eindeutigen gesetzlichen Wortlautes als nicht vertretbar. Das Übergangsmandat hat nur eine Überbrückungsfunktion. Der Betriebsrat ist nur vorübergehend zuständig bis wieder eine demokratisch legitimierte Vertretung für die Belegschaft gebildet ist.[1039]

Darüber hinaus geht die Befugnis zur Bestellung des Wahlvorstandes gemäß § 16 Abs. 3 BetrVG auf den Gesamtbetriebsrat oder Konzernbetriebsrat über,

---

1032 Gaul/Bonanni, ArbRB 2002, 46, 48.

1033 LAG Sachsen-Anhalt 08.10.2003 - Az. 3 (7) TaBV 21/02, juris, Tz. 34; DKKW/*Buschmann*, § 21a Rn. 62.

1034 HaKo-BetrVG/*Düwell*, § 21a Rn. 54; HWGNRH/*Worzalla*, § 21a Rn. 37; WPK/*Wlotzke*, § 21a Rn. 29.

1035 GK-BetrVG/*Kreutz*, § 21a Rn. 42; HaKo-BetrVG/*Düwell*, § 21a Rn. 54; HWK/*Reichold*, § 21a BetrVG Rn. 11; Löwisch/Kaiser, § 21a Rn. 11.

1036 So LAG Hessen 19.04.2002 - Az. 9 TaBVGa 71/02, AR-Blattei ES 530.6 Nr. 81; Richardi/*Thüsing*, § 21a Rn. 21.

1037 LAG Hessen 19.04.2002 - Az. 9 TaBVGa 71/02, AR-Blattei ES 530.6 Nr. 81; Löwisch/Kaiser, § 21a Rn. 11.

1038 HaKo-BetrVG/*Düwell*, § 21a Rn. 55, der dies mit der Möglichkeit der Verlängerung des Übergangsmandates begründet.

1039 Rieble, NZA 2002, 232, 234.

wenn der Betriebsrat selbst die Bestellung unterlässt.[1040] Der Gesamtbetriebsrat oder der Konzernbetriebsrat können entsprechend § 16 Abs. 2 Satz 1 und Abs. 3 Satz 1 BetrVG bzw. § 14a Abs. 3 i. V. m. § 14 Abs. 5 i. V. m. § 17a Nr. 1 BetrVG einen Wahlvorstand bestellen, wenn acht Wochen bzw. drei Wochen vor Ende des Übergangsmandates kein Wahlvorstand bestellt ist.[1041] Damit verbleibt für den Betriebsrat lediglich ein Spielraum für pflichtgemäßes Ermessen, um insbesondere Streit- oder Zweifelsfragen gerichtlich vor Einleitung des Wahlverfahrens zu klären.[1042]

Daneben kann die Bestellung eines Wahlvorstandes für den Ursprungsbetrieb durch den Betriebsrat im Übergangsmandat erforderlich werden, sofern für den Ursprungsbetrieb die Voraussetzungen des § 13 Abs. 2 Ziffer 1 oder 2 BetrVG vorliegen.[1043]

bb) Mitglieder im Wahlvorstand

Für die Bestellung der Mitglieder des Wahlvorstandes gilt im Übrigen § 16 Abs. 1 BetrVG. Auch wenn der Betriebsrat im Übergangsmandat betriebsübergreifend tätig wird, sind die Mitglieder des zu bildenden Wahlvorstandes ausschließlich aus dem Betrieb zu berufen, für den ein neuer Betriebsrat zu wählen ist.[1044]

cc) Bekanntgabe des Wahlergebnisses

Das Übergangsmandat des Betriebsrates endet mit Bekanntgabe der Wahlergebnisse der Neuwahlen, auch vor Ablauf von sechs Monaten.[1045] Wird das Übergangsmandat durch den Betriebsrat für mehrere neu gebildete betriebliche Einheiten wahrgenommen, endet es erst mit der Bekanntgabe des Wahlergebnisses der letzten eingeleiteten Betriebsratswahl.[1046]

1040 Fitting, § 21a Rn. 22; GK-BetrVG/*Kreutz*, § 21a Rn. 40; Löwisch/Kaiser, § 21a Rn. 12; WPK/*Wlotzke*, § 21a Rn. 29; WHSS/*Hohenstatt*, Kap. D Rn. 94; Kittner, NZA 2012, 541, 542.

1041 GK-BetrVG/*Kreutz*, § 21a Rn. 40; Löwisch/Kaiser, § 21a Rn. 12; WPK/*Wlotzke*, § 21a Rn. 29.

1042 GK-BetrVG/*Kreutz*, § 21a Rn. 42.

1043 Fitting, § 21a Rn. 21.

1044 LAG Hessen 06.02.2003 - Az. 9 TaBV 96/02, NZA-RR 2004, 27.

1045 Fitting, § 21a Rn. 25; GK-BetrVG/*Kreutz*, § 21a Rn. 48; HaKo-BetrVG/*Düwell*, § 21a Rn. 58; HWGNRH/*Worzalla*, § 21a Rn. 42; Richardi/*Thüsing*, § 21a Rn. 19.

1046 HWGNRH/*Worzalla*, § 21a Rn. 43; HWK/*Reichold*, § 21a BetrVG Rn. 12; Löwisch/Kaiser, § 21a Rn. 13; Richardi/*Thüsing*, § 21a Rn. 19; WPK/*Wlotzke*, § 21a Rn. 30.

b) Beendigung des Übergangsmandates nach § 21 Satz 2 BetrVG

Umstritten ist die Frage, ob das Übergangsmandat mit dem Ende der regulären Amtszeit ebenfalls endet. *Buschmann* ist der Auffassung, dass in diesem Fall der Betriebsrat fortbesteht, um die Betriebsratswahlen entsprechend der neuen Organisation durchzuführen.[1047] Das Übergangsmandat soll durch das Ende der regulären Amtszeit unberührt bleiben.[1048] Insoweit enthalte § 21a BetrVG eine eigenständige Regelung der Amtszeit, da ansonsten Wahlanfechtungsverfahren vorprogrammiert wären.[1049]

Thüsing ist hingegen der Auffassung, dass mit Ablauf des regulären Mandates nach § 21 Satz 2 BetrVG auch das Übergangsmandat ende. Zur Begründung führt er an, dass § 21a BetrVG keine Nachfrist setze, wenn die rechtzeitige Einleitung von Neuwahlen versäumt wurde. Es sollen dann die Wahlvorschriften für betriebsratslose Betriebe zur Anwendung kommen.[1050]

Der Auffassung von *Thüsing* ist zuzustimmen. Das Übergangsmandat des Betriebsrates soll in Phasen der Umstrukturierung die betriebsverfassungsrechtliche Vertretung der Arbeitnehmer sicherstellen. Es führt jedoch nicht zu einer Ausdehnung der betriebsverfassungsrechtlichen Stellung des Betriebsrates. Durch das Übergangsmandat wird lediglich die räumliche Zuständigkeit des Betriebsrates ausgeweitet, ohne dass hierdurch seine Kompetenzen erweitert werden. Innerhalb des Übergangsmandates ist der Betriebsrat weiterhin an die Regelungen für das reguläre Mandat gebunden. Endet das reguläre Mandat, muss daher auch das Übergangsmandat enden.

c) Fristablauf des Übergangsmandates

Das Übergangsmandat endet gemäß § 21a Abs. 1 Satz 3 spätestens sechs Monate nach Wirksamwerden der Spaltung. Der Ablauf dieser Frist ist unabhängig davon, ob zwischenzeitlich ein neuer Betriebsrat gewählt worden ist.[1051]

Teilweise wird vertreten, dass diese Frist gehemmt werde, wenn der Arbeitgeber den Betriebsrat an der Ausübung des Übergangsmandates in diesem Zeitraum

---

1047 DKKW/*Buschmann*, § 21a Rn. 50.

1048 GK-BetrVG/*Kreutz*, § 21a Rn. 49; WPK/*Wlotzke*, § 21a Rn. 30.

1049 DKKW/*Buschmann*, § 21a Rn. 50; GK-BetrVG/*Kreutz*, § 21a Rn. 49; WPK/*Wlotzke*, § 21a Rn. 30.

1050 HWGNRH/*Worzalla*, § 21a Rn. 42; Richardi/*Thüsing*, § 21a Rn. 19.

1051 Fitting, § 21a Rn. 25; HWGNRH/*Worzalla*, § 21a Rn. 42; HWK/*Reichold*, § 21a Rn. 12; WPK/*Wlotzke*, § 21a Rn. 30.

hindere.[1052] Genauso soll es zu einer Hemmung kommen, wenn über die strittige Frage einer Spaltung des Betriebes ein Verfahren nach § 18 Abs. 2 BetrVG geführt wird.[1053]

Demgegenüber wird zutreffend darauf hingewiesen, dass sich für eine derartige Verlängerung des Mandates bzw. einer Verzögerung des Beginns der Frist im Gesetz keine Anhaltspunkte ergeben. Der Betriebsrat muss in diesen Fällen die Hilfe der Arbeitsgerichte in Anspruch nehmen.[1054]

d) Untergang des neuen Betriebes

Sinkt die Beschäftigtenzahl während des Übergangsmandates unter die Grenze des § 1 Abs. 1 Satz 1 BetrVG, führt dies zum Erlöschen des Übergangsmandates.[1055] Ein Restmandat zum Übergangsmandat ist grundsätzlich nicht vorgesehen. Es kommt nur in Betracht, wenn die Voraussetzungen des § 21b BetrVG im Übrigen vorliegen.[1056] Ein Restmandat kann daher bei einer sozialplanpflichtigen Betriebsänderung während des Übergangsmandates entstehen.[1057] Dagegen führt die Eröffnung eines Insolvenzverfahrens nicht zur Beendigung des Übergangsmandates.[1058]

Weiter kann der Betrieb durch eine erneute Umstrukturierung durch Aufspaltung oder Zusammenfassung mit anderen Betrieben oder Betriebsteilen untergehen. In diesem Fall übt der Betriebsrat das Übergangsmandat für die neu gebildeten Einheiten weiter aus. Die Frist für das Übergangsmandat beginnt mit Wirksamwerden der neuen betrieblichen Umstrukturierung erneut zu laufen.[1059]

3. Verlängerung des Übergangsmandates

Das Übergangsmandat kann gemäß § 21a Abs. 1 Satz 4 BetrVG durch Tarifvertrag oder Betriebsvereinbarung um weitere sechs Monate verlängert werden.

1052 So ArbG Herne 19.04.2001 - Az. 4 (2) BVGa 8/01, AiB 2001, 726 mit zustimmender Anmerkung Schulze-Allen.

1053 So DKKW/*Buschmann*, § 21a Rn. 51.

1054 So zutreffend HWGNRH/*Worzalla*, § 21a Rn. 44.

1055 HWGNRH/*Worzalla*, § 21a Rn. 7.

1056 HWGNRH/*Worzalla*, § 21a Rn. 45; Richardi/*Thüsing*, § 21a Rn. 16.

1057 ErfK/*Koch*, § 21a BetrVG Rn. 6; Hanau, NJW 2001, 2513.

1058 DKKW/*Buschmann*, § 21a Rn. 54.

1059 A. A. Rieble, NZA 2003 Beilage zu Heft 16, 62, 65.

Voraussetzung der Verlängerung ist grundsätzlich, dass diese vor Ablauf der sechsmonatigen Frist nach § 21a Abs. 1 Satz 3 BetrVG erfolgt.[1060] Die Verlängerung muss dabei nicht für weitere sechs Monate erfolgen. Es kann auch zunächst eine kürzere Verlängerung vereinbart werden.[1061] Die maximale Verlängerungsfrist kann dann mit einer weiteren Vereinbarung ausgeschöpft werden.[1062] Die Verlängerung kann bereits vor Beginn der betrieblichen Umstrukturierung erfolgen.[1063]

Erfolgt die Verlängerung durch eine Betriebsvereinbarung, ist diese zwischen dem das Übergangsmandat ausübenden Betriebsrat und dem Arbeitgeber zu vereinbaren.[1064] Wird eine entsprechende Betriebsvereinbarung vor Übergang des Betriebes auf den neuen Rechtsträger abgeschlossen, ist Verhandlungspartner der alte Arbeitgeber.[1065] Nach dem Übergang kann eine derartige Betriebsvereinbarung nur noch mit dem neuen Arbeitgeber geschlossen werden.[1066] Auf Grund der gesetzlichen Ermächtigung ist der Abschluss einer entsprechenden Betriebsvereinbarung nicht durch § 77 Abs. 3 BetrVG gesperrt. Die Betriebsvereinbarung entfaltet jedoch keine Sperrwirkung gegenüber dem Tarifvertrag, da dieser als höherrangige Norm der Betriebsvereinbarung vorgeht.[1067]

Soll die Verlängerung des Übergangsmandates durch einen Tarifvertrag erfolgen, müssen Veräußerer und Erwerber dem gleichen tarifschließenden Arbeitgeberverband angehören oder einen Haustarifvertrag mit der zuständigen Gewerkschaft schließen.[1068] Erfolgt die Umstrukturierung im Rahmen des

---

1060 DKKW/*Buschmann*, § 21a Rn. 52; ErfK/*Koch*, § 21a BetrVG Rn. 6; Fitting, § 21a Rn. 26; GK-BetrVG/*Kreutz*, § 21a Rn. 52; Löwisch/Kaiser, § 21a Rn. 15; Richardi/*Thüsing*, § 21a Rn. 19; WPK/*Wlotzke*, § 21a Rn. 31.

1061 DKKW/*Buschmann*, § 21a Rn. 52; GK-BetrVG/*Kreutz*, § 21a Rn. 51; HaKo-BetrVG/*Düwell*, § 21a Rn. 58; HWGNRH/*Worzalla*, § 21a Rn. 46; Richardi/*Thüsing*, § 21a Rn. 20; WPK/*Wlotzke*, § 21a Rn. 31; Thüsing, DB 2002, 738, 741; Engels/Trebinger/Löhr-Steinhaus, DB 2001,532, 534.

1062 Vgl. DKKW/*Buschmann*, § 21a Rn. 52; GK-BetrVG/*Kreutz*, § 21a Rn. 54.

1063 Löwisch/Kaiser, § 21a Rn. 15; Richardi/*Thüsing*, § 21a Rn. 19.

1064 Richardi/*Thüsing*, § 21a Rn. 19.

1065 Richardi/*Thüsing*, § 21a Rn. 19; a. A. Fitting, § 21a Rn. 26.

1066 Fitting, § 21a Rn. 26; Löwisch/Kaiser, § 21a Rn. 15; Richardi/*Thüsing*, § 21a Rn. 19; WPK/*Wlotzke*, § 21a Rn. 32; WHSS/*Hohenstatt*, Kap. D Rn. 91.

1067 DKKW/*Buschmann*, § 21a Rn. 53; GK-BetrVG/*Kreutz*, § 21a Rn. 54; Richardi/*Thüsing*, § 21a Rn. 20a.

1068 Fitting, § 21a Rn. 26; Löwisch/Kaiser, § 21a Rn. 17 ff.; Richardi/*Thüsing*, § 21a Rn. 19.

Umwandlungsgesetzes, geht ein abgeschlossener Firmentarifvertrag auf den neuen Rechtsträger über.[1069]

Wird das Übergangsmandat durch einen Tarifvertrag verlängert, sperrt diese als höherrangige Norm eine weitere Verlängerung durch eine Betriebsvereinbarung.[1070] Andererseits lässt eine Verlängerung durch Betriebsvereinbarung die Möglichkeit offen, durch einen Tarifvertrag die Verlängerung von sechs Monaten auszuschöpfen.[1071]

IV. Zusammenfassung

Das Übergangsmandat wird vom Betriebsrat als Gremium wahrgenommen. Es verbleibt daher bei den allgemeinen Regelungen in § 24 BetrVG. Scheidet das Betriebsratsmitglied aus dem Ursprungsbetrieb aus, dessen Betriebsrat das Übergangsmandat ausübt, endet sein Mandat und das nächste Ersatzmitglied rückt nach. Eine teleologische Reduktion des § 24 BetrVG ist nicht möglich.

Das Übergangsmandat ist ein Vollmandat. Dem Betriebsrat stehen sowohl alle Organisationsrechte als auch alle Informations-, Beteiligungs- und Mitbestimmungsrechte zu. Die Ausübung kann durch Betriebsvereinbarungen erfolgen. Diese gelten, außer im Falle der Eingliederung, normativ weiter. Ebenso bleibt der persönliche Schutz der Betriebsratsmitglieder während des Übergangsmandates bestehen. Sie haben ein Zutrittsrecht zu allen vertretenen Arbeitnehmern.

Mit der tatsächlich vorgenommenen Umstrukturierung beginnt das Übergangsmandat. Die gesetzlich vorgesehenen Neuwahlen sind unverzüglich einzuleiten. Es endet mit Bekanntgabe des letzten Wahlergebnisses für die neu gewählten Betriebsräte, spätestens jedoch sechs Monate nach seinem Beginn. Eine Verlängerung bis zu sechs Monate ist durch Betriebsvereinbarung oder Tarifvertrag möglich.

1069 BAG 24.06.1998 - Az. 4 AZR 208/97, BAGE 89, 193, 199; Fitting, § 21a Rn. 26; Richardi/*Thüsing*, § 21a Rn. 19; Löwisch/Schmidt-Kessel, BB 2001, 2162.

1070 DKKW/*Buschmann*, § 21a Rn. 53; Richardi/*Thüsing*, § 21a Rn. 20a.

1071 DKKW/*Buschmann*, § 21a Rn. 53; GK-BetrVG/*Kreutz*, § 21a Rn. 54.

Kapitel 6: Analoge Anwendung auf andere Gremien der betrieblichen Mitbestimmung

Umstrukturierungen auf Betriebs- oder Unternehmensebene können nicht nur Auswirkungen auf den Bestand des Betriebsrates haben, sondern auch auf den anderer Gremien der betrieblichen Mitbestimmung.[1072] Das Übergangsmandat in § 21a BetrVG betrifft jedoch ausschließlich den Betriebsrat.[1073] Damit stellt sich die Frage, ob für die anderen Gremien der betrieblichen Mitbestimmung, wie der Gesamt- oder Konzernbetriebsrat, die Jugend- und Auszubildendenvertretung, der Wirtschaftsausschuss, der Sprecherausschuss der leitenden Angestellten oder die Vertretung der schwerbehinderten Menschen in analoger Anwendung von § 21a BetrVG ein Übergangsmandat in Betracht kommt, wenn eine Umstrukturierung des Unternehmens, Konzerns oder Betriebes Auswirkungen auf ihr Bestehen hat. Auch diese Gremien vertreten in ihrem zugewiesenen Aufgabengebiet die Interessen der Arbeitnehmer und verlieren ihre Funktion durch Organisationsentscheidungen des Arbeitgebers. Im Grundsatz besteht damit die vergleichbare Interessenlage, die zur Schaffung des Übergangsmandates in § 21a BetrVG geführt hat.

Im Folgenden wird daher die Frage geklärt, ob diesen Gremien ebenfalls ein Übergangsmandat in analoger Anwendung von § 21a BetrVG zusteht.

I. Kollektive Gremien der Betriebsverfassung

Neben dem Betriebsrat können ein Gesamt- und Konzernbetriebsrat, eine Jugend- und Auszubildendenvertretung sowie ein Wirtschaftsausschuss als weitere Gremien der betrieblichen Mitbestimmung existieren. Durch Umstrukturierungen auf Ebene des Unternehmens als auch des Betriebes können die Voraussetzungen dieser Gremien entfallen.

Da es an einer ausdrücklichen gesetzlichen Erstreckung des Übergangsmandates auf diese Gremien fehlt, stellt sich die Frage, ob für diese Gremien ein Übergangsmandat in analoger Anwendung des § 21a BetrVG besteht.

1072 Für den Gesamtbetriebsrat BAG 05.06.2002 - Az. 7 ABR 17/01, BAGE 101, 273, 276; LAG Düsseldorf 14.02.2001 - Az. 4 TaBV 67/00, NZA-RR 2001, 594 ff..

1073 Vgl. Fitting, § 21a Rn. 5; GK-BetrVG/*Kreutz*, § 21a Rn. 11.

1. Gesamtbetriebsrat

Nach § 47 Abs. 1 BetrVG ist ein Gesamtbetriebsrat zu errichten, wenn in einem Unternehmen mehrere Betriebsräte bestehen. Werden alle Betriebe eines Unternehmens auf verschiedene andere Unternehmen übertragen, erlischt der Gesamtbetriebsrat in dem Ursprungsunternehmen.[1074] Nur für den Fall, dass alle Betriebe eines Unternehmens von einem anderen Unternehmen im Wege der Einzel- oder Gesamtrechtsnachfolge übernommen werden, zieht das Bundesarbeitsgericht den Fortbestand des Gesamtbetriebsrates in Betracht.[1075]

Teilweise wird daher die Auffassung vertreten, dass auch dem Gesamtbetriebsrat ein Übergangsmandat in analoger Anwendung von § 21a BetrVG zusteht, wenn die bisherigen betrieblichen Strukturen im Wesentlichen unverändert fortbestehen. Die Notwendigkeit des Fortbestandes des Gesamtbetriebsrates wird begründet mit der vertikalen Zuständigkeitsverteilung zwischen Einzelbetriebsräten und Gesamtbetriebsrat. Eine Arbeitnehmervertretung soll immer dort bestehen, wo für die Belange der Arbeitnehmer bedeutsame Entscheidungen getroffen werden.[1076] Als Kriterium für den Fortbestand der bisherigen Strukturen sollen die Anzahl der Betriebe und der dort beschäftigten Arbeitnehmer herangezogen werden, da diese die demokratische Legitimationsbasis des Gesamtbetriebsrates bilden. Bleiben diese Strukturen erhalten, soll der Gesamtbetriebsrat im Amt bleiben.[1077]

Im Gegensatz zum Betriebsrat hat der Gesamtbetriebsrat keine Amtszeit. Er ist eine Dauereinrichtung und besteht über die Amtszeit der einzelnen Betriebsräte hinaus.[1078] Voraussetzung für seine Errichtung ist, dass mehrere Betriebe von einem Unternehmen betrieben werden.[1079] Daher kann für Betriebe verschiedener Unternehmen kein Gesamtbetriebsrat errichtet werden.[1080]

1074 BAG 05.06.2002 - Az. 7 ABR 17/01, BAGE 101, 273, 276.

1075 BAG 18.09.2002 - Az. 1 ABR 54/01, BAGE 102, 356, 365; Hauck in FS ARGE ArbR (2006), 621, 625.

1076 Hohenstatt/Müller-Bonanni, NZA 2003, 766, 767.

1077 Hohenstatt/Müller-Bonanni, NZA 2003, 766, 768; DKKW/*Trittin*, § 47 Rn. 61 eingeschränkt für den Fall, dass alle Betriebe auf einen Erwerber übertragen werden.

1078 Fitting, § 47 Rn. 26; GK-BetrVG/*Kreutz*, § 47 Rn. 49; WHSS/*Hohenstatt*, Kap. D Rn. 99.

1079 BAG 13.02.2007 - Az. 1 AZR 184/06, BAGE 121, 168, 174; 09.08.2000 - 7 ABR 56/98, BAGE 95, 269, 273; Fitting, § 47 Rn. 10.

1080 BAG 23.01.2008 - Az. 1 AZR 988/06, AP BetrVG 1972 § 77 Betriebsvereinbarung Nr. 40; 13.02.2007 - Az. 1 AZR 184/06, BAGE 121, 168, 174; 11.12.1987 - Az. 7 ABR 49/87, BAGE 57, 144, 149; Fitting, § 47 Rn. 10.

Bei unternehmensinternen Umstrukturierungen bleibt der Gesamtbetriebsrat bestehen, solange die Voraussetzungen des § 47 Abs. 1 BetrVG erfüllt sind. Erfolgt diese unternehmensintern durch Betriebsaufspaltung oder Betriebszusammenfassung, ändert sich nur die Anzahl der Mandatsträger im Gesamtbetriebsrat.[1081] Scheiden in Folge einer unternehmensexternen Umstrukturierung Betriebe aus dem Unternehmen aus, hat dies grundsätzlich keine Auswirkungen auf den Bestand des Gesamtbetriebsrates.[1082] Das Amt des Gesamtbetriebsrates erlischt ipso iure erst, wenn als Folge der Umstrukturierung nur noch ein Betriebsrat im Unternehmen bestehen bleibt.[1083]

Aus diesem Grund besteht der Gesamtbetriebsrat nicht fort, wenn die Betriebe auf verschiedene Unternehmen übertragen werden und sich die betrieblichen Strukturen durch Integration in andere Betriebe ändern.[1084] Eine Fortführung der Geschäfte in dieser Situation würde ein Übergangsmandat des Gesamtbetriebsrates erfordern. Hierzu fehlt jedoch die gesetzliche Grundlage.[1085] In § 21a BetrVG ist nur das Übergangsmandat des Einzelbetriebsrates geregelt. Dieses gilt nicht für den Gesamtbetriebsrat.[1086]

Ein Übergangsmandat des Gesamtbetriebsrates könnte nur durch analoge Anwendung des § 21a BetrVG begründet werden. Die Analogie setzt neben einer vergleichbaren Interessenlage das Bestehen einer planwidrigen Regelungslücke voraus.

Eine Vergleichbarkeit der Interessenlage bei Wegfall des Gesamtbetriebsrates mit der bei Untergang des Einzelbetriebsrates, würde den Entfall des kollektivrechtlichen Schutzes der Arbeitnehmer voraussetzen. Die Interessenlage zwischen Betriebsrat und Gesamtbetriebsrat ist jedoch verschieden. Das Übergangsmandat soll vor dem Verlust von betriebsverfassungsrechtlichen Beteiligungsrechten schützen. Dem wird bereits durch das Übergangsmandat des Einzelbetriebsrates

---

1081 Peix, Fortbestand Gesamtbetriebsrat (2008), 254 ff..

1082 Fitting, § 47 Rn. 17, 26; Richardi/*Annuß*, § 47 Rn. 27; WHSS/*Hohenstatt*, Kap. D Rn. 99; Gaul, Betriebs- und Unternehmensaufspaltung, § 27 Rn. 125.

1083 BAG 16.03.2005 - Az. 7 ABR 37/04, BAGE 114, 110, 115; 07.04.2004 - Az. 7 ABR 41/03, BAGE 110, 159, 162; 05.06.2002 - Az. 7 ABR 17/01, BAGE 101, 273, 276; DKKW/Trittin, § 47 Rn. 61; Fitting, § 47 Rn. 26; GK-BetrVG/*Kreutz*, § 47 Rn. 51; WHSS/*Hohenstatt*, Kap. D Rn. 99; Kleinebrink, ArbRB 2004, 341, 344; Feudner, DB 2003, 882, 886; Peix, Fortbestand Gesamtbetriebsrat (2008), 257.

1084 BAG 05.06.2002 - Az. 7 ABR 17/01, BAGE 101, 273, 276.

1085 Huke/Lepping, FA 2004, 135, 137; Hauck in FS Richardi (2007), 537, 540.

1086 Fitting, § 21a Rn. 5; WPK/*Wlotzke*, § 21a Rn. 6.

ausreichend Rechnung getragen.[1087] Dagegen ist der Gesamtbetriebsrat nach § 50 Abs. 1 BetrVG zuständig für Angelegenheiten des Gesamtunternehmens oder mehrerer Betriebe, die nicht durch einzelne Betriebsräte innerhalb ihrer Betriebe geregelt werden können. Scheidet ein Betrieb aus dem Unternehmen aus, besteht kein Interesse mehr an einer einheitlichen Regelung[1088] Die originäre Zuständigkeit des Gesamtbetriebsrates kann nicht auf diese herausgelösten Betriebe oder Betriebsteile erstreckt werden. Für diese ist entweder der im Amt gebliebene, das Übergangsmandat ausübende Betriebsrat oder der Gesamtbetriebsrat des neuen Unternehmens zuständig.

Gegen ein Übergangsmandat spricht zudem, dass bei Vorliegen der gesetzlichen Voraussetzungen des § 47 BetrVG ein Gesamtbetriebsrat zu errichten ist.[1089] Der Gesamtbetriebsrat wird im Wege betriebsratsinterner Wahlen durch Delegation der Betriebsräte innerhalb kurzer Zeit errichtet. Es besteht kein praktisches Bedürfnis an einem Übergangsmandat.[1090] Damit fehlt es an der von § 21a BetrVG geforderten Schutzlücke und somit an der Vergleichbarkeit der Interessenlage.[1091] Aus diesen Gründen besteht auch kein vergleichbares Bedürfnis an einem Fortbestehen des Gesamtbetriebsrates als Gremium, wie an einem Fortbestand des Betriebsrates.[1092]

Weiter fehlt es an der für die Analogie erforderlichen planwidrigen Regelungslücke.[1093] Der Gesctzgeber hat in Kenntnis des zu § 321 UmwG bestehenden Meinungsstreites hinsichtlich der analogen Ausdehnung des Übergangsmandates ausdrücklich ein Übergangsmandant nur für den Betriebsrat kodifiziert.[1094]

1087 Feudner, DB 2003, 882, 886.

1088 HWGNRH/*Worzalla*, § 21a Rn. 27.

1089 Richardi/*Thüsing*, § 21a Rn. 26; GK-BetrVG/*Kreutz*, § 47 Rn. 29; HaKo-BetrVG/*Düwell*, § 21a Rn. 19; Huke/Lepping, FA 2004, 138; Bischoff, Übergangsmandat (2004), 172 ff.; Jung, Übergangsmandat (1999), 180 ff..

1090 HaKo-BetrVG/*Düwell*, § 21a Rn. 39; HWK/*Reichold*, § 21a Rn. 22; Huke/Lepping, FA 2004, 135, 138; Bischoff, Übergangsmandat (2004), 172; Jung, Übergangsmandat (1999), 180 ff..

1091 LAG Düsseldorf 14.02.2001 - Az. 4 TaBV 67/00, NZA-RR 2001, 594; HWK/*Reichold*, § 21a BetrVG Rn. 22; Rieble, NZA 2003, Beilage zu Heft 16, 62, 66; Rieble, NZA 2002, 233, 240.

1092 GK-BetrVG/*Kreutz*, § 21a Rn. 11; HWGNRH/*Worzalla*, § 21a Rn. 27; Richardi/*Thüsing*, § 21a Rn. 26; Huke/Lepping, FA 2004, 135, 138; Feudner, DB 2003, 882, 886; Rieble, NZA 2002, 233, 240; Weiss/Raffler in FS Spiegelhalter (2009), 944, 948.

1093 Richardi/*Thüsing*, § 21a Rn. 26.

1094 Huke/Lepping, FA 2004, 135, 137.

Damit liegt eine bewusste Entscheidung des Gesetzgebers vor, die einer Analogie entgegensteht. Eine Regelungslücke besteht auch nicht in europarechtlicher Hinsicht. Die Richtlinie 2001/23/EG verlangt nur eine Sicherung der Arbeitnehmervertretung durch eine angemessene Vertretung, nicht eine unveränderte Vertretung.[1095]

Eine analoge Anwendung des § 21a BetrVG zur Begründung eines Übergangsmandates für den Gesamtbetriebsrat kommt somit nicht in Betracht, da es an einer planwidrigen Regelungslücke ebenso fehlt wie an der vergleichbaren Interessenlage.[1096]

Ein Übergangsmandat des Gesamtbetriebsrates in entsprechender Anwendung des § 21a BetrVG ist daher abzulehnen. Der Gesetzgeber hat mit § 21a BetrVG eine abschließende Regelung für das Übergangsmandat zu Gunsten des Betriebsrates geschaffen. Damit fehlt es jedoch an den Voraussetzungen für den Analogieschluss, da auf Grund des eindeutigen Willens des Gesetzgebers eine planwidrige Regelungslücke nicht feststellbar ist. Eine analoge Anwendung ist im Übrigen weder vom Schutzzweck der Richtlinie 2001/23/EG geboten noch erforderlich. Umfassender Träger der betriebsverfassungsrechtlichen Beteiligungsrechte ist nach der gesetzlichen Konzeption zunächst der Betriebsrat. Der Gesamtbetriebsrat nimmt Beteiligungsrechte nur insoweit wahr, als diese eine unternehmensweite Regelung erfordern.

2. Konzernbetriebsrat

Bilden mehrere Unternehmen einen Konzern im Sinne von § 18 AktG, kann durch Beschlüsse der einzelnen Gesamtbetriebsräte ein Konzernbetriebsrat nach § 54 Abs. 1 BetrVG errichtet werden, wenn die zustimmenden Gesamtbetriebsräte mehr als die Hälfte der Konzernbeschäftigten vertreten. Auch Konzerne können identitätswahrend auf einen Erwerber übergehen.[1097] Für diesen Fall wird die Frage diskutiert, ob ein Übergangsmandat des Konzernbetriebsrates in Betracht kommt.

1095 Willemsen/Annuß, NJW 1999, 2073, 2079; Peix, Fortbestand Gesamtbetriebsrat (2008), 281.

1096 HWK/*Reichold*, § 21a BetrVG Rn. 22; Peix, Fortbestand Gesamtbetriebsrat (2008), 279; Schlenker-Rehage, Übergangsmandat Betriebs- und Personalrat (2010), 163.

1097 Vgl. BAG 23.08.2006 - Az. 7 ABR 51/05, AP BetrVG 1972 § 54 Nr. 12.

Teilweise wird die Auffassung vertreten, dass auch für den Konzernbetriebsrat ein Übergangsmandat in analoger Anwendung von § 21a BetrVG bestehen müsse, wenn der Konzern identitätswahrend auf einen Erwerber übertragen werde.[1098] Dies wird damit begründet, dass § 21a BetrVG ausdrücklich ein Übergangsmandat für den Betriebsrat vorsehe. Dies müsse auch für den Konzernbetriebsrat gelten.[1099] Zudem begründe § 21a BetrVG ein Übergangsmandat bei Spaltungen und Zusammenfassungen. Dies müsse erst recht bei Übertragung eines Konzernes gelten, da die demokratische Legitimation des Konzernbetriebsrates in diesem Fall erhalten bleibe.[1100] Das Fortbestehen des Konzernbetriebsrates ergebe sich darüber hinaus aus der Richtlinie 2001/23/EG, deren Ziel der Schutz des Status der Arbeitnehmer in Bezug auf die Kontinuität ihrer Rechte sei. Deshalb müsse grundsätzlich die bisherige Arbeitnehmervertretung fortbestehen.[1101] Der Konzernbetriebsrat sei eine Dauereinrichtung, die erst mit Auflösung des Konzernverhältnisses ende.[1102]

Für die Errichtung eines Konzernbetriebsrates ist es nicht erforderlich, dass mindestens zwei Gesamtbetriebsräte in Konzernunternehmen bestehen. Ausreichend ist der Beschluss eines Gesamtbetriebsrates, oder im Falle des § 54 Abs. 2 BetrVG eines Betriebsrates, der mehr als die Hälfte der Beschäftigten im Konzern repräsentiert.[1103] Im Gegensatz zur Errichtung des Gesamtbetriebsrates ist die Bildung eines Konzernbetriebsrates fakultativ.[1104] Er ist ebenso wie der Gesamtbetriebsrat eine Dauereinrichtung ohne feste Amtszeit.[1105] Sein Amt endet mit dem dauerhaften Entfall der Voraussetzungen für seine Errichtung[1106] oder, wenn er durch einen entsprechenden Beschluss der Gesamtbetriebsräte

1098 Wank/Maties, SAE 2008, 161, 167; Hauck in FS ARGE ArbR (2006), 621, 626.

1099 Wank/Maties, SAE 2008, 161, 166.

1100 Wank/Maties, SAE 2008, 161, 166.

1101 Wank/Maties, SAE 2008, 161, 167.

1102 Wank/Maties, SAE 2008, 161, 167.

1103 Vgl. DKKW/*Trittin*, § 54 Rn. 106; ErfK/*Koch*, § 54 Rn. 6; Fitting, § 54 Rn. 39; WPK/*Roloff*, § 54 Rn. 12; Kreutz, NZA 2008, 259; a.A. Richardi/*Annuß*, § 54 Rn. 32.

1104 Fitting, § 54 Rn. 38.

1105 BAG 23.08.2006 - Az. 7 ABR 51/05, AP BetrVG 1972 § 54 Nr. 12 Tz. 47; DKKW/*Trittin*, § 54 Rn. 124; Fitting, § 54 Rn. 50; GK-BetrVG/*Kreutz*, § 54 Rn. 57; HWGNRH/*Glock*, § 54 Rn. 31.

1106 BAG 23.08.2006 - Az. 7 ABR 51/05, AP BetrVG 1972 § 54 Nr. 12 Tz. 47; Fitting, § 54 Rn. 51; HWGNRH/*Glock*, § 54 Rn. 34; Richardi/*Annuß*, § 54 Rn. 49.

der Konzernunternehmen wieder aufgelöst wird.[1107] Der Konzernbetriebsrat ist ein selbstständiges Organ der Betriebsverfassung und weder den Einzelbetriebsräten noch den Gesamtbetriebsräten der Konzernunternehmen über- oder untergeordnet.[1108] Seine Zuständigkeit setzt nach § 58 Abs. 1 Satz 1 BetrVG kumulativ voraus, dass die Angelegenheit alle oder mehrere Konzernunternehmen betrifft und diese nicht durch die Gesamtbetriebsräte der Konzernunternehmen geregelt werden kann.

Ein Übergangsmandat des Konzernbetriebsrates in analoger Anwendung des § 21a BetrVG würde ebenso wie beim Gesamtbetriebsrat das Bestehen einer vergleichbaren Interessenlage und eine planwidrige Regelungslücke voraussetzen.

Eine zwischen Einzelbetriebsrat und Konzernbetriebsrat vergleichbare Interessenlage besteht nicht. Dies ergibt sich bereits aus der Zuständigkeit, die den Konzernbetriebsrat auf Konzernangelegenheiten beschränkt, die nicht von den Gesamtbetriebsräten geregelt werden können. Die Ausübung insbesondere der sozialen und personellen Mitbestimmung als Schutz der Arbeitnehmer obliegt den Einzelbetriebsräten. Zudem sind die Rechte des Konzernbetriebsrates beschränkt. Außerhalb des Konzerns kann dieser keine Übergangsmandate ausüben.[1109] Zu berücksichtigen ist auch, dass auf Grund der Freiwilligkeit der Errichtung des Konzernbetriebsrates dieser jederzeit durch Beschluss der beteiligten Betriebsräte und Gesamtbetriebsräte aufgelöst werden kann.[1110] Andererseits kann dieser, bei Vorliegen der Voraussetzungen des § 54 BetrVG, jederzeit durch die Betriebsräte der beteiligten Konzernunternehmen wieder bestellt werden.[1111]

Aufgrund der Beschränkung des Übergangsmandates ausschließlich auf den Betriebsrat fehlt es neben einem vergleichbaren Schutzbedürfnis auch an einer planwidrigen Lücke.[1112] Dies gilt auch hinsichtlich der Richtlinie 2001/23/EG. Europarechtlich ist nur eine angemessene Vertretung der Arbeitnehmer für die Zeit des Überganges nach Maßgabe des nationalen Rechtes gefordert. Diese wird

---

1107 ErfK/*Koch*, § 54 Rn. 9; Fitting, § 54 Rn. 52; GK-BetrVG/*Kreutz*, § 54 Rn. 60; HWGNRH/*Glock*, § 54 Rn. 37; Richardi/*Annuß*, § 54 Rn. 47.

1108 Vgl. Fitting, § 58 Rn. 5.

1109 Huke/Lepping, FA 2004, 135, 138; Feudner, DB 2003, 882, 886.

1110 Huke/Lepping, FA 2004, 135, 138.

1111 HaKo-BetrVG/*Düwell*, § 21a Rn. 39; Richardi/*Thüsing*, § 21a Rn. 26; Huke/Lepping, FA 2004, 138; Bischoff, Übergangsmandat (2004), 172 ff.; Jung, Übergangsmandat (1999), 180 ff..

1112 Fitting, § 21a Rn. 5; GK-BetrVG/*Kreutz*, § 21a Rn. 11; HWGNRH/*Worzalla*, § 21a Rn. 27; Richardi/*Thüsing*, § 21a Rn. 26; Rieble, NZA 2002, 233, 240; a.A. DKKW/*Trittin*, § 54 Rn. 125.

durch den Fortbestand der Einzelbetriebsräte sichergestellt. Der Schutzzweck der Richtlinie ist erfüllt. Einer analogen Ausdehnung des Übergangsmandates für den Konzernbetriebsrat bedarf es nicht.

Festzuhalten ist, dass ein Übergangsmandat für den Konzernbetriebsrat in analoger Anwendung des § 21a BetrVG nicht besteht.

3. Jugend- und Auszubildendenvertretung

In § 60 ff. BetrVG ist die Bildung einer Jugend- und Auszubildendenvertretung auf Ebene des Betriebes, des Unternehmens und des Konzerns vorgesehen. Die Bildung erfolgt jeweils für den Betrieb, wenn dieser in der Regel mindestens fünf Arbeitnehmer, die das 18. Lebensjahr noch nicht vollendet haben beschäftigt oder die zu ihrer Berufsausbildung beschäftigt werden und das 25. Lebensjahr noch nicht vollendet haben.[1113] Das Amt der Jugend- und Auszubildendenvertretung ist vom Bestand des Betriebes abhängig. Geht dieser unter, endet das Mandat.[1114] Nach der gesetzlichen Konzeption ist die Jugend- und Auszubildendenvertretung nur ein Hilfsorgan des Betriebsrates, das nicht eigenständig Interessen der Betroffenen gegenüber dem Arbeitgeber vertritt.[1115] Ihre Aufgabe ist die Beratung des Betriebsrates in Angelegenheiten der Jugendlichen und Auszubildenden.[1116]

Liegen die Voraussetzungen des § 21a BetrVG vor, werden die Interessen der Auszubildenden durch den Betriebsrat im Rahmen des Übergangsmandates wahrgenommen.[1117] Die Jugend- und Auszubildendenvertretung verliert dagegen mit dem Untergang des Betriebes ihr Amt.[1118] Der Gesetzgeber erachtet die Repräsentation durch den Betriebsrat als ausreichend.[1119] Auf Grund der eindeutigen gesetzlichen Regelung in § 21a BetrVG fehlt es an einer Regelungslücke. Die Voraussetzungen für eine Analogie liegen daher nicht vor.[1120]

Eine analoge Anwendung des § 21a BetrVG ist auch nicht durch die Richtlinie 2001/23/EG geboten, da diese der Kontinuität der Interessenvertretung gegenüber

---

1113 Vgl. Fitting, § 60 Rn. 10.
1114 Fitting, § 64 Rn. 13; Richardi/*Annuß*, § 64 Rn. 25.
1115 Fitting, § 60 Rn. 4; GK-BetrVG/*Oetker*, vor § 60 Rn. 27.
1116 Fitting, § 60 Rn. 5.
1117 HaKo-BetrVG/*Düwell*, § 21a Rn. 42.
1118 Rieble, NZA 2003, Beilage zu Heft 16, 62, 67.
1119 GK-BetrVG/*Kreutz*, § 21a Rn. 9.
1120 Richardi/*Thüsing*, § 21a Rn. 26; Rieble, NZA 2002, 233, 240.

dem Arbeitgeber dient.[1121] Die Vertretung der Interessen der Jugendlichen und Auszubildenden gegenüber dem Arbeitgeber wird durch den Betriebsrat gewährleistet. Ein Übergangsmandat der Jugend- und Auszubildendenvertretung besteht daher nicht.[1122]

Die Jugend- und Auszubildendenvertretung nimmt kein Übergangsmandat in analoger Anwendung des § 21a BetrVG wahr, wenn der Betrieb untergeht.

4. Wirtschaftsausschuss

Wie bereits aufgezeigt, bleibt der Wirtschaftsausschuss im Amt, soweit seine Voraussetzungen nach der erfolgten betrieblichen Umstrukturierung noch gegeben sind. Erfüllt die neu entstandene Einheit die Voraussetzungen der §§ 106 ff. BetrVG, kann ein Wirtschaftsausschuss durch den Betriebsrat im Rahmen des Übergangsmandates errichtet werden.[1123]

Fraglich ist jedoch, ob ein Wirtschaftsausschuss in analoger Anwendung von § 21a BetrVG bestehen muss, wenn nach der Umstrukturierung diese Voraussetzungen nicht mehr oder nicht mehr für alle entstandenen Betriebe vorliegen.

Dies würde zunächst erfordern, dass der Wirtschaftsausschuss eine Arbeitnehmervertretung im Sinne von Art. 6 Abs. 1 UAbs. 4 Richtlinie 2001/23/EG wäre. In diesem Fall würde sich die unionsrechtliche Erforderlichkeit eines Übergangsmandates ergeben.

Dies ist jedoch nicht der Fall. Die Bestellung des Wirtschaftsausschusses erfolgt gemäß § 107 Abs. 2 BetrVG durch den Betriebsrat bzw. den Gesamtbetriebsrat in Abhängigkeit von der Unternehmensgröße. Anknüpfungspunkt für seine Existenz ist das Unternehmen und nicht der Betrieb. Der Wirtschaftsausschuss hat die Aufgabe, den Betriebsrat bei der Wahrnehmung der Mitbestimmungsrechte und Mitwirkungsrechte in wirtschaftlichen Aufgaben zu unterstützen.[1124] In dieser Funktion ist er Hilfsorgan des Betriebsrates.[1125] Damit ist er jedoch keine Arbeitnehmervertretung im Sinne von Art. 6 Abs. 1 UAbs. 4 Richtlinie 2001/23/EG.[1126] Ein Übergangsmandat des Wirtschaftsausschusses ist daher unionsrechtlich nicht geboten.

1121 HaKo-BetrVG/*Düwell*, § 21a Rn. 42.

1122 Fitting, § 64 Rn. 13.

1123 Vgl. Kapitel 5 Ziffer II 1 a.

1124 So Fitting, § 106 Rn. 2.

1125 Vgl. BAG 07.04.2004 – Az. 7 ABR 41/03, BAGE 110, 159, 161; DKKW/*Däubler*, § 106 Rn. 2; Fitting, § 106 Rn. 2; Richardi/*Annuß*, § 106 Rn. 4.

1126 So zutreffend HaKo-BetrVG/*Düwell*, § 21a Rn. 45.

Nachdem der Wirtschaftsausschuss zwingend zu errichten ist, wenn seine Voraussetzungen gegeben sind,[1127] besteht keine Notwendigkeit für ein Übergangsmandat. Ein solches ist für den Wirtschaftsausschuss daher abzulehnen.

5. Ergebnis

Fallen durch eine unternehmensinterne oder –externe Umstrukturierung die Voraussetzungen für die Bildung eines Gesamtbetriebsrates oder der Jugend- und Auszubildendenvertretung weg, steht diesen Gremien kein Übergangsmandat in analoger Anwendung von § 21a BetrVG zu. Gleiches gilt bei Umstrukturierungen auf Ebene des Konzerns für den Konzernbetriebsrat. Ebenso besteht kein Bedürfnis für ein Übergangsmandat des Wirtschaftsausschusses.

II. Sprecherausschuss

Die leitenden Angestellten unterfallen nicht dem Betriebsverfassungsgesetz, wie § 5 Abs. 3 BetrVG ausdrücklich klarstellt. Vielmehr ist im Betrieb einen Sprecherausschuss nach § 1 Abs. 1 SprAuG zu wählen, wenn in dem Betrieb mindestens zehn leitende Angestellte beschäftigt werden. Die Bestimmung des leitenden Angestellten richtet sich auf Grund der ausdrücklichen Verweisung in § 1 Abs. 1 SprAuG nach § 5 Abs. 3 BetrVG.[1128]

Das Sprecherausschussgesetz regelt ebenfalls materielles Betriebsverfassungsrecht, da auch die leitenden Angestellten Teil der Belegschaft des Betriebes sind.[1129] Aufgrund der gesetzlichen Abgrenzung in § 5 Abs. 3 BetrVG sind die Regelungen des Betriebsverfassungsgesetzes jedoch nicht anwendbar, auch wenn eine vergleichbare Interessenlage besteht. Vielmehr sind die Regelungen des Sprecherausschussgesetzes abschließend für den Bereich der leitenden Angestellten.[1130]

Anknüpfungspunkt für die Bildung eines Sprecherausschusses ist der Betrieb.[1131] Verändert sich der Betrieb auf Grund von Umstrukturierungen, stellt sich die Frage nach dem Fortbestand des gebildeten Sprecherausschusses.

1127 Vgl. DKKW/*Däubler*, § 106 Rn. 15; Fitting, § 106 Rn. 3; Richardi/*Annuß*, § 106 Rn. 6.

1128 ErfK/*Oetker*, § 1 SprAuG Rn. 1.

1129 MünchHB ArbR/*Joost*, § 233 Rn. 4; Romer, Sprecherausschussgesetz (1996), 59.

1130 ErfK/*Oetker*, Einleitung SprAuG Rn. 3.

1131 Vgl. Löwisch, BB 1990, 1698.

1. Meinungsstand

Das Mandat des Sprecherausschusses erlischt mit dem Absinken der Zahl der leitenden Angestellten auf unter zehn als auch bei Verlust der Betriebsidentität.[1132] Teilweise wird für diesen Fall ein Übergangsmandat des Sprecherausschusses in analoger Anwendung des § 21a BetrVG gefordert.[1133] Die Gegenauffassung lehnt dies ab.[1134]

Die Ablehnung eines Übergangsmandates des Sprecherausschusses wird mit der fehlenden gesetzlichen Grundlage begründet.[1135] Ein Teil der Literatur ist der Auffassung, § 21a BetrVG sei nicht analogiefähig.[1136] Der Gesetzgeber habe sich bewusst auf ein Übergangsmandat für Betriebsräte beschränkt. In Ermangelung einer planwidrigen Regelungslücke komme eine analoge Anwendung des § 21a BetrVG nicht in Betracht.[1137] Teilweise wird eine vergleichbare Interessenlage bestritten, da die Mitwirkungsrechte des Sprecherausschusses im Vergleich zu denen des Betriebsrates weniger stark ausgeprägt seien.[1138]

Die Gegenauffassung geht dagegen von einer analogen Anwendbarkeit des § 21a BetrVG für den Sprecherausschuss aus. Bereits für die Vorgängerregelungen des § 21a BetrVG sei die analoge Anwendbarkeit auf den Sprecherausschuss angenommen worden.[1139] Leitende Angestellte würden von Umstrukturierungen in gleicher Weise wie Arbeitnehmer betroffen.[1140] Für eine

---

1132 ErfK/*Oetker*, §§ 3–8 SprAuG Rn. 7; HWK/*Annuß/Girlich*, §§ 3–8 SprAuG Rn. 15.

1133 So ErfK/*Oetker*, §§ 3–8 SprAuG Rn. 8; Hromadka/Sieg, § 5 Rn. 33; Goldschmidt, Sprecherausschuss Rn. 362; Sieg in FS Richardi (2007), 777, 792; Medla in FS Leinemann (2006), 243, 252; Bischoff, Übergangsmandat (2004), 188.

1134 HWK/*Annuß/Girlich*, §§ 3–8 SprAuG Rn. 15; Rieble, NZA 2002, 233, 240; Löwisch/Schmidt-Kessel, BB 2001, 2162.

1135 HWK/*Annuß/Girlich*, §§ 3–8 SprAuG Rn. 15; WHSS/*Hohenstatt*, Kap. D Rn. 205; Lutter/*Joost*, § 321 UmwG Rn. 45; Rieble, NZA 2002, 233, 240; Mengel, Umwandlungen (1997), 319.

1136 So ausdrücklich Rieble, NZA 2002, 233, 240.

1137 GK-BetrVG/*Kreutz*, § 21a Rn. 2; WHSS/*Hohenstatt*, Kap. D Rn. 205; Wollenschläger/von Harbou, NZA 2005, 1081, 1091; Kast/Freihube, DB 2004, 2530, 2531; Besgen/Langner, NZA 2003, 1239, 1240.

1138 Lutter/*Joost*, § 321 UmwG Rn. 34.

1139 Säcker/*Oetker*, § 16 VermG Anhang I Rn. 153; Oetker/Busche, NZA 1991 Beilage 1, 18, 23; Goldschmidt, Sprecherausschuss, Rn. 362; Steffan, Unternehmenssanierung neue Bundesländer (1995), 184; Bischoff, Übergangsmandat (2004), 185.

1140 Hromadka/Sieg, § 5 Rn. 33; Steffan, Unternehmenssanierung neue Bundesländer (1995), 184; Bischoff, Übergangsmandat (2004), 186.

unterschiedliche Behandlung von Sprecherausschuss und Betriebsrat bestehe somit kein sachlicher Grund, da auch der Sprecherausschuss ein eigenständiges betriebsverfassungsrechtliches Vertretungsorgan sei.[1141] Nachdem keine gesetzlichen Regelungen über das Schicksal des Sprecherausschusses bei Betriebsänderungen bestehen, liege insoweit eine Regelungslücke vor.[1142] Außerdem sei ein Übergangsmandat europarechtlich erforderlich. Die Richtlinie 2001/23/EG schütze gemäß Art. 2 Ziffer 1d alle Personen, die dem nationalen Arbeitsrecht als Arbeitnehmer unterfallen. Hierzu zählten auch die leitenden Angestellten, da auch diese Arbeitnehmer seien.[1143] Der von den leitenden Angestellten gebildete Sprecherausschuss sei somit eine Arbeitnehmervertretung im Sinne von Art. 2 Ziffer 1c der Richtlinie.[1144] Nachdem § 21a BetrVG der Umsetzung der Richtlinie 2001/23/EG diene, habe der Gesetzgeber die Regelung eines Übergangsmandates für den Sprecherausschuss nicht bewusst, sondern nur fahrlässig unterlassen.[1145] Damit sei die Richtlinie nur ungenügend umgesetzt.[1146] Es liege eine planwidrige Gesetzlücke vor.[1147] Diese Lücke sei auf Grund der vergleichbaren Interessenlage von Betriebsrat und Sprecherausschuss im Wege einer Analogie zu § 21a BetrVG zu schließen.[1148]

2. Stellungnahme

Auch die leitenden Angestellten sind Bestandteil der Belegschaft des Betriebes. Der Sprecherausschuss als ihr Vertretungsorgan verfolgt grundsätzlich keine anderen Zwecke als der Betriebsrat. Die Schaffung einer eigenständigen Repräsentation ist die Konsequenz aus der Tatsache, dass die leitenden Angestellten die vom Betriebsrat mitbestimmten Entscheidungen treffen.[1149] Trotzdem besteht

---

1141 Hromadka/Sieg, § 5 Rn. 33; Goldschmidt, Sprecherausschuss Rn. 363; Bischoff, Übergangsmandat (2004), 186.

1142 So Sieg in FS Richardi (2007), 777, 793.

1143 HaKo-BetrVG/*Düwell*, § 21a Rn. 41; Hromadka/Sieg, § 5 Rn. 33; Rieble, NZA 2003, Beilage zu Heft 16, 62, 66; Medla in FS Leinemann (2006), 243, 251.

1144 Medla in FS Leinemann (2006), 243, 251.

1145 Medla in FS Leinemann (2006), 243, 253.

1146 GK-BetrVG/*Kreutz*, § 21a Rn. 2; Rieble, NZA 2003 Beilage Heft 16, 62, 66; Rieble, NZA 2002, 233, 240; Medla in FS Leinemann (2006), 241, 253.

1147 So Sieg in FS Richardi (2007), 777, 793.

1148 Sieg in FS Richardi (2007), 777, 793; Medla in FS Leinemann (2006), 243, 251, 253.

1149 MünchHBArbR/*Joost*, § 322 Rn. 4.

im Falle der Änderung der Betriebsidentität die gleiche Interessenlage wie bei der restlichen Belegschaft, da auch die leitenden Angestellten in diesem Fall den Schutz durch ihre Interessenvertretung verlieren.[1150] Für eine geringere Schutzbedürftigkeit der leitenden Angestellten bestehen keine sachlichen Gründe.[1151] Damit besteht eine vergleichbare Interessenlage für ein Übergangsmandat des Sprecherausschusses.[1152]

Dies führt zu einer Regelungslücke, da im Sprecherausschussgesetz keine mit § 21a BetrVG vergleichbare Regelung besteht. Entgegen den Stimmen in der Literatur[1153] handelt es sich um eine planwidrige Regelungslücke.[1154]

Das Sprecherausschussgesetz selbst sieht nur in § 1 Abs. 2 SprAuG und in § 20 Abs. 1 SprAuG Regelungen zum Erhalt der Vertretung der leitenden Angestellten vor. Sinkt die Anzahl der leitenden Angestellten unter zehn, gelten diese gemäß § 1 Abs. 2 SprAuG als Angehörige des nächstgelegenen Betriebes des Unternehmens. Werden zwar nicht im einzelnen Betrieb, jedoch im gesamten Unternehmen mindestens zehn leitende Angestellte beschäftigt, ist nach § 20 Abs. 1 SprAuG ein Unternehmenssprecherausschuss zu bilden. Werden im Unternehmen Betriebe gespalten oder zusammengefasst, geht der Sprecherausschuss entsprechend dem Betriebsrat unter.[1155] Besteht im aufnehmenden Betrieb ebenfalls ein Sprecherausschuss, so endet das Amt des aufgenommenen Sprecherausschusses.[1156]

Damit verbleiben in der gesetzlichen Absicherung Schutzlücken für den Fall, dass nach der Umstrukturierung die Zuständigkeit eines Sprecherausschusses nicht mehr gegeben ist. Zwar ist der Gegenauffassung zuzugeben, dass sich in den Gesetzmaterialien keine Aussagen zu einem Übergangsmandat des Sprecherausschusses finden. *Medla* weist jedoch zutreffend daraufhin, dass hinsichtlich des Sprecherausschusses dieses Schweigen keine planmäßige Lücke bedeutet.[1157]

1150 Sieg in FS Richardi (2007), 777, 793; Medla in FS Leinemann (2006), 241, 252; Bischoff, Übergangsmandat (2004), 187.

1151 BAG 29.01.1980 - Az. 1 ABR 45/79, BAGE 32, 381, 386; HaKo-BetrVG/*Düwell*, § 21a Rn. 41; Oetker/Busche, NZA 1991 Beilage 1, 18, 23; Bischoff, Übergangsmandat (2004), 187.

1152 Ebenso Sieg in FS Richardi (2007), 777, 793.

1153 GK-BetrVG/*Kreutz*, § 21a Rn. 2; Wollenschläger/von Harbou, NZA 2005, 1081, 1091; Kast/Freihube, DB 2004, 2530, 2531; Besgen/Langner, NZA 2003, 1239, 1240.

1154 Ebenso Sieg in FS Richardi (2007), 777, 793.

1155 WHSS/*Hohenstatt*, Kap. D Rn. 205.

1156 Hauck in FS ARGE ArbR (2006), 621, 628; WHSS/*Hohenstatt*, Kap. D Rn. 205.

1157 Sieg in FS Richardi (2007), 777, 793; ebenso Medla in FS Leinemann (2006), 241, 253.

Der Gesetzgeber hat sich mit der Schaffung des SprAuG zum Dualismus in der Betriebsverfassung bekannt und für die leitenden Angestellten eine eigenständige Interessenvertretung geschaffen.[1158] Damit hat sich der Gesetzgeber auch zum Gleichlauf von Betriebsverfassungsgesetz und Sprecherausschussgesetz bekannt. Letzteres ist nunmehr lückenhaft, da eine § 21a BetrVG vergleichbare Regelung für den Sprecherausschuss nicht geschaffen worden ist.

Zu berücksichtigten ist weiter, dass die Richtlinie 2001/23/EG auch die leitenden Angestellten erfasst, da es sich bei ihnen um Arbeitnehmer im Sinne der Richtlinie handelt.[1159] Ebenso ist der Sprecherausschuss eine von der Richtlinie geschützte Arbeitnehmervertretung.[1160] Um den Schutzzweck der Richtlinie zu erreichen, ist eine Anwendung des gesamten nationalen Rechtes erforderlich.[1161] Hierzu sind alle nationalen Auslegungsmethoden anzuwenden.[1162] Die Grenze der Auslegung wird durch die eindeutigen Entscheidungen des nationalen Gesetzgebers gebildet.[1163] Da das Sprecherausschussgesetz als Teil des materiellen Betriebsverfassungsrechtes mit dem Betriebsverfassungsgesetz vergleichbare Regelungen für die leitenden Angestellten enthält, ist die bestehende Lücke durch analoge Anwendung von § 21a BetrVG zu schließen.[1164]

3. Ergebnis

Kommt es in Folge einer Umstrukturierung zu einem Verlust der Betriebsidentität, geht der Sprecherausschuss unter. Soweit im Unternehmen weitere Betriebe mit leitenden Angestellten bestehen, nehmen diese die Vertretung der leitenden Angestellten des untergegangenen Betriebes wahr, soweit die Voraussetzungen der §§ 1 Abs. 2, 20 Abs. 1 SprAuG vorliegen.

1158 Goldschmidt, Sprecherausschuss Rn. 363.

1159 HaKo-BetrVG/*Düwell*, § 21a Rn. 41; Rieble, NZA 2003, Beilage zu Heft 16, 62, 66; Medla in FS Leinemann (2006), 243, 251.

1160 Medla in FS Leinemann (2006), 243, 251; Bischoff, Übergangsmandat (2004), 187.

1161 EuGH 05.10.2004 – Rs. C-397/01 „Pfeiffer“, Slg. 2004, I-8835 Rn. 115.

1162 EuGH 05.10.2004 – Rs. C-397/01 „Pfeiffer“, Slg. 2004, I-8835 Rn. 116.

1163 BAG 24.03.2009 - Az. 9 AZR 983/07, BAGE 130, 119, 137 Tz. 65; BGH 26.11.2008 - Az. VIII ZR 200/05, BGHZ 179, 27, 34 Tz. 20 f.; Thüsing, ZIP 2004, 2301, 2303.

1164 Vgl. auch Medla in FS Leinemann (2006), 241, 253; Schlenker-Rehage, Übergangsmandat Betriebs- und Personalrat (2010), 170; Bischoff, Übergangsmandat (2004), 188; zur generellen analogen Anwendbarkeit des BetrVG im Rahmen des SprAuG bereits Romer, Sprecherausschussgesetz (1996), 61.

Bestehen in anderen Betrieben weder Sprecherausschüsse noch ein Unternehmenssprecherausschuss, nimmt der bisherige Sprecherausschuss zur Vermeidung von Schutzlücken ein Übergangsmandat in analoger Anwendung von § 21a BetrVG wahr.[1165] Dies setzt voraus, dass im neuen Betrieb die Voraussetzungen für die Bildung eines Sprecherausschusses gegeben sind.

III. Vertretung schwerbehinderter Menschen

Nach § 94 Abs. 1 Satz 1 SGB IX werden in Betrieben mit mindestens fünf schwerbehinderten Menschen eine Vertrauensperson und wenigstens ein stellvertretendes Mitglied gewählt. Den Begriff des Betriebes bestimmt § 87 Abs. 1 Satz 2 SGB IX nach dem Betriebsbegriff des Betriebsverfassungsgesetzes. Für den Fall des Untergangs des Betriebes wird daher ein Übergangsmandat der Schwerbehindertenvertretung analog zum Betriebsrat gefordert.[1166]

Zur Begründung wird auf die Aufgaben der Schwerbehindertenvertretung aus § 95 Abs. 1 Satz 1 SGB IX verwiesen. Neben der Beratung und Hilfestellung für schwerbehinderte Menschen, gehöre auch die eigenständige Vertretung dieser Beschäftigten gegenüber dem Arbeitgeber zu den Aufgaben. Aus diesem Grund sei auch die Schwerbehindertenvertretung eine Vertretung im Sinne von Art. 2 Ziffer 1c der Richtlinie 2001/23/EG. Dies mache ein Übergangsmandat in analoger Anwendung des § 21a BetrVG erforderlich.[1167] Das Übergangsmandat soll nur zum Tragen kommen, wenn im Unternehmen weder eine Gesamtschwerbehindertenvertretung noch überhaupt eine Schwerbehindertenvertretung besteht. Zu den Aufgaben der Gesamtschwerbehindertenvertretung gehöre nach § 97 Abs. 6 Satz 1 SGB IX die Vertretung der schwerbehinderten Menschen in vertretungslosen Betrieben. Bestehe nur in einem Betrieb eine Schwerbehindertenvertretung, nehme diese gemäß § 97 Abs. 2 SGB IX zusätzlich die Aufgaben der Gesamtschwerbehindertenvertretung wahr.[1168] Daher bestehe Bedarf für ein Übergangsmandat nur bei unternehmensübergreifenden Umstrukturierungen.[1169] Eine andere Auffassung sieht die Erforderlichkeit eines Übergangsmandates nur als gegeben, wenn kein

1165 Ebenso Schlenker-Rehage, Übergangsmandat Betriebs- und Personalrat (2010), 170.

1166 So Schimanski, br 1999, 129, 132; Schlenker-Rehage, Übergangsmandat Betriebs- und Personalrat (2010), 174 f..

1167 HaKo-BetrVG/*Düwell*, § 21a Rn. 43.

1168 HaKo-BetrVG/*Düwell*, § 21a Rn. 44.

1169 HaKo-BetrVG/*Düwell*, § 21a Rn. 44.

Übergangsmandat des Betriebsrates bestehe. Nur in diesem Fall fehle es an jeglicher Vertretung der schwerbehinderten Menschen, so dass eine mit § 21a BetrVG vergleichbare Interessenlage gegeben sei.[1170]

Die Vertretung der schwerbehinderten Menschen ist eine gegenüber dem Betriebsrat eigenständige Vertretung.[1171] Als Beschäftigte im Sinne von § 94 Abs. 2 SGB IX gelten alle im Betrieb tätigen schwerbehinderten Menschen. Auf den Bestand eines Arbeitsverhältnisses kommt es nicht an.[1172] Auch schwerbehinderte leitende Angestellte sind wahlberechtigt.[1173]

Der Schutz und die Förderung schwerbehinderter Menschen ist nach § 95 Abs. 1 SGB IX Aufgabe der Schwerbehindertenvertretung. Aber auch der Betriebsrat ist nach § 80 Abs. 1 Nr. 4 BetrVG und § 93 SGB IX verpflichtet, die Eingliederung schwerbehinderter Menschen zu fördern. Dieser hat gemäß § 93 Satz 2 SGB IX darauf zu achten, dass der Arbeitgeber die diesem obliegenden Pflichten aus den §§ 71, 72 und 81 bis 84 SGB IX erfüllt. Damit ist die Vertretung der schwerbehinderten Menschen durch den Betriebsrat gesichert, auch wenn keine Schwerbehindertenvertretung besteht.[1174] Diese Aufgaben hat der Betriebsrat auch im Übergangsmandat wahrzunehmen.

Forderungen nach einem Übergangsmandat sind daher unbegründet. Zu einem fehlt es an einer mit dem Wegfall des Betriebsrates vergleichbaren Interessenlage. Die schwerbehinderten Menschen werden durch den Betriebsrat vertreten. Zu anderen besteht keine Regelungslücke, die im Wege der Analogie geschlossen werden müsste.

Eine solche Lücke wird für den Fall angenommen, dass auch kein Betriebsrat mit Übergangsmandat besteht, der die Interessen der schwerbehinderten Menschen vertreten könnte. Hier soll ein Übergangsmandat der Schwerbehindertenvertretung bestehen. Dem steht jedoch die Beschränkung des Übergangsmandates auf das Betriebsverfassungsgesetz entgegen. Zutreffend wird daher eine planwidrige Regelungslücke abgelehnt.[1175]

1170 Bischoff, Übergangsmandat (2004), 190.

1171 HaKo-BetrVG/*Düwell*, § 21a Rn. 43; Bischoff, Übergangsmandat (2004), 189.

1172 BAG 27.06.2001 - Az. 7 ABR 50/99, BAGE 98, 151, 154 ; Kossens/von der Heide/Maaß, § 94 SGB IX Rn. 19; Neumann/Pahlen/Majerski-Pahlen, § 94 SGB IX Rn. 23.

1173 BAG 27.06.2001 - Az. 7 ABR 50/99, BAGE 98, 151, 153 f.; HaKo-BetrVG/Düwell, § 32 Rn. 1; Neumann/Pahlen/Majerski-Pahlen, § 94 SGB IX Rn. 23.

1174 Ebenso Rieble, NZA 2002, 233, 240; Bischoff, Übergangsmandat (2004), 189.

1175 GK-BetrVG/*Kreutz*, § 21a Rn. 2; Wollenschläger/von Harbou, NZA 2005, 1081, 1091; Kast/Freihube, DB 2004, 2530, 2531; Besgen/Langner, NZA 2003, 1239, 1240.

Eine solche kann auch nicht mit der Richtlinie 2001/23/EG begründet werden. Im Gegensatz zum Betriebsrat oder dem Sprecherausschuss werden durch die Schwerbehindertenvertretung alle im Betrieb Beschäftigten vertreten, ohne dass diese in einem Arbeitsverhältnis zum Unternehmer als Arbeitgeber stehen müssen. Der vertretene Personenkreis erfüllt damit auch nicht den Arbeitnehmerbegriff in Art. 2 Ziffer 1b der Richtlinie. Die Schwerbehindertenvertretung ist daher keine Vertretung der Arbeitnehmer im Sinne von Art. 2 Ziffer 1c der Richtlinie.[1176] Damit unterfällt die Schwerbehindertenvertretung nicht dem Schutz der Richtlinie 2001/23/EG, da diese ausdrücklich an die Vertretung der Arbeitnehmer anknüpft. Im Gegensatz dazu lässt § 94 SGB IX die bloße Beschäftigung im Betrieb ausreichen. Dies steht einer Anwendung der Richtlinie auch dann entgegen, wenn ein Betriebsrat nicht besteht.[1177] Die Voraussetzungen für eine analoge Anwendung des § 21a BetrVG liegen daher nicht vor.

Eine analoge Anwendung des § 21a BetrVG auf die Schwerbehindertenvertretung kommt aus diesem Grund nicht in Betracht. Es fehlt an einer mit dem Wegfall des Betriebsrates vergleichbaren Interessenlage, da die Belange der schwerbehinderten Menschen auch durch den Betriebsrat wahrgenommen werden. Zudem besteht keine europarechtliche Regelungslücke, da die Schwerbehindertenvertretung keine Vertretung der Arbeitnehmer im Sinne von Art. 2 Ziffer 1c der Richtlinie 2001/23/EG ist. Ein Übergangsmandat kommt daher auch dann nicht in Betracht, wenn bei Wegfall der Schwerbehindertenvertretung die Interessen der schwerbehinderten Menschen nicht durch einen Betriebsrat geschützt werden.

IV. Zusammenfassung

Sowohl unternehmensinterne als auch –externe Umstrukturierungen können zum Wegfall der Voraussetzungen für die Bildung eines Gesamtbetriebsrates oder einer Jugend- und Auszubildendenvertretung führen. Diesen Gremien steht für diesen Fall kein Übergangsmandat in analoger Anwendung des § 21a BetrVG zu. Gleiches gilt für den Konzernbetriebsrat. Die Voraussetzungen einer analogen Anwendung sind in diesen Fällen nicht gegeben.

Führt die Umstrukturierung zum Entfallen der Voraussetzungen für die Bildung eines Sprecherausschusses, ist zu differenzieren: Soweit eine Vertretung der

1176 Bischoff, Übergangsmandat (2004), 189; Jung, Übergangsmandat (1999), 183; a.A. HaKo-BetrVG/*Düwell*, § 21a Rn. 43.

1177 A.A. Bischoff, Übergangsmandat (2004), 190.

leitenden Angestellten durch einen anderen Sprecherausschuss oder den Unternehmenssprecherausschuss nach §§ 1 Abs. 2, 20 Abs. 1 SprAuG gewährleistet ist, besteht kein Erfordernis für ein Übergangsmandat. Kann eine Vertretung der leitenden Angestellten auf Grund der Umstrukturierung durch diese Gremien nicht wahrgenommen werden, steht dem Sprecherausschuss ein Übergangsmandat in analoger Anwendung des § 21a BetrVG zu, soweit der neu gebildeten Betrieb die Voraussetzungen des § 1 Abs. 1 SprAuG erfüllt.

Ein Übergangsmandat der Vertretung der schwerbehinderten Menschen kommt ebenfalls nicht in Betracht. Es fehlt an der für die Analogie vergleichbaren Sachlage, da durch die Vertretung der schwerbehinderten Menschen nicht nur Betriebsangehörige vertreten werden.

Kapitel 7: Übergangsmandat im Personalvertretungsrecht

Im Bereich der öffentlichen Verwaltung werden gemäß § 1 BPersVG Personalräte gebildet. Nach § 12 BPersVG sind in allen Dienststellen mit mindestens fünf Wahlberechtigten, von denen drei wählbar sind, Personalräte zu bilden. Anknüpfungspunkt für die Bildung der Personalräte ist damit die Dienststelle, deren Begriff in § 6 BPersVG geregelt ist.

Ebenso wie der Betriebsrat in seiner Existenz vom Fortbestand des Betriebes abhängig ist, gilt dies für den Personalrat. Wird eine Dienststelle aufgeteilt, aufgelöst oder mit anderen Dienststellen zusammengefasst, führt dies zu einem Identitätsverlust. Damit entfällt auch die Grundlage für den Personalrat. Bis zur Neuwahl eines Personalrates wären die betroffenen Mitarbeiter nicht mehr kollektivrechtlich vertreten. Gleiches gilt, wenn Aufgaben durch den Bund oder die Länder privatisiert werden. Mit wirksam werden der Privatisierung ist das Bundespersonalvertretungsgesetz nicht mehr anwendbar, sondern das Betriebsverfassungsgesetz. Die Anwendungsbereiche beider Gesetze werden in § 130 BetrVG und § 1 BPersVG gegeneinander abgegrenzt.[1178]

Damit lassen sich zwei Fallkonstellationen unterscheiden: Zum einen die verwaltungsinterne Umstrukturierung, die zwar zum Untergang der Dienststelle bei weiterer Anwendbarkeit des Personalvertretungsrechtes führt. Zum anderen ist der Fall der Privatisierung zu betrachten, der zum Untergang der Dienststelle im Sinne von § 6 BPersVG und der Anwendung von privatem kollektivem Arbeitsrecht, in der Regel des Betriebsverfassungsgesetzes, führt. Der Wegfall der Dienststelle führt dazu, dass die Bediensteten ohne Vertretung durch die Personalräte sind.[1179] Ihre Situation ist vergleichbar mit dem Wegfall des Betriebsrates bei Untergang des Betriebes auf Grund von Umstrukturierungen. Nachfolgend ist zu klären, inwieweit der Schutz der Bediensteten durch das Personalvertretungsrecht in diesen Fällen gewährleistet wird und ob Schutzlücken bestehen.

1178 Zuletzt BVerwG 13.06.2001 - Az. 6 P 8/00, BVerwGE 114, 313, 317; Ebert, ArbRB 2005, 58.

1179 BVerwG 11.07.1996 - Az. 6 P 4/95, AP BPersVG § 46 Nr. 21; BayVGH 28.06.2000 - Az. 18 P 98.2995, PersR 2001, 86; Schleicher, PersV 2006, 211, 212.

I. Verwaltungsinterne Umstrukturierung

Die Neustrukturierung der öffentlichen Verwaltung führt zu Veränderungen der Dienststellen auf Grund von Spaltungen, Auflösungen und Zusammenfassungen von Behörden und Dienststellen. Diese Maßnahmen betreffen jeweils auch den Bestand der Dienststellen und damit des Personalrates. Die Richtlinie 2001/23/EG findet auf diese verwaltungsinternen Vorgänge keine Anwendung, weil es sich dabei nach ihrem Art. 1 Ziffer 1c Satz 2 nicht um einen Übergang im Sinne der Richtlinie handelt.[1180] Nachfolgend wird geklärt, ob und in welchem Umfang das Bundespersonalvertretungsgesetz als auch die Personalvertretungsgesetze der Länder Regelungen für diesen Fall vorsehen.

1. Bundesgesetzliche Regelung

Die Verwaltungen des Bundes und die bundesunmittelbaren Körperschaften, Anstalten und Stiftungen des öffentlichen Rechts unterfallen gemäß § 1 BPersVG dem Bundespersonalvertretungsgesetz.[1181] Dieses sieht für den Fall einer Umstrukturierung der zugeordneten Verwaltungen, Körperschaften, Anstalten und Stiftungen keine generell-abstrakte Regelung vergleichbar einem Übergangsmandat bis zur Neubildung eines Personalrates vor. Vielmehr werden bei der Umstrukturierung öffentlich-rechtlicher Verwaltungen, Körperschaften, Anstalten und Stiftungen jeweils im Einzelfall befristete Regelungen für Übergangsmandate der betroffenen Personalräte vorgesehen.[1182]

2. Landesgesetzliche Regelungen

Die Bundesländer können ihr jeweiliges Landespersonalvertretungsrecht frei gestalten. Demzufolge finden sich in den einzelnen Landespersonalvertretungsgesetzen Regelungen zu Übergangsmandaten in unterschiedlicher Ausprägung. Keine Regelung zu einem Übergangsmandat des Personalrates findet sich im

1180 So auch Lecheler/Germelmann, PersV 2005, 317, 322.

1181 Vom 15.03.1974 BGBl. I 1974, 693 ff., zuletzt geändert durch Art. 7 DienstrechtsneuordnungsG BGBl. I 2009, 160 ff..

1182 So in § 8 Ab 1 2 BGA-NachfG, BGBl. 1994, Teil I, 1416 ff.; § 15 Ab 3 2 BLBG, BGBl. 1994 Teil I 2018, 2019 ff.; § 24 Ab 6 BA Postgesetz, BGBl. 1994, Teil I, 2325 ff.; § 8 Ab 2 1 ENeuOG, BGBl. 1993, Teil I, 2378 ff..

Bremischen Personalvertretungsgesetz[1183] und im Hamburgischen Landespersonalvertretungsgesetz.[1184]

a) Landesvertretungsgesetz Baden-Württemberg[1185]

Werden Dienststellen vollständig in eine andere Dienststelle eingegliedert oder zu einer neuen Dienststelle zusammengeschlossen, wird nach § 106 LPVG BW ein Übergangspersonalrat gebildet. Dieser besteht im Falle einer Eingliederung einer Dienststelle in eine andere aus dem Personalrat der aufnehmenden Dienststelle, sowie den Vorständen und den nicht einem Vorstand angehörenden stellvertretenden Vorsitzenden der Personalräte der eingegliederten Dienststellen. Erfolgt ein Zusammenschluss von Dienststellen, wird der Übergangspersonalrat nur aus den Vorständen und den nicht einem Vorstand angehörenden stellvertretenden Vorsitzenden der Personalräte der zusammengeschlossenen Dienststellen gebildet. Die Amtszeit des Übergangspersonalrates ist auf längstens ein Jahr begrenzt. Eine Verlängerung hierüber hinaus kommt in Betracht, wenn binnen weiterer fünf Monate die regelmäßige Personalratswahlen stattfinden.

b) Bayerisches Personalvertretungsgesetz[1186]

Art. 27a Abs. 1 BayPVG bestimmt, dass bei einer Eingliederung von Dienststellen oder Teilen von Dienststellen in andere Dienststellen oder deren Zusammenschluss zu einer neuen Dienststelle oder Bildung einer neuen Dienststelle durch Ausgliederung, der Personalrat bei der aufnehmenden oder neu gebildeten Dienststelle grundsätzlich neu zu wählen ist.[1187] Keine Anwendung findet die Vorschrift bei Privatisierungen.[1188]

1183 Vgl. Bremisches Personalvertretungsgesetz vom 05.04.1974 Brem. GBl. 1974, 131 ff., zuletzt geändert durch Art. 2 Gesetz zum Rechtsschutz bei überlangen Gerichtsverfahren, Brem. GBl. 2012, 160 ff..

1184 In der Fassung vom 16.01.1979, HmbGVBl. 1979, 17 ff., zuletzt geändert durch Art. 4 Drittes Gesetz zur Änd. des VerwaltungsbehördenG und and. Gesetzes HmbGVBl. 2011, 123 ff..

1185 In der Fassung vom 01.02.1996 GBl. 1996 205 ff., zuletzt geändert durch Art. 3 KIT-WeiterentwicklungsG GBl. 2012, 327 ff..

1186 In der Fassung vom 11.11.1986, GVBl. 1986, 349 ff., zuletzt geändert durch § 34 Gesetz zur Anpassung an das Neue Dienstrecht GVBl. 2011, 689 ff..

1187 Vgl. Ballerstedt/Schleicher/Faber, Art. 27a Rn. 11.

1188 Gesetzbegründung, LT-Drucks. 15/3277, 23; Ballerstedt/Schleicher/Faber, Art. 27a Rn. 21.

Die Mitglieder der in den betroffenen Dienststellen zu diesem Zeitpunkt bestehenden Personalräte bestellen gemeinsam unverzüglich einen Wahlvorstand und führen die Geschäfte der Personalvertretung gemeinsam als Übergangspersonalrat weiter.[1189] Das Übergangsmandat ist bis zur Konstituierung eines neuen Personalrates, längstens auf zwölf Monate befristet.[1190]

Eine Neuwahl findet nach Art. 27a Abs. 2 BayPVG nicht statt, wenn sich die Zahl der Beschäftigten in der aufnehmenden Dienststelle um weniger als ein Fünftel geändert hat oder die Eingliederung oder Neubildung weniger als zwölf Monate vor Beginn des für die nächsten regelmäßigen Personalratswahlen festgelegten Zeitraumes wirksam werden.

Gehören der verbleibenden Dienststelle keine Personalratsmitglieder oder Ersatzmitglieder mehr an, so nimmt nach Art. 27a Abs. 3 Satz 2 BayPVG der die Neuwahl durchführende Wahlvorstand die Geschäfte der Personalvertretung bis zur Wahl eines neuen Personalrates wahr. Voraussetzung hierfür ist, dass eine Dienststelle sowohl im organisationsrechtlichem als auch personalvertretungsrechtlichem Sinn fortbesteht.[1191] Es muss eine nach Art. 12 Abs. 1 BayPVG personalratsfähige Dienststelle fortbestehen.[1192] Die Neuwahl in der verbleibenden Dienststelle bestimmt sich gemäß Art. 27a Abs. 3 Satz 1 BayPVG im Übrigen nach Art. 26 und 27 BayPVG. Die Bildung des Wahlvorstandes richtet sich nach den Art. 20 ff. BayPVG. Der so gebildete Wahlvorstand nimmt das Übergangsmandat wahr.[1193]

Auch im Übergangsmandat nimmt der Personalrat uneingeschränkt und im vollen Umfang seine gesetzlichen Aufgaben und Befugnisse wahr. In seinem Aufgabenbereich bleibt er gleichberechtigter Partner der Dienststelle.[1194]

Durch Art. 27a Abs. 4 BayPVG werden die Staatsministerien für ihren Geschäftsbereich ermächtigt, in Abstimmung mit dem Staatsministerium der Finanzen hiervon abweichende Regelungen zu treffen. Damit sollen nach dem Gesetz Erschwernisse ausgeglichen und eine ausreichende Interessenwahrnehmung der Beschäftigten gesichert werden. Von dieser Verordnungsermächtigung wurde bisher Gebrauch gemacht bei der Errichtung des Zentrums Bayern, Familie und Soziales, zur Sicherstellung der Personalvertretung beim Landesamt für

1189 Art. 27a Ab 1 1 und 2 BayPVG; Schleicher, PersV 2006, 211, 214.

1190 Art. 27a Ab 1 3 BayPVG.

1191 Ballerstedt/Schleicher/Faber, Art. 27a Rn. 40.

1192 Ballerstedt/Schleicher/Faber, Art. 27a Rn. 41.

1193 Vgl. Ballerstedt/Schleicher/Faber, Art. 27a Rn. 46; Schleicher, PersV 2006, 211, 215.

1194 So Schleicher, PersV 2006, 211, 214.

Finanzen und beim Landesamt für Vermessung und Geoinformation sowie der Neuorganisation der Polizeipräsidien Unterfranken, Mittelfranken, Oberfranken sowie Oberbayern.[1195]

c) Personalvertretungsgesetz Berlin[1196]

In § 24 Abs. 1 Nr. 6 i. V. m. Abs. 2 PVG Berlin ist ein Übergangsmandat der bisherigen Personalräte festgelegt für den Fall, dass Dienststellen ganz oder teilweise in eine oder mehrere andere Dienststellen eingegliedert oder zu einer neuen Dienststelle zusammengeschlossen werden. Das Übergangsmandat ist begrenzt auf eine Dauer von maximal sechs Monaten. Der Vorsitz wechselt zwischen den Vorsitzenden der bisherigen Personalräte zu jeder Sitzung. Voraussetzung für das Entstehen des Übergangspersonalrates ist, dass die von der Eingliederung oder Zusammenfassung betroffenen Personalräte einen entsprechenden Beschluss fassen.

Für die Privatisierung der Berliner Sparkassen hat der Landesgesetzgeber ausdrücklich ein Übergangsmandat des Personalrates bis zur Bildung eines Betriebsrates, längstens für die Dauer von sechs Monaten nach Eintragung des Formwechsels vorgesehen. Zur Begründung verweist der Landesgesetzgeber auf die Richtlinie 2001/23/EG, die eine entsprechende Regelung erforderlich mache.[1197]

d) Landespersonalvertretungsgesetz Brandenburg[1198]

Bei einer vollständigen oder teilweisen Eingliederung von Dienststellen in eine andere Dienststelle oder Zusammenschluss von Dienststellen zu einer neuen Dienststelle, ist gemäß § 32 Abs. 1 PersVG Brandenburg ein neuer Personalrat zu wählen. Die bisherigen Personalräte führen gemeinsam die Geschäfte weiter, insbesondere bestellen sie unverzüglich gemeinsam einen Wahlvorstand für die Neuwahl.[1199] Die Aufgaben des Vorsitzenden werden dabei abwechselnd von den Vorsitzenden der bisherigen Personalräte wahrgenommen.[1200]

1195 Vgl. hierzu im Einzelnen Ballerstedt/Schleicher/Faber Anlage 2 zu Art. 27a.

1196 In der Fassung vom 14.07.1994 – GVBl. 1994, 337 ff., bereinigt GVBl. 1995, 24; zuletzt geändert durch Art. V § 2 2.DRÄndG GVBl. 2011, 266 ff., geändert durch Art. I Gesetz zur Änd. des 2. DRÄndG GVBl. 2012, 149 ff..

1197 Vgl. Preussner, BKR 2005, 309, 312.

1198 Vom 15.09.1993 GVBl. I 1993, 358, zuletzt geändert durch Art. 21 Brandenburgisches BeamtenrechtsneuordnungsG GVBl. I 2009, 26 ff..

1199 § 32 Ab 1 Satz 2 PersVG Brandenburg.

1200 § 32 Ab 1 Satz 4 PersVG Brandenburg.

Dieses Übergangsmandat ist befristet bis zur Konstituierung des neu gewählten Personalrates, längstens für die Dauer von sechs Monaten.[1201]

Für den Fall, dass Körperschaften, Anstalten oder Stiftungen des öffentlichen Rechts in eine andere Person des öffentlichen Rechts eingegliedert oder zu einer neuen Person des öffentlichen Rechts zusammengeschlossen werden, ordnet § 32 Abs. 2 PersVG Brandenburg die entsprechende Anwendung von § 32 Abs. 1 PersVG Brandenburg an.

Eine Neuwahl unterbleibt gemäß § 32 Abs. 3 LPVG Brandenburg, wenn sich die Zahl der Beschäftigten der Dienststelle oder der juristischen Person um weniger als ein Zwanzigstel geändert hat.

e) Hessisches Personalvertretungsgesetz[1202]

Das Hessische Personalvertretungsgesetz differenziert in § 24 Abs. 3 HPVG und § 24 Abs. 4 HPVG zwischen organisatorischen Änderungen von Gemeinden, Gemeindeverbänden und sonstigen Körperschaften, Anstalten oder Stiftungen des öffentlichen Rechtes und der Neuorganisation von Dienststellen. Werden Erstere in eine andere juristische Person des öffentlichen Rechts eingegliedert oder schließen sich zu einer neuen juristischen Person des öffentlichen Rechtes zusammen, so werden die Personalräte neu gewählt. Die bisherigen Personalräte führen die Geschäfte gemeinsam weiter bis zur Neuwahl der Personalräte. Eine Neuwahl findet jedoch nicht statt, wenn sich die Zahl der Beschäftigten der Körperschaft um weniger als zehn Prozent geändert hat.[1203]

Bei einer Eingliederung einer Dienststelle in eine andere oder einem Zusammenschluss zu einer neuen Dienststelle vergrößert sich gemäß § 24 Abs. 4 HPVG die Personalvertretung der aufnehmenden Dienststelle entsprechend dem Anteil der eingegliederten Dienststelle an der Beschäftigtenzahl der neu geschaffenen Dienststelle. Werden Dienststellen zusammengeschlossen, entsenden sie entsprechend ihrem Anteil an der Gesamtzahl der Beschäftigten Mitglieder in den Personalrat der neuen Dienststelle. Dieser Personalrat übt das Mandat bis zu den nächsten ordentlichen Wahlen aus.[1204]

1201 § 32 Ab 1 Satz 3 PersVG Brandenburg.

1202 Vom 24.03.1988, GVBl. I 1988, 103 ff., zuletzt geändert durch Art. 2 Gesetz zur Änd. des SchulG und des PersonalvertretungsG GVBl. I 2011, 267 ff..

1203 Vgl. § 24 Ab 3 HPVG.

1204 Vgl. § 24 Ab 4 HPVG.

Kommt es zu einer Ausgliederung oder nur zu einer teilweisen Eingliederung von Dienststellen, finden nach § 24 Abs. 5 HPVG die Regelungen des § 24 Abs. 3 HPVG entsprechende Anwendung. In diesen Fällen kommt es dann zu einer Neuwahl der Personalvertretung.

f) Personalvertretungsgesetz Mecklenburg-Vorpommern[1205]

Ein ausdrückliches Übergangsmandat für den Personalrat ist im Personalvertretungsgesetz Mecklenburg-Vorpommern nicht vorgesehen. Allein in § 20 Abs. 1 Nr. 6 PVG Mecklenburg-Vorpommern ist eine Regelung zu Personalratswahlen bei Bildung einer neuen Dienststelle enthalten. Nach § 20 Abs. 2 PVG Mecklenburg-Vorpommern nimmt in diesem Fall der die Neuwahl durchführende Wahlvorstand die Aufgabenbefugnisse des Personalrates bis zur Neuwahl desselben wahr.

g) Niedersächsisches Personalvertretungsgesetz[1206]

Das Personalvertretungsgesetz des Landes Niedersachsen enthält kein Übergangsmandat für Personalräte. In § 117 NPVG ist eine Verordnungsermächtigung für das Ministerium für Inneres und Sport enthalten, mit deren Hilfe die Personalvertretung bei der Umgliederung oder Neuschaffung von Dienststellen sichergestellt werden soll. Bei der Übertragung von Tätigkeiten, die zuvor von Beschäftigten der Dienststelle ausgeübt worden sind, an Privatpersonen oder wirtschaftliche Unternehmen, ist nach Art. 75 Abs. 1 Nr. 12 NPVG das Benehmen mit dem bisher zuständigen Personalrat herzustellen.[1207] Damit ist eine Ausgliederung gegen den Willen des Personalrates deutlich erschwert.

1205 Vom 24.02.1993, GVOBl. M-V 1993, 125 ff., zuletzt geändert durch Art. 4 ÄndG GVOBl. M-V 2010, 730 ff..

1206 In der Fassung vom 22.01.2007, Nd GVBl. 2007, 11 ff., zuletzt geändert durch Art. 3 Gesetz zur Neuregelung der Rechtsstellung der oder des Landesbeauftragten für den Datenschutz, Nd GVBl. 2011, 210 ff..

1207 Reich, PersV 2008, 164, 166.

l) Landespersonalvertretungsgesetz Sachsen-Anhalt[1212]

Das Ministerium des Inneren wird durch § 26a LPersVG Sachsen-Anhalt ermächtigt zum Erlass von Verordnungen, um die Personalvertretung im Fall der Umbildung oder Neubildung von Dienststellen oder der in § 1 LPersVG Sachsen-Anhalt genannten Körperschaften, Anstalten und Stiftungen sicherzustellen. Ein Übergangsmandat für den Fall der Privatisierung enthält § 26a LPersVG Sachsen-Anhalt dagegen nicht. Ein solches ist durch die Vorschrift nicht gedeckt. Daher besteht keine Regelungslücke, die einer Analogie zugänglich wäre.[1213]

m) Mitbestimmungsgesetz Schleswig-Holstein[1214]

Entsteht eine neue Dienststelle durch die Umbildung von Behörden oder Körperschaften, bilden die bisherigen Personalratsmitglieder gemäß § 94a Mitbestimmungsgesetz Schleswig-Holstein bis zur konstituierenden Sitzung des neu zu wählenden Personalrates übergangsweise den Personalrat. Das Amt ist auf längstens sechs Monate begrenzt. Durch die Dienststellenleitung ist innerhalb von zwei Wochen nach Neubildung die erste Sitzung einzuberufen. Der Personalrat hat innerhalb zwei weiterer Wochen einen Wahlvorstand zu bestellen.

n) Thüringer Personalvertretungsgesetz[1215]

Bei einer Eingliederung von Dienststellen, dem Zusammenschluss oder der Neubildung durch Ausgliederung sind die Personalräte neu zu wählen gemäß § 32 Abs. 1 ThürPVG. Die zu diesem Zeitpunkt bestehenden Personalräte haben unverzüglich einen Wahlvorstand für die Neuwahl zu bestellen und führen bis zur Konstituierung der neuen Personalräte die Geschäfte gemeinsam, längstens für die Dauer von vier Monaten weiter. Eine Neuwahl findet gemäß § 33 Abs. 3 ThürPVG nicht statt, wenn sich die Zahl der Beschäftigten der aufnehmenden Dienststelle um weniger als ein Fünftel geändert hat oder die Neuwahl innerhalb von sechs Monaten vor der nächsten Personalratswahl liegen würde.

1212 In der Fassung vom 16.03.2004, GVBl. I LSA 2004, 205 ff., bereinigt 491 ff., zuletzt geändert durch § 5 Gesetz zur Errichtung des Landesschulamtes, GVBL. I 2011 LSA, 815 ff..

1213 ArbG Dessau-Roßlau 07.04.2009 - Az. 6 Ca 181/08, juris, Tz. 49.

1214 Vom 11.12.1990, GVOBl. Schl.-H. 1990, 577 ff., zuletzt geändert durch Art. 3 ÄndG vom 04.02.2011, GVOBl. Schl.-H. 2011, 34.

1215 In der Fassung vom 13.01.2012, GVBl. 2012, 1 ff..

In § 32 Abs. 4 ThürPVG wird das für das Personalvertretungsrecht zuständige Ministerium ermächtigt, im Benehmen mit den zuständigen obersten Dienstbehörden durch Rechtsverordnung weitere Vorschriften zu erlassen, die die Personalvertretung der Beschäftigten sicherstellen oder erleichtern.

3. Allgemeines Übergangsmandat bei verwaltungsinterner Umstrukturierung

Teilweise wird die Diskussion geführt, ob bei einer verwaltungsinternen Umstrukturierung ein allgemeines Übergangsmandat des Personalrates anzuerkennen sei.

Ein allgemeines Übergangsmandat des Personalrates in analoger Anwendung der spezialgesetzlichen Regelungen wurde bereits in der Vergangenheit in der Rechtsprechung mit der Begründung abgelehnt, dass für einen entsprechenden Willen des Gesetzgebers keine Anhaltspunkte bestünden.[1216] Auch in der Literatur wurde und wird ein Übergangsmandat des Personalrates in direkter oder analoger Anwendung von § 321 UmwG teilweise abgelehnt.[1217]

Die Gegenauffassung stützt sich auf die Entscheidung des Bundesarbeitsgerichtes vom 31.05.2000[1218] zum Übergangsmandat des Betriebsrates und will die dortige Argumentation des Bundesarbeitsgerichtes auf den Personalrat übertragen.[1219] *Schwarze* ist der Auffassung, dass ein allgemeines Übergangsmandat des Personalrates anzuerkennen sei, da die Argumentation des BAG aus dem Beschluss vom 31.05.2000 im Kern auf das Personalvertretungsrecht übertragbar sei.[1220]

Bischoff fordert aus Gründen der Gleichbehandlung eine analoge Anwendung des § 21a BetrVG auf Bundesebene zur Anerkennung eines allgemeinen Übergangsmandates des Personalrates. Sie begründet dies mit der europarechtlichen Notwendigkeit eines Übergangsmandates für den Personalrat.[1221]

Diesen Forderungen hat sich jetzt auch *Schlenker-Rehage* angeschlossen. Er ist der Auffassung, dass aufgrund des fehlenden Übergangsmandates für Personalräte

---

1216 Vgl. OVG Nordrhein-Westfalen 29.09.1999 – Az. 1 A 1083/98.PVB, PersR 2000, 455.

1217 Vgl GKÖD K § 26 Rn. 26; Ilbertz Personalvertretungsrecht § 78 Ziffer 3 f; Boecken, Unternehmensumwandlungen, Rn. 366.

1218 BAG 31.05.2000 – Az. 7 ABR 78/98, BAGE 95, 15 ff..

1219 Vgl. Altvater, Basiskommentar, BPersVG § 26 Rn. 8.

1220 Richardi/*Schwarze*, Personalvertretungsrecht, § 26 Rn. 26; ebenso Altvater/*Kröll*, BPersVG § 26 Rn. 9; Ilbertz/*Widmaier*, BPersVG § 26 Rn. 12.

1221 Bischoff, Übergangsmandat (2004), 196.

bei der Umstrukturierung von öffentlichen Unternehmen, die eine wirtschaftliche Tätigkeit ausüben, eine europarechtswidrige Lücke bestehe. Diese Lücke sei durch richtlinienkonforme Rechtsfortbildung im Wege der Analogie zu § 21a BetrVG zu schließen. Die Planwidrigkeit der Regelungslücke ergebe sich bereits aus der Gesetzesbegründung zu § 21a BetrVG, da der Gesetzgeber betriebsratslose Zeiten verhindern wollte. Absicht des Gesetzgebers sei die Umsetzung der Richtlinie 2001/23/EG gewesen. Schließlich könne das Bestehen eines Übergangsmandates des Personalrates nicht davon abhängen, ob es eine spezialgesetzliche Regelung im Einzelfall gebe oder nicht.[1222]

Weiter fordert *Schlenker-Rehage* auch für den Fall der Übertragung von Verwaltungsaufgaben von einer Behörde auf eine andere die Schaffung eines Übergangsmandates, auch wenn dies europarechtlich nicht erforderlich sei.[1223]

Diese Argumentation vermag nicht zu überzeugen. Die von *Schlenker-Rehage* geforderte Gesetzesanalogie zu § 21a BetrVG setzt voraus, dass in verschiedenen Gesetzen an einen Tatbestand die gleiche Rechtsfolge geknüpft wird.[1224] Ein allgemeines Übergangsmandat des Personalrates würde daher voraussetzen, dass sich in einer Vielzahl von Gesetzen für den Fall des Wegfalls der betrieblichen Interessenvertretung aufgrund des Verlustes der betrieblichen Identität, als Rechtsfolge das Bestehen eines Übergangsmandates dieser Interessenvertretung entnehmen ließe.

Eine solche einheitliche Rechtsfolge für diesen Tatbestand besteht jedoch nicht. Während § 21a BetrVG für den Bereich des Betriebsverfassungsrechtes eine einheitliche Regelung geschaffen hat, bestehen im öffentlich-rechtlichen Bereich eine Vielzahl von Spezialregelungen, die keine einheitliche Rechtsfolge für diesen Fall aufweisen. Dies wird von den Befürwortern der analogen Anwendung des § 21a BetrVG als gegebene Voraussetzung lediglich unterstellt. Die fehlende einheitliche Regelung der Übergangsmandate bei Privatisierungen steht einem Übergangsmandat in analoger Anwendung jedoch entgegen.

Auch läßt sich die Annahme einer planwidrigen Lücke als Voraussetzung einer Analogie nicht begründen. Der Gesetzgeber hat in Kenntnis der Regelungslücke von der Schaffung einer mit § 21a BetrVG vergleichbaren Regelung für den Bereich des BPersVG abgesehen. Damit fehlt es an der Voraussetzung für einen

1222 So Schlenker-Rehage, Übergangsmandat Betriebs- und Personalrat (2010), 183 ff..
1223 Schlenker-Rehage, Übergangsmandat Betriebs- und Personalrat (2010), 185.
1224 Vgl. Kramer, Methodenlehre (2013), 210; Larenz, Methodenlehre, 384; Zippelius, Methodenlehre, 69.

Analogieschluss aus § 21a BetrVG, da die Nichtregelung durch den Gesetzgeber zu beachten ist.[1225]

Soweit die Forderung nach einem allgemeinen Übergangsmandat bei der Übertragung von Verwaltungsaufgaben auf rechtspolitische Erwägungen gestützt wird, fehlt es an einer überzeugenden Begründung. Für eine Gesamtanalogie fehlen ebenfalls die Voraussetzungen, da es an einer einheitlichen Regelung durch den Gesetzgeber fehlt.

Im Ergebnis ist eine analoge Anwendung des § 21a BetrVG für die Fälle der verwaltungsinternen Umstrukturierung abzulehnen, unabhängig ob eine wirtschaftliche Tätigkeit betroffen ist oder nur eine Übertragung von Verwaltungsaufgaben erfolgt.

4. Ergebnis

Nur in den Ländern Bremen und Hamburg hat der Landesgesetzgeber keine Regelungen für ein Übergangsmandat der Personalräte geschaffen. In den übrigen Bundesländern reichen die Regelungen von einer Verordnungsermächtigung für das jeweilige Innenministerium bis hin zu detaillierten Vorschriften über die Besetzung der Übergangspersonalräte und deren Befugnisse. Eine Sonderstellung nimmt insoweit das Hessische PVG ein. Dieses sieht für den Fall der Eingliederung von Dienststellen keine Neuwahl des Personalrates vor. In diesem Fall erfolgt vielmehr eine Zusammenfassung der bisherigen Personalräte bis zum Ende der regulären Amtsperiode. Eine einheitliche Regelung des Übergangsmandates von Personalräten bei Umstrukturierungen besteht damit nicht. Es bestehen vielmehr beträchtliche Unterschiede zwischen den einzelnen Ländern.

Damit können die landesgesetzlichen Regelungen nicht zur Begründung eines Übergangsmandates in analoger Anwendung von gesetzlichen Regelungen herangezogen werden. Nachdem der einzelne Landesgesetzgeber jeweils verschiedene Voraussetzungen als auch Befugnisse für ein Übergangsmandat geregelt hat, fehlt es an einer analogiefähigen Bestimmung.

II. Privatisierung

Die Richtlinie 2001/23/EG ist nach ihrem Art. 1 Ziffer 1c Satz 1 auch für öffentliche Unternehmen anwendbar, wenn diese eine wirtschaftliche Tätigkeit

1225 Gronimus; PersV 2013, 124, 127.

unabhängig von einem Erwerbszweck ausüben.[1226] Die Privatisierung von öffentlichen Einrichtungen fällt in den Anwendungsbereich der Richtlinie, da hierbei ein Rechtsträgerwechsel in aller Regel erfolgt. Eine mit § 21a BetrVG vergleichbare Regelung für den Fall der Privatisierung fehlt jedoch im Personalvertretungsrecht.[1227] Vielmehr wurden Übergangsmandate der Personalräte im Einzelfall geregelt, wie § 8 Abs. 2 BWpVerwPG,[1228] § 7 BwKoopG,[1229] Art. 83 § 4 Abs. 4 RVOrgGÜbG,[1230] § 12 Abs. 1 DSLBUmwG,[1231] § 25 Abs. 1 PostPersRG,[1232] § 15 DBGrG[1233] und § 14 DGBank-UmwG[1234] zeigen. Die Frage, ob über diese gesetzlich geregelten Fälle hinaus ein allgemeines Übergangsmandat des Personalrates besteht, ist umstritten.[1235]

1. Ansatz der Rechtsprechung

Die Instanzgerichte vertreten teilweise die Auffassung, dass ein Übergangsmandat in Analogie zu § 321 UmwG, §§ 21a und 21b BetrVG sowie in Gesamtanalogie zu den spezialgesetzlichen Regelungen anzuerkennen sei.[1236] Da

---

1226 EuGH 15.10.1996 - R C-343/98 „Collino" Rn. 41, Slg. 1996, I-4989 ff.; Lecheler/Germelmann, PersV 2005, 317, 321.

1227 Pawlak/Leydecker, ZTR 2008, 74.

1228 BGBl. I 2006, 1466 ff..

1229 BGBl. I 2004, 2027 ff..

1230 BGBl. I 2004, 3242 ff..

1231 BGBl. I 1999, 2441 ff..

1232 BGBl. I 1994, 2353 ff..

1233 BGBl. I 1993, 2386 ff..

1234 BGBl. I 1998, 2102 ff..

1235 Dafür: Altvater/*Altvater*, BPersVG, § 1 Rn. 9e; DKKW/*Trümner*, § 130 Rn. 15; Fitting, § 130 Rn. 15; HaKo-BetrVG/*Düwell*, § 21a Rn. 27; WPK/*Preis*, § 130 Rn. 6; Steinigen, ZTR 2008, 582, 585; Blanke, ZfPR 2001, 242, 248; von Roetteken, NZA 2001, 414, 419.
Dagegen: GK-BetrVG/*Kreutz*, § 21a Rn. 2; GK-BetrVG/*Weber*, § 130 Rn. 10; HWGNRH/*Hess*, § 130 Rn. 4; HWK/*Hohenstatt/Dzida*, § 130 BetrVG Rn. 7; Löwisch/Kaiser, § 21a Rn. 3; Richardi/*Annuß*, § 130 Rn. 13; Wollenschläger/von Harbou, NZA 2005, 1081, 1091; Kast/Freihube, DB 2004, 2530, 2531; Besgen/Langner, NZA 2003, 1239, 1240.

1236 ArbG Solingen 26.01.2000 - Az. 2 BVGa 1/00, AiB 2000, 285; ArbG Düsseldorf 17.09.1996 - Az. 1 BVGa 12/96, AiB 1997, 602; ArbG Duisburg 03.09.1996 - Az. 2 BVGa 7/96, ArbuR 1996, 506; a.A. jetzt LAG Düsseldorf 16.01.2012 – Az. 14 TaBV 83/11 juris, Tz. 43.

die Umsetzungsfrist der Richtlinie 2001/23/EG mittlerweile abgelaufen ist, sei die Richtlinie nunmehr durch die Gerichte unmittelbar anzuwenden. Der Personalrat sei übergangsweise mit den Aufgaben des Betriebsrates analog § 21a Abs. 1 BetrVG zu betrauen.[1237] Das Arbeitsgericht Berlin stützt seine Auffassung auf die Entscheidung des Bundesarbeitsgerichts vom 31.05.2000, in der das *BAG* das Übergangsmandat für den Betriebsrat als allgemeines Rechtsinstitut anerkannt und ein Übergangsmandat auf maximal drei Monate befristet und auf das Notwendigste beschränkt hat.[1238]

Sowohl das *BVerwG* als auch das *BAG* sehen dies anders. Die Geltungsbereiche von Personalvertretungsrecht und Betriebsverfassungsrecht würden in § 1 BPersVG und § 130 BetrVG scharf voneinander abgegrenzt.[1239] Die Existenz der Personalvertretung sei untrennbar mit der Dienststelle verbunden.[1240] Mit dem Stichtag der Privatisierung erlösche daher das Amt des Personalrates und das BetrVG beanspruche Geltung, ohne dass gleichzeitig ein Betriebsrat entstünde.[1241]

Eine Übernahme der für die Privatwirtschaft getroffenen Regelungen für ein Übergangsmandat in den Geltungsbereich des Personalvertretungsrechtes komme nicht in Betracht, da insoweit keine Anhaltspunkte für eine unbewusste Regelungslücke des Gesetzgebers bestünden. Der Gesetzgeber habe verschiedene Möglichkeiten zur Auflösung einer Dienststelle zur Verfügung, so dass ein eindeutiger mutmaßlicher Wille des Gesetzgebers nicht feststellbar sei.[1242] Auf Grund des Fehlens einer planwidrigen Regelungslücke scheide daher die analoge Anwendung des § 21a BetrVG aus. Das Bundespersonalvertretungsgesetz gehe im Übrigen davon aus, dass es auch Dienststellen ohne Personalrat geben kann. Dann bestehe jedoch keine Regelungslücke, wenn durch Zusammenlegung von Dienststellen eine neu entstandene Dienststelle nicht von Anfang an einen

---

1237 ArbG Berlin 19.02.2001 - Az. 60 BVGa 4065/01, NZA-RR 2002, 92; HaKo-BetrVG/*Düwell*, § 21a Rn. 27.

1238 ArbG Berlin 19.02.2001 - Az. 60 BVGa 4065/01, NZA-RR 2002, 92.

1239 Vgl. BAG 27.01.2011 – Az. 2 AZR 825/09, AP BGB § 626 Verdacht strafbarer Handlung Nr. 49 Tz. 55; BVerwG 13.06.2001 - Az. 6 P 8/00, BVerwGE 114, 313, 317; Ebert, ArbRB 2005, 58.

1240 BayVGH 28.06.2000 - Az. 18 P 98.2995, PersR 2001, 86.

1241 BAG 22.08.1996 - Az. 2 AZR 5/96, BAGE 84, 29, 35; BVerwG 11.07.1996 - Az. 6 P 4.95, AP BPersVG § 46 Nr. 21; BAG 30.03.1994 - Az. 7 ABR 46/93, AP BPersVG § 47 Nr. 1; BayVGH 28.06.2000 - Az. 18 P 98.2995, PersR 2001, 86; OVG Nordrhein-Westfalen 29.09.1999 - Az. 1 A 1083/98.PVB, PersR 2000, 455; Schleicher, PersV 2006, 211, 212; Ebert, ArbRB 2005, 58.

1242 OVG Nordrhein-Westfalen 29.09.1999 - Az. 1 A 1083/98.PVB, PersR 2000, 455.

Personalrat habe.[1243] Zudem könne beim übernehmenden Rechtsträger jederzeit ein Betriebsrat gewählt werden. Dadurch werde bereits dem Interesse der Amtskontinuität Rechnung getragen.[1244] Ein Übergangsmandat des Personalrates bei Privatisierung könne darüber hinaus weder durch Tarifvertrag noch in analoger Anwendung der Spezialvorschriften der Privatwirtschaft begründet werden.[1245] Die direkte Anwendung der Richtlinie 2001/23/EG[1246] sei nicht möglich, da Richtlinien jedenfalls der nationalen Umsetzung bedürfen.[1247]

Die Rechtsprechung lehnt im Ergebnis eine analoge Anwendung des § 21a BetrVG zur Schaffung eines Übergangsmandates für Personalräte bei Privatisierungen ab.

2. Ansätze der Literatur

Die Auffassungen in der Literatur zur Anerkennung eines Übergangsmandates für den Personalrat bei Privatisierungen sind geteilt. Während ein Teil der Literatur ein solches Übergangsmandat anerkennen will, wird es von anderen Teilen energisch abgelehnt.

a) Anerkennung eines allgemeinen Übergangsmandates

Im Zeitpunkt der Privatisierung einer öffentlich-rechtlichen Organisation endet das Amt des Personalrates. Es ist dann ein Betriebsrat zu wählen.[1248] Im deutschen Recht besteht daher nach Teilen der Literatur beim Wechsel von einer öffentlich-rechtlichen in eine privatrechtlichen Organisationsform eine gesetzliche Regelungslücke.[1249] Der Gesetzgeber habe durch die Spezialgesetze zur Privatisierung

---

1243 OVG Nordrhein-Westfalen 25.05.2005 - Az. 1 B 453/05.PVL, NZA-RR 2005, 504.

1244 LAG Köln 10.03.2000 - Az. 13 TaBV 9/00, NZA-RR 2001, 423.

1245 LAG Köln 11.02.2000 - Az. 4 TaBV 2/00, NZA-RR 2001, 87.

1246 So DKKW/*Trümner*, § 130 Rn. 15.

1247 BAG 18.02.2003 - Az. 1 ABR 2/02, BAGE 105, 32, 54.

1248 Fitting, § 130 Rn. 10; Engels/Mauß-Trebinger, RdA 1997, 217, 220; Frohner, PersR 1995, 99, 102; Trümner, PersR 1993, 473, 480; Engels in FS Wlotzke (1996), 279, 288.

1249 Fitting, § 130 Rn. 10; Bieler, ZfPR 2003, 215, 219; Engels/Mauß-Trebinger, RdA 1997, 217, 220; Frohner, PersR 1995, 99, 102; Engels/Müller/Mauß, DB 1994, 473, 475, Schipp, NZA 1994, 865, 870; Klimpe-Auerbach, PersR 1993, 482, 484; Trümner, PersR 1993, 473, 480; Engels in FS Wlotzke (1996), 279, 288; kritisch Gaul, ZTR 1995, 344, 392 ff.; Friedrich, Europäisches Arbeitsrecht und Privatisierungen (2002), 207.

versehentlich lückenhafte Regelungen geschaffen, die im Wege der Analogie zu schließen seien.[1250]

In Analogie zu § 321 UmwG, §§ 21a und 21b BetrVG sowie in Gesamtanalogie zu den spezialgesetzlichen Regelungen bestünde ein Übergangsmandat des Personalrates.[1251] Der Gesetzgeber sei bei Schaffung von Spezialregelungen nicht gezwungen, gleichzeitig auch das allgemeine Recht zu reformieren. Er könne auch durch Spezialregelungen Wertungen anerkennen, die im allgemeinen Recht zu berücksichtigen seien. Für die Frage der Übertragbarkeit des Übergangsmandates in den Spezialfällen auch auf die allgemeinen Fälle komme es darauf an, ob Sachgründe für die Spezialfälle bestünden, für eine allgemeine Regelung jedoch nicht.[1252] Die existierenden gesetzlichen Regelungen mit der Zielsetzung, die bestehende Arbeitnehmervertretung im Falle von gesellschaftsrechtlichen oder betrieblichen Umstrukturierungen im Amt zu halten bis zu einer Neuwahl, begründen die Annahme eines Übergangsmandates im Rahmen der Gesamtanalogie, da dies der ratio legis der gesetzlichen Einzelfallregelungen entspreche.[1253] Der Gesetzgeber wollte keine Beteiligungslücke entstehen lassen.[1254] Das Übergangsmandat für den Personalrat sichere das Fortbestehen einer funktionsfähigen Arbeitnehmervertretung.[1255]

Der Gesetzgeber habe Übergangsmandate bei Privatisierungen geschaffen. Hierdurch bringe er zum Ausdruck, dass § 21a BetrVG einen allgemeinen Rechtssatz enthalte, der auch beim Verlust der Arbeitnehmervertretung auf Grund des Wechsels vom Geltungsbereich aus dem Personalvertretungsrecht in das Betriebsverfassungsgesetz Geltung beanspruche.[1256] Im Wege der Analogie sei daher ein generelles zeitlich befristetes Übergangsmandat anzuerkennen, wenn die Voraussetzungen für die Wahl eines Betriebsrates gegeben sind. Dieser Analogieschluss

---

1250 HB Privatisierung/*Trümner*, Rn. 712 zur alten Rechtslage § 321 UmwG.

1251 Altvater, Basiskommentar BPersVG § 1 Rn. 17; Abel, AiB 1999, 601 ff.; Bachner, NZA 1999, 1241, 1245; Schlenker-Rehage, Übergangsmandat Betriebs- und Personalrat (2010), 193; Friedrich, Europäisches Arbeitsrecht und Privatisierungen (2002), 216 ff..

1252 Joost, EWiR 2000, 1071, 1072.

1253 Frohner, PersR 1995, 99, 104 ff.; Friedrich, Europäisches Arbeitsrecht und Privatisierungen (2002), 216 ff.; Hanau in FS Küttner (2006), 357, 362.

1254 Widmaier, ZfPR 2001, 119, 123 im Anschluss an BVerwG 07.07.1993 - Az.: 6 P 4.91, PersR 1993, 491 ff..

1255 Schneider, PflR 2001, 188, 190.

1256 Hammer, PersR 1997, 54, 61; Stuntz in jurisPR-ArbR 49/2009 Anm. 6; Bischoff, Übergangsmandat (2004), 204 .

sei durch die Richtlinie 2001/23/EG geboten, da der Schutzzweck dieser Regelung auch die zu privatisierenden Einheiten erfasse.

Die analoge Anwendung sei erforderlich, um eine Ungleichbehandlung zu vermeiden.[1257] Das Gebot der Gleichbehandlung gleich gelagerter Sachverhalte begründe ein Übergangsmandat für den Personalrat, wenn Änderungen der betrieblichen Organisation zum Verlust der bisherigen betrieblichen Repräsentation und zum Entstehen neuer Einheiten führen, für die noch kein Betriebsrat gebildet sei.[1258] Nach Auffassung von *Augenreich* begründet die Verletzung des Gleichbehandlungsgrundsatzes eine planwidrige Regelungslücke, die durch ein allgemeines Übergangsmandat des Personalrates im Wege der Gesamtanalogie geschlossen werden müsse.[1259]

Das Übergangsmandat des Personalrates ergebe sich auch aus der Richtlinie 2001/23/EG, da öffentlich-rechtliche Betriebe ebenfalls dem Anwendungsbereich der Richtlinie unterfielen.[1260] Aus dem Wortlaut der Betriebsübergangsrichtlinie folge zudem, dass auch Privatisierungen bisher öffentlich-rechtlich organisierter Dienststellen Betriebsübergänge im Sinn des europäischen Rechtes seien.[1261] Ausgenommen von der Richtlinie seien nur die Umstrukturierung von Verwaltungsbehörden sowie die Übertragung von Verwaltungsaufgaben von einer Behörde auf eine andere gemäß Art. 1 Ziffer. 1c der Richtlinie.[1262] Dagegen verpflichte die Richtlinie den Gesetzgeber zur Schaffung von Übergangsmandaten bei Privatisierungen.[1263] Der Begriff „Verlust der betrieblichen Selbstständigkeit" erfasse auch den Fall, dass die Mitarbeitervertretung ihr Amt aufgrund eines Rechtsträgerwechsels verliere.[1264] Der Wechsel eines Betriebes aus dem Geltungsbereich des Personalvertretungsrechtes in den des Betriebsverfassungsgesetzes unterfalle daher dem Schutzzweck der Richtlinie 2001/23/EG.[1265]

Aus Art. 1 Nr. 1 lit. c Art. 6 Abs. 1 der Richtlinie 2001/23/EG ergebe sich weiter, dass die Arbeitnehmervertretung unverändert im Amt verbleibe. Der Personalrat

---

1257 Altvater/*Altvater* BPersVG § 1 Rn. 9e; Schaub/*Koch*, § 265 Rn. 43; zur Rechtslage vor Inkrafttreten des BetrVG-ReformG Wiedenfals, PersV 2001, 110, 111.

1258 Steinigen, ZTR 2008, 582, 586; Blanke, ZfPR 2001, 242, 245.

1259 Augenreich, Arbeitsrechtliche Auswirkungen einer Privatisierung (2004), 131.

1260 Altvater/*Altvater* BPersVG § 1 Rn. 9e; von Roetteken, PersR 1999, 109, 112; Trümner, PersR 1997, 197, 201.

1261 Krisam, PersV 2003, 44, 45; Friedrich, ZEuS 2002, 427, 438; von Roetteken, PersR 1999, 109, 114.

1262 HaKo-BetrVG/*Düwell*, § 21a Rn. 25.

1263 Blanke, PersR 2000, 43, 52; Blanke PersR 2000, 349, 358.

1264 Friedrich, Europäisches Arbeitsrecht und Privatisierungen (2002), 209.

1265 Friedrich, ZEuS 2002, 427, 438; Bischoff, Übergangsmandat (2004), 204.

führe die Geschäfte nach § 22 BetrVG weiter. Nachdem die Umsetzungsfrist für die Richtlinie abgelaufen sei, ergebe sich diese Rechtsfolge aus der unmittelbaren Anwendung der Richtlinie.[1266] Die Richtlinie lasse die amtierende Arbeitnehmervertretung nur im Ausnahmefall entfallen, wenn dies während deren Amtszeit nach nationalen Regelungen vorgesehen sei.[1267]

Europarechtlich fordere die Richtlinie 2001/23/EG daher die Anerkennung eines Übergangsmandates für Personalräte.[1268] Die bisherige Arbeitnehmervertretung sei nach dem Willen der Richtlinie fortzuführen.[1269] Nur so könne der Schutzzweck der Richtlinie erreicht werden, dass zu jedem Zeitpunkt eine Arbeitnehmervertretung besteht.[1270]

Damit wolle der europäische Gesetzgeber sicherstellen, dass keine Lücken in der Vertretung der Arbeitnehmer entstehen.[1271] Auch die von der Privatisierung betroffenen Beschäftigten müssten beim Übergang vom öffentlichen Dienst in die Privatwirtschaft geschützt werden.[1272] Würde ein solches Übergangsmandat im Fall der Privatisierung dem Personalrat nicht zustehen, entstünde eine Schutzlücke, die europarechtswidrig sei. Die Richtlinie 2001/23/EG erstrecke über ihren Art. 1 Abs. 1 Ziffer 1 c ihren Schutz auch auf öffentlich-rechtliche Unternehmen.[1273] Aus dem Schutzzweck des Art. 6 Abs. 1 UAbs. 4 der Richtlinie ergebe sich daher ein Übergangsmandat des Personalrates bei Privatisierungen.[1274]

Klimpe-Auerbach vertritt zudem die Auffassung, dass der Personalrat einen Wahlvorstand nach dem Betriebsverfassungsgesetz so rechtzeitig bilden könne, dass die Betriebsratswahlen durchgeführt werden und der Betriebsrat quasi bereit stünde, wenn das Mandat des Personalrates erlösche.[1275]

Trümner schlägt dagegen die Schaffung eines Übergangsmandates für Personalräte durch Tarifvertrag vor. Der Gesetzgeber habe offensichtlich eine nicht beachtete Regelungslücke geschaffen. Diese könne durch eine sachlich begrenzte

---

1266 von Roetteken, NZA 2001, 414, 421.

1267 Blanke, PersR 2000, 349, 355.

1268 Blanke, ZfPR 2001, 242, 249; Widmaier ZfPR 2001, 119, 124.

1269 Waas/Johanns, EuZW 1999, 458, 461; Krause, NZA 1998, 1201.

1270 Augenreich, Arbeitsrechtliche Auswirkungen einer Privatisierung (2004), 133.

1271 Oetker/*Schubert*, EAS B 8300, Rn. 301; von Roetteken, PersR 1999, 109, 119; Willemsen/Annuß, NJW 1999, 2073, 2078.

1272 Düwell, ArbuR 1994, 357, 358.

1273 Löwisch/Schmidt-Kessel, BB 2001, 2162; von Roetteken, NZA 2001, 414, 422.

1274 von Roetteken, PersR 1999, 109, 119; Friedrich, Europäisches Arbeitsrecht und Privatisierungen (2002), 209.

1275 Klimpe-Auerbach, PersR 1993, 482, 485.

Tarifsetzungsbefugnis geschlossen werden. Eine Beseitigung oder Verdrängung der gesetzlichen Vertretungsstrukturen sei dabei nicht zu befürchten.[1276]

b) Ablehnung eines allgemeinen Übergangsmandates

Diesen Auffassungen wird in der Literatur entgegen gehalten, dass Privatisierungen mit Ausnahme einiger spezialgesetzlicher Regelungen nicht normiert seien.[1277] Mit dem Herausfallen aus dem Geltungsbereich des Personalvertretungsrechtes gehe der Personalrat unter.[1278] Ein Übergangsmandat sehe das Gesetz für diesen Fall nicht vor.[1279]

Der Gesetzgeber habe bei der Privatisierung von Bahn und Post wegen des Erlöschens des Personalrates mit dem Stichtag der Privatisierung jeweils Übergangsmandate für die Personalräte normiert.[1280] Mit der Einführung des § 21a BetrVG unter gleichzeitiger Aufhebung von § 321 UmwG habe der Gesetzgeber zum Ausdruck gebracht, dass die Regelung in § 21a BetrVG auf Personalräte keine Anwendung finde.[1281] Eine analoge Anwendung des § 21a BetrVG scheide daher aus, da es an einer planwidrigen Regelungslücke fehle.[1282]

In Kenntnis der Forderung nach einem Übergangsmandat auch für Personalräte,[1283] habe sich der Gesetzgeber bewusst dagegen entschieden.[1284] Diese

---

1276 Bergmann, ZfPR 2004, 309, 313; so auch bereits Trümner, PersR 1993, 473, 481.

1277 Besgen/Langner, NZA 2003, 1239.

1278 Wolff/Conradi, ZTR 2007, 290, 294; Kast/Freihube, DB 2004, 2530; Gaul, ZTR 1995, 387, 392; Düwell, ArbuR 1994, 357, 358; Schipp, NZA 1994, 865, 869.

1279 Richardi/*Schwarze*, Personalvertretungsrecht, § 26 Rn. 26; Wolff/Conradi, ZTR 2007, 290, 293; Besgen/Langner, NZA 2003, 115; Balze/Rebel/Schuck, Outsourcing und Restrukturierung Rn. 1211 unter Hinweis auf LAG Köln 11.02.2000 und 10.03.2000 sowie OVG Nordrhein-Westfalen, PersV 2000, 267 jedoch ohne weitere Begründung.

1280 Richardi/*Annuß*, § 130 Rn. 12.

1281 Richardi/*Annuß*, § 130 Rn. 13.

1282 LAG Köln, 10.03.2000 - Az. 13 TaBV 9/00, NZA-RR 2001, 423; GK-BetrVG/*Kreutz*, § 21a Rn. 2; Pawlak/Leydecker, ZTR 2008, 74, 76; Wollenschläger/von Harbou, NZA 2005, 1081, 1091; Bergmann, ZfPR 2004, 309, 313; Gaul, ZTR 1995, 387, 391; Schipp, NZA 1994, 865, 869; Düwell, ArbuR 1994, 357, 358; Käckenmeister, Privatisierung öffentlicher Aufgaben (2010), 90 f...

1283 vgl. hierzu Besgen/Langner, NZA 2003, 1239, 1240 Fn. 14; siehe auch Bundesvorstand des DGB, NZA 2001, 135, 136.

1284 Pawlak/Leydecker, ZTR 2008, 74, 76; Wollenschläger/von Harbou, NZA 2005, 1081, 1091; Kast/Freihube, DB 2004, 2530; Besgen/Langner, NZA 2003, 1239, 1240; Löwisch/Schmidt-Kessel, BB 2001, 2162.

europarechtswidrige Regelung könne nur durch den Gesetzgeber selbst geschlossen werden.[1285]

Die bestehenden Spezialvorschriften bei Privatisierungen vermögen eine Analogie nicht zu begründen, da sie unterschiedliche Regelungen beinhalten.[1286] Der Gesetzgeber habe einen allgemein gültigen Rechtssatz hinsichtlich des Entstehens eines Übergangsmandates nur für das Betriebsverfassungsgesetz aufgestellt. Dies ermögliche keine Herleitung eines allgemeinen Rechtsgedankens.[1287] Aus § 21a BetrVG ließen sich keine allgemeinen Rechtsgedanken entnehmen. Vielmehr handele es sich um eine Ausnahmeregelung für das Betriebsverfassungsrecht, so dass eine analoge Anwendung nicht in Betracht komme.[1288] Bei der Frage eines allgemeinen Rechtsgedankens sei mit zu berücksichtigen, dass mit § 21a BetrVG keine Regelung über ein Übergangsmandat des Personalrates getroffen worden sei.[1289]

Betriebsrat und Personalrat seien auch nicht wesensgleich. Insbesondere das Wahlverfahren, die Zusammensetzung sowie die zugewiesenen Kompetenzen wiesen große Differenzen auf und seien daher nicht vergleichbar.[1290] Der Gesetzgeber habe darüber hinaus die mehrfache Möglichkeit zur Schaffung eines Übergangsmandates für Personalräte nicht genutzt.[1291]

Eine direkte Anwendung der Richtlinie 2001/23/EG scheide darüber hinaus aus.[1292] Bei Privatisierungen liege im Regelfall kein Betriebsübergang vor, so dass bereits der Anwendungsbereich der Richtlinie nicht eröffnet sei.[1293] Die Nichtumsetzung der Richtlinie begründe keine unmittelbare Wirkung der Richtlinie im Verhältnis zu Privatrechtssubjekten.[1294] Zudem gehe der Personalrat mit dem Rechtswechsel unter. Diese Möglichkeit sehe die Richtlinie ausdrücklich vor.[1295]

1285 Vogelsang, PersV 2005, 4, 11.

1286 Richardi/*Annuß*, § 130 Rn. 12; Ebert, ArbRB 2005, 58, 59; Besgen/Langner, NZA 2003, 1239, 1240.

1287 So auch ArbG Freiburg 20.08.1996 - Az. 4 BVGa 2/96, NZA-RR 1997, 179; Pirscher, Betriebsteilung (2000), 200; Gaul, Betriebs- und Unternehmensaufspaltung, § 27 Rn. 198.

1288 Opolony, ZTR 2004, 338, 341.

1289 Friedrich, Europäisches Arbeitsrecht und Privatisierungen (2002), 216.

1290 Augenreich, Arbeitsrechtliche Auswirkungen einer Privatisierung (2004), 111.

1291 Schipp, NZA 1994, 865, 869.

1292 Besgen/Langner, NZA 2003, 1239, 1242 unter Berufung auf LAG Köln 11.02.2000 - Az. 4 TaBV 2/00, NZA-RR 2001, 87.

1293 Besgen/Langner, NZA 2003, 1239, 1242.

1294 Ebert, ArbRB 2005, 58, 59; HB Privatisierung/*Trümner*, Rn. 717.

1295 Pawlak/Leydecker, ZTR 2008, 74, 77.

Zwar gewährleiste die Richtlinie den Bestand der Arbeitnehmervertretung. Die Privatisierung führe nach den nationalen gesetzlichen Vorschriften jedoch zu einer Neubildung einer Arbeitnehmervertretung. Die Bestandserhaltungsklausel des Art. 6 Abs. 1 UAbs. 1 finde in diesem Fall nach Art. 6 Abs. 1 UAbs. 2 keine Anwendung.[1296] Aufgrund des eindeutigen Willens des Gesetzgebers sei eine Drittwirkung der Richtlinie ausgeschlossen.[1297]

Die Vereinbarung eines Übergangsmandates für Personalräte mittels Tarifvertrag sei ebenfalls nicht möglich, da § 3 BetrVG diese Möglichkeit gerade nicht eröffne.[1298] Diese Lösung scheide auch deswegen aus, da das Betriebsverfassungsgesetz zu diesem Zeitpunkt noch nicht anwendbar sei.[1299] Der Gesetzgeber habe in § 3 BetrVG nur die Möglichkeit geschaffen, durch tarifvertragliche Vereinbarungen abweichende Betriebsratsstrukturen zu schaffen, nicht jedoch Betriebsräte.[1300]

Die Begründung eines Übergangsmandates sei auch nicht im Wege der Gesamtanalogie möglich. Diese setze voraus, dass mehreren gesetzlichen Bestimmungen, die an verschiedene Tatbestände die gleiche Rechtsfolge anknüpfen, ein allgemeiner Rechtssatz entnommen werden könne, die auf einen im Gesetz nicht geregelten Tatbestand ebenso zutreffen, wie auf die analog anzuwendenden gesetzlich geregelten Tatbestände.[1301] Das Prinzip des Gesetzes sei jedoch der in §§ 1, 130 BetrVG und § 1 BPersVG verankerte Grundsatz der strikten Trennung des privatrechtlichen Betriebsverfassungsgesetzes und des öffentlich-rechtlichen Personalvertretungsrechtes.[1302] Soweit landesgesetzliche Übergangsregelungen bestehen, sollen diese gegen Art. 31 GG verstoßen, da der Bund die ihm zustehende konkurrierende und ausschließliche Gesetzgebung ausgeübt habe.[1303]

Der Personalrat habe keinen Anspruch, im Falle der Privatisierung als „Quasi-Betriebsrat“ bis zur Wahl eines Betriebsrates zu fungieren. Hierzu bedürfe es einer ausdrücklichen gesetzlichen Regelung.[1304]

Die Schaffung eines allgemeinen Übergangsmandates für den Personalrat komme daher nur im Rahmen eines Privatisierungsgesetzes in Betracht, da sowohl das

1296 Lecheler/Germelmann, PersV 2005, 317, 322.
1297 Pawlak/Leydecker, ZTR 2008, 74, 77.
1298 Besgen/Langner, NZA 2003, 1239, 1242.
1299 Ebert, ArbRB 2005, 58, 59; Besgen/Langner, NZA 2003, 1239, 1242.
1300 Kast/Freihube, DB 2004, 2530, 2533.
1301 Larenz, Methodenlehre, 272 ff..
1302 Kast/Freihube, DB 2004, 2530, 2531; Klimpe-Auerbach, PersR 1993, 482.
1303 Kast/Freihube, DB 2004, 2530, 2532.
1304 Schleicher, PersV 2006, 211, 212.

BPersVG, als auch das BetrVG auf Grund ihrer Systematik ein Übergangsmandat nicht zulassen.[1305]

c) Stellungnahme

Den Befürwortern eines analog zu § 21a BetrVG zu schaffenden Übergangsmandates des Personalrates bei Privatisierungen ist grundsätzlich zuzugeben, dass die Richtlinie 2001/23/EG auch für Umstrukturierungen und Privatisierung im öffentlichen Dienst gilt. Hierbei wird jedoch verkannt, dass Richtlinien für ihre Wirksamkeit eines Umsetzungsaktes des nationalen Gesetzgebers bedürfen.[1306] Hinsichtlich der Privatisierung öffentlicher Aufgaben ist eine solche Regelung durch den nationalen Gesetzgeber bis jetzt nicht erfolgt. Eine direkte Anwendbarkeit der Richtlinie scheidet aus, da der Personalrat als Arbeitnehmervertretung keine eigene Rechtspersönlichkeit besitzt.

Ein Übergangsmandat des Personalrates bei Privatisierung ergibt sich auch nicht aus der analogen Anwendung des § 21a BetrVG. Hierfür müssen die Voraussetzungen des Analogieschlusses vorliegen, da es sich um eine gesetzesgebundene Auslegung und nicht um Rechtsfortbildung handelt.[1307]

Voraussetzung wäre zunächst das Bestehen einer planwidrigen Regelungslücke. Der Gesetzgeber hat grundsätzlich Übergangsmandate entweder im Privatrecht oder im Personalvertretungsrecht geschaffen. Dabei hat der Gesetzgeber jeweils verschiedenartige Regelungen zum Inhalt des Übergangsmandates geschaffen, wie insbesondere § 15 DBGrG, § 25 PostPersRG, § 12 DSLBUmwG oder § 7 BwKoopG zeigen. Dies spricht gegen die Annahme einer planwidrigen Lücke als Voraussetzung der Analogie. Dem Gesetzgeber ist das Problem bekannt, wie die gesetzlich geregelten Einzelfälle von Privatisierungen zeigen. Verzichtet der Gesetzgeber in Ansehung dieser Erkenntnis auf die Einführung eines allgemeinen Übergangsmandates für den Fall der Privatisierung, liegt eine bewusste Regelungslücke vor, nicht eine unbewusste. Damit fehlt es an der unbewussten Regelungslücke und der Voraussetzung für den Analogieschluss.[1308]

Hinzu kommt, dass die Übergangsmandate der Personalräte in den bisherigen Privatisierungsgesetzen hinsichtlich ihrer Dauer und der Kompetenzen

---

1305 Friedrich, Europäisches Arbeitsrecht und Privatisierungen (2002), 215.

1306 Vgl. Art. 288 Ab 3 AEUV; LAG Düsseldorf 16.01.2012 – Az. 14 TaBV 83/11, juris, Tz. 49.

1307 Vgl. Hanau in FS Zeuner (1994), 53, 55.

1308 Ebenso jetzt LAG Düsseldorf 16.01.2012 – Az. 14 TaBV 83/11, juris, Tz. 46.

der Personalräte völlig unterschiedlich ausgestaltet waren.[1309] So hat der Gesetzgeber sowohl die übergangsweise Vertretung der betroffenen Arbeitnehmer verschieden geregelt, als auch die Weitergeltung von bestehenden Dienstvereinbarungen. Auf Grund dieser Unterschiede kann diesen Übergangsmandaten kein allgemeiner Rechtsgedanke entnommen werden, der im Wege des Analogieschlusses verallgemeinert werden könnte als allgemeiner Rechtsgedanke.

3. Ergebnis

Damit ist ein allgemeines Übergangsmandat des Personalrates bei Privatisierungen abzulehnen. Ein solches Übergangsmandat lässt sich weder aus den europarechtlichen Regelungen noch im Wege der Analogie begründen.

III. Zusammenfassung

Das Bundespersonalvertretungsgesetz enthält kein Übergangsmandat für verwaltungsinterne Umstrukturierungen. Vielmehr werden im Bedarfsfall gesetzliche Einzelregelungen vorgenommen. Auch die Bundesländer haben keine einheitliche Regelung. Die landesgesetzlichen Regelungen reichen von Verordnungsermächtigungen bis zu weitreichenden gesetzlichen Anordnungen über den Fortbestand; teilweise bestehen auch keine generellen Regelungen für diesen Fall.

Ein Übergangsmandat des Personalrates bei Privatisierungen in Analogie zu § 21a BetrVG ist abzulehnen. Auch wenn die Richtlinie 2001/23/EG ein solches Übergangsmandat erforderlich macht, bedarf es einer ausdrücklichen gesetzlichen Regelung. Die Grenze zwischen Personalvertretungsrecht und Betriebsverfassungsrecht kann nicht im Wege der Analogie überschritten werden.

1309 Vgl. Kap. 1 Ziff. I 2.

Kapitel 8: Übergangsmandat im kirchlichen Arbeitsrecht

Die Kirchen in Deutschland regeln gemäß Art. 140 GG und Art. 136 bis 139, 141 WRV ihre Angelegenheiten grundsätzlich in eigener Zuständigkeit. Das ihnen eingeräumte Selbstbestimmungsrecht besteht nach Art. 140 GG i.V.m. Art. 137 Abs. 3 WRV im Rahmen der für alle geltenden Gesetze.

Dabei kommt den Kirchen und ihren Einrichtungen als zweitgrößter Arbeitgeber in Deutschland nach dem öffentlichen Dienst erhebliche Bedeutung zu.[1310] Rechnet man zu den ca. 1,2 Millionen Beschäftigten bei Caritas und Diakonie die bei weiteren konfessionellen Trägern in Deutschland Beschäftigten hinzu, erfasst das kirchliche Arbeitsrecht ungefähr 1,7 Millionen Beschäftigte in Deutschland.[1311]

Vorrangig gegenüber diesen nationalen Regelungen ist aufgrund Art. 23 Abs. 1 Satz 2 und 3 GG das Unionsrecht. Neben den nationalen Gesetzen sind daher auch die Vorgaben des Unionsrechtes zu beachten. Soweit diese zu den allgemeinen Gesetzen i.S.v. Art. 137 Abs. 3 WRV gehören, kann es auch zu Auswirkungen auf das kirchliche Arbeitsrecht kommen.[1312]

Somit ist zunächst in der für diese Arbeit gebotenen Kürze[1313] der Rahmen für das kirchliche Selbstbestimmungsrecht zu determinieren, wie er durch das Unionsrecht und Art. 140 GG i.V.m. Art. 137 Abs. 3 WRV vorgegeben wird. Weiter ist zu klären, welche unionsrechtlichen und nationalen Vorgaben durch die für alle geltenden Gesetze die Kirchen bei Ausübung ihres Selbstbestimmungsrechtes zu beachten haben. Dies schließt die Frage mit ein, inwieweit die betriebliche Mitbestimmung eine Frage der kirchlichen Selbstbestimmung ist. Schließlich ist zu untersuchen, inwieweit die Kirchen innerhalb der unionsrechtlichen

---

1310 De Beauregard, NZA-RR 2012, 225, 226; Thüsing, Kirchliches Arbeitsrecht, § 1 A II.

1311 Fowid, Beschäftigte bei den Kirchen, Caritas und Diakonie, Deutschland, 1920 – 2004 unter http://fowid.de/fileadmin/datenarchiv/Beschaeftigte_bei_den_Kirchen_Caritas_Diakonie_1920-2004.pdf.

1312 Vgl. Richardi, Arbeitsrecht Kirche § 1 Rn. 31; Krings, Betriebsübergang im kirchlichen Arbeitsrecht (2009), 22 f..

1313 Vgl. ausführlich zum Verhältnis der Kirchen zum Staat und zur Europäischen Union im Arbeitsrecht: Hahn, Mitbestimmung kirchliche Einrichtungen (2009); Krings, Betriebsübergang im kirchlichen Arbeitsrecht (2009); von Tiling, Spannungsfeld Kirchenfreiheit (2004).

und nationalen Vorgaben ihr Selbstbestimmungsrecht ausgeübt und im Bereich der betrieblichen Mitbestimmung die Frage eines Übergangsmandates für die Arbeitnehmervertretungen geregelt haben.

I. Selbstbestimmungsrecht der Kirchen

Das nationale Verhältnis zwischen Staat und Kirchen wird grundlegend in Art. 140 GG geregelt, der auf die Artt. 136 bis 139 und 141 Weimarer Reichsverfassung verweist. Das Recht der Kirchen, die Begründung und Ausgestaltung von Dienstverhältnissen selbst zu regeln, enthält Art. 137 Abs. 3 WRV.[1314] Dieser lautet:

> *„Jede Religionsgemeinschaft ordnet und verwaltet ihre Angelegenheiten selbständig innerhalb der Schranken des für alle geltenden Gesetzes. Sie verleiht ihre Ämter ohne Mitwirkung des Staates oder der bürgerlichen Gemeinde.“*

Hieraus ergibt sich zweierlei: die Kirchen haben zum einen das Recht, ihre Angelegenheiten selbst zu regeln, da kirchlicher Dienst als Wesens- und Lebensäußerung der Kirche mehr ist als die Erbringung von Dienstleistungen.[1315] Zum anderen besteht dieses Recht jedoch nicht schrankenlos. Auch die kirchliche Rechtsetzung muss sich innerhalb der für alle geltenden Schranken bewegen.

Aufgrund des Vorranges des Unionsrechtes vor dem nationalen Recht ist zunächst das Verhältnis des kirchlichen Selbstbestimmungsrechtes zum Unionsrecht und anschließend zum nationalen Recht zu bestimmen. Weiter ist zu klären, welchen Einschränkungen das kirchliche Selbstbestimmungsrecht durch das für alle geltende Recht unterliegt. Hieraus ergibt sich die Feststellung, welche Anforderungen die kirchlichen Mitbestimmungsordnungen erfüllen müssen.

1. Unionsrechtliche Gewährleistung der kirchlichen Selbstbestimmung

Gerade das Arbeitsrecht wird in erheblichem Umfang durch unionsrechtliche Vorgaben und Regelungen beeinflusst, die sich trotz nationaler Sonderregelungen auch auf die Kirchen auswirken. Dies gilt gerade auch im kollektiven Arbeitsrecht.[1316]

1314 Vgl. hierzu Richardi, Arbeitsrecht Kirche, § 1 Rn. 2; Thüsing, Kirchliches Arbeitsrecht, 2; Hahn, Mitbestimmung kirchliche Einrichtungen (2009), 24.

1315 Andelewski/*Richter*, MVG.EKD Präambel Rn. 2 ff.; T/F/J/*Thiel*, MAVO, Präambel Rn. 1 ff; Richardi, Arbeitsrecht Kirche, § 1 Rn. 1.

1316 Streinz/*Streinz*, EUV/AEUV, Art. 17 Rn. 8.

Zu prüfen ist, inwieweit das europäische Recht das Selbstbestimmungsrecht der Kirchen achtet und wann die Kirchen ihrerseits seine Vorgaben umsetzen müssen.

Die Europäische Union hat kein eigenes Staatskirchenrecht, das den nationalen Regelungen übergeordnet ist.[1317] Vielmehr ordnet Art. 17 Abs. 1 AEUV ausdrücklich an, dass die Europäische Union den Status, den die Kirchen in den Mitgliedstaaten nach deren Rechtsvorschriften genießen, zu achten hat und diesen nicht beeinträchtigen darf. Die Europäische Union besitzt somit keine Regelungskompetenz für die mitgliedstaatlichen Staatskirchensysteme.[1318]

Andererseits unterliegen auch die Kirchen dem Unionsrecht, da dieses keine generelle Bereichsausnahme für die Kirchen und ihre Angelegenheiten vorsieht.[1319] Die gemeinnützigen Einrichtungen und Dienste der Kirchen sind im unionsrechtlichen Verständnis Teilnehmer am Wirtschaftsleben.[1320] Die von Art. 17 Abs. 1 AEUV geforderte Achtung der mitgliedstaatlichen Staatskirchensysteme erfordert jedoch eine vorrangige Berücksichtigung kirchlicher Belange bei der Regelung und Anwendung des allgemeinen Unionsrechtes auf kirchenspezifische Sachverhalte.[1321] Die Europäische Union muss daher die spezifischen Besonderheiten der Kirchen bei ihrer Rechtsetzung beachten.[1322]

Dabei können sich die Kirchen auf ihr Grundrecht auf kollektive Religionsfreiheit sowie ihr Selbstbestimmungsrecht berufen. In Art. 6 Abs. 1 EUV hat die Europäische Union die Rechte, Freiheiten und Grundsätze anerkannt, die in der Charta der Grundrechte in der Fassung vom 12.12.2007 niedergelegt sind. Gleichzeitig legt Art. 6 Abs. 1 Halbsatz 2 EUV fest, das die Charta der Grundrechte einen primärrechtlichen Rang hat.[1323] Die Charta der Grundrechte der Europäischen Union schützt in ihrem Art. 10 Abs. 1 GRC die kollektive Religionsfreiheit und damit

---

1317 Richardi, Arbeitsrecht Kirche, § 1 Rn. 33; Von Campenhausen/de Wall, Staatskirchenrecht, 359 f..

1318 Vgl. C/R/*Waldhoff*, EUV/AEUV, Art. 17 AEUV Rn. 6; Streinz/*Streinz*, EUV/AEUV, Art. 17 Rn. 7.

1319 Vgl. C/R/*Waldhoff*, EUV/AEUV, Art. 17 AEUV Rn. 10; Streinz/*Streinz*, EUV/AEUV, Art. 17 Rn. 7.

1320 So Schliemann, NZA 2003, 407.

1321 Vgl. C/R/*Waldhoff*, EUV/AEUV, Art. 17 AEUV Rn. 13; Vedder/*Folz*, Europäisches Unionsrecht, Art. 17 Rn. 3.

1322 Streinz/*Streinz*, EUV/AEUV, Art. 17 Rn. 4.

1323 C/R/Kingreen, EUV/AEUV, Art. 6 EUV Rn. 12; Vedder/*Folz*, Europäisches Unionsrecht, Art. 6 Rn. 3.

das Selbstbestimmungsrecht der Kirchen.[1324] Diese Rechte der Kirchen werden als Grundrecht geschützt.[1325]

Für die Auslegung von Art. 10 Abs. 1 GRC und damit des kirchlichen Selbstbestimmungsrechtes ist aufgrund Art. 52 Abs. 3 GRC die Rechtsprechung des Europäischen Gerichtshofes für Menschenrechte (EGMR) zu Art. 9 Abs. 1 EMRK maßgeblich.[1326]

Die Kirchen können sich somit auf ihre kollektive Religionsfreiheit berufen, die durch Art. 9 EMRK geschützt wird. Hierin ist auch das Recht der Kirchen auf Selbstbestimmung verankert.[1327] Inhalt des Selbstbestimmungsrechtes ist dabei auch die Ausgestaltung der Arbeitsverhältnisse der Kirchen.[1328] Allerdings gewährleistet Art. 9 EMRK die kollektive Religionsfreiheit nicht schrankenlos. Auf Grundlage eines Gesetzes erlaubt Art. 9 Abs. 2 EMRK Eingriffe auch in die kollektive Religionsfreiheit, wenn ein legitimes Ziel damit verfolgt wird und der Eingriff verhältnismäßig ist.[1329] Damit gilt die durch den EGMR zu Art. 9 Abs. 2 EMRK entwickelte Schrankenregelung als Ausprägung des Verhältnismäßigkeitsgrundsatzes auch für Art. 10 Abs. 1 GRC als spezielle Grundrechtsschranke.[1330]

Damit stehen sich das Selbstbestimmungsrecht der Kirchen, gleichermaßen gestützt auf die kollektive Religionsfreiheit als auch das Achtungsgebot aus Art. 17 AEUV, und die Ziele der Europäischen Union, namentlich in der Sozialpolitik gestützt auf die Artt. 151 und 153 AEUV, gegenüber. Dieser Interessengegensatz ist durch Güterabwägung im Sinne praktischer Konkordanz zu lösen.[1331]

Festzuhalten ist damit, dass die Europäische Union sowohl aufgrund Art. 17 Abs. 1 AEUV als auch wegen Art. 10 Abs. 1 GRC verpflichtet ist, das Selbstbestimmungsrecht der Kirchen zu achten, wie es in Deutschland durch Art. 140 GG i.V.m.

1324 Meyer/*Bernsdorff*, Charta Grundrechte, Art. 10 Rn. 13; O/C/N, Europarecht, 4. Teil Rn. 54.

1325 Jarass, Charta Grundrechte, Art. 10 Rn. 15; Meyer/*Bernsdorff*, Charta Grundrechte, Art. 10 Rn. 1.

1326 Meyer/*Bernsdorff*, Charta Grundrechte, Art. 52 Rn. 37.

1327 Karpenstein/*von Ungen-Sternberg*, EMRK, Art. 9 Rn. 30; Schäfer, kirchliches Arbeitsrecht (1997), 6.

1328 Grabenwarter/Pabel, EMRK, 3.Teil Rn. 107; Karpenstein/*von Ungen-Sternberg*, EMRK, Art. 9 Rn. 31.

1329 Grabenwarter/Pabel, EMRK, 3.Teil Rn. 114 f.; Karpenstein/*von Ungen-Sternberg*, EMRK, Art. 9 Rn. 36 ff..

1330 Meyer/*Bernsdorff*, Charta Grundrechte, Art. 10 Rn. 14; O/C/N, Europarecht, 4. Teil Rn. 54.

1331 C/R/*Waldhoff*, EUV/AEUV, Art. 17 AEUV Rn. 13; Streinz/*Streinz*, EUV/AEUV, Art. 17 Rn. 10.

Artt. 137 Abs. 3 WRV gewährleistet wird. Durch Rechtsetzungsakte der Europäischen Union darf dieses Selbstbestimmungsrecht nicht beeinträchtigt werden.

2. Verfassungsgarantie Art. 140 GG i.V.m. Art. 137 Abs. 3 WRV

Das Selbstbestimmungsrecht der Kirchen, wie es nach Art. 17 Abs. 1 AEUV durch die Europäische Union zu achten ist, hängt damit maßgeblich vom nationalen Staatskirchenrecht in Deutschland ab. Nachfolgend wird dieses untersucht.

Die Kirchen ordnen und verwalten ihre Angelegenheiten selbstständig innerhalb der für alle geltenden Gesetze. Dieses Selbstbestimmungsrecht der Kirchen wird durch Art. 140 GG i.V.m. Art. 137 Abs. 3 WRV garantiert.[1332] Es ist originäres Recht der Kirchen,[1333] das sich aus Art. 137 Abs. 3 WRV selbst begründet.[1334] In diese verfassungsrechtliche Garantie sind auch die rechtlich selbstständigen karitativen und erzieherischen Einrichtungen der Kirchen mit einbezogen.[1335]

Die eigenen Angelegenheiten als Gegenstand der Selbstbestimmung der Kirche erfassen alle Sachverhalte, die den jeweiligen kirchlichen Auftrag umschreiben und nach dem Selbstverständnis der jeweiligen Kirche für den Vollzug dieses Dienstes unentbehrlich sind.[1336]

3. Schranken für die kirchliche Selbstbestimmung

Die Kirchen üben ihr Selbstbestimmungsrecht nach Artt. 140 GG, 137 Abs. 3 WRV im Rahmen des für alle geltenden Gesetzes aus. Hierunter fällt neben dem nationalen Recht auch das europäische Recht.[1337] Zur Bestimmung des Rahmens

---

1332 Sachs/*Ehlers*, GG, Art. 140/Art. 137 WRV Rn. 4; Schmidt-Bleibtreu/*Hofmann*, GG, Art. 140 Rn. 14; Von Mangoldt/*v. Campenhausen/Unruh*, GG, Art. 137 WRV Rn 26; MünchHB ArbR/*Richardi* § 327 Rn. 1.

1333 Von Tiling, Spanungsfeld Kirchenfreiheit (2004), 64.

1334 Von Tiling, Spanungsfeld Kirchenfreiheit (2004), 70.

1335 BAG 10.12.1992 – Az. 2 AZR 271/92, AP GG Art. 140 Nr. 41; MünchHB ArbR/Richardi § 331 Rn. 2.

1336 BVerfG 21.09.1976 – Az. 2 BvR 350/75, BVerfGE 42, 312, 322; Maunz/*Korioth*, GG, Art. 140/Art. 137 WRV Rn. 29; Sachs/*Ehlers*, GG, Art. 140/Art. 137 WRV Rn. 7; Von Mangoldt/*v. Campenhausen/Unruh*, GG, Art. 137 WRV Rn 33; von Münch/*Mager*, GG, Art. 140 Rn. 31; Müller-Volbehr, NZA 2002, 301, 305; Von Tiling, Spanungsfeld Kirchenfreiheit (2004), 74; Schulze Froning, Kirchliche Mitarbeitervertretungsregelungen (2002), 7.

1337 Schliemann, NZA 2003, 407, 412.

für das Selbstbestimmungsrecht der Kirchen ist daher der Begriff der für alle geltenden Gesetze zu klären.

a) Das für alle geltende Gesetz

Die Frage, welches ein für alle geltendes Gesetz im Sinne von Art. 137 Abs. 3 WRV ist, war Gegenstand der Rechtsprechung des Bundesverfassungsgerichtes. Dieses geht davon aus, dass durch Art. 137 Abs. 3 WRV sowohl das Selbstbestimmungsrecht der Kirchen als auch der staatliche Schutz anderer, für das Gemeinwesen bedeutsamer Rechtsgüter gewährleistet wird. Dieser Gegensatz ist nach Auffassung des Bundesverfassungsgerichtes durch eine Güterabwägung zu lösen.[1338] Dieser Grundsatz führt dazu, dass in jedem Einzelfall durch Abwägung der betroffenen Rechtsgüter geprüft werden muss, ob die jeweilige gesetzliche Bestimmung das Selbstbestimmungsrecht der Kirchen einzuschränken vermag.[1339] Die Kirchen dürfen durch die für alle geltenden Gesetze nicht härter getroffen werden als die Allgemeinheit.[1340]

Die staatlichen Mitbestimmungsgesetze wie das Betriebsverfassungsgesetz erfüllen nicht diese Voraussetzungen. Aufgrund ihres ausdrücklichen Anwendungsvorbehaltes in § 118 Abs. 2 BetrVG, § 1 Abs. 3 Nr. 2 SprAuG und § 112 BPersVG gegenüber den Kirchen nehmen sie vielmehr Rücksicht auf deren Selbstbestimmungsrecht. Im Bereich der Unternehmensmitbestimmung nehmen § 1 Abs. 4 Satz 2 MitBestG als auch § 1 Abs. 2 Satz 2 DrittelbG Religionsgemeinschaften und deren karitativen und erzieherischen Einrichtungen unbeschadet der Rechtsform vom Anwendungsbereich der Gesetze aus. Damit sind dies keine für alle geltenden Gesetze im Sinne von Art. 137 Abs. 3 WRV.[1341]

b) Unionsrecht als Schranke des Selbstbestimmungsrechtes

Als für alle geltendes Gesetz kommt darüber hinaus das Unionsrecht in Betracht, das nach Art. 23 Abs. 1 GG Anwendungsvorrang vor dem deutschen Recht genießt.

1338 BVerfG 25.03.1980 - Az. 2 BvR 208/76, BVerfGE 53, 366, 400.

1339 Jarass/*Jarass*, GG, Art. 140/Art. 137 WRV Rn. 12; Maunz/*Korioth*, GG, Art. 140/Art. 137 WRV Rn. 47; Sachs/*Ehlers*, GG, Art. 140/Art. 137 WRV Rn. 12; Von Mangoldt/*v. Campenhausen/Unruh*, GG, Art. 137 WRV Rn 46; Müller-Volbehr, NZA 2002, 301, 305; Von Tiling, Spanungsfeld Kirchenfreiheit (2004), 89.

1340 von Münch/*Mager*, GG, Art. 140 Rn. 37; Schulze Froning, Kirchliche Mitarbeitervertretungsregelungen (2002), 13.

1341 Schmidt-Bleibtreu/*Hofmann*, GG, Art. 140 Rn. 20.

Die Übertragung nationaler Kompetenzen an die Europäische Gemeinschaft ist nur in den Grenzen des Art. 23 Abs. 1 Satz 2 und 3 GG möglich.[1342]Diese erfassen auch das Selbstbestimmungsrecht der Kirchen aus Art. 140 GG i.V.m. Art. 137 Abs. 3 WRV.[1343] Damit stellt sich die Frage, ob das deutsche Staatskirchenrecht insgesamt oder zumindest in Teilen durch die Ewigkeitsgarantie in Art. 79 Abs. 2 und 3 GG geschützt wird, oder ob das Gemeinschaftsrecht Vorrang vor den kirchlichen Regelungen beanspruchen kann.[1344]

Nach Auffassung von *Richardi* steht das in der Bundesrepublik Deutschland bestehende Staatskirchenrecht nicht zur Disposition des europäischen Gesetzgebers. Zwar gelte unmittelbar geltendes Gemeinschaftsrecht auch für das Verhältnis Staat und Kirche. Der Anwendungsvorrang des Gemeinschaftsrechtes führe aber nicht zur Beseitigung der verschiedenen staatskirchlichen Ordnungen der Mitgliedstaaten.[1345] Vielmehr werde das kirchliche Selbstbestimmungsrecht als Ausfluss der Religionsfreiheit geschützt. Dieses sei bei der Übertragung von Kompetenzen an die Europäische Union zu respektieren.[1346]

Dem wird zutreffend entgegen gehalten, dass nicht das gesamte kirchliche Arbeitsrecht dem durch Art. 79 GG geschütztem Bereich zuzuordnen ist.[1347] Zumindest hinsichtlich der besonderen Regelungen des kirchlichen Arbeitsrechtes gehört das Selbstbestimmungsrecht der Kirchen nicht zu dem durch Art. 79 Abs. 3 GG geschützten unantastbaren Kernbereich ihrer Betätigung.[1348]

Vorstehend wurde bereits festgestellt, dass die Europäische Union aufgrund von Art. 17 Abs. 1 AEUV die nationalen Regelungen betreffend die Kirchen zu achten hat. Auch wenn das Selbstbestimmungsrecht der Kirchen zumindest teilweise dem Vorrang des Gemeinschaftsrechtes unterliegt, führt dies nicht zu einer weitergehenden Einschränkung. Die Rechtsetzung der Europäischen Union kann nicht weiter in das Selbstbestimmungsrecht der Kirchen eingreifen, als dies die nationalen Regelungen vorsehen.

1342 MünchHB ArbR/*Richardi*, § 327 Rn. 8.

1343 Schliemann, NZA 2003, 407, 412.

1344 Hahn, Mitbestimmung kirchliche Einrichtungen (2009), 191; Müller-Volbehr, Europa und das Arbeitsrecht der Kirchen (1999), 41 f..

1345 MünchHB ArbR/*Richardi*, § 327 Rn. 10.

1346 MünchHB ArbR/*Richardi*, § 327 Rn. 9.

1347 Vgl. Thüsing, Kirchliches Arbeitsrecht, 219; Hahn, Mitbestimmung kirchliche Einrichtungen (2009), 191; Müller-Volbehr, Europa und das Arbeitsrecht der Kirchen (1999), 41 f..

1348 Thüsing, Kirchliches Arbeitsrecht, 218 f.; Müller-Volbehr, 41 f..

aa) Umsetzung von Richtlinien im kirchlichem Arbeitsrecht

Richtlinien der EU bedürfen nach Art. 288 Abs. 3 AEUV der Umsetzung in nationales Recht. Damit stellt sich die Frage nach der unmittelbaren Drittwirkung der Richtlinie im kirchlichen Bereich.

Nach Art. 140 GG i.V.m. Art. 137 Abs. 5 Satz 1 WRV haben die Kirchen in Deutschland den Status öffentlich-rechtlicher Körperschaften. Trotz dieser Stellung sind die Kirchen nicht Teil des Staates.[1349] Sie sollen daher auch nicht Normadressat der europäischen Richtlinien sein können.[1350]

Einerseits wird daher vertreten, dass im kirchlichen Bereich die Richtlinie keine horizontale Drittwirkung entfalte. Vielmehr bedürfe es einer Umsetzung in nationales Recht, um die Kirchen an diese Vorgaben zu binden.[1351] Soweit für die Umsetzung der Richtlinien ein nationaler Gestaltungsspielraum verbleibe, sei dieser durch den nationalen Gesetzgeber zugunsten des kirchlichen Selbstbestimmungsrechtes zu beachten.[1352] Der weiterhin anwendbare Art. 137 Abs. 1 WRV stelle zudem ausdrücklich klar, dass eine Staatskirche nicht besteht. Die Kirchen seien daher nicht Teil des Staates, sondern strikt von diesem zu trennen.[1353] Trotzdem sind die Kirchen Körperschaften des öffentlichen Rechts, da sie mit öffentlicher Gewalt aufgrund ihrer rechtssetzenden Ordnungsgewalt, Disziplinargewalt und Finanzgewalt ausgestattet sind. Zur Sicherung der bestimmungsgemäßen Ausübung dieser Gewalt unterstehen sie aber der öffentlich-rechtlichen Staatsaufsicht.[1354] Die Umsetzung von Richtlinien erfolge dagegen durch den Staat, mithin in Ausübung staatlicher Gewalt. Die Kirchen üben aber nur öffentliche Gewalt, nicht staatliche Gewalt aus.[1355] Eine unmittelbare Drittwirkung der Richtlinie scheide daher aus.

Dem wird entgegen gehalten, dass im kirchlichen Bereich eine unmittelbare Drittwirkung der Richtlinien anzuerkennen sei mit der Begründung, dass die Kirchen nach innerstaatlichen Kriterien aufgrund ihrer Gesetzgebungskompetenz in eigenen Angelegenheiten dem Staat vergleichbar öffentlich-rechtliche Arbeitgeber seien.[1356]

1349 Jarass/*Jarass*, GG, Art. 140 / Art. 137 WRV Rn. 24.

1350 Schliemann, NZA 2003, 407, 412.

1351 Richardi, Kirchliches Arbeitsrecht, § 1 Rn. 38; MünchHBArbR/*Richardi*, § 327 Rn. 14; Von Campenhausen/de Wall, Staatskirchenrecht, 358 f.; Hanau/Thüsing, 41; Schliemann, NZA 2003, 407, 414.

1352 Richardi, Kirchliches Arbeitsrecht, § 1 Rn. 38; Müller-Volbehr, NZA 2002, 301, 302.

1353 Ebenso Thüsing, Kirchliches Arbeitsrecht, 235; Anschütz, WRV, Art. 137, 644 f..

1354 Anschütz, WRV, Art. 137, 645.

1355 Thüsing, Kirchliches Arbeitsrecht, 235.

1356 Reichold, ZTR 2000, 57, 61.

Dieser Begründung ist zuzustimmen. Die Kirchen sind aufgrund ihres Selbstbestimmungsrechtes verpflichtet, die Vorgaben des europäischen Rechtes in dem aufgrund ihres Selbstbestimmungsrechtes geschützten Bereiches selbst umzusetzen.[1357] Dies gilt dann, wenn sie die in einer Richtlinie enthaltenen, den Adressatenkreis bestimmenden Kriterien erfüllen.[1358] Durch die Umsetzung der Richtlinien durch die Kirchen in Ausübung ihres Selbstbestimmungsrechtes ist die unionsrechtliche Verpflichtung des Mitgliedsstaates auf Umsetzung erfüllt.[1359]

bb) Vorgaben der Richtlinie 2001/23/EG

Sind die Kirchen zur Umsetzung von Richtlinien im Rahmen ihres Selbstbestimmungsrechts verpflichtet, bleibt die Frage offen, in welchem Umfang diese Umsetzung aufgrund der geschützten Position der Kirchen zu erfolgen hat.

Die Ermächtigung der Europäischen Union zur Regelung der Arbeitnehmer-Mitbestimmung folgt aus Art. 151 AEUV, der ausdrücklich Bezug nimmt auf die Europäische Sozialcharta. Eine generelle Bereichsausnahme für die Kirchen erfolgt nicht.[1360] Gleichwohl folgt aus Art. 9 EMRK i.V.m. Art. 10 Abs. 1 GRC, dass eine Abwägung der einzelnen Normziele vorzunehmen ist, um die Reichweite der Einflussnahme im Bereich des kirchlichen Mitbestimmungsrechtes zu bestimmen. Dabei ist entsprechend Art. 151 Abs. 2 AEUV die Vielzahl der einzelstaatlichen Gepflogenheiten zu berücksichtigen.[1361]

Die Richtlinie 2001/23/EG erfasst nach ihrem Art. 1 Abs. 1 litt. a) jede öffentliche und private Unternehmung, die eine wirtschaftliche Betätigung ausübt, unabhängig von einem Erwerbszweck. Damit gilt sie für Einrichtungen kirchlicher Träger, die nach europäischem Verständnis eine wirtschaftliche Tätigkeit ausüben.[1362] Die Kirchen sind daher verpflichtet, diese Richtlinie in ihrem Bereich in Ausübung ihres Selbstbestimmungsrechtes umzusetzen.[1363]

1357 Von Mangoldt/*v. Campenhausen/Unruh*, GG, Art. 137 WRV Rn 97; für freiwillige Umsetzung Schäfer, kirchliches Arbeitsrecht (1997), 110; a.A. Müller-Volbehr, Kirchliches Arbeitsrecht (1999), 59.

1358 Hahn, Mitbestimmung kirchliche Einrichtungen (2009), 195.

1359 Vgl. Richardi, Arbeitsrecht Kirche, § 16 Rn. 37.

1360 Thüsing, Kirchliches Arbeitsrecht, 226 f..

1361 Thüsing, Kirchliches Arbeitsrecht, 227.

1362 Hahn, Mitbestimmung kirchliche Einrichtungen (2009), 195; Müller-Volbehr, Kirchliches Arbeitsrecht (1999), 112 f..

1363 FreiburgerKom/*Thüsing*, § 13d MAVO Rn. 1; HaKo-BetrVG/*Düwell*, § 21a Rn. 35; Thüsing, Kirchliches Arbeitsrecht, 189.

c) Zwischenergebnis

Als Ergebnis ist festzuhalten, dass die Kirchen im Rahmen ihres Selbstbestimmungsrechtes auch das Unionsrecht als für alle geltendes Gesetz zu beachten haben. Dabei müssen die Kirchen die europäischen Richtlinien in ihrem Bereich jedenfalls dann selbst umsetzen, wenn sie die Kriterien des Adressatenkreises der Richtlinie erfüllen. Die Richtlinie 2001/23/EG enthält keine Bereichsausnahme für die Kirchen und findet daher auch für die Kirchen und ihre Einrichtungen Anwendung.[1364]

4. Ergebnis

Das in Art. 140 GG i.V.m. Art. 137 Abs. 3 WRV verankerte Selbstbestimmungsrecht der Kirchen ist aufgrund von Art. 17 Abs. 1 AEUV und Art. 9 EMRK sowie Art. 10 Abs. 1 GRC auch durch die Europäische Union beim Erlass von Richtlinien zu beachten. Das Selbstbestimmungsrecht der Kirchen unterliegt allerdings der Schranke des für alle geltenden Gesetzes. Hierunter fallen auch die europäischen Richtlinien. Diese sind aufgrund ihres Selbstbestimmungsrechtes durch die Kirchen selbst umzusetzen.

II. Übergangsmandat von kirchlichen Arbeitnehmer-Vertretungen

Voraussetzung für eine Regelung eines Übergangsmandates durch die Kirchen ist zunächst die Frage der Kompetenz zur Regelung eines eigenen Mitarbeitervertretungsrechtes. Anschließend ist zu klären, ob die Kirchen die Vorgaben der Richtlinie 2001/23/EG umgesetzt haben.

1. Betriebliche Mitbestimmung als eigene Angelegenheit der Kirchen

Es ist daher zuerst die Frage zu beantworten, ob zu den eigenen Angelegenheiten der Kirchen auch die Regelung der betrieblichen Mitbestimmung zählt und daher dem verfassungsrechtlichen Schutz unterfällt.

1364 Vgl. auch Hahn, Mitbestimmung kirchliche Einrichtungen (2009), 199; Thüsing, Kirchliches Arbeitsrecht, 233; Schäfer, kirchliches Arbeitsrecht (1997), 105.

Das staatliche Arbeitsrecht findet auf Arbeitsverhältnisse zwischen den Kirchen als Arbeitgeber und ihren Beschäftigten grundsätzlich Anwendung, wenn die Kirchen die Begründung und Gestaltung der Arbeitsverhältnisse wie jedermann nach den Grundsätzen der Privatautonomie regeln.[1365] Trotzdem bleibt es eine eigene Angelegenheit der Kirchen, durch Erlass von Dienstordnungen die Aufgaben, Einstellungsvoraussetzungen und Pflichten in kirchlichen Berufen festzulegen.[1366] Zutreffend hat das Bundesverfassungsgericht daher auch festgestellt, dass die Regelung der betrieblichen Mitbestimmung als eigene Angelegenheit der Kirchen dem Schutz des Art. 137 Abs. 3 WRV unterfällt.[1367] Die staatlichen Gesetze zur Regelung der betrieblichen Mitbestimmung klammern zur Wahrung diese Selbstbestimmungsrechtes daher Religionsgemeinschaften und ihre karitativen und erzieherischen Einrichtungen ausdrücklich aus ihrem Geltungsbereich aus, wie § 118 Abs. 2 BetrVG, § 1 Abs. 3 Nr. 2 SprAuG und § 112 BPersVG zeigen.[1368]

Damit ist zunächst festzuhalten, dass die Regelung der betrieblichen Mitbestimmung eine eigene Angelegenheit der Kirchen ist. Die Kirchen bestimmen daher selbst, ob und in welcher Weise die Beschäftigten und ihre Vertretungsorgane in Angelegenheiten des Betriebes, die Interessen der Beschäftigten berühren, mitwirken und mitbestimmen können.[1369]

2. Arbeitnehmervertretung im kirchlichen Arbeitsrecht

Ausfluss des Selbstbestimmungsrechtes der Kirchen ist die Entscheidung über die Schaffung eines eigenen Mitarbeitervertretungsrechtes. Die Kirchen bringen damit

---

1365 BVerfG 04.06.1985 – Az. 2 BvR 1703/83, BVerfGE 70, 138, 165.

1366 BVerfG 04.06.1985 – Az. 2 BvR 1703/83, BVerfGE 70, 138, 165; MünchHB ArbR/*Richardi*, § 331 Rn. 10; Von Mangoldt/*v. Campenhausen/Unruh*, GG, Art. 137 WRV Rn 33; Richardi, Arbeitsrecht Kirche, § 2 Rn. 26.

1367 Vgl. grundlegend BVerfG 11.10.1977 – Az. 2 BvR209/76, BVerfGE 46, 73, 94; BAG 11.03.1986 – Az. 1 ABR 26/84, BAGE 51, 238, 244; Jarass/*Jarass*, GG, Art. 140/Art. 137 WRV Rn. 10; Maunz/*Korioth*, GG, Art. 140/Art. 137 WRV Rn. 41; Sachs/*Ehlers*, GG, Art. 140/Art. 137 WRV Rn. 14; Schmidt-Bleibtreu/*Hofmann*, GG, Art. 140 Rn. 19; Von Mangoldt/*v. Campenhausen/Unruh*, GG, Art. 137 WRV Rn 96; von Münch/*Mager*, GG, Art. 140 Rn. 38; Von Tiling, Spanungsfeld Kirchenfreiheit (2004), 79; Schulze Froning, Kirchliche Mitarbeitervertretungsregelungen (2002), 23.

1368 Vgl. Richardi, Arbeitsrecht Kirche § 16 Rn. 15; Hahn, Mitbestimmung kirchliche Einrichtungen (2009), 91 ff..

1369 BVerfG 11.10.1977 – Az. 2 BvR 209/76, BVerfGE 46, 73, 94; BAG 25.04.1989 – AZ. 1 ABR 88/87, BAGE 61, 376, 381.

zum Ausdruck, dass die Beteiligung der Mitarbeiter als Ausformung des Sozialstaatsprinzips auch in kirchlichen Einrichtungen umgesetzt wird.[1370] Die kirchliche Mitarbeitervertretung ist dabei nach dem Verständnis der Kirchen nicht nur Interessenvertretung der Beschäftigten, sondern übt auch ein kirchliches Amt aus.[1371]

Die Richtlinie 2001/23/EG schützt die Arbeitnehmervertretung auf der Ebene der betrieblichen Mitbestimmung.[1372] Den Schutz des Art. 6 der Richtlinie genießen damit Arbeitnehmervertretungen, die nach der Konzeption der nationalen Vorschriften berufen sind, die Interessen der Arbeitnehmer gegenüber dem Arbeitgeber im Unternehmen zu vertreten.[1373]

Vom Schutzbereich des Art. 6 der Richtlinie 2001/23/EG werden somit auch die kirchlichen Arbeitnehmervertretungen erfasst.[1374] Auch wenn diese nach dem Verständnis der Kirchen ein kirchliches Amt ausüben, vertreten sie auch die Interessen der Beschäftigten. Damit ist der Schutzbereich der Richtlinie eröffnet.

Dem steht nicht entgegen, dass bei der Ausgestaltung des Übergangsmandates nach Art. 6 der Richtlinie die kirchenspezifischen Besonderheiten Berücksichtigung finden. Die Richtlinie ermöglicht ausdrücklich die Ausgestaltung des Übergangsmandates nach den nationalen Besonderheiten, in diesem Fall dem kirchlichen Selbstbestimmungsrecht.[1375]

Im Folgenden wird die Umsetzung von Art. 6 der Richtlinie 2001/23/EG durch die beiden großen Kirchen untersucht.

a) Katholische Kirche

Grundlegend für die kirchlichen Einrichtungen der katholischen Kirche ist die Mitarbeitervertretungsordnung (MAVO)[1376] vom 27.06.2007, die nicht unmittelbar in

---

1370 Hahn, Mitbestimmung kirchliche Einrichtungen (2009), 117.

1371 BAG 11.03.1986 Az. 1 ABR 26/84, BAGE 51, 238, 243 ff.; MünchHBArbR/*Richardi*, § 331 Rn. 8.

1372 Oetker/*Schubert*, EAS B 8300 Rn. 447; von Alvensleben, Rechte der Arbeitnehmer (1992), 117; Debong, Wahrung Arbeitnehmeransprüche (1988), 88 f..

1373 Begründung zu Art. 7 des Vorschlages der Kommission vom 31.05.1974, RdA 1975, 124, 125; Oetker/*Schubert*, EAS B 8300 Rn. 446; HB EAS/*Wank*, § 18 Rn. 105; Gaul, BB 1999, 526, 527; Spreer, Richtlinie 2002/14/EG (2005), 42.

1374 Fey/Rehren, MVG.EKD § 7 Rn. 4; FreiburgerKom/*Thüsing*, § 13d Rn. 1; T/F/J/*Thiel*, MAVO, § 13d Rn. 1.

1375 So auch Schäfer, kirchliches Arbeitsrecht (1997), 108; von Alvensleben, Rechte der Arbeitnehmer (1992), 286 f..

1376 Abgedruckt in: Kirchliches Arbeitsrecht, Die Deutschen Bischöfe Nr. 95, Stand: 01.08.2011.

allen Diözesen Deutschlands gilt. Der Diözesanbischof setzt vielmehr die MAVO für seine Diözese in einer eigenen Fassung in Kraft.[1377] Nachfolgend wird die von den Deutschen Bischöfen als Muster verabschiedete Rahmenordnung für die MAVO betrachtet, die von den Diözesen weitestgehend umgesetzt worden ist.[1378]

Die Untersuchung beschränkt sich dabei auf das Vorliegen des Übergangsmandates der Mitarbeitervertretung nach § 13d MAVO[1379] an sich, dass der Umsetzung von Art. 6 der Richtlinie 2001/23/EG dient.[1380]

aa) Übergang innerhalb der MAVO

Wird eine Einrichtung im Geltungsbereich der MAVO gespalten oder mit einer anderen Einrichtung zusammengefasst, so führt die bisherige Mitarbeitervertretung

---

1377 MünchHB ArbR/*Richardi*, § 331 Rn. 11.

1378 Vgl. hierzu die Übersicht über die Umsetzung in den einzelnen Diözesen in FreiburgerKom.

1379 § 13d Rahmen-MAVO lautet:
„(1) Wird eine Einrichtung gespalten, so bleibt deren Mitarbietervertretung im Amt und führt die Geschäfte für die ihr bislang zugeordneten Teile einer Einrichtung weiter, soweit sie die Vooraussetzungen des § 6 Abs. 1 erfüllen und nicht in eine Einrichtung eingegliedert werden, in der eine Mitarbeitervertretung besteht (Übergangsmandat). Die Mitarbeitervertretung hat insbesondere unverzüglich Wahlausschüsse zu bestellen. Das Übergangsmandat endet, sobald in den Teilen einer Einrichtung eine neue Mitarbeitervertretung gewählt und das Wahlergebnis bekannt gegeben ist, spätestens jedoch sechs Monate nach Wirksamwerden der Spaltung. Durch Dienstvereinbarung kann das Übergangsmandat um bis zu sechs Monate verlängert werden.
(2) Werden Einrichtungen oder Teile von Einrichtungen zu einer Einrichtung zusammengelegt, so nimmt die Mitarbeitervertretung der nach Zahl der wahlberechtigten Mitarbeiterinne und Mitarbeiter größten Einrichtung oder des größten Teils einer Einrichtung das Übergangsmandat wahr. Absatz 1 gilt entsprechend.
(3) Die Absätze 1 und 2 gelten auch, wenn die Spaltung oder Zusammenlegung von Einrichtungen und Teieln von Einrichtungen im Zusammenhang mit einer Betriebsveräußerung oder einer Umwandlung nach dem Umwandlungsgesetz erfolgt.
(4) Führt die Spaltung, Zusammenlegung oder Übertragung dazu, dass eine ehemals nicht in den Geltungsbereich nach § 1 fallende Einrichtung oder ein Teil einer Einrichtung nunmehr in den Geltungsbereich dieser Ordnung fällt, so gelten Abs. 1 und 2 entsprechend. Die nicht nach dieser Ordnung gebildete Arbeitnehemrvertretung handelt dann als Mitarbeitervertretung. Bestehende Vereinbarungen zwischen Dienstgeberund der nicht nach dieser Ordnung gebildeten Arbeitnehmervertretung erlöschen und zuvor eingeleitete Beteiligungsverfahren enden."

1380 FreiburgerKom/*Thüsing*, § 13d MAVO Rn. 1 f.; T/F/J/*Thiel*, MAVO, § 13d Rn. 1.

nach § 13d MAVO ihr Amt bis zur Neuwahl einer Mitarbeitervertretung weiter. Inhaltlich sieht § 13d Abs. 1 bis 3 MAVO ein Übergangsmandat der bisherigen Mitarbeitervertretung für die Dauer von bis zu sechs Monaten vor. Voraussetzung ist, dass es aufgrund von Änderungen zu einem Verlust der Identität der Einrichtung kommt.[1381] Die Regelungen entsprechen, unter Anpassung an die Besonderheiten der Kirche und ihrer Einrichtungen, den Regelungen in § 21a BetrVG.

bb) Übergang vom weltlichen in den kirchlichen Rechtskreis

Wird eine bisher dem Betriebsverfassungsrecht oder dem Personalvertretungsrecht unterliegende Einrichtung in der Weise gespalten oder mit einer anderen Einrichtung zusammengefasst, so dass sie zukünftig der MAVO unterfällt, gilt mit dem Übergang das kirchliche Mitbestimmungsrecht.[1382] Im Zeitpunkt des Überganges erlischt automatisch eine nach diesen Gesetzen gebildete Arbeitnehmervertretung.[1383] Gleiches gilt im Falle der Übertragung auf einen kirchlichen Träger, ohne dass eine Spaltung oder Zusammenfassung vorliegt. Dies ist mit der Richtlinie 2011/23/EG vereinbar.[1384]

Für diesen Fall hat der kirchlicher Gesetzgeber in § 13d Abs. 4 MAVO eine besondere Regelung geschaffen. Unterfällt aufgrund einer Spaltung, Zusammenlegung oder Übertragung nunmehr eine Einrichtung oder Teile davon erstmalig dem Geltungsbereich der MAVO, bleibt die bisherige Arbeitnehmervertretung im Amt und handelt zukünftig als Mitarbeitervertretung im Rahmen von § 13d Abs. 1 und 2 MAVO. Allerdings erfolgt keine Übernahme von bestehenden Vereinbarungen oder die Fortführung von laufenden Beteiligungsverfahren, § 13d Abs. 4 Satz 3 MAVO.[1385]

Hierunter fallen sowohl Betriebsräte als auch Personalräte.[1386] Diese bleiben bis zur unverzüglichen Neuwahl im Amt. Ihre Rechte und Pflichten bestimmen sich gemäß § 13d Abs. 4 Satz 2 MAVO nach der MAVO.

1381 Gem. Kirchl. ArbG Hamburg 21.02.2007 – Az. I MAVO 30/06, abgerufen am 24.11.2012 unter www.dbk.de/kagh/entscheidungen-kagh-1/; FreiburgerKom/*Thüsing*, § 13d Rn. 6; T/F/J/*Thiel*, MAVO, § 13d Rn. 5.

1382 Richardi, Arbeitsrecht Kirche, § 16 Rn. 66.

1383 BAG 09.02.1982 – Az. 1 ABR 36/80, BAGE 41, 5 ff.; Schaub/*Koch*, § 219 Rn. 17d: Thüsing, Kirchliches Arbeitsrecht, § 2 Ziffer II 1 b; Krings, Betriebsübergang im kirchlichen Arbeitsrecht (2009), 137.

1384 Schäfer, Kirchliches Arbeitsrecht (1997), 108.

1385 Siehe auch Pleßner, ZMV 2007, 233, 234.

1386 FreiburgerKom/*Thüsing*, § 13d Rn. 28; Thüsing, Kirchliches Arbeitsrecht, 190.

cc) Übergang vom kirchlichen in den weltlichen Rechtskreis

Fraglich ist das Übergangsmandat der Mitarbeitervertretung, wenn die Einrichtung oder Teile von ihr aufgrund Spaltung oder Zusammenfassung zukünftig nicht mehr der MAVO unterliegen. Hier sieht die MAVO aufgrund fehlender Befugnis keine Regelungen vor. Das Amt der Mitarbeitervertretung erlischt im Zeitpunkt des Überganges.[1387]

Krings vertritt dagegen die Auffassung, dass bei einem Wechsel in das Betriebsverfassungsrecht § 21a BetrVG in diesem Fall im Wege der Analogie auch auf die Mitarbeitervertretung zu erstrecken sei.[1388] Zur Begründung führt *Krings* an, dass Art. 6 der Richtlinie 2001/23/EG das Übergangsmandat auf jegliche Fälle der Mitarbeitervertretung erstrecke.[1389] Für den Fall des Übergangs in den Anwendungsbereich des Personalvertretungsrechtes geht *Krings* sogar von einer unmittelbaren Anwendbarkeit der Richtlinie 2001/23/EG aus und stützt darauf ein Übergangsmandat der bisherigen Mitarbeitervertretung bis zur Bildung eines Personalrates. Während dieser Zeit soll die Mitarbeitervertretung die Rechte und Befugnisse aus dem Personalvertretungsrecht wahrnehmen.[1390]

Hierbei übersieht *Krings* zum einem, dass die Richtlinie 2001/23/EG nicht unmittelbar anwendbar ist. Es fehlt an einem staatlichen Umsetzungsakt für den Bereich des Betriebsverfassungsrechtes. Zudem unterscheiden sich die Rechte und Befugnisse einer Mitarbeitervertretung nach der MAVO und eines Personalrates nach dem Personalvertretungsrecht. Insoweit trifft auch die Richtlinie keine klare Aussage, welches Recht in diesem Fall Vorrang haben soll. Eine unmittelbare Anwendung der Richtlinie ist daher abzulehnen.[1391]

Zum anderen kommt bei einem Wechsel in das Betriebsverfassungsrecht eine analoge Anwendung des § 21a BetrVG nicht in Betracht. Es fehlt bereits an einer planwidrigen Lücke als Voraussetzung der Analogie. Der Gesetzgeber hat in Kenntnis der breiten Diskussion von einer weitergehenden Ausgestaltung des Übergangsmandates in § 21a BetrVG auf solche Fälle abgesehen. Diese Entscheidung des Gesetzgebers steht der Analogie entgegen.[1392]

1387 FreiburgerKom/*Thüsing*, § 13d Rn. 12; Thüsing, Kirchliches Arbeitsrecht, 52.

1388 Krings, Betriebsübergang im kirchlichen Arbeitsrecht (2009), 143; ebenso Pleßner, ZMV 2007, 233, 235.

1389 So Krings, Betriebsübergang im kirchlichen Arbeitsrecht (2009), 143.

1390 Krings, Betriebsübergang im kirchlichen Arbeitsrecht (2009), 149.

1391 Vgl. auch Kap. 7 Ziff. III.

1392 Ebenso Pleßner, ZMV 2007, 233, 234.

Ein Übergangsmandat der bisherigen Mitarbeitervertretung kann damit nicht auf § 13d MAVO gestützt werden.

dd) Wechsel zwischen MAVO und MVG.EKD

Wechselt eine Einrichtung aus dem Geltungsbereich des MVG.EKD[1393] in den Anwendungsbereich der MAVO, unterfällt dies ebenfalls § 13d Abs. 4 MAVO.[1394] Die nach dem MVG.EKD gebildete Mitarbeitervertretung bleibt im Amt, bis nach den Vorschriften der MAVO unverzüglich eine neue Mitarbeitervertretung gebildet worden ist.

Nicht geregelt ist der umgekehrte Fall, dass eine bisher der MAVO unterliegende Einrichtung nach Spaltung oder durch Zusammenfassung zukünftig den Regelungen des MVG.EKD unterliegt. Das MVG.EKD sieht keine § 13d Abs. 4 MAVO vergleichbare Übergangsregelung vor.

Krings will in diesem Fall § 13d Abs. 4 MAVO analog anwenden, die Rechte und Befugnisse allerdings auf die Regelungen des MVG.EKD beschränken.[1395]

Dem kann nicht gefolgt werden. *Krings* übersieht, dass keine Anzeichen für eine unbewusste Regelungslücke vorliegen. Die Rahmenordnung der MAVO liegt in der Fassung vom 23.06.2003 vor, das MVG.EKD wurde in der Fassung vom 01.01.2004 neu bekannt gemacht. Der Gesetzgeber des MVG.EKD hat also in Ansehung der Regelungen der MAVO von einer Übergangsregelung vergleichbar § 13d Abs. 4 MAVO abgesehen. Damit fehlt es an einer unbewussten Regelungslücke. Darüber hinaus ist das Selbstbestimmungsrecht der Kirchen auch im Verhältnis zueinander zu beachten. Meiner Auffassung nach steht dies einer analogen Anwendung in diesem Fall entgegen.[1396]

Auch bei einem Wechsel aus dem Geltungsbereich der MAVO in den Bereich des MVG.EKD kann ein Übergangsmandat der Mitarbeitervertretung daher nicht auf § 13d MAVO gestützt werden.

ee) Zwischenergebnis

Der kirchliche Gesetzgeber der katholischen Kirche hat mit Einführung von § 13d MAVO die RL 2001/23/EG europarechtskonform umgesetzt.[1397] Im

---

1393 Mitarbeitervertretungsgesetz der Evangelischen Kirche in Deutschland.

1394 Thüsing, Kirchliches Arbeitsrecht, 190.

1395 Krings, Betriebsübergang im kirchlichen Arbeitsrecht (2009), 145.

1396 Ebenso T/F/J/*Thiel*, MAVO, § 13d Rn. 36.

1397 Ebenso Richardi, Arbeitsrecht Kirche, § 18 Rn. 62; Krings, Betriebsübergang im kirchlichen Arbeitsrecht (2009), 138.

Rahmen seiner Kompetenz umfasst das Übergangsmandat nicht nur die Fälle der Spaltung oder Zusammenfassung von Einrichtungen im Geltungsbereich der MAVO. Die Regelung in § 13d Abs. 4 MAVO erfasst auch die Fälle der Spaltung, Zusammenfassung oder Übertragung im Falle einer daraus folgenden erstmaligen Anwendbarkeit der MAVO.

b) Evangelische Kirche

Die betriebliche Mitbestimmung der Beschäftigten in der Evangelischen Kirche in Deutschland ist im Mitarbeitervertretungsgesetz (MVG.EKD)[1398] geregelt. Auch wenn es vereinzelt für die Landeskirchen Sonderregelungen gibt, wird nachfolgend die generelle Regelung im MVG.EKD betrachtet.

Die Untersuchung beschränkt sich dabei auf das Vorliegen des Übergangsmandates der Mitarbeitervertretung nach § 7 Abs. 2 MVG.EKD[1399] an sich, das der Umsetzung von Art. 6 der Richtlinie 2001/23/EG dient.[1400]

aa) Übergang innerhalb des MVG.EKD

Das Verwaltungsgericht der EKD hat bereits in seiner Entscheidung vom 19.02.1998 ein Übergangsmandat der Mitarbeitervertretung bei einer innerkirchlichen Spaltung oder Zusammenfassung von Einrichtungen anerkannt.[1401] Für den Fall einer Spaltung oder Zusammenlegung von Dienststellen sieht jetzt § 7 Abs. 2 MVG.EKD die weitere Zuständigkeit der bisherigen Mitarbeitervertretung für die jeweiligen Mitarbeiterinnen und Mitarbeiter bis zum Ablauf von maximal sechs Monaten nach Wirksamwerden der Umbildung vor. Damit unterscheidet sich

---

1398 In der Fassung der Neubekanntmachung vom 15.01.2010, ABl EKD 2010, 3 ff, zuletzt geändert durch das Zweite Kirchengesetz über Mitarbeitervertretungen in der Evangelischen Kirche in Deutschland 2013 vom 12.11.2013, ABl EKD 2013, 425 ff..

1399 § 7 Abs. 2 MVG.EKD lautet:
„(2) Wird die Neubildung einer Mitabrietervertretung dadurch erforderlich, dass Dienststellen gespalten oder zusammengelegt worden sind, so bleiben bestehende Mitarbeitervertretungen für die jeweiligen Mitarbeiter und Mitarbeiterinnen zuständig, bis die neue Mitarbeitervertretung gebldet worden ist, längestens jedoch bis zum Ablauf von sechs Monaten nach Wirksamwerden der Umbildung."

1400 Fey/Rehren, MVG.EKD, § 7 Rn. 4.

1401 VerwG.EKD 19.02.1998 – Az. 0124/B23-97, NZA-RR 1998, 477, 478 unter Ziffer II. der Gründe.

die Regelung von § 21a BetrVG, da nach § 7 Abs. 2 MVG.EKD verschiedene Mitarbeitervertretungen für die Mitarbeiter der neu gebildeten Dienststelle zuständig sein können.[1402] Im Unterschied zu § 21a BetrVG und § 13d MAVO ist keine unverzügliche Bestellung eines Wahlvorstandes erforderlich. Zu beachten ist jedoch § 2 WahlO, der die Mitarbeitervertretung zur Einberufung einer Mitarbeiterversammlung zur Bildung eines Wahlvorstandes spätestens drei Monate vor Ende des Übergangsmandates verpflichtet.[1403] Eine Verlängerung dieses Mandates entsprechend § 21a BetrVG oder § 13d MAVO ist in § 7 Abs. 2 MVG.EKD nicht vorgesehen.[1404]

bb) Übergang vom weltlichen in den kirchlichen Rechtskreis

Kommt es infolge einer Spaltung oder Zusammenfassung einer Dienststelle zu einem Wechsel vom Betriebsverfassungs- oder Personalvertretungsrecht in das kirchliche Mitbestimmungsrecht, endet im Zeitpunkt des Übergangs das Mandat der bisherigen, nicht-kirchlichen Arbeitnehmervertretung.[1405] Dieses Ergebnis ist mit der Richtlinie 2001/23/EG vereinbar.[1406] Anders als § 13d Abs. 4 MAVO sieht § 7 Abs. 2 MVG.EKD für diesen Fall kein Übergangsmandat der bisherigen Mitarbeitervertretung vor.

Für eine analoge Anwendung des § 7 Abs. 2 MVG.EKD besteht kein Raum. Es fehlt bereits an einer unbewussten Regelungslücke als Voraussetzung des Analogieschlusses. Das MVG.EKD ist seit Einführung des § 7 Abs. 2 MVG.EKD bereits novelliert und neu bekannt gemacht worden. Trotz der bekannten Diskussion über die Erforderlichkeit eines Übergangsmandates auch für diesen Fall und der Regelung in § 13d Abs. 4 MAVO, hat der kirchliche Gesetzgeber von einer entsprechenden Regelung abgesehen. Diese bewusste Entscheidung steht einer analogen Anwendung entgegen.

cc) Übergang vom kirchlichen in den weltlichen Rechtskreis

Kommt es aufgrund Spaltung oder Zusammenfassung von Dienststellen zu einem Wechsel aus dem MVG.EKD in den Geltungsbereich des Betriebsverfassungsgesetzes oder des Personalvertretungsrechtes, erlischt das Amt der Mitarbeitervertretung

---

1402 Andelewski, MVG.EKD, § 7 Rn. 11.

1403 Andelewski, MVG.EKD, § 7 Rn. 10.

1404 Vgl. VerwG.EKD 23.08.2001 – Az. I-0124/F10-01, ZMV 2002, 76.

1405 Fey/Rehren, MVG.EKD, § 7 Rn. 3a; Richardi, Arbeitsrecht Kirche, § 16 Rn. 66; Schaub/*Koch*, § 219 Rn. 17d.

1406 Schäfer, Kirchliches Arbeitsrecht (1997), 108.

im Zeitpunkt des Überganges.[1407] Für diese Konstellation sieht das MVG.EKD aufgrund fehlender Kompetenz keine Regelung vor.[1408]

Für eine Analogie zu § 21a BetrVG fehlen auch hier die Voraussetzungen. Es liegt keine unbewusste Regelungslücke vor. Der Gesetzgeber hat in Kenntnis der Problematik und der Diskussion zu ihrer Lösung von einer entsprechenden Regelung abgesehen.

dd) Zwischenergebnis

Das MVG.EKD sieht ein Übergangsmandat für die Mitarbeitervertretung nur für den Fall einer innerkirchlichen Spaltung oder Zusammenfassung vor. Im Unterschied sowohl zu § 21a BetrVG als auch § 13d MAVO bleibt die bisherige Mitarbeitervertretung weiterhin für die ihr jeweils bisher zugeordneten Beschäftigten zuständig. Die Amtszeit ist auf sechs Monate begrenzt und kann nicht verlängert werden. Eine analoge Anwendung auf die Fälle eines Wechsels zwischen kirchlichem und weltlichem Rechtsbereich kommt nicht in Betracht. Es fehlt an den Voraussetzungen der Analogie.

3. Ergebnis

Die katholische Kirche hat in § 13d MAVO die Vorgaben von Art. 6 Richtlinie 2001/23/EG sehr weitgehend umgesetzt. Neben einem Übergangsmandat für die Fälle einer Spaltung oder Zusammenfassung von Einrichtungen im Geltungsbereich der MAVO erfasst das Übergangsmandat auch die Fälle, dass aufgrund der Spaltung oder Zusammenfassung erstmalig die Einrichtung der MAVO unterfällt. Zudem wird das Übergangsmandat auch auf die Fälle einer reinen Übertragung erstreckt.

Demgegenüber sieht § 7 Abs. 2 MVG.EKD ein Übergangsmandat lediglich für die Fälle einer Spaltung oder Zusammenfassung im Geltungsbereich des MVG. EKD vor. Eine analoge Erstreckung auf andere Konstellationen kommt nicht in Betracht.

III. Zusammenfassung

Das Selbstbestimmungsrecht der Kirchen in eigenen Angelegenheiten ist durch Art. 140 GG i.V.m. Artt. 136 bis 139 und 141 WRV verfassungsrechtlich geschützt.

1407 Fey/Rehren, MVG.EKD, § 7 Rn. 3a; Thüsing, Kirchliches Arbeitsrecht, 52.
1408 KGH.EKD 29.04.2011 – AZ. II-0124/R33-09, ZMV 2011, 330.

Die Kirchen sind bei Regelung ihrer Angelegenheiten nur an die für alle geltenden Gesetze gebunden.

Dieses Selbstbestimmungsrecht ist durch die Europäische Union bei ihrer Rechtsetzung zu beachten. Soweit Kompetenzen der Europäischen Union zur Angleichung der Regelungen in den Mitgliedstaaten bestehen, gelten diese im Grundsatz auch für die Kirchen. Dies gilt zumindest für die Richtlinie 2001/23/EG. Allerdings sind die Kirchen in der Ausgestaltung der Übernahme der europarechtlichen Vorgaben frei.

Die katholische Kirche hat mit § 13d MAVO ein sehr weitgehendes Übergangsmandat geschaffen, das auch den Fall der reinen Übertragung von einem Rechtsträger auf einen anderen Rechtsträger im Geltungsbereich der MAVO beinhaltet. Die Evangelische Kirche hat sich demgegenüber auf die Schaffung eines Übergangsmandates allein für Fälle der Spaltung oder Zusammenfassung von Dienststellen im Geltungsbereich des MVG.EKD beschränkt. Eine analoge Ausdehnung auf andere Konstellationen scheitert, da die Voraussetzungen nicht vorliegen.

Zusammenfassung der Ergebnisse

1. Arbeitnehmervertretungen im Sinne von Art. 2 Ziffer 1c der Richtlinie 2001/23/EG sind Betriebsräte, die nach dem BPersVG und den Personalvertretungsgesetzen der Länder gebildeten Personalräte sowie die nach den jeweiligen Mitarbeitervertretungsordnungen der Kirchen gebildeten Vertretungen.
2. Europarechtliche Voraussetzung für die Entstehung des Übergangsmandates ist der Verlust der Selbstständigkeit der bisherigen wirtschaftlichen Einheit. Kennzeichnend hierfür ist der Verlust der Eigenverantwortlichkeit und der Entscheidungsbefugnisse der bisherigen Leitungsmacht. Dem gleichzustellen ist der Wechsel der Rechtsgrundlage der Arbeitnehmervertretung.
3. Die Richtlinie 2001/23/EG fordert die Gewährleistung des vollen Schutzniveaus nur für die Arbeitnehmer, die im Rahmen des Übergangs der wirtschaftlichen Einheit den Arbeitgeber wechseln.
4. Kommt es zu einer Abspaltung von einem oder mehreren Betriebsteilen, die jeweils betriebsratsfähig sind und nicht in einen Betrieb mit Betriebsrat eingegliedert werden, so steht dem bisher zuständigen Betriebsrat ein Übergangsmandat zu. Gleiches gilt bei der Aufspaltung des Ursprungsbetriebes in mehrere neue Betriebe.
5. Erfolgt eine Eingliederung eines Betriebes oder Betriebsteils in einen Betrieb mit bestehendem Betriebsrat, so entsteht kein Übergangsmandat. Dies gilt auch dann, wenn im aufnehmenden Betrieb kein Betriebsrat besteht, denn die Wahrung der betrieblichen Identität des aufnehmenden Betriebes steht einem Übergangsmandat entgegen.
6. Kommt es zu einer Zusammenfassung von mehreren Betrieben und Betriebsteilen, für die jeweils ein Betriebsrat besteht, wird das Übergangsmandat durch den Betriebsrat wahrgenommen, der die größte Zahl an wahlberechtigten Arbeitnehmern im Zeitpunkt der Zusammenfassung vertritt.
7. Ausreichend für die Annahme des Übergangsmandates bei der Zusammenfassung von Betrieben und Betriebsteilen ist, dass in einem der Betriebe oder Betriebsteile überhaupt ein Betriebsrat existiert.
8. Sind bei dem Zusammenschluss Betriebe oder Betriebsteile beteiligt, die außerhalb des Anwendungsbereiches des Betriebsverfassungsrechtes liegen, hängt die Entstehung eines Übergangsmandates vom Schwerpunkt des zukünftigen Betriebes ab. Unterfällt dieser weiter dem Betriebsverfassungsgesetz, entsteht ein Übergangsmandat, anderenfalls entfällt dieses.

9. Ein Übergangsmandat kommt auch bei einer unternehmensübergreifenden Umstrukturierung in Betracht. Voraussetzung ist, dass die Umstrukturierung tatsächlich Auswirkungen auf die Betriebsstruktur hat. Durch diese Änderung muss es zum Wegfall des bestehenden Betriebsrates kommen.
10. Das Übergangsmandat wird vom Betriebsrat als Gremium wahrgenommen. Die personelle Zusammensetzung bestimmt sich daher bei Betriebsabspaltungen nach den allgemeinen Regelungen. Kommt es zu einer Aufspaltung oder Zusammenfassung von Betrieben und Betriebsteilen nimmt der zuständige Betriebsrat das Übergangsmandat in seiner bisherigen Besetzung wahr.
11. Inhaltlich handelt es sich beim Übergangsmandat um ein Vollmandat, das dem Betriebsrat die Ausübung aller Rechte und Pflichten ermöglicht. Der persönliche Schutz der Betriebsratsmitglieder vor Kündigungen und Versetzungen bleibt bestehen.
12. Das Übergangsmandat beginnt mit der tatsächlich vorgenommenen Umstrukturierung. Es endet mit Bekanntgabe des Wahlergebnisses für die neu gewählten Betriebsräte, spätestens jedoch sechs Monate nach seinem Beginn.
13. Eine analoge Ausdehnung des § 21a BetrVG auf ein Übergangsmandat des Gesamtbetriebsrates, Konzernbetriebsrates, der Jugend- und Auszubildendenvertretung oder des Wirtschaftsausschusses kommt nicht in Betracht.
14. Dagegen ist für den Sprecherausschuss in analoger Anwendung des § 21a BetrVG ein Übergangsmandat anzunehmen, um den vom Gesetzgeber beabsichtigten Gleichlauf von Betriebsverfassungsgesetz und Sprecherausschussgesetz zu gewährleisten.
15. Ebenso besteht für die Vertretung der schwerbehinderten Menschen kein Übergangsmandat, da es insoweit an den Voraussetzungen des Analogieschlusses fehlt.
16. Den Forderungen nach einem allgemeinen Übergangsmandates für den Personalrat ist eine Absage zu erteilen. Die Voraussetzungen für die Schaffung eines solchen Übergangsmandates, namentlich eine analoge Anwendung des § 21a BetrVG, liegen nicht vor.
17. Ebenso ist ein Übergangsmandat des Personalrates bei Privatisierungen in analoger Anwendung des § 21a BetrVG abzulehnen. Auch wenn ein solches Übergangsmandat durch die Richtlinie 2001/23/EG gefordert ist, bedarf es einer ausdrücklichen gesetzlichen Regelung.
18. Im Bereich des kirchlichen Arbeitsrechtes hat die katholische Kirche mit § 13d MAVO eine Regelung geschaffen, die für alle denkbaren Konstellationen ein Übergangsmandat vorsieht, soweit die neu gebildete Einheit im Geltungsbereich der MAVO liegt. Demgegenüber hat die evangelische Kirche

in Deutschland sich auf die Regelung eines Übergangsmandates bei Umstrukturierungen im Bereich des MVG.EKD beschränkt. Eine analoge Anwendung des § 21a BetrVG oder des § 13d MAVO auf andere, nicht geregelte Sachverhalte scheitert am Selbstbestimmungsrecht der Kirchen aus Art. 140 GG i. V. m. Art. 137 WRV.

Literaturverzeichnis

Abel, Klaus
Übergangsmandat bei unternehmensinternen und unternehmensübergreifenden betrieblichen Umstrukturierungen
AiB 1999, S. 601 ff.

Altvater, Lothar/
Baden, Eberhard
BPersVG – Bundespersonalvertretungsgesetz Kommentar
zitiert: Altvater/*Bearbeiter*, BPersVG 4. Auflage
4. Auflage, Bund-Verlag 1996

Altvater, Lothar/
Baden, Eberhard
BPersVG – Bundespersonalvertretungsgesetz Kommentar
zitiert: Altvater/*Bearbeiter*, BPersVG
8. Auflage, Bund-Verlag 2013

Altvater, Lothar/
Baden, Eberhard/
Kröll, Michael
Bundespersonalvertretungsgesetz - Basiskommentar mit Wahlordnung und ergänzenden Vorschriften für Gerichte, Bahn, Post, Bundeswehr und NATO
zitiert: Altvater Basiskommentar
6. Auflage, Bund-Verlag 2012

Andelewski, Utz Aeneas/
Küfner-Schmitt, Renate/
Schmitt, Jochem
Berliner Kommentar zum Mitarbeitervertretungsgesetz der Evangelischen Kirche in Deutschland
zitiert: Andelewski/*Bearbeiter*, MVG.EKD
Richard Boorberg Verlag 2007

Annuß, Georg
Mitwirkung und Mitbestimmung der Arbeitnehmer im Regierungsentwurf eines Gesetzes zur Reform des BetrVG
NZA 2001, S. 367 ff.

Annuß, Georg/
Hohenstatt, Klaus-Stefan
Betriebsidentität und Sozialauswahl beim gemeinsamen Betrieb
NZA 2004, S. 420 ff.

Anschütz, Gerhard
Die Verfassung des Deutschen Reiches vom 19. August 1919
Hermann Gentner Verlag 1960

Anschütz, Sigrid
Probleme der Betriebsratsbeteiligung bei Betriebs (teil) zusammenlegungen
Diss. Univ. Bielefeld 2002

Augenreich, Inga
Die arbeitsrechtlichen Auswirkungen einer Privatisierung für die Arbeitnehmer der öffentlichen Hand
Diss. Univ. Bonn 2004

Auktor, Christian
Die individuelle Rechtsstellung der Betriebsratsmitglieder bei Wahrnehmung eines Restmandates
NZA 2003, S. 950 ff.

Bachner, Michael
Das Übergangsmandat des Betriebsrates bei Unternehmensumstrukturierungen
DB 1995, S. 2068 ff.

Bachner, Michael
Arbeitsrechtliche Folgen des neuen Umwandlungsrechtes
AuA 1996, S. 217 ff.

Bachner, Michael
Der Betriebsübergang nach § 613a BGB
AiB 1996, S. 291 ff.

Bachner, Michael
Anmerkung zu ArbG Duisburg 03.09.1996 – Az. 2 BVGa 7/96
AiB 1997, S. 287 f.

Bachner, Michael
Voraussetzungen und Reichweite des Analogieschlusses im Betriebsverfassungsrecht
NZA 1999, Seite 1241 ff.

Bachner, Michael
Das Schicksal von Betriebsvereinbarung und Tarifvertrag nach Betriebsübergang und übertragender Umwandlung
AiB 2003, S. 408 ff.

Bachner, Michael
Fortgeltung von Gesamt- und Einzelbetriebsvereinbarungen nach Betriebsübergang
NJW 2003, S. 2861 ff.

Ballerstedt, Gustav/ **Schleicher**, Hans-Werner/ **Faber**, Bernhard
Bayerisches Personalvertretungsgesetz mit Wahlordnung
Verlagsgruppe Hüthig Jehle Rehm GmbH
zitiert: Ballerstedt/Schleicher/Faber
Stand: Oktober 2013

Balze, Wolfgang/ **Rebel**, Wolfgang/ **Schuck**, Peter
Outsourcing und Arbeitsrecht
zitiert: Balze/Rebel/Schuck Outsourcing 2. Auflage
2. Auflage, C.F. Müller Verlag 2002

Balze, Wolfgang/ **Rebel**, Wolfgang/ **Schuck**, Peter
Outsourcing und arbeitsrechtliche Restrukturierung von Unternehmen
zitiert: Balze/Rebel/Schuck Outsourcing und Restrukturierung
3. Auflage, C.F. Müller Verlag Heidelberg 2007

Bange, Markus | Fortgeltung von Kollektivverträgen bei Unternehmensumstrukturierung durch Umwandlung Diss. Univ. Frankfurt/Main, Peter Lang Verlag 2001

Bauer, Jobst-Hubertus/ **Lingemann**, Stefan | Das neue Umwandlungsrecht und seine arbeitsrechtlichen Folgen NZA 1994, S. 1057 ff.

Bauer, Jobst-Hubertus/ **von Steinau-Steinrück**, Robert | Das Schicksal freiwilliger Betriebsvereinbarungen beim Betriebsübergang NZA 2000, S. 505 ff.

Baumann, Thomas | Arbeitsrechtliche Aspekte des neuen Umwandlungsrechts DStR 1995, S. 888 ff.

Berg, Friedemann | Unternehmensinterne Umstrukturierungen und betriebsverfassungsrechtliche Auswirkungen Diss. Univ. Kiel, Shaker Verlag 2000

Bergmann, Magnus | Schwerpunktthemen des Personalrats bei der Privatisierung öffentlicher Einrichtungen ZfPR 2004, S. 309 ff.

Berscheid, Ernst-Dieter | Auswirkungen von Organisationsänderungen und Umstrukturierungen auf Betriebs- oder Unternehmensebene auf die Rechte des Betriebsrates WPrax 1995, S. 5 ff.

Berscheid, Ernst-Dieter | Die Auswirkungen der arbeitsrechtlichen Vorschriften des Umwandlungsgesetzes auf die einzelnen Arbeitsverhältnisse und die Beteiligungsrechte des Betriebsrates in Festschrift Stahlhacke Luchterhand Verlag 1995, S. 15 ff.

Besgen, Nicolai/ **Langner**, Sören D. | Zum Übergangsmandat des Personalrats bei der privatisierenden Umwandlung NZA 2003, S. 1239 ff.

Beyer, Norbert/u.a. | Freiburger Kommentar zur Rahmenordnung für eine Mitarbeitervertretungsordnung zitiert: FreiburgerKom/*Bearbeiter* 5. Auflage Ergänzungslieferung 2/2013 Lambertus Verlag Freiburg im Breisgau

Biebl, Josef | Das Restmandat des Betriebsrats nach Betriebsstillegung Diss. Univ. München, Duncker & Humboldt Verlag Berlin 1991

Biebl, Josef — Restmandat des Betriebsrats für Sozialplanmitbestimmung nach Unternehmensteilung? ArbuR 1990, Seite 307 ff.

Bieler, Frank — Übertragbarkeit des Betriebsverfassungs-Reformgesetzes auf das Personalvertretungsrecht ZfPR 2003, S. 215 ff.

Bischoff, Susanne — Das Übergangsmandat des Betriebsrates Diss. Univ. Jena, Verlag Dr. Kovac 2004

Blanke, Thomas — Handbuch Privatisierung zitiert: HB Privatisierung/*Bearbeiter* Nomos-Verlagsgesellschaft Baden-Baden 1998

Blanke, Thomas — Beteiligungsrechte der Personalvertretung bei Privatisierung PersR 2000, S. 43 ff.

Blanke, Thomas — Das Übergangsmandat der Personalräte PersR 2000, S. 349 ff.

Blanke, Thomas — Personalüberleitungstarifvertrag bei Privatisierungen ZTR 2000, S. 211 ff.

Blanke, Thomas — Sicherstellung der Kontinuität der Interessenvertretung: Übergangsmandat auch für Personalräte? ZfPR 2001, S. 242 ff.

Boecken, Winfried — Unternehmensumwandlungen und Arbeitsrecht Dr. Otto Schmidt Verlag Köln 1996

Boecken, Winfried — Anmerkung zu BAG 31.05.00 - 7 ABR 78/98 SAE 2001, S. 102 ff.

Boemke, Burkhard — Vollstreckungsabwehr bei Verlust der Betriebsidentität jurisPR-ArbR 2008 Nr. 45 Anmerkung 5

Boemke, Burkhard — „Übergang“ des Betriebsrates bei Übernahme wesentlicher Betriebsteile jurisPR-ArbR 2011 Nr. 28 Anmerkung 3

Buschmann, Rudolf — Anmerkung zu BAG 31.05.00 - 7 ABR 78/98 ArbuR 2001, S. 32 ff.

Callies, Christian/
Ruffert, Matthias
EUV/AEUV – Das Verfassungsrecht der Europäischen Union mit Europäischer Grundrechtecharta, Kommentar
zitiert: C/R/*Bearbeiter* EUV/AEUV
4, Auflage, Verlag C.H. Beck München 2011

Clemm, Hermann
Rechtshandbuch Vermögen und Investitionen in der ehemaligen DDR Band III
zitiert: Clemm/*Bearbeiter*
2. Auflage, Verlag C.H. Beck München 1993

Dänzer-Vanotti, Christoph/
Tyska, Hans-Joachim
Neuwahl von Betriebsräten in den neuen Bundesländern
DB DDR-Report 1990, S. 3186 ff.

Däubler, Wolfgang
Das Arbeitsrecht im neuen Umwandlungsgesetz
RdA 1995, S. 136 ff.

Däubler, Wolfgang
Die Entsende-Richtlinie und ihre Umsetzung in das deutsche Recht
EuZW 1997, S. 613 ff.

Däubler, Wolfgang
Eine bessere Betriebsverfassung? Der Referentenentwurf zur Reform des BetrVG
ArbuR 2001, S. 1 ff.

Däubler, Wolfgang
Die veränderte Betriebsverfassung - Erste Anwendungsprobleme -
ArbuR 2001, S. 285 ff.

Däubler, Wolfgang
Tarifliche Betriebsverfassung und Betriebsübergang
DB 2005, S. 666 ff.

Däubler, Wolfgang/
Kittner, Michael/
Klebe, Thomas/
Wedde, **Peter**
BetrVG Betriebsverfassungsgesetz mit Wahlordnung und EBR-Gesetz
zitiert: Däubler 3. Aufl.
3. Auflage, Bund-Verlag GmbH Frankfurt/Main 1992

Däubler, Wolfgang/
Kittner, Michael/
Klebe, Thomas/
Wedde, Peter
BetrVG Betriebsverfassungsgesetz mit Wahlordnung und EBR-Gesetz
zitiert: Däubler 6. Aufl.
6. Auflage, Bund-Verlag GmbH Frankfurt/Main 1998

Däubler, Wolfgang/
Kittner, Michael/
Klebe, Thomas/
Wedde, Peter
BetrVG Betriebsverfassungsgesetz mit Wahlordnung und EBR-Gesetz
zitiert: Däubler 7. Aufl.
7. Auflage, Bund-Verlag GmbH Frankfurt/Main 2000

Däubler, Wolfgang/ **Kittner**, Michael/ **Klebe**, Thomas/ **Wedde**, Peter — BetrVG Betriebsverfassungsgesetz mit Wahlordnung und EBR-Gesetz
zitiert: DKKW/*Bearbeiter*
14. Auflage, Bund-Verlag GmbH Frankfurt/Main 2014

De Bauregard, Paul Melot — Ende eines Sonderweges? – Zum Stand des kirchlichen Arbeitsrechts
NZA-RR 2012, S. 225 ff.

Debong, Bernhard — Die EG-Richtlinie über die Wahrung der Arbeitnehmeransprüche beim Betriebsübergang
Diss. Univ. Freiburg (Breisgau), Centaurus Verlag, 1988

Dieterich, Dieter/ **Hanau**, Peter/ **Schaub**, Günter — Erfurter Kommentar zum Arbeitsrecht
zitiert: ErfK/*Bearbeiter* (1998)
C.H. Beck Verlag München 1998

Düwell, Franz Josef — Betriebsverfassungsrechtliche Probleme bei der Umstrukturierung von Unternehmen
AuA 1992, S. 196 ff.

Düwell, Franz Josef — Umstrukturierung von Unternehmen - legislatorische Defizite und rechtspolitische Forderungen
ArbuR 1994, S. 357 ff.

Düwell, Franz Josef — Umwandlung von Unternehmen und arbeitsrechtliche Folgen
NZA 1996, S. 393 ff.

Düwell, Franz Josef — Das Übergangsmandat des Betriebsrats in der Reform der Betriebsverfassung
AiB 2001, Seite 113 f.

Düwell, Franz Josef — Betriebsverfassungsgesetz, Handkommentar
zitiert: HaKo-BetrVG/*Bearbeiter*
4. Auflage, Nomos Verlagsgesellschaft Baden-Baden 2014

Dzida, Boris — Die Unterrichtung des „zuständigen“ Betriebsrats bei innerstaatlichen und grenzüberschreitenden Verschmelzungen
GmbHR 2009, S. 459 ff.

Ebert, Oliver — Privatisierung - Übergangsmandate des Personalrats schaffen
ArbRB 2005, S. 58 ff.

Eich, Rolf-Achim	Tarifverträge nach § 3 BetrVG - Rechtliche Erwägungen und Hinweise zur praktischen Umsetzung in Festschrift Weinspach Luchterhand Verlag 2002, S. 17 ff.
Engels, Gerd	Müssen alle Betriebsräte in der ehemaligen DDR im Frühjahr 1991 neu gewählt werden? DB DDR-Report 1990, S. 3139 f.
Engels, Gerd	Betriebsverfassungsrechtliche Aspekte des Spaltungsgesetzes DB 1991, S. 966 ff.
Engels, Gerd	Fortentwicklung des Betriebsverfassungsrechts außerhalb des Betriebsverfassungsgesetzes in Festschrift Wlotzke, C.H.Beck 1996, S. 279 ff.
Engels, Gerd/ **Müller**, Christopher/ **Mauß**, Yvonne	Ausgewählte arbeitsrechtliche Probleme der Privatisierung - aufgezeigt am Beispiel der Bahnstrukturreform DB 1994, S. 473 ff.
Engels, Gerd/ **Mauß-Trebinger**, Yvonne	Aktuelle Fragen der Betriebsverfassung in den privatisierten Unternehmen der Bahn und Post RdA 1997, S. 217 ff.
Engels, Gerd/ **Trebinger**, Yvonne/ **Löhr-Steinhaus**, Wilfried	Regierungsentwurf eines Gesetzes zur Reform des Betriebsverfassungsgesetzes DB 2001, S. 532 ff.
Etzel, Gerhard/ **Bader**, Peter u.a.	KR – Gemeinschaftskommentar zum Kündigungsschutzgesetz und zu sonstigen kündigungsschutzrechtlichen Vorschriften zitiert: KR/*Bearbeiter* 10. Auflage, Luchterhand Verlag 2013
Feudner, Bernd W.	Übergangs- und Restmandate des Betriebsrates BB 1996, S. 1934 ff.
Feudner, Bernd W.	Übergangs- und Restmandate des Betriebsrates gem. §§ 21a, 21b BetrVG DB 2003, S. 882 ff.
Fey, Detlev/ **Rehren**, Olaf	Kirchengesetz über Mitarbeitervertretungen in der Evangelischen Kirche in Deutschland, Praxiskommentar zitiert: Fey/Rehren, MVG.EKD 39. Ergänzungslieferung Stand August 2013, Otto Bauer Verlag Stuttgart

Fieberg, Gerhard/
Reichenbach, Harald
Vermögensgesetz
zitiert: Fieberg/*Bearbeiter*
Loseblattwerk, C.H. Beck Verlag München Stand Dezember 2000

Fischer, Ulrich
Die Eingliederung eines Betriebes oder Betriebsteiles nach § 21a BetrVG als Sonderfall der Betriebszusammenfassung
RdA 2005, S. 39 ff.

Fitting, Karl
Betriebsverfassungsgesetz, Handkommentar
zitiert: Fitting 17. Auflage
17. Auflage, Verlag Franz Vahlen München 1992

Fitting, Karl
Betriebsverfassungsgesetz, Handkommentar
zitiert: Fitting 19. Auflage
19. Auflage, Verlag Franz Vahlen München 1998

Fitting, Karl
Betriebsverfassungsgesetz, Handkommentar
zitiert: Fitting
27. Auflage, Verlag Franz Vahlen München 2014

Franzen, Martin
Die Richtlinie 98/50/EG zur Änderung der Betriebsübergangsrichtlinie 77/187/EWG und ihre Auswirkungen auf das deutsche Arbeitsrecht
RdA 1999, S. 361 ff.

Friedrich, Michael
Betriebsübergang im öffentlichen Dienst - Zur Anwendbarkeit der Richtlinie 2001/23/EG auf Privatisierungen
ZEuS 2002, S. 427 ff.

Friedrich, Michael
Europäisches Arbeitsrecht und Privatisierungen
Dis. Univ. Konstanz, Nomos Verlag 2002

Frohner, Siegfried
Das Übergangsmandat des Personalrats und die Weitergeltung von Dienstvereinbarungen bei der Privatisierung öffentlicher Einrichtungen, insbesondere im kommunalen Bereich
PersR 1995, S. 99 ff.

Fuchs, Maximilian/
Marhold, Franz
Europäisches Arbeitsrecht
3. Auflage, Springer Verlag 2010

Fürst, Walther/
Franke, Ingeborg/
Weiß, Hans-Dietrich
Gesamtkommentar Öffentliches Dienstrecht GKÖD Personalvertretungsrecht des Bundes und der Länder Band V Teil 2
zitiert: GKÖD
Stand September 2011 Erich Schmidt Verlag

Fuhlrott, Michael/ **Fabritius**, Burkhard — Das Schicksal arbeitgebergebundener Rechtspositionen beim Betriebsübergang
BB 2013, S. 1592 ff.

Ganske, Joachim — Spaltung der Treuhandunternehmen
DB 1991, S. 791 ff.

Gaul, Björn — Beteiligungsrechte von Wirtschaftsausschuss und Betriebsrat bei Umwandlung und Betriebsübergang
DB 1995, S. 2265 ff.

Gaul, Björn — Die Privatisierung von Dienstleistungen als rechtsgeschäftlicher Betriebsübergang (§ 613a BGB)
ZTR 1995, S. 344., S. 387 ff.

Gaul, Björn — Die neue EG-Richtlinie zum Betriebs- und Unternehmensübergang
BB 1999, S. 526 ff., S. 582 ff

Gaul, Björn — Das Arbeitsrecht der Betriebs- und Unternehmensaufspaltung
Dr. Otto Schmidt Verlag Köln 2002

Gaul, Björn/ **Bonanni**, Andrea — Übergangsmandat des Betriebsrats
ArbRB 2002, S. 46 ff.

Goldschmidt, Ulrich — Der Sprecherausschuss
2. Auflage, Luchterhand Verlag 2007

Grabenwarter, Christoph/ **Pabel**, Katharina — Europäische Menschenrechtskonvention
zitiert: Grabenwarter/Pabel EMRK
5. Auflage Verlag C.H. Beck München 2012

Gragert, Nicola — Übers Ziel hinaus? - Das Übergangsmandat nach § 21a BetrVG
NZA 2004, S. 289 ff.

Gronimus, Andreas — Personalvertretung bei umfassender Neugliederung von Geschäftsbereichen
PersV 2013, S. 124 ff.

Große-Kock, Agnes — Anm. zu ArbG Solingen 26.01.2000 - 2 BVGA 1/00
AiB 2000, S. 286 f.

Haag, Oliver — Umstrukturierung und Betriebsverfassung
Diss. Univ. Konstanz, Hartung-Gorre Verlag 1996

Haas, Hermann/ **Salamon**, Erwin — Betrieb, Betriebsteil und Hauptbetrieb – Die Zuordnung und Reichweite des Leitungsapparates
NZA 2009, S. 299 ff.

Hahn, Judith — Mitbestimmung in kirchlichen Einrichtungen
Ludgerus Verlag Essen 2009

Hahn, Siegfried/ **Rudolph**, Wolf-Dieter — Das Übergangsmandat des Betriebsrats
AiB 2009, S. 436 ff.

Hammer, Ulrich — Privatisierung - Chancen und Risiken für die Mitbestimmung
PersR 1997, S. 54 ff.

Hanau, Peter — Methoden der Auslegung des Betriebsverfassungsgesetzes
in Festschrift Zeuner, Mohr Siebeck Verlag 1994, S. 53 ff.

Hanau, Peter — Die Reform der Betriebsverfassung
NJW 2001, Seite 2513 ff.

Hanau, Peter — Brennpunkte der Rechtsprechung zum Betriebsübergang
in Festschrift Küttner, C.H. Beck Verlag 2006, S. 357 ff.

Hanau, Peter/**Steinmeyer**, Heinz-Dietrich/**Wank**, Rolf — Handbuch des europäischen Arbeits- und Sozialrechts
zitiert: HB EAS/*Bearbeiter*
C.H. Beck Verlag 2002

Hanau, Peter/ **Thüsing**, Gregor — Europarecht und kirchliches Arbeitsrecht: Bestandsaufnahme und Perspektiven
zitiert: Hanau/Thüsing
Nomos-Verlagsgesellschaft Baden-Baden 2001

Hauck, Friedrich — Auswirkungen des Betriebsübergangs auf Betriebsratsgremien
in Festschrift Arbeitsgemeinschaft Arbeitsrecht im Deutschen Anwaltsverein, DeutscherAnwaltVerlag 2006, S. 621 ff.

Hauck, Friedrich — Betriebsübergang und Betriebsverfassungsrecht
in Festschrift Richardi, C.H. Beck 2007, S. 537 ff.

Hauck, Friedrich — Arbeitsbedingungen nach Betriebsübergang - Ablösung und Besitzstand
BB 2008 Spezial Nr. 4, S. 19 f.

Haußmann, Katrin — Ein Betrieb verliert seine Identität nicht durch die Zusammenfassung von Betrieben
FD-ArbR 2008, 265375

Heinze, Meinhard	Arbeitsrechtliche Folgen bei der Übertragung und Umwandlung von Unternehmen ZfA 1997, S. 1 ff.
Heinze, Meinhard	Ausgewählte Rechtsfragen zu § 613a BGB in Festschrift Schaub, C.H. Beck Verlag 1998, S. 275 ff.
Heinze, Meinhard	Arbeitsrechtliche Probleme bei der Umstrukturierung von Unternehmen DB 1998, Seite 1861 ff.
Henssler, Martin	Arbeitnehmerinformation bei Umwandlungen und ihre Folgen im Gesellschaftsrecht in Festschrift Kraft, Luchterhand Verlag 1998, S. 219 ff.
Henssler, Martin/ **Willemsen**, Heinz Josef/ **Kalb**, Heinz-Jürgen	Arbeitsrecht Kommentar zitiert: HWK/*Bearbeiter* 5. Auflage, Dr. Otto Schmidt Verlag Köln 2012
Hertzfeld, Herbert	Freiwillige Betriebsvereinbarungen nach dem Betriebsübergang DB 2006, S. 2177 ff.
Hess, Harald/ **Schlochauer**, Ursula/ **Worzalla**, Michael/ **Glock**, Dirk/ **Nicolai**, Andrea	Kommentar zum Betriebsverfassungsgesetz zitiert: HWGNRH/*Bearbeiter* 9. Auflage, Luchterhand Verlag 2014
Hohenstatt, Klaus-Stefan/ **Dziba**, Boris	Die „maßgeschneiderte“ Betriebsverfassung DB 2001, S. 2498 ff.
Hohenstatt, Klaus-Stefan/ **Müller-Bonnani**, Andrea	Auswirkungen eines Betriebsinhaberwechsels auf Gesamtbetriebsrat und Gesamtbetriebsvereinbarungen NZA 2003, S. 766 ff.
Hromadka, Wolfgang/ **Sieg**, Rainer	Kommentar zum Sprecherausschussgesetz 2. Auflage, Luchterhand Verlag 2010
Hueck, Alfred/ **Nipperdey**, Hans Carl	Lehrbuch des Arbeitsrechts Band 1 7. Auflage 1963
Huke, Rainer/ **Lepping**, Christian	Die Folgen eines Betriebsübergangs auf betriebliche Interessenvertretungen FA 2004, S. 136 ff.
Ilbertz, Wilhelm/ **Widmaier**, Ulrich/ **Sommer**, Stefan	Bundespersonalvertretungsgesetz zitiert: Ilbertz/*Bearbeiter* BPersVG 12. Auflage Kohlhammer Verlag Stuttgart 2012

Ilbertz, Wilhelm — Personalvertretungsrecht des Bundes und der Länder
zitiert: Ilbertz Personalvertretungsrecht
16. Auflage, dbb Verlag 2012

Ingenfeld, Gisbert — Die Betriebsausgliederung aus Sicht des Arbeitsrechtes
Diss. Univ. Köln, Verlag Josef Eul 1992

Jacobi, Erwin — Betrieb und Unternehmen als Rechtsbegriffe
in Festschrift Ehrenberg, Theodor Weicher Verlag Leipzig 1927

Jacobs, Matthias — Gesamtbetriebsvereinbarung und Betriebsübergang
in Festschrift Konzen, Mohr Siebeck Verlag 2006, S. 345 ff.

Jaeger, Georg/ **Röder**, Gerhard/ **Heckelmann**, Günther — Praxishandbuch Betriebsverfassungsrecht
zitiert: Jaeger/*Bearbeiter*
C.H. Beck Verlag München 2003

Jarass, Hans D. — Charta der Grundrechte der Europäischen Union – Kommentar
zitiert: Jarass, Charta Grundrechte
2. Auflage, Verlag C.H. Beck München 2013

Jarass, Hans D./ **Pieroth**, Bodo — Grundgesetz für die Bundesrepublik Deutschland – Kommentar
zitiert: Jarass/*Bearbeiter*, GG
12. Auflage Verlag C.H. Beck München 2012

Joost, Detlev — Anmerkung zu LAG Köln 26.01.2000 - 13 TaBV 9/00
EWIR 2000, S. 1071 f.

Joost, Detlev — Betriebsübergang und Funktionsausgliederung
in Festschrift Wlotzke, C.H. Beck Verlag 1996, S. 685 ff.

Jung, Martin — Das Übergangsmandat des Betriebsrates
Diss. Univ. Bayreuth, Hartung-Gorre Verlag 1999

Junker, Abbo — Betriebsrat und Betriebsvereinbarung bei der Umstrukturierung von Unternehmen
in Hromadka, Wolfgang, Recht und Praxis der Betriebsverfassung
Schäffer-Poeschel Verlag Stuttgart 1996

Käckenmeister, Lisa — Rechtsfragen des Übergangsmandats bei der Privatisieung öffentlicher Aufgaben
Diss. Univ. Tübingen, Richard Boorberg Verlag Stuttgart 2010

Kallmeyer, Harald — Umwandlungsgesetz, Kommentar
zitiert: Kallmeyer/*Bearbeiter*
2. Auflage Verlag Dr. Otto Schmidt Köln 2001

Kamp, Frauke — Der Scheinbetriebsrat
Diss. Univ. München, Roderer Verlag 2006

Kania, Thomas/ **Klemm**, Claudia — Möglichkeiten und Grenzen der Schaffung anderer Arbeitnehmervertretungsstrukturen nach § 3 Abs. 1 Nr. 3 BetrVG
RdA 2006, S. 22 ff.

Karpenstein, Ulrich/ **Mayer**, Franz C. — EMRK Konvention zum Schutz der Menschenrechte und Grundfreiheiten - Kommentar
zitiert: Karpenstein/*Bearbeiter* EMRK
Verlag C.H. Beck München 2012

Kast, Matthias/ **Freihube**, Dirk — Privatisierung öffentlicher Arbeitgeber
DB 2004, S. 2530 ff.

Kittner, Oliver — Beschränkter Umfang des Übergangsmandates nach § 21a BetrVG
NZA 2012, S. 541 ff.

Klak, Alexander/ **Wiesinger**, Kai — Der rechtliche und personalpolitische Wert von Überführungsvereinbarungen und ihr Einfluss auf den Betriebsfrieden
in Festschrift Hromadka, C.H. Beck Verlag 2008

Klar, Walter — Das Übergangsmandat des Betriebsrates
NZA 1997, S. 470 ff.

Kleinebrink, Wolfgang — Das Schicksal von Betriebsrat und Gesamtbetriebsrat beim Betriebsübergang
ArbRB 2004, S. 341 ff.

Kleinebrink, Wolfgang/ **Commandeur**, Gert — Der Übergang einer wirtschaftlichen Einheit als Betriebsänderung
NZA 2007, S. 113 ff.

Klevemann, Joachim — Anmerkung zu BAG 23.11.1988 – Az. 7 AZR 121/88
ArbuR 1989, S. 354 ff.

Klimpe-Auerbach, Wolf — Vorbereitung einer Betriebsratswahl durch den Personalrat?
PersR 1993, S. 482 ff.

Koenigs, Folkmar — Rechtsfragen des Arbeitnehmer-Entsendegesetzes und der EG-Entsenderichtlinie
DB 1997, S. 225 ff.

Kokott, Juliane — Auslegung europäischen oder Anwendung nationalen Rechts?
RdA 2006, Beilage Heft 6, S. 30 ff.

Konzen, Horst — Der Regierungsentwurf des Betriebsverfassungsreformgesetzes
RdA 2001, S. 76 ff.

Kort, Michael — Betriebsverfassungsrecht als Unternehmensrecht - Das Verhältnis von § 3 BetrVG n.F. zum Gesellschaftsrecht
AG 2003, S. 13 ff.

Kossens, Michael/ **von der Heide**, Dirk/ **Maaß**, Michael — SGB IX – Rehabilitation und Teilhabe behinderter Menschen
Kommentar
3. Auflage, Verlag C.H. Beck München 2009

Kramer, Ernst A. — Juristische Methodenlehre
4. Auflage, C.H. Beck München 2013

Krause, Rüdiger — Das Übergangsmandat des Betriebsrates im Lichte der novellierten Betriebsübergangsrichtlinie
NZA 1998, S. 1201 ff.

Kreft, Burkhard — Normative Fortgeltung von Betriebsvereinbarungen nach einem Betriebsübergang
in Festschrift Wissmann, C.H. Beck Verlag 2005, S. 347 ff.

Kreft, Burkhard — Die Auslegung europäischen oder Anwendung nationalen Rechts?
RdA 2006, Beilage Heft 6, S. 38 ff.

Kreßel, Eckhard — Betriebsverfassungsrechtliche Auswirkungen des Zusammenschlusses zweier Betriebe
DB 1989, S. 1623 ff.

Kreßel, Eckhard — Arbeitsrechtliche Aspekte des neuen Umwandlungsrechtes
BB 1995, S. 925 ff.

Kreutz, Peter — Normative Fortgeltung von Betriebsvereinbarungen nach einem Betriebsübergang
in Festschrift 50 Jahre Bundesarbeitsgericht, C.H. Beck Verlag 2004, S.993 ff.

Kreutz, Peter — Gestaltungsaufgabe und Beendigung von Betriebsvereinbarungen
in Festschrift Kraft, Luchterhand Verlag 1998, S. 323 ff.

Kreutz, Peter — Betriebsverfassungsrechtliche Auswirkungen unternehmensinterner Betriebsumstrukturierungen - Skizze eines neuen Lösungskonzepts- in Festschrift Wiese, Luchterhand Verlag 1998, S. 235 ff.

Kreutz, Peter — Übergangsmandat des Betriebsrates und Fortgeltung von Betriebsvereinbarungen bei unternehmensinternen Betriebsumstrukturierungen in Gedächtnisschrift Sonnenschein, de Gruyter Verlag 2003, S. 829 ff.

Krings, Hannah Maria — Der Betriebsübergang gem. § 613a BGB im kirchlichen Arbeitsrecht Diss. Univ. Münster, Peter Lang GmbH Verlag 2009

Krisam, Nicole — Reformbedarf im Bundespersonalvertretungsgesetz aus Sicht der Praxis PersV 2003, S. 44 ff.

Kübler, Bruno — Fehlgeschlagene Spaltungen von Treuhandgesellschaften in Festschrift Merz, Verlag Kommunikationsforum GmbH 1992, S. 333 ff.

Larenz, Karl — Methodenlehre der Rechtswissenschaft 6. Auflage Springer Verlag Berlin 1991

Lecheler, Helmut; **Germelmann**, Friedrich — Der Einfluss des europäischen Gemeinschaftsrechtes auf das deutsche Personalvertretungsrecht PersV 2005, S, 317 ff.

Lelley, Jan Tibor — Kollision von Übergangs- und Restmandat - Ein betriebsverfassungsrechtliches Dilemma? DB 2008, S. 1433 ff.

Lepper, Christian/ **Wiesinger**, Kai — Das neue Übergangsmandat AuA 2002, S. 204 ff.

Lerch, Sascha — Auswirkungen von Betriebsübergängen und unternehmensinternen Umstrukturierungen auf Betriebsvereinbarungen Diss. Univ. Mainz, Peter Lang Verlag 2006

Letzas, Lars — Die Fortgeltung von Einzel- und Gesamtbetriebsvereinbarungen beim Betriebsübergang Diss. Univ. Leipzig, Leipziger Universitätsverlag 2008

Lindemann, Achim/
Simon, Oliver
Ablösung und Bestandsschutz von Altersversorgungsregelungen beim Betriebsübergang
BB 2003, S. 2510 ff.

Lingemann, Stefan
Betriebsänderungen nach neuem BetrVG
NZA 2002, S. 934 ff.

Lingemann, Stefan
Anmerkung zu EuGH 12.02.2009 – Rs. C-466/07 „Klarenberg“
FD-ArbR 2009, 277465

Litschen, Kai
Die horizontale Wirkung von Richtlinien - Auflösung des nationalen Rechtes durch den EuGH?
ZTR 2004, S. 619 ff.

Lörcher, Klaus
Anmerkung zu EuGH 05.10.2004 - verb. Rs C-397/01- C-403/01
EuroAS 2004, S. 153 ff.

Lorenzen, Uwe
Die Bahnreform - Neuland für Dienst- und Personalvertretungsrecht
PersV 1994, 145 ff.

Löw, Stefan
Übergangs- und Restmandat bei Widerspruch gegen den Betriebsübergang?
ArbuR 2007, S. 194 ff.

Löwisch, Manfred
Betriebsratsamt und Sprecherausschussamt bei Betriebsübergang und Unternehmensänderung
BB 1990, S. 1698 ff.

Löwisch, Manfred
Kommentar zum Sprecherausschussgesetz
zitiert: Löwisch, SprAuG
2. Auflage, Verlag Recht und Wirtschaft Heidelberg, 1994

Löwisch, Manfred
Auswirkungen des Betriebsverfassungsrechts-Reformgesetzes auf Mitwirkung und Mitbestimmung des Betriebsrates
NZA 2001, Sonderbeilage Heft 24, S. 40 ff.

Löwisch, Manfred
Betriebsübergang: Betriebliche Stellung widersprechender Arbeitnehmer
in Festschrift Bepler C.H. Beck München 2012, S. 403 ff.

Löwisch, Manfred/
Kaiser, Dagmar
Kommentar zum Betriebsverfassungsgesetz
zitiert: Löwisch/Kaiser
6. Auflage, Verlag Recht und Wirtschaft GmbH Frankfurt/Main 2010

Löwisch, Manfred/ **Schmidt-Kessel**, Martin — Die gesetzliche Regelung von Übergangsmandat und Restmandat nach dem Betriebsverfassungsreformgesetz
BB 2001, S. 2162 ff.

Lutter, Marcus — Umwandlungsgesetz, Kommentar
zitiert: Lutter/*Bearbeiter*
2. Auflage, Dr. Otto Schmidt Köln Verlag 2000

Maschmann, Frank — Betriebsrat und Betriebsvereinbarung nach einer Umstrukturierung
NZA 2009 Beilage 1, S. 32 ff.

Maunz, Theodor/ **Dürig**, Günter — Grundgesetz Kommentar
zitiert: Maunz/*Bearbeiter* GG
Stand Februar 2004 Verlag C.H. Beck München

Medla, Martin — Befugnisse und Rechte von Sprecherausschüssen im Rahmen des § 613a BGB
in Festschrift Leinemann, Luchterhand Verlag 2006, S. 243 ff.

Meinel, Gernod — BB-Kommentar zu EuGH 05.10.2004 - Rs 397/01
BB 2004, S. 2359 f.

Mengel, Anja — Umwandlungen im Arbeitsrecht
Diss. Univ. Köln, C.F. Müller Verlag 1997

Metzke, Maria — Kündigungen bei Wechsel des Betriebsinhabers unter besonderer Berücksichtigung der Rechtsstellung des Betriebsrates
ArbuR 1986, S. 78 ff.

Meyer, Cord — Ablösung von Betriebs-, Gesamt- und Konzernbetriebsvereinbarungen beim Betriebsübergang
DB 2000, S. 1174 ff.

Meyer, Cord — Anmerkung zu BAG 18.09.02 - 1 ABR 54/01 Weitergeltung von Gesamtbetriebsvereinbarungen nach Betriebsübergang
SAE 2003, S. 310 ff.

Meyer, Cord — Gestaltungsfragen kollektiver Weitergeltung von Gesamtbetriebsvereinbarungen bei Betriebsübergang - wider ein betriebsverfassungsrechtliches Interregnum!
ZIP 2004, S. 545 ff.

Meyer, Jürgen — Charta der Grundrechte der Europäischen Union
zitiert: Meyer/*Bearbeiter* Charta Grundrechte
3. Auflage Nomos Verlag 2011

Mörsdorf, Oliver — Unmittelbare Anwendung von EG-Richtlinien zwischen Privaten in der Rechtsprechung des EuGH
EuR 2009, S. 219 ff.

Moll, Wilhelm/
Ersfeld, Svenja — Betriebsratsstruktur nach Betriebsübergang
DB 2012, S. 1108 ff.

Mues, Werner M. — Bestandsschutz und Änderbarkeit von Betriebsvereinbarungen nach Betriebsübergang und Betriebsteilübergang
DB 2003, S. 1273 ff.

Müller, Thomas — Umwandlung des Unternehmensträgers und Betriebsvereinbarung
RdA 1996, S. 287 ff.

Müller-Glöge, Rudi/
Preis, Ulrich/
Schmidt, Ingrid — Erfurter Kommentar zum Arbeitsrecht
zitiert: ErfK/*Bearbeiter*
14. Auflage, C.H. Beck Verlag München 2014

Müller-Volbehr, Gerd — Europa und das Arbeitsrecht der Kirchen
Diss. Univ. Regensburg, Verlag Recht und Wirtschaft Heidelberg 1999

Müller-Volbehr, Gerd — Teilzeitarbeit und kirchliche Arbeitsverhältnisse
NZA 2002, S. 301 ff.

Neumann, Dirk/
Pahlen, Roman/
Majerski-Pahlen, Monika — Sozialgesetzbuch IX – Rehabilitation und Teilhabe behinderter Menschen
Kommentar
zitiert: Neumann/Pahlen/Majerski-Pahlen
12. Auflage, Verlag C.H. Beck München 2010

Niklas, Thomas/
Mückl, Patrick — Auswirkungen eines Betriebsübergangs auf betriebsverfassungsrechtliche Ansprüche
DB 2008, S. 2250 ff.

Oetker, Hartmut — Die Vorgaben der Betriebsübergangsrichtlinie für die Beteiligungsrechte des Betriebsrates
NZA 1998, S. 1193 ff.

Oetker, Hartmut/
Busche, Jan — Entflechtung ehemals volkseigener Wirtschaftseinheiten im Lichte des Arbeitsrechtes
NZA 1991 Beilage 1, S. 18 ff.

Oetker, Hartmut/
Preis, Ulrich — Europäisches Arbeits- und Sozialrecht
zitiert: Oetker/*Bearbeiter* EAS
Stand November 2013, C.F. Müller Verlag

Opolony, Bernhard — Arbeitsrechtliche Fragen der Privatisierung von Bühnen
ZTR 2004, S. 338 ff.

Oppermann, Thomas/ **Classen**, Dieter/ **Nettesheim**, Martin — Europarecht
zitiert: O/C/N Europarecht
5. Auflage C.H. Beck Verlag München 2011

Pawlak, Klaus/ **Leydecker**, Philipp — Die Privatisierung öffentlicher Unternehmen: Übergangsmandat des Personalrats und Fortbestand kollektiver Regelungen
ZTR 2008, S. 74 ff.

Peix, Mathias — Errichtung und Fortbestand des Gesamtbetriebsrats unter besonderer Berücksichtigung von gewillkürten Arbeitnehmervertretungen und Unternehmensumstrukturierungen
Diss. Univ. Bielefeld, Logos Verlag 2008

Picot, Gerhard/ **Schnitker**, Elmar — Arbeitsrecht bei Unternehmenskauf und Restrukturierung
Verlag C.H. Beck München 2001

Pleßner, André — Das Schicksal der MAV bei Wechsel von der kirchlichen auf eine weltliche Trägerschaft der Einrichtung
ZMV 2007, S. 233 ff.

Pirscher Andrea — Betriebsteilung infolge Umstrukturierung
Diss. Univ. Bielefeld, Peter Lang Verlag 2000

Preis, Ulrich/ **Richter**, Marcus — Grenzen der normativen Fortgeltung von Betriebsvereinbarungen beim Betriebsübergang
ZIP 2004, S. 925 ff.

Preis, Ulrich/ **Steffan**, Ralf — Zum Schicksal kollektivrechtlicher Regelungen beim Betriebsübergang
in Festschrift Kraft, Luchterhand Verlag 1998, S. 477 ff.

Preussner, Joachim — Der Gesetzentwurf über die Berliner Sparkasse und die Umwandlung der Landesbank Berlin – Girozentrale – in eine Aktiengesellschaft (Berliner Sparkassengesetz)
BKR 2005, S. 309 ff.

Rädler, Albert J. — Vermögen in der ehemaligen DDR
Zitiert: Rädler/*Bearbeiter*
Verlag für die Rechts- und Anwaltspraxis Herne/ Berlin Stand 2000

Reich, Andreas — Die Ausgründung eines Personalratsmitglieds
PersV 2008, S. 164 ff.

Reichold, Hermann — Europäisches Rahmenrecht für die kirchliche Mitbestimmung?
ZTR 2000, S. 57 ff.

Reichold, Hermann — Die reformierte Betriebsverfassung 2001 – Ein Überblick über die neuen Regelungen des Betriebsverfassungs-Reformgesetzes
NZA 2001, Seite 857 ff.

Richardi, Reinhard — Veränderungen in der Organisation der Betriebsverfassung nach dem Regierungsentwurf zur Reform des BetrVG
NZA 2001, Seite 346 ff.

Richardi, Reinhard/ **Annuß**, Georg — Neues Betriebsverfassungsgesetz - Revolution oder strukturwahrende Reform ?
DB 2001, S. 41 ff.

Richardi, Reinhard/ **Kortstock**, Ulf — Anmerkung zu BAG 18.09.02 - 1 ABR 54/01
RdA 2004, S. 173 ff.

Richardi, Reinhard — Betriebsverfassungsgesetz mit Wahlordnung
zitiert: Richardi/*Bearbeiter*
14. Auflage, C.H. Beck Verlag München 2014

Richardi, Reinhard — Arbeitsrecht in der Kirche
6. Auflage, C.H. Beck Verlag 2012

Richardi, Reinhard/ **Dörner**, Hans-Jürgen/ **Weber**, Christoph — Personalvertretungsrecht
zitiert: Richardi/*Bearbeiter*, Personalvertretungsrecht
4. Auflage, Verlag C.H. Beck München 2012

Richardi, Richard/ **Wißmann**, Hellmut/ **Wlotzke**, Otfried — Münchner Handbuch zum Arbeitsrecht
zitiert: MünchHBArbR/*Bearbeiter*, 2.A.
2. Auflage, C.H. Beck Verlag München 2000

Richardi, Richard/ **Wißmann**, Hellmut/ **Wlotzke**, Otfried/ **Oetker**, Hartmut — Münchner Handbuch zum Arbeitsrecht
zitiert: MünchHBArbR/*Bearbeiter*
3. Auflage, C.H. Beck Verlag München 2009

Rieble, Volker — Kompensation der Betriebsspaltung durch den Gemeinschaftsbetrieb mehrerer Unternehmen (§ 322 UmwG)
in Festschrift Wiese, Luchterhand Verlag 1998, S. 453 ff.

Rieble, Volker | Das Übergangsmandat nach § 21a BetrVG
NZA 2002, S. 233 ff.

Rieble, Volker | Sonderbeilage Heft 16; Betriebsverfassungsrechtliche Folgen der Betriebs- und Unternehmensumstrukturierung
NZA 2003 Sonderbeilage Heft 16, S. 62 ff.

Rieble, Volker/ **Gutzeit**, Martin | Betriebsvereinbarungen nach Umstrukturierungen
NZA 2003, S. 233 ff.

Rieble, Volker/ **Gutzeit**, Martin | Übergangsmandat bei Betriebsverschmelzung: Streit zwischen Betriebsräten und Durchsetzung
ZIP 2004, S. 693 ff.

Riesenhuber, Karl | Europäisches Arbeitsrecht
Müller Verlag Heidelberg München 2009

Röder, Gerhard/ **Haussmann**, Katrin | Die Geltung von Gesamtbetriebsvereinbarungen nach einer Umwandlung
DB 1999, S. 1754 ff.

Romer, Ulrich Karl | Das Sprecherausschussgesetz und die analoge Anwendung des Betriebsverfassungsgesetze
Diss. Univ. Bayreuth 1996

Sachs, Michael | Grundgesetz Kommentar
zitiert: Sachs/*Bearbeiter* GG
6. Auflage Verlag C.H. Beck München 2011

Säcker, Franz Jürgen | Vermögensrecht, Kommentar zu §§ 1 bis 21 Vermögensgesetz
zitiert: Säcker/*Bearbeiter*
Verlag C.H. Beck München 1995

Sagasser, Bernd/ **Bula**, Thomas/ **Brünger**, Thomas | Umwandlungen
2. Auflage, Verlag C.H. Beck München 2000

Salamon, Erwin | Die kollektivrechtliche Geltung von Betriebsvereinbarungen beim Betriebsübergang unter Berücksichtigung der neueren BAG-Rechtsprechung
RdA 2007, S. 153 ff.

Salamon, Erwin/ **Hoppe**, Christian | Die Maßgabe der fortbestehenden Organisationsstrukturen für den Betriebsübergang nach „Klarenberg“
NZA 2010, S. 989 ff.

Schäfer, Detmar — Das kirchliche Arbeitsrecht in der europäischen Integration
zitiert: Schäfer, Kirchliches Arbeitsrecht (1997)
Ludgerus Verlag Essen 1997

Schaub, Günter — Der arbeitsrechtliche Betriebsübergang im Recht der Gesamtrechtsnachfolge
in Festschrift Wlotzke, C.H. Beck Verlag 1996, S. 103 ff.

Schaub, Günter — Arbeitsrechts-Handbuch
zitiert: Schaub/*Bearbeiter*
15. Auflage, C.H. Beck Verlag München 2013

Schiefer, Bernd — Kollektivrechtliche Probleme des Betriebsübergangs
FA 1998, S. 270 ff.

Schiefer, Bernd — Rechtsfolgen des Betriebsübergangs nach § 613a BGB
NJW 1998, S. 1817 ff.

Schiefer, Bernd — Outsourcing, Auftragsvergabe, Betriebsübergang – nach aktueller Rechtsprechung
Landesvereinigung der Arbeitgeberverbände NRW 1998

Schiefer, Bernd — Fortgeltung kollektivrechtlicher Regelungen im Falle des Betriebsübergangs gem. § 613a BGB
in Festschrift 50 Jahre Bundesarbeitsgericht, C.H. Beck Verlag 2004, S. 859 ff.

Schiefer, Bernd — Fortgeltung kollektivrechtlicher Regelungen beim Betriebsübergangs gem. § 613a BGB
DB 2005, S. 2134 ff.

Schiefer, Bernd/ **Pogge**, Beate — Betriebsübergang und dessen Folgen - Tatbestandsvoraussetzungen des § 613a BGB und Fortgeltung kollektiv-rechtlicher Regelungen
NJW 2003, S. 3734 ff.

Schiefer, Bernd/ **Worzalla**, Michael — 10 Jahre novelliertes Betriebsverfassungsgesetz – Eine Bestandsaufnahme
NZA 2011, S. 1396 ff.

Schimanski, Werner — Das Rest- und Übergangsmandat der Schwerbehindertenvertretung
Behindertenrecht 1999, S. 129 ff.

Schipp, Johannes — Arbeitsrechtliche Probleme bei der Privatisierung öffentlicher Einrichtungen
NZA 1994, S. 865 ff.

Schlachter, Monika — Bewährung und Reformbedürftigkeit des Betriebsverfassungsrechts
RdA 1993, S. 313 ff.

Schlachter, Monika — Richtlinienkonforme Rechtsfindung - ein neues Stadium im Kooperationsverhältnis zwischen EuGH und den nationalen Gerichten
RdA 2005, S. 115 ff.

Schleicher, Hans-Werner — Übergangsmandat und Personalrat
PersV 2006, S. 211 ff.

Schlenker-Rehage, Andreas — Das Übergangsmandat des Betriebs- und des Personalrates und die Bedeutung der Richtlinie 2001/23/EG
Diss. Univ. Halle-Wittenberg, Peter Lang Verlag 2010

Schliemann, Harald — Europa und das deutsche kirchliche Arbeitsrecht – Kooperation oder Konfrontation?
NZA 2003, S. 407 ff.

Schmidt-Bleibtreu, Bruno/ **Klein**, Franz — GG Kommentar zum Grundgesetz
zitiert: Schmidt-Bleibtreu/Bearbeiter GG
12. Auflage Carl Heymanns Verlag 2011

Schmiege, Thorsten — Betriebsverfassungsrechtliche Organisationsstrukturen durch Tarifvertrag
Diss. Univ. Regensburg, Duncker & Humblot Verlag 2007

Schneider, Robert — Rechtsformumwandlung eines Krankenhauses in eine GmbH
PflR 2001, S. 188 ff.

Schönhöft, Andreas/ **Schönleber**, Simon — Zur Frage der Reduzierung von Mitbestimmungsgremien durch einen Gemeinschaftsbetrieb
BB 2013, S. 2485 ff.

Schubert, Jens M. — Die Behandlung kollektivvertraglicher Normenkollisionen nach Verschmelzung und Spaltung von Unternehmen
Diss. Univ. Hannover Nomos Verlag 2002

Schubert, Michael — Das „Restmandat" bei Betriebsrat und Personalrat
ArbuR 2003, S. 132 ff.

Schulze-Allen, Wolfgang — Anmerkung zu ArbG Herne 19.04.2001 - 4 BV 10/01 u. 4 (2) BVGa 8/01
AiB 2001, S. 726 ff.

Schulze Froning, Wilma — Kirchliche Mitarbeitervertretungsregelungen
Diss. Univ. Münster 2002

Schultze, Marc-Oliver — Amtszeit des Betriebsrates – Rechtsfragen zum Übergangs- und Restmandat
ArbRAktuell 2013, S. 413 ff.

Schultze, Marc-Oliver/ **Schreck**, Corinna — Übergangs- und Restmandat
AiB 2013, S. 440 ff.

Seel, Henning-Alexander — Umstrukturierung von Unternehmen - Auswirkungen auf Kollektivvereinbarungen
MDR 2008, S. 657 ff.

Sieg, Rainer — Leiten ohne zu leiden – Das Sprecherausschussgesetz in der betrieblichen Praxis
in Festschrift Richardi, Verlag C.H. Beck 2007

Sieg, Rainer/ **Maschmann**, Frank — Unternehmensumstrukturierung aus arbeitsrechtlicher Sicht
2. Auflage, C.H. Beck Verlag 2010

Sowka, Hans-Harald — Betriebsverfassungsrechtliche Probleme der Betriebsaufspaltung
DB 1988, S. 1318 ff.

Spreer, Bernadette — Die Richtlinie 2002/14/EG zur Festlegung eines allgemeinen Rahmens für die Unterrichtung und Anhörung der Arbeitnehmer in der Europäischen Gemeinschaft
Diss. Univ. Bielefeld, Logos Verlag 2005

Steffan, Ralf — Arbeitsrecht und Unternehmenssanierung in den neuen Bundesländer
Diss. Univ. Köln, Nomos Verlagsgesellschaft Baden-Baden 1995

Steffan, Ralf — Neues vom EuGH zum Betriebsübergang: Was folgt aus „Scattolon"?
NZA 2012, S. 473 ff.

Steindorff, Ernst — Gesellschaftsrecht, EG-Richtlinien und Art. 177 EWG-Vertrag
AG 1988, S. 57 ff.

Stege, Dieter/ **Weinspach**, F.K./ **Schiefer**, Dieter — Betriebsverfassungsgesetz, Handkommentar für die betriebliche Praxis
9. Auflage, Deutscher Instituts-Verlag 2002

Steinigen, Jens — Arbeitsrechtliche Probleme der Privatisierung kommunaler Einrichtungen und deren Auswirkungen auf die künftige Personalkostenentwicklung
ZTR 2008, S. 582 ff.

Stöckel, Lena — Das Amt des Betriebsrats nach Umstrukturierungen
Diss. Bucerius Law School, Duncker & Humblot Verlag Berlin 2011

Streinz, Rudolf — EUV/AEUV – Vertrag über die Europäische Union und Vertrag über die Arbeitsweise der Europäischen Union
zitiert: Streinz/*Bearbeiter* EUV/AEUV
2. Auflage C.H. Beck München 2012

Stuntz, Christina — Übergangsmandat des Personalrates bei Privatisierung einer öffentlichen Einrichtung
jurisPR-ArbR 2009, Nr. 49 Anmerkung 6

Thannheiser, Achim — Anmerkung zu ArbG Düsseldorf 17.09.1996 - 1 BVGa 12/96
AiB 1997, S. 602 f.

Thiel, Adolf/ **Fuhrmann**, Martin/ **Jüngst**, Manfred — MAVO – Kommentar zur Rahmenordnung für eine Mitarbeitervertretungsordnung
zitiert: T/F/J/*Bearbeiter*
7. Auflage Luchterhand Verlag 2014

Thüsing, Gregor — Das Übergangsmandat und das Restmandat des Betriebsrats nach § 21a und § 21b BetrVG
DB 2002, S. 738 ff.

Thüsing, Gregor — Vereinbarte Betriebsratsstrukturen
ZIP 2003, S. 693 ff.

Thüsing, Gregor — Folgen einer Umstrukturierung für Betriebsrat und Betriebsvereinbarung
DB 2004, S. 2474 ff.

Thüsing, Gregor — Zu den Grenzen richtlinienkonformer Auslegung
ZIP 2004, S. 2301 ff.

Thüsing, Gregor — Kirchliches Arbeitsrecht
Mohr Siebeck Verlag 2006

Trittin, Wolfgang — Das Umwandlungsgesetz
AiB 1996, S. 349 ff.

Trittin, Wolfgang — Die Verschmelzung von Unternehmen
AiB 1998, S. 545 ff.

Trümner, Ralf — Betriebsverfassungsrechtliche Fragen beim Betriebsübergang nach § 613a BGB
BetrR 1990, S. 88 ff.

Trittin, Wolfgang — Anmerkung zu BAG 18.09.2002 - 1 ABR 54/01
AiB 2004, S. 41 ff.

Trümner, Ralf — Probleme beim Wechsel vom öffentlich-rechtlichen zum privatrechtlichen Arbeitgeber infolge von Privatisierungen öffentlicher Dienstleistungen
PersR 1993, S. 473 ff.

Trümner, Ralf — Mitbestimmungsvorgaben des Europäischen Arbeitsrechtes bei Privatisierungen
PersR 1997, S. 197 ff.

Trümner, Ralf — Betriebsübergang und Zuordnungstarifverträge
FA 2007, S. 226 ff.

Ulmer, Peter — Mitbestimmungsrecht, Kommentierung des MitbestG, der DrittelbG und der §§ 34 bis 38 SEBG
zitiert: Ulmer/*Bearbeiter*
3. Auflage, C.H. Beck Verlag München 2013

Vedder, Christoph/ **Heintschel von Heinegg**, Wolff — Europäisches Unionsrecht – EUV I AEUV I Grundrechte-Charta
zitiert: Vedder/*Bearbeiter* Europäisches Unionsrecht
Nomos Verlag 2012

Vogelsang, Dirk — Verlust des Betriebsrats infolge Unternehmensteilung?
DB 1990, S. 1329 ff.

Vogelsang, Klaus — Beteiligungsrechtliche Probleme bei der Privatisierung
PersV 2005, S. 4 ff.

Von Alvensleben, Constantin — Die Rechte der Arbeitnehmer bei Betriebsübergang im Europäischen Gemeinschaftsrecht
Diss. Univ. Bonn Nomos Verlag 1992

Von Campenhausen, Axel Freiherr/**De Wall**, Heinrich — Staatskirchenrecht
4. Auflage Verlag C.H. Beck München 2006

Von Hoyningen-Huene, Gerrit — Anmerkung zu BAG 31.05.2000 – Az. 7 ABR 78/98 AP BetrVG 1972 Gemeinsamer Betrieb Nr. 12

Von Mangoldt, Hermann/ **Klein**, Friedrich/ **Stark**, Christian — Kommentar zum Grundgesetz, Band 3 Artikel 83 bis 146
zitiert: von Mangoldt/*Bearbeiter* GG
6. Auflage Verlag Franz Vahlen München 2010

Von Münch, Ingo/ **Kunig**, Philip — Grundgesetz Kommentar Band 2: Art. 70 bis 146
zitiert: von Münch/*Bearbeiter* GG
6. Auflage Verlag C.H. Beck München 2012

Von Roetteken, Torsten — Die Europäisierung des Beschäftigtenvertretungsrechts
PersR 1999, S. 109 ff.

Von Roetteken, Torsten — Anforderungen des Gemeinschaftsrechtes an Gesetzgebung und Rechtsprechung
NZA 2001, S. 414 ff.

Von Tiling, Christian Heinrich — Die Rechtsfolgen des Betriebsübergangs im Spannungsfeld von Kirchenfreiheit und staatlicher Rechtsordnung
Diss. Univ. Göttingen Verlag Recht und Wirtschaft Heidelberg 2003

Waas, Bernd/ **Johanns**, Anke — Die Änderung der Richtlinie zum Betriebsübergang
EuZW 1999, S. 458 ff.

Wank, Rolf/ **Maties**, Martin — Voraussetzungen für die Errichtung eines Konzernbetriebsrats
SAE 2008, S. 161 ff.

Weidner, Norbert — Neue Bestimmungen für Betriebsräte in den neuen Bundesländern
AuA 1991, S. 224 f.

Weis, Karl Heinz/ **Raffler**, Andrea — Auswirkungen von Restrukturierungen auf den Betriebsrat
in Festschrift Spiegelberger, Zerb Verlag 2009, S. 944 ff.

Widlak, Harald — Änderung der Betriebsübergangs-Richtlinie
ZIP 1998, S. 1328 f.

Widmaier, Ulrich — Fragen der Einflussnahme der Personalvertretung bei der Privatisierung öffentlicher Einrichtungen unter Einbeziehung europarechtlicher Aspekte
ZfPR 2001, S. 119 ff.

Wiedenfals, Matthias — Schnittstellen zwischen Personalvertretungsrecht und Betriebsverfassungsrecht
PersV 2001, S. 110 ff.

Wiese, Günther — Mehrere Unternehmen als gemeinsamer Betrieb im Sinne des Betriebsverfassungsrechts
in Festschrift Gaul, Luchterhand Verlag 1992, S. 553 ff.

Wiese, Günther — Anmerkung zu BAG 31.05.2000 - 7 ABR 78/98
AR-Blattei ES 530.6.1 Nr. 33

Wiese, Günther/ **Kreutz**, Peter — Betriebsverfassungsgesetz, Gemeinschaftskommentar
zitiert: GK-BetrVG/*Bearbeiter* 6. Aufl.
6. Auflage, Luchterhand Verlag 1997

Wiese, Günther/ **Kreutz**, Peter — Betriebsverfassungsgesetz, Gemeinschaftskommentar
zitiert: GK-BetrVG/*Bearbeiter*
10. Auflage, Luchterhand Verlag 2014

Willemsen, Heinz Josef — Arbeitsrechtliche Aspekte der Reform des Umwandlungsrechts
RdA 1993, Seite 133 ff.

Willemsen, Heinz Josef — Arbeitsrecht im Umwandlungsgesetz - Zehn Fragen aus Sicht der Praxis
NZA 1996, S. 791 ff.

Willemsen, Heinz Josef — Anmerkung zu BAG 31.05.2000
RdA 2001, S. 412 ff.

Willemsen, Heinz Josef — Arbeitsrechtliche Fragen der Privatisierung und Umstrukturierung öffentlicher Rechtsträger
in Festschrift 50 Jahre Bundesarbeitsgericht, C.H. Beck Verlag 2004, S. 287 ff.

Willemsen, Heinz Josef — Erneute Wende im Recht des Betriebsübergangs – ein „Christel Schmidt II"-Urteil des EuGH?
NZA 2009, S. 289 ff.

Willemsen, Heinz Josef/ **Annuß**, Georg — Betriebsübergang durch Neuvergabe eines Reinigungsauftrages – Anmerkung zu BAG 17.07.1997 – Az. 8 AZR 156/95
DB 1997, S. 1875 ff.

Willemsen, Heinz Josef/ **Annuß**, Georg — Neue Betriebsübergangsrichtlinie - Anpassungsbedarf im deutschen Rechts?
NJW 1999, S. 2073 ff.

Willemsen, Heinz Josef/
Hohenstatt, Klaus-Stefan
Erstreckung des Übergangsmandats (§321 UmwG) auf bislang betriebsratslose Einheiten ?
DB 1997, S. 2609 ff.

Willemsen, Heinz Josef/
Hohenstatt, Klaus-Stefan/
Schweibert, Ulrike/
Seibt, Christoph H.
Umstrukturierung und Übertragung von Unternehmen
– Arbeitsrechtliches Handbuch -
zitiert: WHSS/*Bearbeiter*
4. Auflage, C.H. Beck Verlag München 2011

Wlotzke, Otfried
Arbeitsrechtliche Aspekte des neuen Umwandlungsrechts
DB 1995, S. 40 ff.

Wlotzke, Otfried/
Preis, Ulrich/
Kreft, Burghard
Betriebsverfassungsgesetz, Kommentar
zitiert: WPK/*Bearbeiter*
4. Auflage, C.H. Beck Verlag München 2009

Wolff, Alexander/
Conradi, Ulrike
Personalüberleitung und Personalüberleitungsvereinbarungen bei Privatisierungsvorhaben im Krankenhausbereich
ZTR 2007, S. 290 ff.

Wollenschläger, Michael/
von Harbou, Christopher
Arbeitsrechtliche Fragen bei Privatisierungs- und Outsourcingmaßnahmen in öffentlichen Krankenhäusern
NZA 2005, S. 1081 ff.

Wollenschläger, Michael/
Pollert/Dirk
Rechtsfragen des Betriebsüberganges
ZfA 1996, S 547 ff.

Worzalla, Michael
Übergangs- und Restmandat des Betriebsrats nach §§ 21a und b BetrVG
FA 2001, Seite 261 ff.

Zachert, Ulrich/
Kocher, Eva
Die Richtlinie 98/50/EG zum Betriebsübergang - aus Brüssel, Luxemburg und Kassel etwas Neues?
in Festschrift Arbeitsrecht und Arbeitsgerichtsbarkeit,
Luchterhand Verlag 1999, S. 51 ff.

Zippelius, Reinhold
Juristische Methodenlehre
10. Auflage, C.H. Beck Verlag München 2010

Zöllner, Wolfgang/
Loritz, Karl-Georg
Arbeitsrecht
6. Auflage, C.H. Beck Verlag 2008

Schriften zum Recht der Arbeit

Herausgegeben von Olaf Deinert / Rüdiger Krause

Das Arbeitsrecht regelt die Bedingungen, unter denen durch Kooperation von Arbeitgebern und Arbeitnehmern wirtschaftliche Werte geschaffen und die daraus entstehenden Erträge verteilt werden. Dabei muss sich das Arbeitsrecht in einem immer stärkeren Maße den Herausforderungen einer globalisierten Ökonomie einerseits und sich ständig verändernden gesellschaftlichen Anschauungen andererseits stellen. Das Arbeitsrecht nimmt daher eine zentrale Rolle in der Struktur moderner Industrie- und Dienstleistungsgesellschaften ein. Kein anderes Rechtsgebiet steht deshalb so stark im Spannungsfeld der politischen und sozialen Kräfte sowie zugleich im Blickpunkt der Öffentlichkeit. Die Reihe „Schriften zum Recht der Arbeit" soll die wissenschaftliche Auseinandersetzung mit dem Arbeitsrecht und dem betrieblichen Sozialrecht fördern, indem sie einen Rahmen für einschlägige Publikationen schafft. Sie vereint vorwiegend Dissertationen zu diesen Themen, die mit mindestens „cum laude" bewertet worden sind.

Manuskriptvorschläge sind in Papierform an die Herausgeber zu richten: Professor Dr. Olaf Deinert / Professor Dr. Rüdiger Krause, Institut für Arbeitsrecht, Georg-August-Universität Göttingen, Platz der Göttinger Sieben 5, 37073 Göttingen.

Band 1 Elisa Maria Wolf: Druckkündigungen mit diskriminierendem Hintergrund. 2012.

Band 2 Daniel Hader: Die Differenzierung nach der Gewerkschaftsmitgliedschaft durch Vereinbarung. 2012.

Band 3 Nils Seibert: Die Begründung und Beendigung von Arbeitsverhältnissen und Arbeitsverträgen. 2012.

Band 4 Maximilian Federhofer: Europäisches Tarifrecht? Zum Verhältnis von Grundfreiheiten und Grundrechten im Hinblick auf nationale Sachverhalte mit Tarifbezug. 2013.

Band 5 Sara Günther: Arbeitsrechtlicher Antidiskriminierungsschutz und Diversity Management. AGG - Pflicht und Chance zugleich. 2013.

Band 6 Jun Zhu: Die Mankohaftung im Arbeitsverhältnis nach der Schuldrechtsmodernisierung. 2013.

Band 7 Philip Owschimikow: Datenscreening zwischen Compliance-Aufgabe und Arbeitnehmerdatenschutz. Zugleich eine Bewertung des Regierungsentwurfs eines Gesetzes zur Regelung des Beschäftigtendatenschutzes. 2014.

Band 8 Jennifer Rasche: Arbeitnehmerweiterbildung. Gesetzlicher Rahmen und kollektive Gestaltungsmöglichkeiten. 2014.

Band 9 Nicola Jakobi: Flexibilisierungen des Arbeitsverhältnisses im Arbeitnehmerinteresse. Eine rechtsdogmatische und rechtspolitische Untersuchung des Rechts der Arbeitszeiten auf die Vereinbarkeit von Familie und Beruf. 2014.

Band 10 Christiane Radtke: Externer Sachverstand im Betriebsverfassungsrecht. Sachverständige und Berater für Betriebsrat, Gesamtbetriebsrat, Konzernbetriebsrat, Wirtschaftsausschuss und Wahlvorstand. 2014.

Band 11 Michael Au: Das Übergangsmandat der Arbeitnehmervertretungen. 2014.

www.peterlang.com